EXTREMISMUS & DEMOKRATIE
(E & D)

Jahrbuch EXTREMISMUS & DEMOKRATIE (E & D)

Herausgegeben von
Uwe Backes
und
Eckhard Jesse

1. Jahrgang 1989

Bouvier Verlag · Bonn

Herausgeberschaft und Redaktion: Dr. Uwe Backes, Universität Bayreuth, GSP 3, 8580 Bayreuth, Tel. 09270/8286; Dr. Eckhard Jesse, Universität Trier, Postfach 3825, 5500 Trier, Tel. 06588/7853.

ISBN 3-416-02235-X

 Satz: Computersatz Bonn, Bonn. Druck und Einband: Plump KG, Rheinbreitbach.
Umschlag: Arifé Aksoy

Jahrbuch
EXTREMISMUS & DEMOKRATIE (EuD)

Inhalt Band 1 (1989)

Editorial

Die demokratischen Verfassungsstaaten der Gegenwart, das Entwicklungsprodukt eines historischen Ringens mit mannigfachen Formen der Fremdbestimmung, des Machtmißbrauchs und der Willkürherrschaft, sehen sich im Weltmaßstab einer Vielzahl diktatorischer Regime gegenüber. Aber auch innerhalb „westlicher" Demokratien wirkende extremistische Kräfte und Strömungen liefern den Beweis, daß Prinzipien wie Menschenrechte, Toleranz und politischer Pluralismus keineswegs unangefochten sind.

Obgleich der Problematik des politischen Extremismus existentielle Bedeutung zukommt, ist die politik- und humanwissenschaftliche Forschung ihr vielfach ausgewichen. Das *Jahrbuch Extremismus & Demokratie* will die wissenschaftliche Beschäftigung mit diesem Themenkreis fördern. Dabei sollen extremistische Phänomene umfassend und keineswegs nur im Hinblick auf den Gefahrenaspekt erforscht werden. Die Herausgeber wissen sich den fundamentalen Werten und Strukturelementen demokratischer Verfassungsstaaten verpflichtet. Ihre Verteidigung darf allerdings nicht in manichäistische Deutungsmuster und Freund-Feind-Stereotype münden. Beide Extreme, die Dämonisierung des politischen Extremismus wie die Idealisierung konstitutioneller Demokratie, sind zu vermeiden.

Der politische Extremismus in der Bundesrepublik bildet den Schwerpunkt des Jahrbuches. Die politischen Entwicklungen des jeweils vergangenen Jahres sollen ebenso dokumentiert und aufgearbeitet werde, wie es ein Ziel der Herausgeber ist, die neu erschienene Literatur umfassend zu würdigen. Dabei gehen die Beiträge jedoch vielfach über das engere thematische Feld hinaus und decken ein breites Spektrum von Sichtweisen und Lehrmeinungen ab. Bei aller angestrebten wissenschaftlichen Fundiertheit will das Jahrbuch auch umfassende Informationen und Impulse für den Praktiker (Politiker, Ministerialbeamte, Sicherheitskräfte, Pädagogen usw.) anbieten. Es versteht sich als Diskussionsforum, Nachschlagewerk und Orientierungshilfe zugleich.

Der erste Band des Jahrbuches besteht aus drei großen Blöcken: „Analysen" – "Daten, Dokumente, Dossiers" – "Literatur". Im Teil „Analysen" finden sich ausführlichere Auseinandersetzungen mit Themen, die über den engeren Horizont extremistischer Phänomene in der Bundesrepublik hinausgehen und grundsätzliche oder thematisch sehr komplexe Fragen behandeln, wobei die Weite des mit Begriffen wie „Extremismus" und „Demokratie" umrissenen Problemkreises deutlich wird. Der zweite Teil („Daten, Dokumente, Dossiers") konzentriert sich auf den politischen Extremismus in der Bundesrepublik und ist insbesondere auf die Entwicklung des Jahres 1988 bezogen, während der dritte Teil („Literatur") in seinen verschiedenen Rubriken wiederum dieses engere Themenfeld verläßt und Neuerscheinungen des Jahres 1988 – räumlich und epochal ausgreifend – würdigt.

Im ersten Teil vermitteln Uwe Backes und Eckhard Jesse zunächst einen Überblick zum politischen Extremismus in den europäischen Demokratien. Klaus Kellmann, Verfasser zweier Werke über den Eurokommunismus und die kommunistischen Parteien in Europa, analysiert die desolate Situation der DKP vor dem Hintergrund der Entwicklung in der Sowjetunion. Es ist die These Kellmanns, daß die DKP weiter an Stimmen verlieren wird, sollte sie sich dem Reformkurs Gorbatschows widersetzen. Anläßlich der Erfolge des Front National unter Jean-Marie Le Pen verfolgt Hans-Gerd Jaschke, von dem eine Studie über die Neue Rechte in Frankreich zu erwarten ist, die Entwicklung des französischen Rechtsextremismus vor und nach 1945. Der 100. Geburtstag Adolf Hitlers hat Konrad Löw, ansonsten als Marxismus-Experte ausgewiesen, veranlaßt, sich mit dessen wenig gelesenem „Bestseller" „Mein Kampf" auseinanderzusetzen, wobei die Frage im Vordergrund steht, was die Zeitgenossen bei aufmerksamer Lektüre dem Buch hätten entnehmen können.

Der Teil „Daten, Dokumente, Dossiers" konzentriert sich auf die Entwicklung des politischen Extremismus in der Bundesrepublik im Jahr 1988. Zunächst präsentieren und interpretieren Uwe Backes und Eckhard Jesse einschlägige Daten und Dokumente. Es geht dabei um die Wahlergebnisse extremistischer Parteien sowie um die Entwicklung des organisierten Rechts- und Linksextremismus. In der Rubrik „Dokumente" sollen auch in Zukunft dem interessierten Leser im allgemeinen nicht oder nur schwer zugängliche Dokumente aus der extremistischen „Szene" in kommentierter Form zugänglich gemacht werden. In diesem Band handelt es sich um zwei „Bekennerschreiben" terroristischer Gruppierungen. Im Anschluß daran unterbreitet der Präsident des Bundesamtes für Verfassungsschutz, Gerhard Boeden, ein Angebot dieser Behörde zur „Resozialisierung terroristischer Straftäter". Heinrich Sippel, Verfassungsschützer und Rechtsextremismusexperte, widmet sich der wechselhaften Entwicklung in den Beziehungen zwischen NPD und DVU – den beiden rechtsextremen Parteien, die – im Windschatten der Republikaner – neuerdings politischen Auftrieb erhalten haben. Manfred Wilke, als DKP-Kenner durch einschlägige Publikationen hervorgetreten, zieht eine Bilanz zur Infiltration von Teilen des Gewerkschaftssektors durch die gegenwärtig mehr an Ostberlin als an Moskau ausgerichtete DKP. Aus Anlaß des zwanzigjährigen Jubiläums der „68er" Bewegung porträtiert Uwe Backes schließlich einen Vertreter der aktivistischen, militanten und schließlich in den Terrorismus abgedrifteten Minderheitslinie: Michael „Bommi" Baumann.

Die Rubrik „Literatur" ist weit gefächert. Für die Bundesrepublik Deutschland wird Vollständigkeit angestrebt, für andere Länder muß angesichts der Publikationsflut eine Auswahl genügen. Ausschließlich Werke aus dem Jahr 1988 finden Berücksichtigung. Dabei wird Buchkritik in verschiedenen Formen und Variationen betrieben. Gerhard Hertel knüpft in seinem *Literaturbericht* zum „linken Terrorismus" an seine dem gleichen Thema gewidmete Dissertation an und kommt für die einschlägigen Werke des Jahres 1988 zu einem ernüchternden Urteil. Eckhard Jesse widmet seine *Sammelrezension* der MLPD, die derzeit die stärkste „K-Gruppe" ist, wiewohl die Literatur von der – ideologisch begründeten und damit selbstverschuldeten – Ghettoisierung dieser Partei zeugt. Als Ergänzung zur Rechtsextremismusstudie Hans-Gerd Jaschkes liest sich der *Länderbericht* des jungen französischen Politologen Jean-Yves Camus, der für die Produktion des Jahres 1988 eine Tendenz zur Verwissenschaftlichung der Diskussion konstatiert. Ausführlicher wenden sich die folgenden Besprechungen einzelnen Werken zu: Eckhard Jesse würdigt in einem Rezensionsessay das neue Buch Wolfgang Rudzios über die Erfolge der DKP bei der demokratischen Linken. In der Rubrik *„Wieder gelesen"* nimmt sich Hans-Helmuth Knütter eines Standardwerkes der Rechtsextremismusforschung an, das bis heute nicht ins Deutsche übersetzt worden ist und viel zu wenig Beachtung gefunden hat: Kurt P. Taubers Studie über rechtsextreme Gruppen und Strömungen der fünfziger und sechziger Jahre in der Bundesrepublik. Von ganz anderem Kaliber ist der autobiographische „Roman" des ehemaligen „Wehrsportgruppen"-Führers Karl Heinz Hoffmann. Uwe Backes erörtert in der Rubrik *Literatur aus der „Szene"* dieses im Gefängnis geschriebene Werk.

Eine Reihe von Büchern, die sich auf den Extremismus in der Bundesrepublik beziehen oder von ganz besonderer Bedeutung sind, wird anschließend in Form ausführlicher Einzelbesprechungen präsentiert (*Hauptbesprechungen*). Knapper gefaßte Kritiken beziehen einen weiten Themenkreis in die Betrachtung ein (*Kurzbesprechungen*). Aus Raumgründen verbot sich eine Würdigung aller interessanten Titel. Die *Kommentierte Bibliographie* bietet daher die Möglichkeit, einschlägige Werke, die notgedrungen vernachlässigt wurden, dem Leser kurz vorzustellen. Die *Zeitschriftenauslese* enthält eine Reihe interessanter Beiträge zum politischen Extremismus in der Bundesrepublik, die in Periodika des Jahres 1988 erschienen sind. Trotz seines Umfangs entspricht der Literaturteil dem Anspruch der Herausgeber auf eine umfassendere Berücksichtigung der ausländischen Titel noch nicht. Vielleicht kommen die folgenden Jahrbuch-Bände diesem Ziel ein Stück näher.

U. B./E. J.

Analysen

Politischer Extremismus in europäischen Demokratien – Rechtsextremismus, Linksextremismus und Terrorismus im Vergleich

Von Uwe Backes und Eckhard Jesse

1. Problem- und Aufgabenstellung

Extremistische Phänomene stellen ein beliebtes Objekt der Medienberichterstattung dar. Der Reiz des Außergewöhnlichen, Exzentrischen, radikal Andersartigen, Gefährlichen sorgt dafür, daß der Blick vielfach auch über die Grenzen der Bundesrepublik hinausschweift – etwa wenn über Wahlerfolge rechtsextremer Gruppierungen wie der Le Pen-Bewegung in Frankreich, über die Aufsplitterung kommunistischer Gruppierungen in Spanien oder terroristische Anschläge der IRA berichtet wird. Dabei bleibt der Blick jedoch zumeist auf Einzelphänomene fixiert. Der Fehlen einer vergleichenden Perspektive mag bei journalistischen Beiträgen verständlich sein; in der wissenschaftlichen Aufarbeitung stellt dies jedoch ein echtes Manko dar.[1] Vielfach werden die „Szenen" verschiedener Länder und deren Gefahrenpotentiale schlicht einander gegenübergestellt. Auf diese Weise lassen sich weder Zusammenhänge zwischen den extremistischen Strömungen herausarbeiten noch Proportionen im Hinblick auf Kategorien wie „Macht" und „Einfluß" verdeutlichen.

Der folgende Beitrag beschränkt sich auf die europäischen Demokratien, blendet also extremistische Gruppierungen in außereuropäischen Regimen ebenso aus wie das gesamte Feld der in mannigfache Formen verzweigten Diktaturen, die im Weltmaßstab nach wie vor überwiegen[2], so sehr sich auch im letzten Jahrzehnt in manchen Staaten – wie insbesondere in Südamerika[3] – wieder demokratische

[1] Vgl. zum Stand der Forschung: Uwe Backes/Eckhard Jesse, Extremismusforschung – ein Stiefkind der Politikwissenschaft, in: Wolfgang Michalka (Hrsg.), Extremismus und streitbare Demokratie, = NPL-Beiheft 4, Stuttgart 1987, S. 9-28.

[2] Vgl. beispielsweise: Raymond Gastil, The Past, Present and Future of Democracy, in: Journal of International Affairs 38 (1985), S. 161-179; Eckhard Jesse, Demokratie – Autoritarismus – Totalitarismus. Anmerkungen zur Klassifikation politischer Systeme, in: Politische Bildung 18 (1985), H. 2, S. 3-26.

[3] Vgl. beispielsweise Dieter Nohlen, Mehr Demokratie in der Dritten Welt?, in: Aus Politik und Zeitgeschichte. Beilage zur Wochenzeitung „Das Parlament", B 25-26/1988,

Entwicklungen abzeichnen.[4] Ein Vergleich extremistischer Phänomene in den demokratischen Verfassungsstaaten Europas erscheint aufgrund der historischen und kulturellen Gemeinsamkeiten besonders naheliegend und erfolgversprechend. Zudem liegt einschlägiges Material vor (wenn auch nicht immer in bester Qualität).

Die Thematik bedarf allerdings einer weiteren Einengung und Präzisierung: Extremistische Parteien stehen im Zentrum der Betrachtung – die Vielfalt nicht parteilich organisierter und verfestigter Extremismen wird (mit Ausnahme des Terrorismus) weitgehend ausgeblendet. Der folgende Beitrag will eine – auch historisch ausgreifende – Bestandsaufnahme über den politischen Extremismus in den europäischen Demokratien liefern. Es sollen Phänomene in Zusammenhang gebracht werden, die Vertreter bestimmter wissenschaftlicher Richtungen häufig separieren, weil sie bedeutende, keineswegs nur in der Negativfixierung auf den demokratischen Verfassungsstaat bestehende Gemeinsamkeiten von Rechts-, Linksextremismus und Terrorismus[5] aufgrund ihrer wissenschaftlichen oder politischen Präferenzen zu leugnen suchen.

Die Abhandlung begnügt sich nicht mit einer deskriptiven Bestandsaufnahme und dem Versuch einer systematischen Einordnung. Die Problemstellung ist vielmehr dreifacher Natur. Erstens soll es um eine Prüfung der Frage gehen, ob sich die Bundesrepublik Deutschland im Hinblick auf die Stärke und den Einfluß des Rechtsextremismus, Linksextremismus und Terrorismus von anderen Demokratien hinlänglich unterscheidet. Zweitens bedarf die Frage einer Klärung, inwiefern der – wenn auch nur allmähliche – Annäherungsprozeß europäischer Demokratien zu einem „Zusammenrükken" extremistischer Bewegungen geführt hat. Kooperieren sie ebenfalls in stärkerem Maße? Koordinieren sie ihre Strategien, Verhaltensweisen und Aktionen, oder laufen sie nebeneinander her? Anders gewendet: Gibt es einen „Eurofaschismus", einen „Eurokommunismus" und einen „Euroterrorismus"? Drittens soll das Problem der Gefahrenpotentiale näher erörtert werden. Sind die europäischen

S. 3-18; ders./Harold Barrios, Redemokratisierung in Südamerika, in: Ebd., B 4/1989, S. 3-25.

[4] Vgl. Samuel P. Huntington, Will more countries become democratic?, in: Political Science Quartely 29 (1984), S. 193-218;

[5] Vgl. dazu unter demokratietheoretischer Perspektive: Uwe Backes, Politischer Extremismus in demokratischen Verfassungsstaaten. Elemente einer normativen Rahmentheorie, Opladen 1989.

Staaten durch extremistische Bewegungen bedroht? Lassen sich für die einzelnen Länder verschiedene Gefährdungsgrade feststellen? Die Beantwortung dieser Fragen kann nur ansatzweise geschehen, da sie von vielen Variablen abhängt[6], zumal parteilich verfestigte Organisationen im Vordergrund stehen.[7] Jedenfalls ist es unzureichend, lediglich auf die Zahl der Mitglieder oder Wähler abzustellen. Die Antwort auf die Frage nach dem Gefährdungsgrad schließt im übrigen eine, wenn auch nur vorläufige, Antwort über die weitere Entwicklung ein.

Der Beitrag kann ohnehin lediglich charakteristische Verlaufslinien nachzeichnen und muß viele Details aussparen. Marginale, vorübergehende sowie eher untypische Strömungen werden daher vernachlässigt. Hingegen finden auch bedeutende politische Strömungen Berücksichtigung, die nicht mehr, noch nicht oder nur zum Teil als extremistisch gelten können.

2. Rechtsextremismus

2. 1. Bundesrepublik Deutschland

Nach 1945 beobachtete das Ausland die politische Entwicklung im westlichen Deutschland vielfach argwöhnisch, befürchtete man doch, eine rechtsextreme Bewegung vom Schlage des Nationalsozialismus könnte erneut aufkommen. Diese Besorgnis erwies sich bald als überzogen. Rechtsextreme Gruppierungen hatten in der Nachkriegszeit deutlich schlechtere Startbedingungen als alle anderen politischen Kräfte[8] – einschließlich der Kommunisten. Vor allem die Kriegsniederlage und das nach 1945 allgemein bekannt gewordene Ausmaß der nationalsozialistischen Gewaltverbrechen wirkten zutiefst diskreditierend. In den Jahren der Besatzung ergriffen die Alliierten nicht selten repressive Maßnahmen, um aufkeimende rechtsextreme Tendenzen zu ersticken. Nach Gründung der Bundes-

[6] Vgl. ebd., insbes. Kap. IV.

[7] Daß es sich beim Terrorismus anders darstellt, versteht sich von selbst.

[8] Zur Entwicklung des Rechtsextremismus vgl. die Übersicht bei Uwe Backes/Eckhard Jesse, Politischer Extremismus in der Bundesrepublik Deutschland, Bd. II: Analyse, Köln 1989, S. 44-96; zur einschlägigen Forschung: Dies., Bd. I: Literatur, Köln 1989, S. 63-144.

republik Deutschland wurde vom Instrumentarium der im Grundgesetz verankerten „streitbaren Demokratie" ausgiebig Gebrauch gemacht. Die NS-Epoche diente den demokratischen Kräften überdies dazu, rechtsextreme Kräfte nachhaltig zu stigmatisieren und in das gesellschaftliche Abseits zu rücken.[9]

Dabei entwickelte sich der rechtsextreme Mikrokosmos nach 1945 weit vielfältiger und buntscheckiger, als daß man ihn durch Formeln wie „Neonazismus" oder „Neofaschismus" auch nur einigermaßen sachgerecht hätte bezeichnen können. Gerade in den ersten Nachkriegsjahren trat eine Reihe von Personen in Erscheinung, die gegen das nationalsozialistische System von „rechts" opponiert hatten. Die deutsch-nationale und monarchistische Traditionslinie kam ebenso wieder zum Vorschein wie die konservativ-revolutionäre und die völkische. Mit zunehmendem Abstand zum Kriegsende gewannen überdies Versuche an Gewicht, rechtsextreme Ideen zu revitalisieren und den gewandelten Zeitumständen anzupassen. Nichtsdestoweniger konnte die extreme Rechte das ihr von den demokratischen Mehrheitsströmungen zugewiesene Ghetto nicht verlassen, blieben wiederholte Anläufe, die subkulturelle Isolation aufzubrechen, weitgehend erfolglos.

Die Stigmatisierung rechtsextremer Lösungskonzepte verhinderte es, daß deren Verfechter das zweifellos vorhandene Potential antidemokratischer, autoritärer Einstellungen für sich auszuschöpfen vermochten. Dennoch blieben beachtliche Erfolge rechtsextremer Wahlorganisationen nicht aus. Im Jahre 1951 überschritt die Sozialistische Reichspartei (SRP), eine Formation mit neonazistischen Zügen, bei Landtagswahlen in Bremen (7,7 Prozent) und Niedersachsen (11,0 Prozent) deutlich die Fünfprozentmarke. Die Partei wurde 1952 durch das Bundesverfassungsgericht verboten.

Es folgten Jahre, in denen die Zersplitterung des „rechten Lagers" eine dauerhafte politische Präsenz verhinderte – einschließlich der 1950 gegründeten Deutschen Reichspartei (DRP), deren Stimmenanteil bei den Bundestagswahlen von 1953 bis 1961 um die Einprozentmarke pendelte. Mitte der sechziger Jahre gelang es, verschiedene Strömungen in einer Wahlorganisation zu intergrieren. Die Nationaldemokratische Partei Deutschlands (NPD) betonte ihre demokrati-

[9] Vgl. dazu besonders die Darstellung bei: Peter Dudek/Hans-Gerd Jaschke, Entstehung und Entwicklung des Rechtsextremismus in der Bundesrepublik. Zur Tradition einer besonderen politischen Kultur, 2 Bde., Opladen 1984.

sche Zuverlässigkeit und sorgte durch überraschend hohe Wahlergebnisse für Aufsehen in der Öffentlichkeit. Mit Ergebnissen zwischen 5,8 (Schleswig-Holstein 1967) und 9,8 (Baden-Württemberg 1968) Prozent zog sie in sieben Landtage ein. Eine Verbotsdiskussion endete ohne Ergebnis. Obwohl die NPD im Vergleich zur SRP weit stärker deutsch-nationale Züge aufwies, verfehlte eine mit Begriffen wie „Neofaschismus" und „Neonazismus" operierende Stigmatisierungskampagne ihre Wirkung nicht. Als die Partei bei der Bundestagswahl von 1969 knapp an der Fünfprozenthürde scheiterte (4,3 Prozent), setzte ein rapider Niedergang ein. Die Organisation konnte das „braune" Negativimage nicht abschütteln, so daß die Überführung des Protestpotential in die Stammwählerschaft mißlang.

Erst in jüngster Zeit hat die NPD wieder für Schlagzeilen gesorgt. Im Bündnis mit der 1987 gegründeten Wahlorganisation (Deutsche Volksunion-Liste D) des Verlegers der Deutschen National-Zeitung, Dr. Gerhard Frey, ist es ihr gelungen, die politische Talsohle zu verlassen.[10] Freilich sind die Erfolge bescheiden; nur im Bundesland Bremen zog ein DVU-Kandidat aufgrund einer Sonderregelung in das Parlament ein. In der aktuellen politischen „Großwetterlage" (Integrationsdefizite der CDU/CSU-Regierungspartei am rechten Rand, Diskreditierung der Großparteien durch Skandale und Affären, Ausländerproblematik und Statusängste bestimmter sozialer Gruppen) wären die Ergebnisse wohl deutlich besser ausgefallen, hätten die beiden rechtsextremen Formationen nicht in Gestalt der Republikaner eine starke Konkurrenz bekommen.

Die 1983 von CSU-Dissidenten gegründete nationalkonservative Partei hat durch einige spektakuläre Wahlergebnisse (Bayern 1986: 3,0 Prozent; Westberlin 1989: 7,5 Prozent; Europawahl 1989: 7,1 Prozent) in der Öffentlichkeit für Aufsehen gesorgt.[11] Sie verdankt diese Erfolge wesentlich dem Wirken des im Umgang mit den Medien äußerst gewandten ehemaligen Fernsehmoderators und Populisten Franz Schönhuber. Trotz unübersehbarer programmatischer Gemeinsamkeiten mit den beiden rechtsextremen Wahlorganisationen NPD und DVU (nationale Orientierung, starkes Herauskehren der Auslän-

[10] Siehe hierzu den Beitrag von Heinrich Sippel in diesem Band.

[11] Erste Publikationen versuchen das auf dem Markt entstandene Informationsbedürfnis über die Republikaner zu befriedigen: Kurt Hirsch/Hans Sarkowicz, Schönhuber. Der Politiker und seine Kreise, Frankfurt a. M. 1989; Claus Leggewie, Die Republikaner. Phantombild der Neuen Rechten, Berlin 1989; Matthias von Hellfeld (Hrsg.), Dem Haß keine Chance. Der neue rechte Fundamentalismus, Köln 1989.

derproblematik, Betonung von Sicherheit und Ordnung) distanzieren sich die Republikaner deutlich von rechtsextremen Kräften und unterstreichen ihre demokratische Zuverlässigkeit. Dies hält die im Bundestag vertretenen Parteien freilich nicht davon ab, die Republikaner mit dem Verdacht des Neonazismus zu konfrontieren und entsprechende Indizien (Umgang mit der NS-Vergangenheit, Mangel an innerparteilicher Demokratie, Überläufer aus rechtsextremen Organisationen) unnachsichtig in den Vordergrund zu rücken. Das politische Überleben der Republikaner wird nicht zuletzt davon abhängen, ob die Partei den in den Nachkriegsjahrzehnten vielfach erprobten Stigmatisierungsmechanismus der Bundestagsparteien auszuhebeln versteht – was freilich die Ausschaltung rechtsextremer Tendenzen innerhalb der Partei voraussetzt.

Rechtsextreme Gruppierungen, die sich eng am historischen Vorbild des Nationalsozialismus orientier(t)en, sind seit dem Verbot der SRP ohne jede Einflußchance geblieben – auch wenn in der Öffentlichkeit durch die großzügige Verwendung der „Neonazismus"-Vokabel zum Teil ein anderer Eindruck entsteht. Trotz vielfältiger Bemühungen in der „Szene" gelangten derartige Gruppierungen über ein sektenhaftes Dasein nicht hinaus, zumal mehrere Vereinigungen durch das Bundesinnenministerium verboten wurden – zuletzt (1989) die „Nationale Sammlung" des Neo-Nationalsozialisten Michael Kühnen. Die von verschiedenen neonazistischen Gruppierungen unterwanderte Freiheitliche Arbeiterpartei (FAP) ist schon aufgrund mangelnder personeller und organisatorischer Voraussetzungen bei Wahlen gänzlich erfolglos geblieben.

2. 2. Andere Demokratien in Europa

Die „Epoche des Faschismus" (Nolte) hatte prägenden Einfluß auf die rechtsextremen Strömungen nach 1945. Zum einen, weil die Faschismen der Zwischenkriegszeit vielfach eine politische Vorbildfunktion erfüll(t)en; zum anderen, weil die „Last der Vergangenheit" die Entfaltungschancen entsprechender Gruppierungen stark einschränkte. Am drückendsten war die Erblast begreiflicherweise in Deutschland, wo die NS-Bewegung an die Macht gelangt und durch die Judenvernichtung wie die Entfesselung des Weltkrieges eine nationale Katastrophe eingeleitet worden war. Der gegenwärtige Aufschwung einer populistischen, nationalkonservativen Partei rechts von der CDU/CSU erklärt sich auch durch das Verblassen der NS-Vergangenheit und ihrer tabuisierenden Wirkung im Bewußtsein nicht zuletzt der jüngeren Generation und stellt insofern in gewisser Weise die Folge einer politisch-kulturellen „Normalisierung" dar.[12]

Dies wird besonders deutlich, blickt man auf das „Mutterland" des Faschismus: Italien. Hier entstand bereits Ende 1946 in Gestalt des Movimento Sociale Italiano (MSI) eine politische Kraft, der ehemalige faschistische Funktionsträger in maßgeblichen Funktionen angehörten und die kaum verhüllt an die Programmatik der 1943 von Mussolini in Norditalien errichteten Republik von Salò (Repubblica Sociale Italiana [RSI]) anknüpfte.[13] Überdies konnte der MSI in den fünfziger Jahren die anfängliche politische Isolation partiell durchbrechen und auf lokaler wie nationaler Ebene mit demokratischen Parteien – keineswegs nur in der Rolle des Mehrheitsbeschaffers – kooperieren. Auf diese Weise entwickelten sich die Neofaschisten zu einem festen Bestandteil der politischen Landschaft Italiens, auch wenn sie infolge der Umorientierung der Democrazia Cristiana (DC) hin zu Mitte-Links-Koalitionen seit Anfang der sechziger Jahre mehr und mehr aus dem „arco costituzionale" ausgegrenzt wurden.

Seit 1948 ist der MSI ununterbrochen im Parlament vertreten. Bei den Wahlen zur Abgeordnetenkammer von 1953 bis 1987 erreichte die Partei zwischen 4,5 (1968) und 8,7 Prozent (1972) der Stimmen. Freilich ist beim Vergleich der Nachkriegsentwicklungen in Italien und der Bundesrepublik zu berücksichtigen, daß der Rassismus im italienischen Faschismus nicht die hervorstechende Rolle besaß wie im Nationalsozialismus, Juden zwar zeitweilig interniert, jedoch nicht der systematischen Vernichtung zugeführt wurden. Infolgedessen war das auf der Bewegung Mussolinis lastende moralische Schuldkonto ungleich geringer.

Dennoch stellt die italienische Kontinuität rechtsextremer parlamentarischer Interessenvertretung in den Nachkriegsdemokratien Europas ein Unikum dar. Ähnliche Entwicklungen fehlen in den jungen Demokratien des Mittelmeerraumes (Griechenland, Portugal,

12 Vgl. zu dieser These: Claus Leggewie, Die Zwerge am rechten Rand. Zu den Chancen kleiner neuer Rechtsparteien in der Bundesrepublik Deutschland, in: PVS 28 (1987), S. 361-383.

13 Vgl. Petra Rosenbaum, Neofaschismus in Italien, Frankfurt a. M./Köln 1975, S. 33-38. Einen Überblick zur Geschichte des MSI vermitteln: Leonard B. Weinberg, After Mussolini: Italian Neo-Fascism and the Nature of Fascism, Washington 1979; Mario Caciagli, The Movimento Sociale Italiano-Destra Nazionale and Neo-Fascism in Italy, in: WEP 11 (1988), H. 2, S. 19-33.

Spanien). Gruppierungen, die in ihrer politischen Konzeption direkt bei den voraufgegangenen Rechtsdiktaturen anknüpfen, spielen dort bislang lediglich eine marginale Rolle, sofern sie nicht überhaupt verboten sind.[14]

Im Vergleich zu den genannten Ländern verfügt Frankreich über die längsten und stärksten republikanischen Traditionen. Die extreme Rechte entwickelte sich als Gegenbewegung zu diesen Strömungen, und sie durchlief einen Prozeß der Radikalisierung, nachdem sich die republikanischen Kräfte in den siebziger Jahren des 19. Jahrhunderts durchzusetzen begannen. Das Frankreich vor dem Ersten Weltkrieg ist daher als geistiger Inkubationsraum des Faschismus gedeutet worden.[15] Im Gegensatz zu Deutschland und Italien gelang es der „Konterrevolution" (im Hinblick auf die „Ideen von 1789") in der Zwischenkriegszeit jedoch nicht, die Verfechter der Republik zu überrunden. Die extreme Rechte kam erst unter dem von Deutschlands Gnaden errichteten Vichy-Regime (1940-1944) zu einer Machtbeteiligung.

Nach der „libération" und einer Welle politischer Säuberungen („épuration") erwies sich die Gleichsetzung von „Vichy" und „Kollaboration" für die extreme Rechte als schwere Hypothek. Zwar entstand eine Reihe kleiner Gruppierungen und Zeitschriftenzirkel; diese gelangten jedoch über ein subkulturelles Dasein nicht hinaus.[16] Die Situation änderte sich im Laufe der fünfziger Jahre. Ein ungewöhnlich rascher wirtschaftlicher Strukturwandel des vielfach noch agrarisch geprägten Landes brachte eine von Bauern, kleinen Ladenbesitzern und Handwerkern geprägte populistische Protestbewegung hervor, die bei den Parlamentswahlen von 1956 auf Anhieb 13,3 Prozent der Stimmen erreichte und 52 Abgeordnete stellte. Die

[14] Vgl. zu Griechenland und Portugal: Bericht im Namen des Untersuchungsausschusses „Wiederaufleben des Faschismus und Rassismus in Europa" über die Ergebnisse der Arbeiten des Untersuchungsausschusses, Berichterstatter: Herr Dimitrios Evrigenis, in: Europäisches Parlament. Sitzungsdokumente, 23. Jan. 1985, Serie A, Dokument A2-160/85/rev. + Anlagen I, II, III, S. 36 f., 51. Zu Spanien besonders: Ramón Garcia Cotarelo/Lourdes Lopez Nieto, Spanish Conservatism, 1976-87, in: West European Politics 11 (1988), H. 2, S. 80-95.

[15] Diese Sichtweise liegt bereits der Studie Ernst Noltes zugrunde: Ders., Der Faschismus in seiner Epoche. Die Action française. Der italienische Faschismus. Der Nationalsozialismus, 5. Aufl., München/Zürich 1979 (1963). Neuerdings wird sie vor allem vertreten von: Zeev Sternhell, La droite révolutionnaire 1885-1914. Les origines françaises du fascisme, Paris 1978.

[16] Vgl. zur Geschichte des französischen Rechtsextremismus den Beitrag von Hans-Gerd Jaschke in diesem Band.

mittelständische Bewegung um ihren Volkstribunen Pierre Poujade (Poujadismus)[17] operierte zwar durchaus mit Appellen an das nationale Wir-Gefühl, war aber keineswegs neofaschistisch orientiert, wie es die Gegenpropaganda glauben machen wollte. Jedoch versuchten sich rechtsextreme Kräfte an einer Unterwanderung der Bewegung, um die eigene Isolation aufzubrechen. Dies gelang zeitweilig, zumal die politische Atmosphäre der Entkolonialisierung und des Algerienkrieges rechtsextremer Agitation ein günstiges Resonanzfeld bot. Freilich wurde der extremen Rechten – wie auch den Poujadisten – durch die Regierungsübernahme General de Gaulles (1958) bald der Wind aus den Segeln genommen.

Zu den Abgeordneten, die 1956 auf der Woge des Poujadismus in das Parlament eingezogen waren, hatte auch Jean-Marie Le Pen gehört, der Führer des heutigen Front National (FN). Im Gegensatz zum Poujadismus war die Gründung des FN (1972) Resultat eines der vielen und bis dato allesamt gescheiterten Sammlungsversuche innerhalb des in mannigfaltige Gruppen zersplitterten rechtsextremen „Lagers".[18] Der Erfolg stellte sich keineswegs über Nacht ein, sondern erst zu einem Zeitpunkt, als die Übernahme der Regierungsverantwortung durch die Linke (1981) und deren erste ungestüme Reformphase (zum Beispiel Verstaatlichungen von Banken und Unternehmen der Großindustrie) eine Gegenreaktion herausforderten. Gewisse Erfolge deuteten sich bereits 1983 bei lokalen Wahlgängen an. Einen ersten Durchbruch erzielte die Partei bei der Europawahl von 1984 (10,95 Prozent). Aufgrund der Einführung des Verhältniswahlrechts durch die sozialistische Regierung zog der FN 1986 in die Nationalversammlung ein (9,65 Prozent), woraus er 1988 wegen der reetablierten Mehrheitswahl wieder verschwand. Die mangelnde parlamentarische Präsenz scheint die Partei jedoch nicht wesentlich geschwächt zu haben, übertraf ihr Ergebnis bei der Europawahl 1989 (11,7 Prozent) doch noch das von 1984.

Das populistische Element verbindet den FN mit dem Poujadismus. Beide Bewegungen sammel(te)n sich um charismatische Führerpersönlichkeiten, beide appellier(t)en sie an nationalistische

[17] Vgl. Stanley Hoffmann, Le Mouvement Poujade, Paris 1956; Dominique Borne, Petits bourgeois en révolte? Le mouvement Poujade, Paris 1977.

[18] Einschlägige Literatur wird präsentiert bei: Uwe Backes, Rechtsextremismus in westlichen Demokratien. Bundesrepublik Deutschland, Frankreich, Großbritannien, Italien, vergleichende Länderstudien, in: Michalka (FN 1), S. 89-104 sowie im „Länderbericht" von Jean-Yves Camus in diesem Band.

Instinkte, beide mobilisier(t)en den „Mann auf der Straße" gegen „die da oben". Allerdings weist die FN-Agitation weit deutlicher rechtsextreme Akzente auf: Im Vordergrund stehen Themen wie „Ausländer", „Kriminalität" und „Arbeitslosigkeit". Gegen die „Überfremdung" durch Einwanderer, ausländische Arbeiter und Asylanten betont der FN Interessen und Identität der französischen Nation. Dem unbefriedigten Sicherheitsbedürfnis vieler Bürger setzen Le Pen und seine Gefolgschaft Forderungen nach „hartem Durchgreifen" und starker Staatsgewalt entgegen. Die Frage der Arbeitslosigkeit wird vor allem mit dem Hinweis auf die lästige Konkurrenz der „immigrés" beantwortet. Dabei meidet man bei aller Radikalität der Forderungen eindeutig rechtsextreme Ideologeme, befleißigt sich einer vergleichsweise „moderaten" Diktion.

Das Aufkommen rechtsgerichteter populistischer Bewegungen ist keineswegs ein Spezifikum der Bundesrepublik Deutschland und Frankreichs. Ähnliche Phänomene lassen sich auch in anderen europäischen Demokratien beobachten. In Dänemark zog der Rechtsanwalt Mogens Glistrup zu Beginn der siebziger Jahre mit seiner Fortschrittspartei gegen hohe Steuern und Sozialabgaben zu Felde und gelangte 1973 mit 15,9 Prozent der Stimmen auf Anhieb in das Folketing.[19] Nach Jahren politischer Erfolglosigkeit und der Verbüßung einer Haftstrafe ist dem Steuerrebellen inzwischen ein gewisses come back gelungen. Verstärkt hatte die Partei in den letzten Jahren gegen die „Überfremdung" durch Ausländer und Asylanten (insbesondere mohammedanischen Glaubens) agitiert und sich in der Bevölkerung des kleinen Landes verbreitete Ängste und Vorurteile zunutze gemacht. Im Mai 1988 zogen 16 Abgeordnete der Fortschrittspartei wieder in das dänische Parlament ein, und bei der Europawahl vom Juni 1989 wurden immerhin fünf Prozent der Stimmen erreicht.[20]

"Populismus" lautet auch das Erfolgsrezept der Freiheitlichen Partei Österreichs (FPÖ) um ihren jungen, charismatischen Vorsitzenden („Bundesparteiobmann") Jörg Haider.[21] Bei den Nationalrats-

[19] Vgl. Klaus von Beyme, Right-Wing Extremism in Post-War Europe, in: West European Politics 11 (1988), H. 2, S. 1-18, 10.

[20] Vgl. den Bericht von: Hannes Gamillscheg, in: Die Zeit vom 7. Juli 1989, S. 10.

[21] Anwendungen des Populismus-Begriffs auf die österreichische Situation finden sich in den Beiträgen folgenden Sammelbandes: Anton Pelinka (Hrsg.), Populismus in Österreich, Wien 1987. Vgl. zur Einschätzung der FPÖ: Ders., Alte Rechte, neue Rechte in Österreich. Zum unaufhaltsamen Aufstieg des Jörg Haider, in: Die Neue Gesellschaft/Frankfurter Hefte 36 (1989), S. 103-109. Dem Verhältnis Haiders zum

wahlen vom November 1986 war es der Partei gelungen, ihren Stimmenanteil beinahe zu verdoppeln und das beste Ergebnis seit ihrer Gründung (1956) zu erzielen (9,73 Prozent). In Landtagswahlen setzte sich die Erfolgsserie fort. Den spektakulärsten Wahlsieg erreichte die FPÖ im Bundesland Kärnten (März 1989), wo sie mit 29 Prozent zur zweitstärksten Partei (nach der Sozialistischen Partei Österreichs [SPÖ]) aufstieg und mit der Österreichischen Volkspartei (ÖVP) eine Regierung bildete (Landeshauptmann: Jörg Haider). Die FPÖ hat eine verbreitete Unzufriedenheit mit den über lange Jahre hinweg tonangebenden Parteien ÖVP und SPÖ, deren Ansehen aufgrund zahlreicher Affären und Skandale in Mitleidenschaft gezogen worden ist, durch Appelle an den „kleinen Mann" und die Entfesselung antietatistischer Emotionen kanalisiert. Zum Teil rabiate deutsch-nationale Töne, wie sie aus dem Lager der FPÖ zu vernehmen sind, gewinnen auch durch ihre Wendung gegen die das Leitbild der „österreichischen Nation" betonenden sogenannten „Altparteien" (ÖVP, SPÖ) an Resonanz in der Bevölkerung. Freilich wäre es überzogen, die FPÖ als „rechtsextrem" einzustufen.

Während die Ausländerproblematik in Österreich mangels Masse nicht im Vordergrund steht, ist sie in vielen anderen europäischen Staaten inzwischen auf der politischen Agenda weit nach vorne gerückt. Der Zuzug von Asylanten, ausländischen Arbeitern und Immigranten erzeugt vor allem bei schlechtergestellten sozialen Gruppen vielfach Statusängste und leitet Wasser auf die Mühlen rechtsextremer Gruppierungen. Die ehemalige Kolonialmacht Großbritannien war von dieser Entwicklung früher betroffen als andere europäische Staaten. In den siebziger Jahren verzeichnete die National Front, eine 1966 gegründete, mit deutlich rassistischen Tönen agierende rechtsextreme Organisation, bei einigen lokalen Wahlgängen unerwartet hohe Stimmengewinne.[22] Aufgrund des Mehrheitswahlrechts bestand allerdings zu keinem Zeitpunkt auch nur die

Rechtsextremismus spürt (argwöhnisch) nach: Brigitte Galanda, Ein teutsches Land. Die rechte Orientierung des Jörg Haider. Eine Dokumentation, mit einem Beitrag von Peter Turrini, Wien 1987. Zur Geschichte des österreichischen Rechtsextremismus grundlegend: Dokumentationsarchiv des österreichischen Widerstandes (Hrsg.), Rechtsextremismus in Österreich nach 1945, 5. überarbeitete und ergänzte Aufl., Wien 1981.

[22] Vgl. mit zahlreichen weiterführenden Literaturhinweisen: Franz Nuscheler, Rassistische und faschistische Auswüchse der britischen Krise, in: Aus Politik und Zeitgeschichte, Beilage zur Wochenzeitung „Das Parlament", B 44/1979, S. 3-19. Weitere Literatur wird dokumentiert bei: Backes (FN 18), S. 104-109.

leiseste Chance einer parlamentarischen Vertretung. Die temporären Erfolge fanden in den achtziger Jahren keine Fortsetzung. Die National Front durchlief – nicht zuletzt vor dem Hintergrund einer „härteren" Einwanderungspolitik der seit 1979 regierenden Konservativen Partei – einen von Spaltungen begleiteten Zerfallsprozeß.[23]

Selbst an alten, stabilen Demokratien wie der Schweiz ist die Ausländerproblematik nicht spurlos vorübergegangen. In den achtziger Jahren erzielten ausländerfeindliche Wahlorganisationen bei Kantonal- und Kommunalwahlen Erfolge.[24] Gleiches gilt für Belgien, wo die Ausländerproblematik durch den flämisch-wallonischen Konflikt noch verstärkt wird. Das im flämischen Bevölkerungsteil verbreitete Gefühl der Benachteiligung gegenüber den Wallonen läßt die Toleranzgrenze gegenüber der „Konkurrenz" durch Ausländer und Asylanten sinken. Diese Situation wird von rechtsextremen Gruppierungen ausgenutzt und zusätzlich angeheizt. Insbesondere dem flämisch-nationalistischen Vlaams Blok ist in den letzten Jahren ein lokaler Durchbruch beschieden gewesen. So erreichte er bei der Europawahl im Juni 1989 in der Stadt Antwerpen 20 Prozent der Stimmen und im flämischen Teil Brüssels 13,3 Prozent (Brüssel insgesamt: 4,1 Prozent).[25]

In allen europäischen Demokratien – auch in den bisher nicht genannten: Finnland, Irland, Island, Luxemburg, Niederlande, Norwegen, Schweden[26] – gibt es zumeist kleine Gruppierungen, die sich an Vorbildern der Zwischenkriegszeit orientieren, insbesondere am

[23] Vgl. zu dieser Entwicklung: Christopher C. Husbands, Extreme Right-Wing Politics in Great Britain: The Recent Marginalisation of the National Front, in: West European Politics 11 (1988), H. 2, S. 65-79.

[24] Vgl. Urs Altermatt, Rechtsextremismus im schweizerischen Alltag der achtziger Jahre: Angst vor dem Verlust der Heimat, in: Totalitarismus. Demokratie und Totalitarismus – Totalitarismen in der Demokratie, Freiburg/Schweiz 1987, S. 37-54. Zum Rechtsextremismus in der Schweiz ferner den – freilich auch gemäßigt-konservative Gruppierungen einbeziehenden – Band von: Jürg Frischknecht/Peter Haffner/Ueli Haldimann/Peter Niggli, Die unheimlichen Patrioten. Politische Reaktion in der Schweiz. Ein aktuelles Handbuch mit Nachtrag 1979-84, 6. Aufl., Zürich 1987.

[25] Vgl. den Bericht von Ferdinand Kroh in: Die Zeit vom 7. Juli 1989, S. 10. Zur aktuellen Situation des belgischen Rechtsextremismus ferner: Hugo Gijsels u. a., Les barbares. Les immigrés et le racisme dans la politique belge, Berchem 1988.

[26] Eine erstaunliche Fülle an (Primär-)Informationen über rechtsextreme Gruppierungen in 81 Staaten der Erde hat zusammengetragen: Ciarán O Maoláin, The Radical Right: A World Directory, Harlow/Essex 1987. Nützlich ist auch die thematisch viel weiter gefaßte (und zudem normativ nicht eingeengte) Sammlung von: Henry W. Degenhardt, Political Dissent. An International Guide to Dissident, Extra-Parliamentary, Guerrilla and Illegal Political Movements, Harlow/Essex 1983.

italienischen Faschismus und am deutschen Nationalsozialismus. Freilich befinden sich alle diese Organisationen in einem Zustand politischer Isolation – jenseits realistischer Einflußchancen. Das Ghetto politischer Wirkungslosigkeit läßt sich nur auf zwei Arten sprengen: Erstens durch den Einsatz systematischer Gewaltakte (Terrorismus), was Aufmerksamkeit erzwingt, den Staat möglicherweise destabilisiert und in gesellschaftlichen Klientelgruppen einen Mobilisationseffekt erzeugt. Zweitens durch eine gewisse politische „Mäßigung" und Entradikalisierung, die die betreffende Organisation einem größeren Interessentenkreis öffnet und sie zur wählbaren Alternative werden läßt. Freilich sind beide Strategien auch mit Risiken verbunden: Terrorakte provozieren die Reaktion des Staates und könnten zur raschen Auflösung der Gruppen führen. Der „Elektoralismus" löst möglicherweise (unter dem Einfluß neuer Mitglieder- und Wählergruppen) einen Prozeß der institutionellen Einbindung und Zähmung aus. Welche der Handlungsalternativen auch beschritten wird: Die europäischen Demokratien müssen sich ihnen in Zukunft gewachsen zeigen.

3. Linksextremismus

3. 1. Bundesrepublik Deutschland

Der aufgrund der Verfolgung durch die Nationalsozialisten vorhandene moralische Vorsprung der 1945 gemeinsam mit der Union, der SPD und den Liberalen von den Alliierten zugelassenen „Kommunistische Partei Deutschlands" (KPD) wurde bald verspielt. Sie geriet schnell in die Isolation (Bundestagswahl 1949: 5,7 Prozent; Bundestagswahl 1953: 2,2 Prozent), nachdem sie vor 1949 mehreren Landesregierungen angehört hatte.[27] Schon vor ihrem Verbot im Jahre 1956 war sie eine Quantité négligeable geworden, nicht zuletzt wegen ihrer Linientreue gegenüber dem kommunistischen System im anderen Teil Deutschlands und in der Sowjetunion.

Die im Jahre 1960 ins Leben gerufene „Deutsche Friedens-Union" (DFU) ging maßgeblich auf eine Initiative der Kommunisten zurück,

[27] Zur Entwicklung des Linksextremismus in der Bundesrepublik Deutschland vgl. generell Backes/Jesse (FN 8), Bd. II, S. 96-149; zur einschlägigen Forschung dies. (FN 8), Bd. I, S. 145-223.

wenngleich sich in der betont vorsichtig operierenden DFU auch andere Kreise befanden (zum Beispiel aus dem neutralistischen Lager). Aber die DFU konnte politisch nicht reüssieren und blieb mit 1,9 und 1,3 Prozent bei den Bundestagswahlen von 1961 und 1965 weit unter der Fünfprozentmarke. Im Jahre 1984 gab sie ihren Parteistatus auf, nachdem sie zuvor wegen des Auftretens der DKP nur ganz sporadisch an Wahlen teilgenommen hatte.

Die im Jahre 1968 gegründete und strikt auf DDR-Kurs liegende „Deutsche Kommunistische Partei" (DKP) konnte niemals an die anfänglichen Erfolge der KPD anknüpfen, jedenfalls was das Abschneiden bei Wahlen angeht. Sie blieb, was die KPD war: eine von der SED-Führung gänzlich abhängige und damit zum Scheitern verurteilte Partei. Sie kam bei den Bundestagswahlen 1972 und 1976 nur auf 0,3 Prozent, 1980 und 1983 gar nur auf 0,2 Prozent. Bei der Bundestagswahl 1987 kandidierte sie in realistischer Einschätzung der Situation nicht einmal gesondert, sondern stellte lediglich Wahlkreiskandidaten in dem von ihr initiierten Wahlbündnis der „Friedensliste" auf. Gegenwärtig befindet sich die DKP (Europawahl 1989: 57.648 Stimmen = 0,2 Prozent) in der größten Krise ihrer Entwicklung, was die Parteiführung auf ihrem turbulent verlaufenen Parteitag im Januar 1989, wo es einige bemerkenswerte „Auflockerungstendenzen" sowie unüblich viele Gegenstimmen und eine Reihe von Kampfabstimmungen gab, auch einräumen mußte.[28] Eine beträchtliche Minderheit von etwa einem Drittel fordert eine „Erneuerung" im Sinne der Politik Gorbatschows, während die Parteiführung davon nichts wissen will. Infolge der schwierigen „Großwetterlage" und des eigenen dogmatischen Verhaltens hat die DKP, die aufgrund reichlicher materieller Unterstützung seitens der DDR nach wie vor finanz- und organisationsstark ist, einen beträchtlichen Mitgliederschwund zu verzeichnen. So sollen ihr heute weniger als 35.000 Personen angehören.[29] Die Mitgliederzahl dürfte weiter sinken. Allerdings gilt: „Der Traditionalismus vieler DKP-Mitglieder, ihre teilweise jahrzehntelange stalinistische und neostalinistische Schulung und nicht zuletzt die Gemeinsamkeit in der Ablehnung der westlichen Demokratie in der Bundesrepublik werden die DKP zwar nicht vor weiterem

[28] Vgl. Thomas Ammer, Zum 9. Parteitag der DKP, in: Deutschland Archiv 22 (1989), S. 135-139.

[29] Vgl. Verfassungsschutzbericht 1988, Bonn 1989, S. 11 (hektographierte Fassung, rosa Teil).

Niedergang, aber noch für lange Zeit vor dem Untergang bewahren."[30]

War die KPD Ende der vierziger und in der ersten Hälfte der fünfziger Jahre gesellschaftlich völlig „ausgegrenzt", obwohl sie immerhin einen gewissen, wenn auch schwindenden Teil der Wählerschaft hinter sich brachte, verhält es sich bei der DKP gerade umgekehrt: Sie ist zwar bei der Wählerschaft gänzlich isoliert (bei der Bundestagwahl 1983 kamen – ein einmaliges Phänomen – auf zwei Mitglieder drei Wähler!), doch keineswegs in der Gesellschaft, wie etwa kommunistisches Engagement in Protestbewegungen zeigt, das man dort häufig mehr als toleriert. Dieses Pardoxon erklärt sich mit der Abschwächung des in den fünfziger Jahren grassierenden Antikommunismus. Heutzutage kooperiert jedenfalls der linke Flügel der Sozialdemokratie in bestimmten Fragen mit Kommunisten[31], was vor vierzig Jahren, als der antitotalitäre Konsens sich weit stärker verankert sah, nicht in Frage gekommen wäre. Auch in demokratischen Kreisen haben sich einseitig antifaschistische Denkmuster herausgebildet.

Andere linksextreme Parteien blieben noch erfolgloser. Zu Anfang der siebziger Jahren kam es zu Gründungen überwiegend maoistisch orientierter K-Gruppen, die der DKP Verrat an den revolutionären Prinzipien vorwarfen, sich selber aber aufgrund ihres Dogmatismus heftig befehdeten. Sie lösten sich später größtenteils auf oder vegetieren als Fossil dahin. Auch hier fällt ein Paradoxon auf: Ausgerechnet die so betont antiautoritäre Studentenbewegung ist die entscheidende Wurzel für die durchweg hierarchisch organisierten K-Gruppen gewesen. Aus dem Scheitern der antiautoritären Studentenbewegung zog man die Konsequenz, daß nur mittels einer klassenbewußten Partei die Arbeiterschaft gewonnen werden könne. Doch wirken in einer offenen Gesellschaft revolutionäre Rhetorik und ideologischer Fanatismus abstoßend. Das Ergebnis – zunächst Spaltung(en), dann Auflösung – ist meistens programmiert.

30 Ammer (FN 28), S. 139.

31 Vgl. zahlreiche Belege bei Wolfgang Rudzio, Die Erosion der Abgrenzung. Zum Verhältnis zwischen der demokratischen Linken und Kommunisten in der Bundesrepublik Deutschland, Opladen 1988.

3. 2. Andere Demokratien in Europa

Als der italienische Publizist Frane Barbieri im Jahre 1975 den magischen Begriff des „Eurokommunismus" prägte[32], ahnte wohl kaum jemand, daß diese Spielart des Kommunismus bald wieder einen Rückschlag erleiden würde, sei es dadurch, daß einige Parteien sich vom Eurokommunismus weg entwickelten (wie in Frankreich), sei es dadurch, daß eurokommunistische Parteien einen Prozeß der Auszehrung durchmachten (wie in Spanien). In diesen Ländern sind die Wahlerfolge sozialistischer Parteien auf Kosten des kommunistischen Stimmenanteils gegangen. Um den „Eurokommunismus" ist es eher still geworden, nachdem in der zweiten Hälfte der siebziger Jahre – nicht zuletzt auch in der Literatur – viel Aufhebens von ihm gemacht worden war.[33] Jedenfalls kann man den Rückgang im Hinblick auf Wähler und Mitglieder in mehreren Ländern nicht übersehen.[34] Außerdem ist der Begriff „Eurokommunismus" zu grobschlächtig, als daß er die sehr unterschiedliche Entwicklung in den einzelnen Staaten erfaßt.

Die Ergebnisse in den meisten europäischen Demokratien[35] weisen

[32] Vgl. Manfred Steinkühler, Der Eurokommunismus ist ein Konzept zur Eroberung, nicht aber zur Ausübung der Macht. Gespräch mit Frane Barbieri, der den Ausdruck „Eurokommunismus" prägte, in: Ders. (Hrsg.), Eurokommunismus im Widerspruch. Analyse und Dokumentation, Köln 1977, S. 389-392.

[33] Vgl. u. a. folgende Werke: Steinkühler (FN 32); Adolf Kimmel (Hrsg.), Kommunismus in Lateineuropa, Köln 1977; Wolfgang Leonhard, Eurokommunismus. Herausforderung für Ost und West, München 1978; Helmut Richter/Günter Trautmann (Hrsg.), Eurokommunismus. Ein dritter Weg für Europa?, Hamburg 1979; Heinz Timmermann (Hrsg.), Die kommunistischen Parteien Südeuropas. Länderstudien und Queranalysen, Baden-Baden 1979. Zu den neueren Studien gehören: Heinz Gärtner/Günter Trautmann (Hrsg.), Ein dritter Weg zwischen den Blöcken? Die Weltmächte, Europa und der Eurokommunismus, Wien 1985 (ausgezeichnete Bibliographie: S. 391-406); Klaus Kellmann, Pluralistischer Kommunismus? Wandlungstendenzen eurokommunistischer Parteien und ihre Reaktion auf die Erneuerung in Polen, Stuttgart 1984.

[34] Vgl. bereits Manfred Steinkühler, Eurokommunismus – gescheiterte Strategie?, in: Außenpolitik 36 (1985), S. 371-382.

[35] Eine Bestandsaufnahme für alle zwanzig westeuropäischen Staaten hat vorgelegt: Klaus Kellmann, Die kommunistischen Parteien in Westeuropa. Entwicklung zur Sozialdemokratie oder Sekte?, Stuttgart 1988. Siehe auch die Tabelle „Mitgliederbestand und Vorsitzende der kommunistischen Parteien Westeuropas", ebd., S. 272 f.; vgl. außerdem: Michael Waller/Meindert Fennema (Hrsg.), Communist Parties in Western Europe. Decline or Adaptation?, Oxford 1988; ferner bereits Dieter Oberndörfer (Hrsg.), Sozialistische und kommunistische Parteien in Westeuropa, Bd. I: Südländer, Opladen 1978; Hans Rühle/Hans-Joachim Veen (Hrsg.), Sozialistische und kommunistische Parteien in Westeuropa, Bd. II: Nordländer, Opladen 1979. Diese beiden

im Vergleich zur Bundesrepublik ganz andere Dimensionen auf. In Italien hat die dortige (euro-)kommunistische Partei – der „Partito Comunista Italiano" (PCI) hatte sich 1921 von der Sozialistischen Partei abgespalten – bei den Wahlen zur Abgeordnetenkammer des öfteren um die 30 Prozent der Stimmen erhalten und nimmt ungefährdet hinter den Christdemokraten den zweiten Platz ein, rangiert also vor den Sozialisten, nachdem sie sogar bei der Wahl im Jahre 1976 mit 34,4 Prozent 0,1 Prozentpunkte mehr als die Democrazia Cristiana erreicht hatte. Allerdings weist die Tendenz etwas nach unten (Wahlen zur Abgeordnetenkammer 1979: 30,4 Prozent; 1983: 29,8 Prozent; 1987: 26,6 Prozent). Bislang ist es noch nicht zu dem vielbeschworenen „historischen Kompromiß" gekommen, zu einer Koalition zwischen Kommunisten und Katholiken also. Der seit Juni 1988 amtierende Parteivorsitzende („Sekretär") Achille Occhetto forciert den bereits von Togliatti vorsichtig eingeleiteten, von Berlinguer und dem eher farblos gebliebenen Natta fortgesetzten Kurs, wie sich auch auf dem 18. Parteitag im März 1989 gezeigt hat Hier wurde in den Parteistatuten Abschied vom Prinzip des „demokratischen Zentralismus" genommen, allerdings „zur Genugtuung traditioneller Kommunisten" am Parteinamen festgehalten.[36] Auch in außenpolitischen Fragen hat der PCI längst die hegemoniale Rolle der Sowjetunion abgeschüttelt[37], so daß es von daher ebenfalls fragwürdig ist, seine Position mit dem Pejorativum „extremistisch" zu versehen. Allerdings ist der italienischen KP bisher die Nagelprobe der Regierungsbeteiligung erspart geblieben, und gelegentlich tauchen immer wieder einmal Formeln aus dem Propagandaarsenal der fünfziger Jahre auf[38], wie ja auch noch die traditionalistische Strömung um Ar-

Studien gehen zum Teil über Kellmann hinaus, da sie sich auf die gesamte Linke beziehen, zum Teil bleiben sie wegen der Vernachlässigung mehrerer Länder hinter Kellmann zurück. Siehe auch Heinz Timmermann, Kommunistische Parteien in Westeuropa: Programme, Strukturen, Perspektiven, Teil I und II, Berichte des Bundesinstituts für ostwissenschaftliche und internationale Studien, Nr. 18 und 19, Köln 1985.

36 Vgl. Manfred Steinkühler, Wie die SED sich den PCI wünscht, in: Deutschland Archiv 22 (1989), S. 618-622.

37 Vgl. Bruno Schoch, Die internationale Politik der italienischen Kommunisten, Frankfurt a. M. 1988; ders., Zum „neuen Internationalismus" der KPI und Michael Strübel, Die italienischen Kommunisten und die Bewegung der Blockfreien, jeweils in: Gärtner/Trautmann (FN 33), S. 227-243, S. 349-360; Heinz Timmermann, Die italienischen Genossen gehen auf Distanz. Zur jüngsten Kontroverse zwischen der KPI und der KPdSU, in: Osteuropa 36 (1989), S. 443-460.

38 Vgl. etwa Heinz-Joachim Fischer, Für Occhetto ist nur noch wenig klar. Was ist los mit den italienischen Kommunisten?, in: Frankfurter Allgemeine Zeitung vom 9. Jan. 1989, S. 10.

mando Cossuta in der Partei agiert, wenngleich in einer klaren Minderheitenposition. Die Ausnahmestellung des PCI zeigt sich darin, daß er mit über 1,6 Millionen mehr als doppelt so viele Mitglieder hat wie alle übrigen kommunistischen Parteien in den europäischen Demokratien zusammengenommen. Der „Sonderweg" der italienischen Kommunisten dürfte weniger eine Reaktion auf den Zerfall des monolithischen Weltkommunismus sein als ein Produkt der spezifischen Entwicklung Italiens.[39]

In Frankreich lag der „Parti Communiste Français" (PCF) in den sechziger wie in den siebziger Jahre stets über zwanzig Prozent. Jedoch ist in den achtziger Jahren eine Halbierung des Wählerpotentials der weitgehend noch (oder wieder) stalinistischen Partei eingetreten (Wahlen zur Nationalversammlung 1978: 20,6 Prozent; 1981: 16,2 Prozent; 1986: 9,8 Prozent; 1988: 11,3 Prozent) – ein „electoral collapse" – "spectacular both in its scope and its rapidity".[40] Bei den Europawahlen erreichte der PCF nur noch 7,7 Prozent – erheblich weniger als die Bewegung Le Pens. Die kommunistische Regierungsbeteiligung unter Georges Marchais Anfang der achtziger Jahre (1981 bis 1984) führte die Kommunisten noch weiter ins elektorale Abseits, was wiederum die Öffnung zu anderen Parteien nicht begünstigte. Das Konzept der französischen Kommunisten, „in dem sich auf einem prosowjetischen Hintergrund sozialrevolutionäre und nationalistische Elemente miteinander verbinden"[41], läßt nichts mehr von den zeitweiligen Auflockerungstendenzen in den siebziger Jahren erkennen, wie man sich überhaupt fragen kann, ob der PCF jemals zu Recht das Verdikt „eurokommunistisch" verdiente.

Die dritte Partei, die gemeinhin unter dem Oberbegriff des Eurokommunismus gefaßt wurde, ist die spanische – der „Partido Comunista de España" (PCE). Auch hier sind die Wahlergebnisse für die Kommunisten, deren Arbeit von jahrzehntelanger Illegalität geprägt ist, stark rückläufig. Jedenfalls erfüllten sich die Blütenträume nach dem Tod General Francos nicht. Erreichte die Kommunistische Partei 1979 10,8 Prozent der Stimmen, so kam sie 1982 nur noch auf 3,9 und

[39] In diesem Sinne auch Heinz Gärtner, Die symbolische Herausforderung des Eurokommunismus. Die Entwicklung und Begrenzung einer neuen Identität der KPI, in: Gärtner/Trautmann (FN 33), S. 313-330.

[40] So Stéphane Courtois/Denis Peschanski, From Decline to Marginalization: the PCF Breaks with French Society. The French Communist Party, in: Waller/Fennema (FN 35), S. 48.

[41] So Heinz Timmermann (FN 35), Teil I, S. 35.

1986 (unter ihrem damaligen Vorsitzenden Gerardo Iglesias) auch bloß auf 4,6 Prozent, obwohl ein Wahlbündnis mit anderen linken Gruppierungen gebildet worden war. Bei der Europawahl im Juni 1989 konnte die „Vereinigte Linke" ihr Ergebnis auf 6,1 Prozent ausbauen. Nach dem Rücktritt Iglesias' und der Übernahme des Parteivorsitzes durch den ehemaligen Bürgermeister von Córdoba, Julio Anguita (1988), hat die Partei wieder stärker den „Leninismus" akzentuiert, was zu Parteiaustritten führte. Auf eine eher „härtere" Linie deutet auch die Wiedervereinigung mit den Traditionalisten der „Kommunistischen Partei der Völker Spaniens" hin, die sich im Januar 1989 vollzog.[42] Die Partei hat sich somit nur mehr der (kommunistischen) Konkurrenz Santiago Carrillos zu erwehren, der sich in den siebziger Jahren als engagierter Anhänger des Eurokommunismus profiliert und die spanischen Kommunisten auf diesen Weg gewiesen hatte. Gleichwohl muß man nach wie vor von einer Krise des spanischen Kommunismus sprechen.[43]

Interessante Entwicklungen zeigen sich auch in anderen Ländern. In allen skandinavischen Staaten gibt es zwei kommunistische Parteien, wobei die eurokommunistische Variante – sie war übrigens schon vorhanden, als man in Südeuropa noch nicht an einen Eurokommunismus dachte[44] – stärker ist als die marxistisch-leninistische. Hingegen erzielt die moskautreue Kommunistische Partei Portugals („Partido Comunista do Portugal") unter dem legendären Alvaro Cunhal noch immer eine beachtliche elektorale Stärke, wenn auch in einem Wahlbündnis (1985: 15,4 Prozent; 1987: 12,2 Prozent), wiewohl gerade Cunhal die Strategie des „Elektoralismus" verhöhnt.[45] In Großbritannien hingegen spielt die „Communist Party of Great Bri-

[42] Vgl. Walter Haubrich, Wiedervereinigung unter Spaniens Kommunisten, in: Frankfurter Allgemeine Zeitung vom 16. Jan. 1989, S. 1.

[43] Vgl. Juan Botella, Spanish Communism in Crisis. The Communist Party of Spain, in: Waller/Fennema (FN 35), S. 69-85.

[44] Daß das in der Öffentlichkeit so wenig wahrgenommen worden ist, dürfte mit der mangelnden Ausstrahlungskraft dieser kleinen kommunistischen Parteien zusammenhängen. So war etwa die Kommunistische Partei in Island niemals an der Sowjetunion ausgerichtet und mehrfach an der Regierungsbildung beteiligt. Auch von der Kommunistischen Partei in Zypern – außenpolitisch an die Sowjetunion gebunden, innenpolitisch „faktisch in eine linke Volkspartei transformiert" (so Timmermann [FN 35], Teil II, S. 27) – nimmt man kaum Kenntnis, obwohl sie bei den Wahlen meistens noch besser abschneidet als die italienischen Kommunisten (1981: 32,7 Prozent; 1985: 27,4 Prozent).

[45] Vgl. hierzu Heinz Timmermann (FN 35), Teil II, S. 15-25. Laut Timmermann hat die Kommunistische Partei offensichtlich „die Identitätskrise ihrer westeuropäischen Bruderparteien noch vor sich" (ebd., S. 25).

tain" (CPGB) schon allein aufgrund des relativen Mehrheitswahlsystems nicht die geringste Rolle, gleichwohl sind unterschiedliche kommunistische Strömungen in der Labour Party (und bei den Gewerkschaften) nicht einflußlos. So verzeichnete die „entristische" Strategie des Trotzkismus gewisse Erfolge.[46] Hingegen fällt kommunistisches Gedankengut in mitteleuropäischen Ländern wie der Schweiz und Österreich – wenngleich es in der zweiten Hälfte der sechziger Jahre zeitweise anders aussah[47] – sowie den Benelux-Ländern auf keinerlei fruchtbaren Boden. Der Stimmenanteil liegt, bis auf Luxemburg, in den achtziger Jahren meist bei rund einem Prozent, nachdem er früher zum Teil weit höher war. Bezeichnenderweise schneiden die kommunistischen Parteien dort gut ab, wo sie (wie in Frankreich und Italien) in der Widerstandsbewegung agierten und wo eine längere Zeit eine Rechtsdikatur herrschte (Portugal und Spanien sowie mit Einschränkungen Griechenland). Bei den südeuropäischen Ländern kommen die wirtschaftliche Rückständigkeit und eine verspätete Industrialisierung hinzu.

Klaus Kellmann gruppiert die kommunistischen Parteien Europas nach einem geographischen Schema. Die kommunistischen Parteien im Norden Europas handelt der Autor unter der Überschrift „zwischen Machtfaktor und Sekte" ab, die in Westeuropa klassifiziert er als „Sekte", die im romanischen und mediterranen Europa als „Machtfaktor".[48] In der Tat lassen sich auf diese Weise aufschlußreiche Parallelen herausarbeiten, so sehr man sich auch vor einer Verallgemeinerung hüten muß. Allerdings bedarf seine Auffassung der Modifizierung, daß die kommunistischen Parteien in europäischen Demokratien „überall dort stark, erfolgreich und geschichtsmächtig [waren und sind], wo sie ohne Abweichungen und Brüche an einer programmatischen Linie festgehalten haben. Diese mag eurokommunistisch wie in Italien, stalinistisch-orthodox wie in Portugal oder aber beides in einem wie in Zypern sein – die Verläßlichund insofern die Berechenbarkeit garantiert die politische Potenz."[49] Kritikwürdig ist die These insofern, als hier der Gesichtspunkt etwas

[46] Vgl. John Callaghan, British Trotzkyism. Theory and Practice, Oxford 1984.
[47] Vgl. Heinz Gärtner, Zwischen Moskau und Österreich. Die KPÖ – Analysen einer sowjetabhängigen KP, Wien 1979; Leopold Spira, Ein gescheiterter Versuch. Der Austro-Eurokommunismus, Wien 1979; ders., Der „österreichische Weg" – die Diskussion in der KPÖ, in: Gärtner/Trautmann (FN 33), S. 305-311.
[48] Vgl. Kellmann (FN 35), S. 15, S. 61, S. 107.
[49] Ebd., S. 231.

zu kurz kommt, daß sich die eurokommunistische Variante im Vergleich zur Moskauorientierung bei weitem als erfolgreicher erwiesen hat. Würde sie stimmen, dann müßte die DKP eine „geschichtsmächtige" Kraft sein, da sie – bisher jedenfalls – jegliche Schwankungen wohlweislich vermieden hat. Als gänzlich aussichtslos erweist sich die Strategie jener Gruppierungen, die sowohl die eurokommunistische als auch die sowjet-marxistische Variante verwerfen und einen betont revolutionären Kurs steuern, seien sie nun maoistisch ausgerichtet oder nicht. Es handelt sich in allen Fällen um Splitterparteien, soweit es sie überhaupt noch gibt.

Die jüngste Arbeit zu den kommunistischen Parteien in den europäischen Demokratien gelangt zu folgendem Resümee: „Von den hier beheimateten zwanzig KPen sind sieben (Portugal, Frankreich, Bundesrepublik Deutschland, Österreich, Türkei, Irland und Luxemburg) orthodox-moskauorientiert, acht (Finnland, Griechenland, Zypern, Spanien, Dänemark, Schweden, Norwegen und Großbritannien) in sich oder in Form von zwei Parteien eurokommunistisch-reformistisch und orthodox-moskauorientiert gespalten, drei (Niederlande, Belgien und die Schweiz) suchen weiterhin mit unterschiedlicher Akzentsetzung ihren endgültigen ideologischen Haltepunkt, eine (die KP Islands) kann insgesamt als eurokommunistisch bezeichnet werden, und die Kommunistische Partei Italiens [. . .] ist wie die dänische SF und die interne griechische KP dabei, das Stadium des Eurokommunismus in Richtung Linkssozialismus und Sozialdemokratie zu verlassen".[50] Natürlich kann man ein Fragezeichen hinter diese Behauptung setzen, je nachdem, was man unter Eurokommunismus versteht. Ist die These nicht recht gewagt, es könnte zu einer „Wiedervereinigung zwischen sozialistischen und kommunistischen Parteien in Westeuropa"[51] kommen? In Italien jedenfalls deutet nichts darauf hin. Dafür sind die Parteien in den gesellschaftlichen Gruppen zu sehr verwurzelt.

Was die Stärkeverhältnisse angeht, so hat sich in den achtziger Jahren – zum Leidwesen der Sowjetunion – ein zum Teil massiver Rückgang des kommunistischen Wählerpotentials vollzogen[52], vor allem auch eine weitere Ausdifferenzierung und damit ein Schwin-

[50] Ebd., S. 232.

[51] Ebd., S. 240.

[52] Vgl. beispielsweise Heinz Timmermann, The Decline of the World Communist Movement. Moscow, Beijing, and Communist Parties in the West, Boulder/London 1987.

den transnationaler Politik[53], wenngleich in den Staaten des Westens eine Reihe von Vorfeldorganisationen zugunsten sowjetischer Politik wirbt und wirkt.[54] Allerdings scheint in der Sowjetunion unter Gorbatschow die Pluralität der Wege zum Sozialismus anerkannt zu sein.[55]

Insgesamt nehmen sich heutzutage die Befürchtungen Dieter Oberndörfers vor über einem Jahrzehnt – bei einer Zusammenarbeit zwischen sozialistischen und kommunistischen Parteien wäre „die Erosion des westlichen Bündnisses in einen Zustand völliger Bedeutungslosigkeit"[56] die sichere Folge – arg pessimistisch aus. Ob die Politik Gorbatschows einen turning point einleiten und das Erscheinungsbild kommunistischer Parteien attraktiver zu gestalten vermag, ist nicht so sicher. Jedenfalls kann man die sowjetische Entwicklung so interpretieren, als vollziehe sich dort ein Offenbarungseid des Marxismus.

4. Terrorismus

4. 1. Bundesrepublik Deutschland

Zwei Jahrzehnte lang blieb der nach 1945 im westlichen Deutschland entstandene demokratische Verfassungsstaat von terroristischer Gewaltsamkeit verschont. Politisch militante und terroristische Gruppierungen kristallisierten sich erst seit Ende der sechziger Jahre als Produkte eines Radikalisierungsprozesses heraus, den eine Minderheit der auseinanderdriftenden studentischen Protestbewegung durchlief. Eine in der Welt des „Wirtschaftswunders" aufgewachsene

[53] Vgl. hierzu einige Überlegungen von Klaus von Beyme, Die Sowjetunion in der Weltpolitik, München/Zürich 1983, S. 163-181. Tenor: „Die Kommunistischen Parteien der westlichen Welt können nicht mehr nur als 5. Kolonne hingestellt werden, die Länder ‚sozialistischer Orientierung' sind vielfach nicht so dozil geblieben, wie Moskau gehofft hatte." Ebd., S. 178.

[54] Vgl. beispielsweise: Bundesministerium des Innern (Hrsg.), Kommunistische Frontorganisationen im ideologischen Klassenkampf. Über die Tätigkeit internationaler sowjetkommunistischer Propagandaorganisationen und ihrer Partner in der Bundesrepublik Deutschland, Bonn 1984.

[55] Vgl. Heinz Timmermann, Die KPdSU und das kommunistische Parteiensystem. Paradigmenwechsel in Moskau, in: Aus Politik und Zeitgeschichte. Beilage zur Wochenzeitung „Das Parlament", B 12/1989, S. 20-28.

[56] Dieter Oberndörfer, Einführung: Die sozialistischen und kommunistischen Parteien Frankreichs, Italiens, Spaniens und Griechenlands, in: Ders. (FN 35), S. 33.

junge Generation konfrontierte die Gesellschaft nicht ohne Selbstgerechtigkeit mit rigorosen moralischen Maßstäben, übte Fundamentalkritik und forderte eine grundlegende Veränderung der bestehenden Verhältnisse. In einigen Großstädten wie München, Frankfurt und besonders Westberlin bildeten sich in der zweiten Hälfte der sechziger Jahre linke Gegenkulturen, die zur Militanz neigenden Gruppen als Ausgangsbasis, Rekrutierungsfeld und Unterschlupf dienten.[57]

Das größte Aufsehen in der Öffentlichkeit erregte über Jahre hinweg die „Rote Armee Fraktion" (RAF). Sie war erstmals im Frühjahr 1971 unter diesem Namen in Erscheinung getreten. Mit der Befreiung des „Kaufhausbrandstifters" Andreas Baader aus der Haft (Mai 1970), an der die Studentin Gudrun Ensslin, die ehemalige „konkret"-Kolumnistin Ulrike Meinhof und der Rechtsanwalt Horst Mahler beteiligt gewesen waren, hatte die Gruppe den Weg in die Illegalität beschritten. In Flugschriften wurde der „kapitalistischen" Gesellschaft der Krieg erklärt und an das revolutionäre Bewußtsein der „Massen" appelliert. Die Gründergeneration der RAF verübte eine Serie von Banküberfällen und Sprengstoffattentaten. Bei bewaffneten Auseinandersetzungen zwischen Polizei und Terroristen gab es auf beiden Seiten Tote. Bis zum Frühsommer 1972 ging der „harte Kern" den Sicherheitskräften ins Netz. Freilich gelang es nicht, die RAF zu zerschlagen.

Eine zweite, brutalere „Generation" von Terroristen rekrutierte sich nicht zuletzt aus den Mitgliedern von Gefangenen-Hilfskomitees. Deren Aktionen erreichten im Jahre 1977 mit der Entführung des Arbeitgeberpräsidenten Schleyer – zwecks Befreiung der RAF-Häftlinge – einen Höhepunkt. Nachdem auch die Unterstützungsaktion eines palästinensischen Kommandos die Bundesregierung nicht zum Einlenken veranlaßte, das gekaperte Flugzeug vielmehr befreit werden konnte, ermordeten die Terroristen ihre Geisel. Die inhaftierten RAF-Aktivisten Baader, Ensslin und Raspe nahmen sich das Leben. Die Vorgänge in „Stammheim" wurden in der militanten „Szene" seither zum Mythos, die toten Terroristen zu Märtyrern des „bewaffneten Kampfes". Auch zwölf Jahre nach dem „deutschen

[57] Vgl. zur Geschichte des Linksterrorismus in der Bundesrepublik den historischen Abriß bei: Backes/Jesse (FN 8), Bd. II, S. 149-169; zur einschlägigen Forschung dies. (FN 8), Bd. I, S. 224-288. Siehe auch den historischen Abriß bei: Hans Josef Horchem, Fünfzehn Jahre Terrorismus in der Bundesrepublik Deutschland, in: Aus Politik und Zeitgeschichte. Beilage zur Wochenzeitung „Das Parlament", B 5/1987, S. 1-15. Zur neuesten Literatur ferner den Bericht von Gerhard Hertel in diesem Band.

Herbst" (1977) hat die RAF, obwohl durch Fahndungserfolge der Polizei geschwächt und einen intensivierten gesellschaftlichen Dialog in ihrer Moral verunsichert, nicht zu existieren aufgehört.[58]

Auch unter dem Einfluß von Aktionen der „Baader-Meinhof-Gruppe" entstand Anfang der siebziger Jahre die „Bewegung 2. Juni", ein Produkt der Westberliner militanten „Szene". Im Gegensatz zur RAF verfügte die anarchistisch inspirierte Gruppe weder über ein ausgearbeitetes theoretisches Konzept noch über festgefügte Organisationsstrukturen. Seit 1972 ging die „Bewegung 2. Juni" zu systematischen Aktionen über. Die spektakulärste Tat gelang 1975 mit der Entführung des Berliner CDU-Vorsitzenden Peter Lorenz. Die Geisel blieb unversehrt, da die Bundesregierung der Forderung nach Freilassung „politischer Häftlinge" entsprach. In den folgenden Jahren zerfiel die Gruppe. Einige ihrer Mitglieder füllten 1980 die durch Verhaftungen gelichteten Reihen der RAF auf.

Seit Ende 1973 traten Revolutionäre Zellen mit Sprengstoff- und Brandanschlägen in Erscheinung. Ihre vielfach unter dem Tarnmantel einer normalen bürgerlichen Existenz operierenden Mitglieder („Feierabend-Terrorismus") konzentrieren ihre Aktionen auf Sachobjekte mit Symbolfunktion (zum Beispiel: Industrieunternehmen, Militäreinrichtungen), aber geringem Risiko einer Entdeckung. Die Resonanz bei gesellschaftlichen Klientelgruppen wird als zentrales Ziel der Aktionen definiert; sie müssen also vermittelbar sein. Aufgrund des hohen Autonomiegrades der Zellen und ihrer defensiven Operationsweise konnte das Netz der Revolutionären Zellen von den Sicherheitsbehörden bislang nicht entscheidend geschwächt werden. Ähnliches gilt für Einzel- und Gruppenaktionen von Tätern aus dem anarchistischen und „autonomen" Spektrum, die in den letzten Jahren durch eine Vielzahl zumeist auf Sachobjekte gerichteter Zerstörungstaten hervorgetreten sind.

Die Aktivitäten linksextremer terroristischer Gruppen übten auf der extremen Rechten seit Ende der siebziger Jahre eine gewisse Vorbildwirkung aus. So definierte sich eine Gruppe um Walther Kexel und Odfried Hepp, die Anfang der achziger Jahre Banküberfälle und Sprengstoffanschläge verübte, als „antiimperialistisch" und bediente sich von der RAF bekannter konspirativer Techniken.[59] Freilich hat

[58] Siehe die Bilanz im: Verfassungsschutzbericht 1988, Bonn 1989, S. 95-104 (hektographierte Fassung, rosa Teil).

[59] Ein Vergleich rechts- und linksterroristischer Gruppierungen (freilich auf schmaler Datengrundlage) findet sich bei: Friedhelm Neidhardt, Linker und rechter Terroris-

der Rechtsterrorismus nicht annähernd die Intensität seines linken Pendants erreicht – vor allem auch aufgrund des fehlenden Sympathisanten- und Unterstützerumfeldes.

4. 2. *Andere Demokratien in Europa*

Die zweite deutsche Demokratie, nicht zuletzt vor der Erfahrung eines Staatsterrorismus entstanden, blieb trotz vielfältiger extremistischer Strömungen in den ersten Jahren nach ihrer Gründung von terroristischen Gewaltakten verschont. Dagegen erlebte das französische Nachbarland, das einen schwierigen Prozeß der Entkolonisierung durchlief, bereits zu Anfang der sechziger Jahre eine Welle von Attentaten. Die teilweise von rechtsextremen Konzepten getragene „Organisation Armée Secrète" (OAS) beschritt den Weg in den Terrorismus, nachdem die „Algérie française"-Bewegung ihr Ziel verfehlt, Staatspräsident de Gaulle die Weichen zur Unabhängigkeit Algeriens gestellt hatte.[60] Der General entkam 1962 nur knapp einem Attentat.

Während sich Teile der Studentenbewegung in der Bundesrepublik radikalisierten und zur systematischen Gewaltanwendung übergingen, löste der französische „Mai 1968" nicht unmittelbar die Bildung terroristischer Zellen aus. Jedoch entstand auch in Frankreich im Laufe der siebziger Jahre eine Reihe terroristischer Organisationen, die sich teilweise als Vollstrecker des „Mai 1968" verstanden. Aus Aktivisten dreier, ideologisch heterogener Gruppen (Brigades internationales [BI]; Groupes d'action révolutionnaire internationaliste [GARI]; Noyaux armés pour l'autonomie populaire [NAPAP]) bildete sich 1979 die Organisation „Action directe".[61] Sie verübte in

mus. Empirische Ansätze zu einem Vergleich, in: Gewalt von rechts. Beiträge aus Wissenschaft und Publizistik, hrsg. vom Referat „Öffentlichkeitsarbeit gegen Terrorismus" im Bundesministerium des Innern, Bonn 1982, S. 155-204. Siehe zur Militanz jugendlicher Rechtsextremisten vor allem: Peter Dudek, Jugendliche Rechtsextremisten. Zwischen Hakenkreuz und Odalsrune 1945 bis heute, Köln 1985.

60 Vgl. zum zeitgeschichtlichen Hintergrund: Thankmar von Münchhausen, Kolonialismus und Demokratie. Die französische Algerienpolitik von 1945 bis 1962, München 1977. Zur OAS: Rémi Kauffer, O. A. S. Histoire d'une organisation secrète, Paris 1986; Joseph Algazy, La tentation néo-fasciste en France de 1944 à 1965, Paris 1984, S. 221-244.

61 Vgl. zu Entstehung der Gruppe: Alain Hamon/Jean-Charles Marchand, Action directe. Du terrorisme français à l'euroterrorisme, Paris 1986, S. 19-30; Dieter Paas, Frankreich: Der integrierte Linksradikalismus, in: Henner Hess u. a., Angriff auf das

der Folge eine Kette von Sprengstoffanschlägen gegen öffentliche Gebäude, Militäreinrichtungen, Luxuswaren-Geschäfte, Banken und Industriebetriebe. Daneben traten Aktionen zum Aufbau logistischer Strukturen: Waffendiebstäle und Banküberfälle. Die Polizei konnte in relativ kurzer Zeit eine Reihe von Mitgliedern der Gruppe verhaften. Diese kamen jedoch im Zuge der von Präsident Mitterrand nach seinem Regierungsantritt verkündeten Amnestie bald wieder frei und gingen erneut in den Untergrund. Die reorganisierte Action directe knüpfte Kontakte zur deutschen RAF und schockierte mit Attentaten auf Industrielle und Militärs die Öffentlichkeit. Im Laufe des Jahres 1987 gelang es der Polizei, die führenden Aktivisten der Organisation zu verhaften und ihre logistischen Strukturen entscheidend zu schwächen. Freilich weist der Terrorismus in Frankreich zu viele verschiedene Operationsebenen auf, als daß von einer Austrocknung die Rede sein könnte. Ein Bericht des französischen Senates listet für den Zeitraum 1975 bis Anfang 1984 fünf verschiedene Kategorien terroristischer Aktivitäten auf (internationaler Terrorismus, Autonomismus, Rassismus, extreme Rechte, extreme Linke), bilanziert insgesamt 5348 Anschläge gegen Sachen und 130 Tötungsdelikte.[62]

Wie in der Bundesrepublik Deutschland entstand auch in Italien der linke Terrorismus als radikales Zerfallsprodukt der „68er" Bewegung.[63]. Die Gründung der Brigate rosse (Rote Brigaden) etwa geht auf den „heißen Herbst" des Jahres 1969 zurück, als zahlreiche Bombenanschläge verschiedener Gruppierungen für Aufregung sorgten. Die Aktionen der Gruppe konzentrierten sich anfänglich auf den industriellen Norden des Landes und zielten hauptsächlich auf Besitzer und hohe Funktionäre von Industrieunternehmen, denen mit Bombenanschlägen Angst eingejagt werden sollte. Daneben traten (zunächst unblutig verlaufende) Entführungen und Beschaffungsdelikte (Diebstäle, Raubüberfälle). Nach dem Tod des Mailänder Verlegers

Herz des Staates. Soziale Entwicklung und Terrorismus, Bd. 2, Frankfurt a. M. 1988, S. 167-279.

62 Rapport fait au nom de la commission de contrôle des conditions de fonctionnement, d'intervention et de coordination des services de police et de sécurité engagés dans la lutte contre le terrorisme par M. Paul Masson, in: Sénat, seconde session ordinaire de 1983-1984, annexe au procès-verbal de la séance du 17 mai 1984, Nr. 322, S. 217.

63 Vgl. dazu den Beitrag von: Donatella della Porta, Protestbewegung und Terrorismus in Italien, in: Aus Politik und Zeitgeschichte. Beilage zur Wochenzeitung „Das Parlament", B 55/1988, S. 20-34. Gian Carlo Caselli/Donatella della Porta, La storia delle Brigate rosse: strutture organizzative e strategie d'azione, in: Donatella della Porta (Hrsg.), Terrorismi in Italia, Bologna 1984, S. 153-221.

Feltrinelli (1972), der die Gruppe anfänglich finanziell unterstützt hatte, fiel die Leitung der Organisation an Renato Curcio. Dieser organisierte in der Folgezeit eine Reihe spektakulärer Entführungen. 1974 verhaftete die Polizei Curcio und weitere führende Mitglieder der Roten Brigaden. Zur Märtyrerin des revolutionären Kampfes wurde die Lebensgefährtin und Kombattantin Curcios, Margherita Cagol, die ihren Mann aus der Haft befreien konnte, 1975 aber bei einem Polizeieinsatz ums Leben kam. Von nun an erhöhte sich die Zahl der von den Roten Brigaden Getöteten drastisch. Entführungen wie die des Christdemokraten Aldo Moro endeten blutig. Durch neue Methoden der Terrorismusbekämpfung (zum Beispiel Möglichkeiten der Strafmilderung für kooperationswillige Terroristen) gelangen der italienischen Polizei zu Anfang der achziger Jahre entscheidende Fahndungserfolge. 1983 sollen insgesamt 740 Rotbrigadisten samt ihrer Unterstützer in Haft gewesen sein.[64]

Seit Mitte der sechziger Jahre mehrten sich auch terroristische Aktionen rechtsextremer Gruppen, die sich vielfach durch eine besondere Rücksichtslosigkeit gegenüber Menschenleben auszeichneten. So tötete 1969 eine Bombe an der Piazza Fontana in Mailand 16 Menschen; 1974 wurde ein Anschlag auf eine antifaschistische Demonstration in Brescia verübt (8 Tote); im gleichen Jahr forderte ein Attentat auf den Expreßzug „Italicus" zwölf Tote; 1980 tötete eine im Hauptbahnhof von Bologna detonierende Bombe 85 Personen. Gruppen wie „Nuclei armati rivoluzionari", „Terza posizione" und „Opposizione popolare rivoluzionaria" entstanden in den siebziger Jahren und führten eine bis dato unbekannte Systematik in die Strategie des rechtsextremen Terrors ein.[65] Die Statistik des Rechts- und Linksterrorismus verzeichnet für die Jahre 1969 bis 1987 (einschließlich der Terroristen) 356 Tote.[66]

Während der sozialrevolutionär ausgerichtete Linksterrorismus in der Bundesrepublik, Frankreich und Italien offenkundig nicht – wie in manchen Ländern der „Dritten Welt" – durch soziales Elend hervorgerufen wird, geht der Terrorismus im Baskenland und Nordir-

[64] Vgl. Theodor Wieser/Frederic Spotts, Der Fall Italien. Dauerkrise einer schwierigen Demokratie, Frankfurt a. M. 1983, S. 87.

[65] Vgl. zum italienischen Rechtsterrorismus: Rosario Minna, Il terrorismo di destra, in: Della Porta (Hrsg.), Terrorismi (FN 63), S. 21-72; Franco Ferraresi, La destra eversiva, in: Ders. (Hrsg.), La destra radicale, Mailand 1984, S. 54-118.

[66] Diese Zahl nennt: Peter Fritzsche, Terrorismus in der Bundesrepublik Deutschland und in Italien. Erbschaft der „68er-Bewegung" oder „Last des Faschismus"?, in: Universitas 43 (1988), S. 1063.

land jedenfalls auf eine historisch reale Unterdrückung ethnischer Minoritäten zurück. Die baskische Terrororganisation ETA entstand unter dem Franco-Regime, als die Politik der Madrider Zentrale über die Autonomiewünsche der Basken systematisch hinwegging und eine rücksichtslose Hispanisierungspolitik betrieb.[67] Nach der Demokratisierung Spaniens machten die neuen Regierungen zunächst den Fehler, die Politik gegenüber dem Baskenland nicht auf eine völlig neue Grundlage zu stellen. Die Terrororganisation führte den Kampf daher weiter und intensivierte ihn unter den nun herrschenden liberalen Bedingungen. Eine auf Ausgleich und Kompromiß bedachte Politik wie auch Fahndungserfolge bei der Terrorismusbekämpfung im Zuge der spanisch-französischen Kooperation seit einigen Jahren haben inzwischen zu einer Schwächung der ETA geführt. Freilich zehrt die Organisation nach wie vor von einer prinzipiellen Loyalität in beachtlichen Segmenten der baskischen Bevölkerung, die zu einem Gutteil auf den Widerstandskampf der ETA gegen das Franco-Regime zurückgeht.

Wie im Baskenland hat auch der Terror der nordirischen IRA in einer historischen Unterdrückungserfahrung seine Wurzel, speist sich also auf weit zurückreichende Traditionen, die den Horizont der gegenwärtigen Akteure und ihrer Aktionsformen überschreiten. Die IRA kann wie die ETA mit der Loyalität eines beachtlichen Teiles der Bevölkerung rechnen. Diese Rahmenbedingungen prägen die Schärfe des Konfliktes und führen in beiden Fällen – ETA und IRA – zu einer besonders hohen Zahl an Opfern. In Nordirland wurden von 1970 bis 1988 über 2.600 Personen getötet und mehr als 20.000 verletzt,[68] in Spanien allein im Jahr 1987 von der ETA 51 Menschen getötet, wobei diese Zahl noch hinter den entsprechenden Werten für die „schwarzen Jahre" 1978, 1979 und 1980 rangiert.[69]

Bildet man im Hinblick auf den Grad der Gefährdung der europäischen Demokratien durch terroristische Organisationen eine Skala, so stehen Spanien und Nordirland vor dem Hintergrund des ETA-

[67] Vgl. auch zum folgenden den Beitrag von: Peter Waldmann, Die Bedeutung der ETA für Gesellschaft und Politik im spanischen Baskenland, in: Aus Politik und Zeitgeschichte. Beilage zur Wochenzeitung „Das Parlament", B 45/1988, S. 3-19 (mit zahlreichen Literaturverweisen). Zur historischen Entwicklung der ETA siehe vor allem: José Mari Garmendia, Historia de ETA, 2 Bde., San Sebastián 1983.

[68] Diese Zahlen nennt: Wulf Friedrich Multhaupt, Die Irisch Republikanische Armee. Geschichte, Ziele und Aktivitäten, in: Aus Politik und Zeitgeschichte. Beilage zur Wochenzeitung „Das Parlament", B 45/1988, S. 35.

[69] Mitteilung des spanischen Innenministeriums an die Autoren.

und IRA-Terrors an vorderster Stelle. Am anderen Ende finden sich etwa die von terroristischen Aktivitäten bislang weitgehend verschont gebliebenen skandinavischen Staaten. Das von sozialrevolutionär ausgerichteten Gruppierungen ausgehende Gefahrenpotential bleibt in den meisten Staaten aufgrund fehlender sozialer Resonanzgruppen in enge Grenzen verwiesen. Es sind historisch bedingte ethnischen Konfliktlinien, die – mit marxistischer Ideologie unterlegt – derzeit die größte Sprengkraft entwickeln. Politisch motivierte Gewaltsamkeit stellt eine Herausforderung für die innere Sicherheit demokratischer Verfassungsstaaten dar, der diese in Zukunft durch verstärkte Kooperation begegnen müssen, um der Internationalisierung des Terrorismus entgegenzuwirken.[70]

5. Vergleichende Überlegungen

Offenkundig wird dem politischen Extremismus in der Bundesrepublik mehr Aufmerksamkeit geschenkt als anderswo, obwohl das Wählerpotential eher unterdurchschnittlich entwickelt ist. Dieses Paradoxon – gesteigerte Aufmerksamkeitsbereitschaft bei relativer Ohnmacht des politischen Extremismus – dürfte wesentlich historisch bedingt sein: Die Last der Vergangenheit sowie das Negativbeispiel des anderen deutschen Staates wirken nach – zum Teil in einer Weise, die positiv als Sensibilität für extremistische Phänomene zu deuten ist, zum Teil aber auch in einer Weise, die dem demokratischen Verfassungsstaat Hohn spricht und lediglich dem juste milieu Rechnung trägt, wenn man etwa in selbstzufriedener Weise über die geringe Stärke des extremistischen Milieus räsoniert oder – ganz im Gegenteil – hysterisch auf den Wahlerfolg einer tatsächlich bzw. vermeintlich extremistischen Partei reagiert, wobei sich ein großer Teil der Öffentlichkeit durch politische Einäugigkeit auszeichnet. Nicht nur die Grünen zu Anfang und die Republikaner am Ende der achtziger Jahre wissen davon ein Lied zu singen.

Im übrigen – und dieser Sachverhalt hängt mit dem gesteigerten Aufmerksamkeitsgrad für extremistische Phänomene eng zusammen – sind in keiner anderen westlichen Demokratie die Schutzbestimmungen gegenüber dem politischen Extremismus so ausgeprägt wie

[70] Siehe zum internationalen Terrorismus insbesondere: Walter Laqueur, Terrorismus. Die globale Herausforderung, Frankfurt a. M./Berlin 1987, S. 413 f.

in der Bundesrepublik. Diese versteht sich als eine wert- und wehrhafte Demokratie, die nicht erst bei einer Verletzung der Strafgesetze aktiv wird, sondern die Abwehr vorverlagert hat. Allerdings sind die Unterschiede zu anderen europäischen Demokratien nicht prinzipieller Natur. Zum einen kommen durch die Ausrichtung am Opportunitätsprinzip die Schutzvorkehrungen nicht immer zum Tragen, zum anderen versuchen auch die übrigen europäischen Demokratien der Legalitätstaktik von Extremisten in vielfältiger Weise einen Riegel vorzuschieben. Selbst beim Komplex „Extremismus und öffentlicher Dienst", der für viele – nicht zuletzt Ausländer – als „German problem"[71] firmiert, versucht man in unterschiedlicher, wenn auch geräuschloserer (und damit „eleganterer"?) Weise, Extremisten von den Schalthebeln der Macht fernzuhalten. Freilich wird stärker auf die jeweiligen Verhaltensweisen abgestellt, keine Treuepflicht gefordert. Umgekehrt sind wiederum der Rechtsschutz und der Begründungszwang weit weniger ausgebaut als in der Bundesrepublik Deutschland.[72]

Im folgenden sollen die eingangs formulierten drei Kernfragen gesondert für Rechtsextremismus, Linksextremismus und Terrorismus beantwortet werden. Differenzierung tut dabei not; allerdings lassen sich Generalisierungen nicht immer vermeiden.

Unterschiede zwischen der Bundesrepublik Deutschland und den anderen europäischen Demokratien im Hinblick auf die Stärke des linksextremistischen Potentials sind nicht zu übersehen. Jedenfalls ist die DKP die „in den allgemeinen Wahlen erfolgloseste KP Westeuropas".[73] Die Besonderheit der deutschen Situation dürfte sich prägend auswirken: Die DKP muß es sich gefallen lassen, mit dem SED-Re-

[71] So Gordon Smith, Democracy in Western Germany. Parties & Politics in the Federal Republic, 3. Aufl., Aldershot 1986 (1979), S. 221. In diesem Sinne auch: Gregg O. Kvistad, Radicals and the State. The Political Demands on West German Civil Servants, in: Comparative Political Studies 21 (1988), H. 1, S. 95-125.

[72] Vgl. Karl Doehring u. a., Verfassungstreue im öffentlichen Dienst europäischer Staaten, Berlin 1980; Ernst-Wolfgang Böckenförde/Christian Tomuschat/Dieter C. Umbach (Hrsg.), Extremisten und öffentlicher Dienst. Rechtslage und Praxis des Zugangs zum und der Entlassung aus dem öffentlichen Dienst in Westeuropa, USA, Jugoslawien und der EG, Baden-Baden 1981; zusammenfassend und einordnend Eckhard Jesse, Verfassungsschutz in der Bundesrepublik Deutschland im Vergleich zu anderen Demokratien, in: Politische Bildung 17 (1984), H. 1, S. 43-66.

[73] Das verdienstvolle Handbuch von O Maoláin (FN 26) zum weltweiten Rechtsextremismus ist hierfür ein gutes Beispiel, werden doch im Teil über die Bundesrepublik zahlreiche „Phantome" mitgeschleppt und Etikettierungen wie „neo-nazistisch" und „neo-faschistisch" besonders großzügig ausgestreut.

gime im anderen Teil Deutschlands und damit auch mit Mauer, Stacheldraht und Schießbefehl in einem Atemzug genannt zu werden. Allerdings sagen die mageren Wahlergebnisse nicht alles aus. Erstens ist für die Beurteilung des Extremismus der Erfolg bei Wahlen nur ein Indikator neben anderen, wie etwa der teilweise beträchtliche Einfluß marxistisch-leninistischer Denkmuster in Teilen der westdeutschen Öffentlichkeit belegt; zweitens gibt es in den Ländern, in denen die Wahlerfolge von Kommunisten weit höher als in der Bundesrepublik liegen, eine Reihe von Mechanismen zur Eindämmung oder zur Neutralisierung kommunistischen Einflusses.

Was bedeutet heute noch das Wort vom „Eurokommunismus"? Der Begriff wird hier nicht in der üblichen Konnotation verstanden, sondern in dem Sinne der Homogenität und eines einheitlichen Vorgehens kommunistischer Parteien in europäischen Demokratien. Für Kellmann firmiert Italien wegen des beträchtlichen Einflusses der Kommunisten als „der große Sonderfall"; an anderer Stelle spricht er aufgrund der langjährigen Regierungsbeteiligung vom „finnischen und isländischen Sonderfall"[74]; und natürlich gilt auch die Türkei als ein „Sonderfall" , wo die Kommunisten bekanntlich im Untergrund wirken müssen sowie Griechenland, ist hier doch die moskauorientierte Variante stärker als die eurokommunistische. Und erst recht trifft der „Sonderfall" auf die DKP zu: Die nach dem Ersten Weltkrieg hinsichtlich der Wählerschaft größte KP ist heute eine der kleinsten. Die noch weiter fortzusetzenden Beispiele zeigen nachdrücklich die Prägung des kommunistischen Erscheinungsbildes durch nationale Spezifika. Insofern gibt es „den" Kommunismus in europäischen Demokratien gar nicht.[75] Die Liberalität westlicher Demokratien hat im Zusammenhang mit anderen Faktoren zu einer „Nationalisierung" kommunistischer Parteien geführt. Ein Zusammenschluß von Parteien des „westlichen" Europas existiert nicht. Der Kommunismus stellt in den europäischen Demokratien allein aufgrund seiner Heterogenität kein Modell für einen vielbeschworenen „dritten Weg" dar.[76] Ob

[74] Bericht im Namen des Untersuchungsausschusses (FN 14).

[75] Vgl. besonders: David P. Conradt, Changing German Political Culture, in: Gabriel A. Almond/Sidney Verba (Hrsg.), The Civic Culture Revisited, Boston/Toronto 1980, S. 212-272. Siehe zur Diskussion dieser Ergebnisse: Backes/Jesse (FN 8) Bd. II, S. 224-237. Zusammenfassend auch: Felix Ph. Lutz, Empirisches Datenmaterial zum historisch-politischen Bewußtsein, in: Bundesrepublik Deutschland. Geschichte – Bewußtsein, Bonn 1989, S. 150-169.

[76] Vgl. zum historischen Hintergrund: Jürgen Förster/Gerd R. Ueberschär, Freiwillige für den „Kreuzzug Europas gegen den Bolschewismus", in: Militärgeschichtliches

diese „Pluralität der Entwicklungswege zum Sozialismus [. . .] von den sowjetischen Reformern heute als positive Erscheinung und als Chance zu gegenseitigem Lernen und wechselseitiger inhaltlicher Bereicherung eingeschätzt"[77] wird, mag dahinstehen. Vielleicht wird die Vielfalt als unvermeidliches Faktum akzeptiert.

Bedrohen linksextreme Bewegungen die europäischen Demokratien? Der Stimmenanteil für kommunistische Parteien ist in den achtziger Jahren zurckgegangen. Bei keinem Land besteht augenblicklich die Gefahr einer kommunistischen Machtübernahme durch Wahlen. Wie stark Kommunisten in eine Koalitionsregierung eingebunden werden können, zeigte das französische Beispiel Anfang der achtziger Jahre. Was die weiteren Perspektiven angeht, so dürfte vieles von der Entwicklung in der Sowjetunion abhängen. Es heißt, der Kommunismus in den westlichen Demokratien Europas werde eine „unablässig fortschreitende Befreiung vom ideologischen Führungsanspruch der Sowjetunion" nach sich ziehen. Nun behauptet derselbe Autor aber gleichzeitig, es spreche viel für die „Ernsthaftigkeit der umfassenden Gorbatschowschen Systemrevision".[78] Ist das richtig, so wäre eine Annäherung zwischen den kommunistischen Parteien und der Sowjetunion unvermeidlich.[79] In der Tat gilt: Die Glaubwürdigkeit eurokommunistischer Parteien zeigt sich in der Absage an den sowjetischen Weg zum Sozialismus, wie umgekehrt die Glaubwürdigkeit der sowjetischen „Systemrevision" sich am Verhältnis zu den KPen des Westens erweist. Zukünftig müßte die KPdSU in den Ländern, in denen zwei kommunistische Parteien existieren, eigentlich diejenige favorisieren, die den „sowjetischen Weg" (im alten Sinne) verwirft. Bislang besteht hier noch beträchtlicher Revisionsbedarf – wie nicht zuletzt das spanische Beispiel zeigt.

Aufgrund der Vergangenheit wird der Rechtsextremismus in der Bundesrepublik Deutschland im In- und Ausland vielfach mit beson-

Forschungsamt (Hrsg.), Das Deutsche Reich und der Zweite Weltkrieg, Bd. 4: Der Angriff auf die Sowjetunion, Stuttgart 1983, S. 908-935.

77 Vgl. dazu ausführlich: Werner Smoydzin, Hitler lebt! Vom internationalen Faschismus zur Internationale des Hakenkreuzes, Pfaffenhofen a. d. Ilm 1966, S. 57-82.

78 Von dieser Tendenz nicht frei ist die Darstellung von: Patrice Chairoff, Dossier néo-nazisme, Paris 1977. Bezeichnenderweise verzichtet das Handbuch von O Maoláin (FN 26) auf die separate Behandlung „internationaler" Organisationen.

79 Siehe hierzu vor allem: Michael Billig, Die Rassistische Internationale. Zur Renaissance der Rassenlehre in der modernen Psychologie, Frankfurt a. M. 1981 (Original: Psychology, Racism and Fascism, Birmingham 1979).

derem Argwohn betrachtet.[80] Dabei weisen verschiedene Indikatoren darauf hin, daß die hiesige rechtsextreme „Szene" keineswegs zur europäischen „Spitzengruppe" zählt. In einer Statistik des Europäischen Parlamentes über „Antisemitische Vorfälle in den Jahren 1981-1983" steht die Bundesrepublik keineswegs an erster Stelle.[81] Berücksichtigt man die unterschiedliche Bevölkerungszahl der verschiedenen Länder, so ergibt sich folgende Rangfolge: Großbritannien, Österreich, Belgien, Griechenland, Dänemark, Frankreich, Norwegen, Niederlande, Bundesrepublik Deutschland, Schweiz, Schweden, Italien, Finnland, Spanien. Dieser Befund wird durch vergleichende Untersuchungen zur politischen Kultur gestützt, die einen erheblichen Rückgang „autoritärer", obrigkeitsstaatlicher, antidemokratischer Einstellungen im Verlaufe der letzten zwanzig Jahre konstatieren, so daß sich die Bundesrepublik heute in dieser Hinsicht durchaus mit alteingesessenen Demokratien messen kann.[82]

Auch wer auf Wahldaten abstellt, wird dem bundesdeutschen Rechtsextremismus im europäischen Maßstab keinen Spitzenrang zuweisen können. Seit dem Niedergang der NPD lagen die Ergebnisse rechtsextremer Parteien über lange Jahre hinweg im Bereich von Zehntelprozenten. Erst in den letzten Jahren ist ein Aufwind spürbar, der sowohl originären „Gewächsen" des rechtsextremen „Lagers" als auch neuen national-populistischen Strömungen zu gewissen Erfolgen verholfen hat. Freilich ist dabei auffallend, daß nationalistische Gruppierungen ihre Stimmengewinne nicht etwa der engen Anlehnung an das nationalsozialistische „Vorbild", sondern gerade der Beschwörung eines „demokratisch geläuterten Patriotismus" verdanken. Auch der Indikator „Wahlen" weist der Bundesrepublik Deutschland und ihren rechtsextremen Organisationen einen Platz in der europäischen „Mitte" zu, wobei Länder wie Frankreich und Italien am einen Ende der Skala, Staaten wie die Niederlande und Schweden eher am anderen Ende rangieren.

Erstrebt der Kommunismus als – jedenfalls der Idee nach – internationalistische Bewegung länderübergreifendes Zusammenwirken,

80 Kellmann (FN 35), S. 79.

81 Ebd., S. 232, S. 51.

82 Die mangelnde Homogenität tritt erst recht zutage, wenn man über Europa hinausblickt. So lautet der Grundtenor in folgender Schrift: Heinz Timmermann (Hrsg.), Kommunistische Weltbewegung heute. Divergierende Positionen repräsentativer Parteien, Berichte des Bundesinstituts für ostwissenschaftliche und internationale Studien, Nr. 40, Köln 1986.

so ist für nationalistische Organisationen eine internationale Kooperation alles andere als selbstverständlich. Rechtsextreme Organisationen bestimmten den Eigenwert „ihrer" Nation in der Vergangenheit vielfach in (eher feindseliger) Abgrenzung gegenüber anderen Nationen – der traditionelle Antigermanismus bzw. Franzosenhaß von Teilen der alten französischen und deutschen Rechten ist hierfür ein anschauliches Beispiel. Nach 1945 wandelte sich die Situation insofern, als sich die extreme Rechte in der größer werdenden Zahl der europäischen Demokratien in die Isolation gedrängt sah. Die Idee, dem internationalistischen Kommunismus so etwas wie eine nationalistische Internationale entgegenzustellen, gewann zudem an Gewicht. Die Neigung zu europaweiter Zusammenarbeit wurde auch durch ehemalige Angehörige europäischer Waffen-SS-Einheiten gefördert.[83] Teile der extremen Rechten wandten sich vor diesem Hintergrund einem „Europäischen Nationalismus" zu. So kam es nach dem Ende des Zweiten Weltkriegs zu einigen Versuchen zur Gründung „europanationalistischer" Vereinigungen. Bekannt geworden ist vor allem der Kongreß von Malmö 1951, auf dem Delegierte aus sieben Ländern die „Europäische Soziale Bewegung" gründeten.[84]

Freilich blieben die großartigen Resolutionen dieses Kongresses mehr oder weniger Theorie. Zwar hat die „faschistische Internationale" seither die Phantasie vieler Autoren angeregt und Verschwörungstheorien reichlich Nahrung gegeben[85]; in der Realität kam das Projekt über in verschiedenen Ländern bestehende Klein- und Kleinstorganisationen nicht hinaus. Von „Eurofaschismus" kann daher nicht nur wegen der Problematik des Faschismusbegriffs keine Rede sein. Allerdings haben diese Bestrebungen den Ideenaustausch zwischen verschiedenen europäischen Gruppierungen intensiviert, was besonders dem Wirken rechter Intellektuellenzirkel entgegenkommt.[86] Die Ausbreitung und Ausstrahlung der französischen Nouvelle Droite auf andere europäische Länder (Neue Rechte, Nuova Destra etc.) ist hierfür ein anschauliches Beispiel. Erwähnens-

[83] Dies klingt in manchen Beiträgen an bei: Gärtner/Trautmann (FN 33).

[84] So Timmermann (FN 82), S. 21 (Hervorhebung im Original).

[85] Kellmann (FN 35), S. 240, S. 246.

[86] Zur Strategie der Sowjetunion gegenüber „dem" Eurokommunismus (allerdings noch vor Gorbatschow) vgl. Rita Knobvel-Ulrich, Das sowjetische Antwortverhalten auf die eurokommunistische Herausforderung, in: Gärtner/Trautmann (FN 33), S. 281-303.

wert ist auch der fraktionelle Zusammenschluß rechtsextremer Organisationen im Europäischen Parlament, der in der Größenordnung freilich nicht an den der Kommunisten heranreicht.

Eine akute Gefährdung der europäischen Demokratien geht derzeit jedoch weder von internationalen noch von nationalen rechtsextremen Organisationen aus. Freilich wäre es leichtsinnig, den Rechtsextremismus als historisch überholt und ein für allemal abgetan anzusehen. Die heutige Situation könnte sich durchaus ändern, wenn bestimmte Faktoren weiter an Bedeutung gewinnen. An erster Stelle zu nennen ist die ökonomische Lage. Langanhaltende wirtschaftliche Krisen, verbunden mit Einkommenseinbußen breiter sozialer Schichten und Arbeitslosigkeit, können die Bereitschaft zur Wahl extremistischer Parteien erhöhen und rechtsextremen Kräften Auftrieb verschaffen. Zweitens sind bestimmte „issues" geradezu prädestiniert, rechtsextremen Organisationen Stimmen zuzuführen: Dies gilt etwa für „AIDS", besonders aber auch für die Ausländer- und Einwandererproblematik. Wie gezeigt worden ist, hat letzte Frage maßgeblich zu den jüngsten Wahlerfolgen rechter und rechtsextremer Formationen in Belgien, der Bundesrepublik, Dänemark, Frankreich und der Schweiz beigetragen. Das krasse Wohlstandsgefälle zwischen den europäischen Industrienationen und den Ländern der Dritten Welt wird dafür sorgen, daß diese Thematik auch in Zukunft auf der Tagesordnung bleibt. Drittens könnten die Bemühungen von Theoriezirkeln wie der Nouvelle Droite um eine Revitalisierung antiegalitärer, rechtsextremer Ideen im Zusammenklang mit den bereits genannten Faktoren zu einer nachhaltigen Stärkung des Rechtsextremismus führen. Es liegt im elementaren Interesse der demokratischen Verfassungsstaaten Europas, diesen Gefahren mit der nötigen Besonnenheit, aber auch Entschiedenheit entgegenzuwirken.

Flüchtige Protestpotentiale machen populistische Wahlbewegungen zu einem schwer berechenbaren Faktor. Eine dauerhafte Etablierung auf der politischen Bühne wird jedoch mir hoher Wahrscheinlichkeit nur dann möglich sein, wenn sich die betreffende politische Organisation von gesellschaftlichen Gruppen getragen weiß, die auf andere Weise keine Vertretung ihrer als berechtigt empfundenen Interessen erwarten. Gleiches gilt für extremistische Gruppen, die dem „Elektoralismus" eine Absage erteilen und für den Einsatz systematischer Gewaltakte plädieren. Sie werden umso gefährlicher, je breiter die ihnen Schutz und Unterstützung gewährenden sozialen Klientelgruppen sind. Das (bisherige) Scheitern rechtsterroristischer Zellen in der Bundesrepublik erklärt sich wesentlich aus dem Fehlen eines ausreichenden Sympathisantenumfeldes. Dagegen entwickelte sich die Kontinuität linksterroristischer Praxis seit Ende der sechziger Jahre auf der Grundlage eines in vielen deutschen Großstädten entstandenen militanten Protestmilieus. Zwar geriet die RAF durch das brutale Vorgehen gegen Personen auch in den linken „Szenen" in die Isolation – ein Grund für das Nachlassen ihrer Aktivitäten im Laufe der achtziger Jahren; eine verbreitete Gewaltakzeptanz in gesellschaftlichen Protestgruppen bildet jedoch einen Nährboden, auf dem „Gewalt gegen Sachen" praktizierende Terrorformationen wie „Revolutionäre Zellen" und „autonome" Gruppen sich entfalten können. Freilich ist diese Form des Terrorismus in der Bundesrepublik aufgrund mangelnder Resonanzwirkung nicht zu einer ernsthaften Gefahr für den Bestand des politischen Systems geworden. Eine gewisse Einsamkeit zeichnet den linken Terrorismus in der Bundesrepublik aus, da sein Werben bei potentiellen „revolutionären Subjekten" nicht auf hinreichende Gegenliebe stößt. Wie ein „Fisch im Wasser" können sich die Terroristen lediglich in gewissen Stadtteilen bewegen, nicht jedoch in der Gesellschaft der Bundesrepublik als Ganzes. Der Vergleich mit dem sozial verankerten Terrorismus der ETA und der IRA kann hier dabei helfen, die Proportionen richtig abzuschätzen. Allerdings zeigt die Entwicklung des Terrorismus in der Bundesrepublik, wie hartnäckig er sich auf niedrigem Niveau zu halten vermag, wenn er auch nur in kleinen, ideologisch irregeleiteten Minderheiten Unterstützung findet.

Vor einigen Jahren machte das Wort vom „Euroterrorismus" die Runde.[87] Gemeint war die sich abzeichnende Zusammenarbeit zwischen verschiedenen europäischen Terrorgruppen wie der RAF, der französischen Action directe, den belgischen Cellules Communistes Combattantes (CCC) und den italienischen Roten Brigaden. Besonders zwischen der französischen und der deutschen Terrorgruppe entwickelte sich zeitweilig eine Kooperation, die die Behörden beider Länder zu engerer Zusammenarbeit zwang. Freilich gelangte die im Januar 1985 proklamierte „Einheit der Revolutionäre in Westeu-

[87] Das Buch von Hamon/Marchand (FN 61) führte den Begriff bereits im Titel. Siehe zum Phänomen auch: Hans Josef Horchem, Terror in Europa. Akteure und Hintergründe – Gegenstrategien, in: Beiträge zur Konfliktforschung 16 (1986), H. 4, S. 33-54.

ropa"[88] über ein Larvenstadium nicht hinaus, zumal Action directe und belgische CCC durch Fahndungserfolge der Sicherheitsbehörden bald als mögliche Kooperationspartner ausfielen.[89] Die neuerlichen Hinweise auf eine Zusammenarbeit zwischen RAF und dem „antiimperialistischen" Teil der inzwischen gespaltenen Roten Brigaden[90] lassen sich auch als ein Manöver interpretieren, mit dem beide Organisationen über ihre Schwäche hinwegtäuschen wollen.

Die Frage der Gefährdung der europäischen Demokratien durch terroristische Gruppierungen ist nicht pauschal zu beantworten. In den meisten Ländern hält sich die Intensität links- und rechtsterroristischer Aktivitäten derart in Grenzen, daß eine akute Gefahr ohne Abstriche verneint werden kann. Das Baskenland und Nordirland bieten immerhin Beispiele, daß auch unter demokratischen Verhältnissen terroristische Konfliktherde weiterschwelen können, die zwar den Bestand des Staates nicht in Frage stellen mögen, das Land jedoch von Zeit zu Zeit in einen Ausnahmezustand versetzen, der das Pendel zwischen Freiheit und autoritärem Verlangen nach Ordnung zum letzten hin ausschlagen läßt. Diese scheinbare „Ruhe" wiederum könnte terroristische Tendenzen begünstigen. Eines der wesentlichen Ziele von Terroristen in allen europäischen Demokratien besteht darin, die politisch Verantwortlichen zu Überreaktionen zu provozieren. Wer sich diese „Dialektik" vor Augen hält, wird erkennen, daß sich Freiheit und Sicherheit nicht notwendigerweise ausschließen.

Die Entstehung und Ausbreitung extremistischer und terroristischer Phänomene darf in demokratischen Verfassungsstaaten nicht nur – ja, nicht einmal in erster Linie – eine Frage administrativen Vorgehens sein. Der politische Extremismus ist auch ein Barometer für die Problemlösungsfähigkeit des demokratischen Systems. Schließlich sind es zumeist offenkundige gesellschaftliche Defizite, die extremistischen Bewegungen Auftrieb verschaffen. Der politische Extremismus sollte daher auch ein Anlaß sein, Verstopfungen und Verkalkungen in den Kanälen der politischen Willensbildung und Entscheidungsfindung energisch entgegenzuwirken.

[88] So der Titel einer von RAF und Action directe gemeinsam verfaßten und an die Öffentlichkeit lancierten Erklärung.

[89] Siehe zu den CCC vor allem den Beitrag von: Bernard Francq, Les Cellules communistes combattantes: les deux figures d'une inversion, in: Sociologie du Travail, 4/1986, S. 458-483 (mit einer Chronologie der Ereignisse). Mit Vorsicht zu genießen dagegen: Jos Vander Velpen, Les CCC. L'Etat et le terrorisme, Anvers 1988.

[90] Vgl. den Bericht im Verfassungsschutzbericht 1988 (FN 29), S. 110 f. (rosa Teil).

Die DKP und der Eurokommunismus – Die moskautreue Partei vor ihrer größten und letzten Herausforderung?

Von Klaus Kellmann

1. Die Entwicklung der DKP

„Kommunismus und mehr noch ‚die kommunistische Partei' haben in Deutschland eine große Tradition, so unbedeutend und zersplittert beides in dem einen, und so künstlich, nur aufgrund der historischen Entwicklung übermächtig, beides in dem anderen Teil Deutschlands heute auch sein mögen."[1] Dieses ist die Zustandsbeschreibung parteipolitischer Inkarnationen der marxistischen Lehre, die im Blick auf die Nation in der Mitte Europas wohl noch für einen unabsehbaren Zeitraum Gültigkeit beanspruchen darf.

In dem hier gegebenen Zusammenhang soll es darum gehen, aus der Vielzahl rivalisierender, einander die Existenz bestreitender, aber auch immer wieder starker, ja gelegentlich geschichtsmächtiger kommunistischer Gruppierungen auf deutschem Boden eine herauszulösen und für sich zu betrachten, die – entgegen dem eigenen historischen Selbstverständnis – ihre parteipolitische Existenz der sich bereits in Umrissen abzeichnenden sozialliberalen Koalition und dem von dieser offen angekündigten Ausgleich nach Osten verdankt: die Deutsche Kommunistische Partei (DKP).

Stellenwert und Funktionsbestimmung, ja geradezu die Raison d'être des neuen westdeutschen Gebildes (das sich selbst keineswegs als neu, sondern als legitime Fortsetzung der 1956 verbotenen Kommunistischen Partei Deutschlands, der KPD, gewissermaßen als historische Wiedergutmachung für den „widerrechtlichen" Akt des Verbots verstand[2]) im Rahmen der internationalen kommunistischen Bewegung, insonderheit hinsichtlich der von Moskau über Ost-Berlin in die neue Düsseldorfer Parteizentrale führenden Kommandowe-

[1] Klaus Kellmann, Die kommunistischen Parteien in Westeuropa. Entwicklung zur Sozialdemokratie oder Sekte?, Stuttgart 1988, S. 61.

[2] Vgl. etwa als neuerliche Bestätigung dieses Standpunktes aus der DDR: Norbert Madloch, Voraussetzungen und Verlauf der Konstituierung der DKP 1968/69, in: Zeitschrift für Geschichtswissenschaft 36 (1988), S. 978-991.

ge, standen indes a statu nascendi in diametralem Gegensatz zu jenem weltpolitischen Klima der Détente, der Ideologiekritik und des „Wandels durch Annäherung" (Egon Bahr), das ihre (Wieder-)Begründung überhaupt erst möglich gemacht hatte: Die Partei sollte überall dort, wo sich bei den eigenen Genossen ideologische Reform- und Aufweichungstendenzen zeigten, als Leninscher Revolutionsbewahrer und außenpolitischer Erfüllungsgehilfe der Sowjetunion fungieren. War die bevorzugte Kommunikations- und Handlungsebene nach Osten mit der Sozialistischen Einheitspartei Deutschlands, der SED, quasi national vorgegeben, so wurde der DKP nach Westen mit der seinerzeit noch enorm starken, über zwanzig Prozent der Wählerstimmen auf sich vereinigenden Kommunistischen Partei Frankreichs (KPF) die moskauorientierte Formation im nicht kommunistisch regierten Teil der Welt als primärer Ansprechpartner zugewiesen.

Dadurch waren die Aktionsmuster und Strukturen fixiert, als mit dem Einmarsch der Warschauer-Pakt-Staaten in Prag 1968 praktisch zeitgleich mit der Entstehungsphase der DKP nicht nur das Ost-West-Verhältnis nachhaltig belastet wurde, sondern auch das internationale kommunistische System in seine schwerste Krise seit dem Zweiten Weltkrieg geriet. Mithin wurde der DKP das Wiegenlied gesungen, als das, was Wolfgang Leonhard später die „Dreispaltung des Marxismus"[3] in sowjetische, Sino- und westliche Reformvariante nannte, aus dem embryonalen Stadium heraustrat und zur eigentlichen Geburtsreife gelangte.

Denn am Vorabend der Prager Ereignisse hatte sich im Moskauer Kreml ja folgendes abgespielt. Dolores Ibárurri und Santiago Carrillo, die Vorsitzenden der noch verbotenen und ausgerechnet im Prager Exil tätigen spanischen Exil-KP, hatten sich für den Fall eines Einmarsches unwiderrufliche Konsequenzen für den Weltkommunismus angekündigt. Sie waren von dem von Breschnew vorgeschobenen Suslow zynisch, geringschätzig und kühl mit der Frage abgefertigt worden, welchen Wert und welche Stärke die kommunistischen Parteien im Westen eigentlich noch hätten.[4] Diese erniedrigende nächtliche Szene wird heute als die eigentliche Geburtsstunde des Eurokommunismus bezeichnet, zu dem sich Carrillo ab Mitte der

[3] Wolfgang Leonhard, Die Dreispaltung des Marxismus, Düsseldorf/Wien 1970.

[4] Vgl. Wolfgang Leonhard, Eurokommunismus – Herausforderung für Ost und West, München 1978, S. 142.

siebziger Jahre zusammen mit dem Vorsitzenden der Kommunistischen Partei Italiens (KPI), Enrico Berlinguer, sowie zeitweilig auch der KPF-Vorsitzende Georges Marchais bekannten.

Die Positionsbestimmung der DKP in diesem durch Dubceks Reformen ausgelösten Richtungsstreit war klar und unzweideutig; ihr positives Votum zum Einmarsch in Prag diskreditierte die Partei praktisch von Anfang an. Im Verständnis der Bundesbürger galt sie als „Partei der anderen Seite", eine berechtigte Auffassung, wie die Entwicklungen der siebziger und achtziger Jahre zeigen sollten.

Führende Funktionäre der alten KPD waren bereits 1956 in die DDR übergewechselt, zum Teil, um sich vor drohenden Verurteilungen zu schützen. Sie waren 1968 nach der Relegalisierung wieder zur Stelle. Nicht nur für Herbert Mies, der seit 1973 an der Spitze der Partei steht, sondern für alle anderen Leitungskader der DKP gilt, daß sie der „Freien Deutschen Jugend" (FDJ) der DDR entstammen und von der illegalen Arbeit der Jahre 1956 bis 1968 sowie dem Exil in der DDR und der Ausbildung in der Sowjetunion geprägt sind, wo zum Beispiel Herbert Mies 1959 sein Studium zum Diplom-Volkswirt abschloß. Diese personelle und organisatorische Ostbindung fand ihre Entsprechung im Programmatischen. Von der „Grundsatzerklärung" des Jahres 1969 bis zum „Mannheimer Programm" 1978 lassen sich kaum Veränderungen feststellen. Immer wieder wird das Selbstverständnis beteuert, „Schild" des „realen Sozialismus" in der kapitalistischen Welt zu sein. Im Mannheimer Programm ist nicht nur festgehalten, daß die „gemeinsame Geschichte und Tradition" die unverbrüchliche Verbundenheit von DKP und SED markiere, vielmehr habe die SED in der DDR die „grundlegende Alternative zur kapitalistischen Ausbeuterordnung" auf deutschem Boden bereits realisiert. Allerdings strebe die DKP trotz unübersehbarer Schwierigkeiten, die aus der „Politik und Ideologie der rechtssozialdemokratischen Führer" resultierten, die Zusammenarbeit mit den „Organisationen" der SPD an und verstehe hierunter nicht nur eine „Aktionseinheit von unten".

Diese Schizophrenie aus Leninschem Gralshütertum und Schulterschluß mit den sozialdemokratischen Arbeiterverrätern war aus der puren Not geboren, denn im Gegensatz zur alten KPD führte die DKP von Anbeginn an das Dasein einer Sekte. Im parteipolitischen Kräfteparallelogramm der Bundesrepublik Deutschland blieb sie eine derart redundante Größe (Bundestagswahlen 1980 und 1983: 0,2 Prozent), daß sie sich dem Fall ins Nichts nur noch durch das Bündnis mit den historischen Rechtsabweichlern von Bebel bis Brandt entziehen zu können glaubte. Wie wenig diese Bündnisbereitschaft inhaltlich substantiiert und mit dem Aufgeben ideologischer Prämissen verbunden war, zeigte sich bereits im angedeuteten Verhalten der Partei zur eurokommunistischen Häresie Mitte der siebziger Jahre, die doch gerade die Zusammenarbeit mit den sozialistisch-sozialdemokratischen, liberalen und christdemokratischen Parteien in den romanisch-mediterranen Ländern entschieden propagierte und praktizierte.

Herbert Mies persönlich bestätigte, daß der erfolgreiche Schriftsteller Martin Walser in eben diesem Zeitraum eines Tages in seinem Büro saß und sagte: „Wenn ihr Eurokommunisten werdet, so wie die Italiener, dann arbeite ich mit euch zusammen."[5] Demgegenüber ließ die Antwort der Partei nicht zu wünschen übrig: Mit dem feierlichen Bekenntnis, daß sie „jeder Art von Antikommunismus und Antisowjetismus entgegenzutreten" gewillt sei, sollte eine „eurokommunistische" Diskussion von vornherein verhindert werden. Diese hatte sich im Zuge der Ausbürgerung Biermanns aus der DDR und der Inhaftierung des Regimekritikers Rudolf Bahro in den eigenen Reihen zaghaft entwickelt. Welchen Wert sollten dann aber die Angebote zur Zusammenarbeit mit der SPD haben, wenn man schon mit den sich immerhin noch „Kommunisten" nennenden Genossen aus dem westeuropäischen Ausland wie mit Ketzern umging? Wolfgang Abendroth traf mit seiner verhaltenen Kritik am „Mannheimer Programm" den Nagel auf den Kopf, indem er beklagte, daß „in der tagtäglichen Praxis dieser Partei noch häufig sektenhafte Verhaltensformen überwiegen"[6], und Ossip K. Flechtheim hat das nach wie vor gültige Urteil formuliert: „Es ist das Verhängnis der westdeutschen KP, daß sie bis heute die Kraft oder den Mut für die eurokommunistische Wende ihrer Politik nicht gefunden hat. Mehr als das: Daß sie die sowjethörigste KP Europas geblieben ist."[7] In der Tat wirkte sich die Verdammung der eurokommunistischen Wandlungen in ihren Folgen geradezu fatal aus. Selbst die Sekte zeigte jetzt noch Schrum-

[5] Hans Jakob Ginsburg, Viel Frieden, wenig Klassenkampf – Die DKP sucht ihr Heil jetzt in der Bündnispolitik, in: Die Zeit vom 18. April 1986.

[6] Siegfried Heimann, Die Deutsche Kommunistische Partei, in: Richard Stöss (Hrsg.), Parteien-Handbuch. Die Parteien der Bundesrepublik Deutschland 1945-1980, Bd. 1, Opladen 1983, S. 901-982, 929.

[7] Ossip K. Flechtheim/Wolfgang Rudzio/Fritz Vilmar/Manfred Wilke, Der Marsch der DKP durch die Institutionen. Sowjetmarxistische Einflußstrategien und Ideologien, Frankfurt a. M. 1980, S. 135.

pfungstendenzen. Natürlich hat die Partei dem mit allen Mitteln zu wehren gesucht, aber eben nicht um den Preis der ideologischen Reform.

Trotzdem wurde immer deutlicher, daß die DKP *innerhalb* ihres eigentlichen Wirkungsfeldes Bundesrepublik Deutschland ohne potentielle Bündnispartner nicht überlebensfähig war, und immer deutlicher wurde gleichzeitig, daß sie sich in dieser Hinsicht zwischen der SPD und der Ende der siebziger Jahre aufkommenden Partei der Grünen zu entscheiden hatte, in der neben der zentralen ökologischen Ausrichtung ein enormes Potential an linkssozialistischen, gramscianischen[8] und eurokommunistischen Ideen wirksam war. In den Thesen zum 8. Parteitag aus dem Jahre 1985 hieß es, daß die Grünen „ein unverzichtbarer Bestandteil der antimonopolistischen Bündnispolitik der DKP"[9] seien. Herbert Mies ließ im Jahrbuch des „Instituts für Marxistische Studien und Forschung" verlautbaren, „daß die DKP für ein wahlpolitisches Zusammengehen mit dem grün-alternativen Lager eintritt."[10] Der Entscheidungsprozeß gestaltete sich derart problematisch, daß die Partei zugunsten einer „Friedensliste" auf eine eigene Beteiligung an der Bundestagswahl 1987 verzichtete.

Endgültig geklärt ist das Präferenzverhältnis der DKP hinsichtlich SPD oder Grünen bis heute nicht. Auf der Bundeswahlkonferenz der DKP am 13. September 1986 in Bottrop führte Mies aus, eine bessere Politik könne nur durch eine „von der SPD geführte und mit den Grünen in welcher Weise auch immer kooperierende Regierung" erzielt werden. Beide Parteien seien im Prinzip wählbar, auch wenn beiden eine „klare antimonopolistische Stoßrichtung" fehle.

In ideologischer Hinsicht hat es die DKP deshalb stets vermieden, die klassischen Begriffe des Marxismus-Leninismus wie „Diktatur des Proletariats" zu verwenden, auch deshalb, weil das Bundesverfassungsgericht 1956 unter anderem hieran seinen Verbotsantrag aufgehängt hatte, auf die Gegenwart bezogen aber vor allem des-

[8] Vgl. zu Leben, Person und Wirkung Antonio Gramscis den Abschnitt „Von der ‚Diktatur des Proletariats' zur ‚Hegemonie der Werktätigen' – Grundzüge der Gesellschaftsphilosophie Antonio Gramscis", in: Klaus Kellmann, Pluralistischer Kommunismus? Wandlungstendenzen eurokommunistischer Parteien in Westeuropa und ihre Reaktion auf die Erneuerung in Polen, Stuttgart 1984, S. 52-71.

[9] Rainer Diehl, Auf dem kurzen Marsch in die Selbstisolation. Die DKP und die real existierende Sozialdemokratie, in: Die Neue Gesellschaft/Frankfurter Hefte 33 (1986), S. 354-359, 355.

[10] Vgl. ebd.

halb, weil man sich schließlich doch nicht rückschrittlicher gerieren wollte als die eurokommunistischen Genossen in Rom und Madrid. Aber das waren Äußerlichkeiten ohne substantiellen Wert. Unruhige Geister verträgt die Partei bis heute nicht. „Sterilität der Argumentation und gebetsmühlenhafte Formelsprache"[11] waren noch bis vor kurzem ihr tagtägliches Einerlei. In die Thesen zu ihrem 1986er Parteitag glaubte sie sogar einen Passus einbauen zu müssen, in dem die „Notwendigkeit der DKP" begründet wurde, „ein kurioses Symptom der Identitätskrise".[12] Der an seiner Partei verzweifelnde Schriftsteller Erasmus Schöfer verglich die DKP deshalb mit einem „abweisenden, leblosen, eiszeitlichen Findling, in den man allenfalls mittels Preßluftbohrer eindringen kann". Nach wie vor am hinderlichsten dürfte für sie sein, als was sie hinsichtlich ihrer Funktion, ihres Stellenwertes und ihres Selbstverständnisses im deutsch-deutschen Kontext, in der Ost-West-Konfrontation sowie im Rahmen des internationalen Kommunismus angesehen wird: „Die Partei ist eine Vereinigung der Freunde und Förderer der Deutschen Demokratischen Republik auf westdeutschem Territorium. [. . .] das Odiom der DDR-Agentur haftet an ihr [. . .] sie funktioniert als Handpuppe der großen Schwesterpartei SED."[13] Und es war niemand anderes als Rudolf Bahro, der die DKP als „Außenposten eines anderen Militärblocks"[14] bezeichnet hat.

2. Die DKP in der Krise

Das Verhalten der Partei anläßlich der Bundestagswahl 1987 – sie steuerte seit langem einem für westeuropäische Verhältnisse wenig beneidenswerten Rekord entgegen, indem die Zahl ihrer Wähler und die Zahl ihrer Mitglieder begannen, eine identische Größe zu werden[15] – wirkte deshalb fast schon wie eine Art Selbstaufgabe. In ihren offiziellen Anzeigen warb sie dafür, mit der Erststimme die Li-

[11] So Ginsburg (FN 5).
[12] Ebd.
[13] Ebd.
[14] Zitiert nach: Axel Minrath, Friedenskampf. Die DKP und ihre Bündnispolitik in der Anti-Nachrüstungsbewegung, Köln 1986, S. 10.
[15] Der offizielle, vom Bundesinnenministerium herausgegebene Verfassungsschutzbericht (VSB) für das Jahr 1987 geht nach eklatanten Mitgliederverlusten von nur noch 38.000 DKP-Mitgliedern aus (Bonn 1988, S. 25). Inzwischen ist der Mitgliederbestand weiter gesunken.

ste „Frieden", eine ihrer Tarnorganisationen, zu wählen, die entscheidende Zweitstimme aber der SPD oder den Grünen zu geben.

Belächelt, bemitleidet, ja fast schon vergessen, in dieser Situation absoluter Redundanz innerhalb des politischen und gesellschaftlichen Systems der Bundesrepublik befand man sich, als die Reformprogramme des charismatischen KPdSU-Generalsekretärs Michail Gorbatschow in zunehmendem Maße auch im Westen diskutiert wurden. Doch für die DKP, aus jahrzehntelangem ideologischem Dornröschenschlaf aufgeweckt und plötzlich wieder im Interesse der Presse und einer breiteren Öffentlichkeit stehend, verkomplizierte sich die eigene parteipolitische Entwicklung dadurch nur und spitzte sich schließlich zu. So vermerkte das Kölner Bundesamt für Verfassungsschutz in seinem Bericht: „Die DKP ist 1987 in ihre bisher größte innerparteiliche Krise geraten."[16] Turbulenzen in den Reihen der eigenen Genossen, Ermahnungen und Verweise, Ausschlußandrohungen und – ein völliges Novum – in aller Offenheit ausgebreitete Kritik an der reformfeindlichen Führungsspitze um Herbert Mies und seiner Stellvertreterin Ellen Weber waren nun an der Tagesordnung und brachten das auf der eisernen Funktionshierarchie des Leninschen „demokratischen Zentralismus" basierende pyramidale Parteigefüge an den Rand des Einsturzes. Dabei lag die Wurzel des „Problemfalles Gorbatschow" weniger in der Düsseldorfer DKP als vielmehr in der Ostberliner SED-Zentrale, wo die Personalakten der DKP-Führungskader nach wie vor gelagert und geführt werden.[17] Die dortige „Kommandobehörde" sperrte und sperrt sich gegen den auf „Glasnost" (Öffnung) und „Perestrojka" (gesellschaftlichen Umbau) gerichteten Kurs des Generalsekretärs der KPdSU – und die „untergebenen", finanziell zudem in beträchtlichem Maße abhängigen[18] westdeutschen Genossen hatten und haben zu folgen. Als die Gefahr bestand, daß das DKP-Organ „Unsere Zeit" die Gorbatschow-Rede „Wir brauchen Demokratie wie die Luft zum Atmen" vom Januar 1987 abzudrucken drohte, schritt die SED scharf ein und kündigte an, sie würde den (immerhin 50.000 Exemplare umfassenden) DDR-Vertrieb des Organs blockieren. Herbert Mies war schon vorher offiziell ermahnt worden.

16 Ebd., S. 24

17 Vgl. Ulrich Rosenbaum, DKP und Perestrojka, in: Die Neue Gesellschaft/Frankfurter Hefte 35 (1988), S. 933-936, 935.

18 Es wird davon ausgegangen, daß wieder mehr als 65 Millionen DM aus der DDR der DKP konspirativ zugeflossen sind. Vgl. VSB 1987, Bonn 1988, S. 25

Insgesamt jedenfalls ist der Riß, der durch den einstigen Parteimonolith geht, unübersehbar. Dabei konnte sich dieser durchaus auch als konkrete Schizophrenie des einzelnen Mitglieds äußern. Denn einerseits wollte man sehr wohl den „Rückenwind aus Moskau"[19] und den unübersehbaren, bis in sozialdemokratische, ja bürgerliche Kreise wirksamen Popularitätseffekt Gorbatschows nutzen, um aus dem Tal der Tränen zu neuer Bedeutung aufzusteigen, andererseits war man aber durch die zum Teil gravierende, weder die Parteihistoriographie noch die gegenwärtige Wirtschaftsorganisation aussparende Selbstkritik aus der bislang als unumstoßbares Vorbild des Sozialismus geltenden UdSSR hochgradig irritiert und räumte bis „an den Nerv" gehende Enttäuschung ein.[20] In einem Papier des DKP-Bezirkssekretariats Hamburg vom August 1987 zum „krisenhaften Zustand der Partei" war von Verunsicherungen durch die Veränderungen in der Sowjetunion, zunehmende Austritte und einem Vertrauensverlust der Führung die Rede. „Solche Kritik aus den eigenen Reihen hatte die Parteiführung noch nie hinnehmen müssen."[21] Sie verlangte den Ausschluß von Andreas Müller-Goldenstedt, eines Sprechers der „Hamburger Rebellen", wogegen sich – ein erneuter schwerer Verstoß gegen das Gebäude des „demokratischen Zentralismus" – die Genossen von der Waterkant widersetzten.

Jetzt überstürzten sich die Ereignisse, und Mies wurde der Brandherde einfach nicht mehr Herr, die sich überall neu bildeten. Der „Morbus Gorbi" („Der Spiegel") infizierte speziell die Intellektuellen der Partei und erfaßte bald auch die einschlägige Fachpresse. Übereilt wurde deshalb das vorsichtig kulturkritische Magazin „Kürbiskern", ein beispielsweise in der nationalen und internationalen Brecht-Forschung durchaus renommiertes Organ, eingestellt – mit gleichzeitigem weiterem Ansehensverlust für die DKP. In einer Vorstandserklärung räumte man freimütig ein Nachlassen der „geistigen Ausstrahlung"[22] und das Davonlaufen der Jugend ein. Die Zahl der Gesamtmitglieder dürfte stark gefallen sein[23], immerhin war auch im Vorstand selbst von „gravierenden Mitgliederverlusten"[24] die Rede.

Mies versuchte in dieser Situation das Äußerste und kam den Kri-

[19] Marxistische Blätter 25 (1987), H. 11, S. 62.
[20] Marxistische Blätter 25 (1987), H. 10, S. 56.
[21] VSB 1987, Bonn 1988, S. 24.
[22] "Große Hunde", in: Der Spiegel, 50/1988, S. 81.
[23] VSB 1987, Bonn 1988, S. 24.
[24] Der Spiegel, 50/1988, S. 81

tikern in dem der Öffentlichkeit im Juli 1988 vorgestellten Papier „Bundesrepublik 2000. Vorschläge der DKP zu einer friedensorientierten und demokratischen Reformalternative für die 90er Jahre" einige Zentimeter entgegen. Schon die Wortwahl in diesem Titel ließ aufhorchen, enthielt sie doch ein Bekenntnis zur (als bis dahin in einem gesamtdeutsch-marxistisch-leninistischen Sinne zu überwindenden) Staatsform der Bundesrepublik und mit dem Terminus der „Reformalternative" de facto eine Absage an das klassische Programmgebot Lenins, die kapitalistische Gesellschaftsform sei nur durch eine bewaffnete Revolution, etwa nach dem Muster der Erstürmung des Petersburger Winterpalais', zu überwinden.[25]

In der Kommentierung von „Bundesrepublik 2000" äußerte der DKP-Vorsitzende dann sibyllinisch-vielsagend: „Die Konflikte sind nicht mehr nur klassenbedingt, sondern durch konkrete Probleme verursacht."[26] Bedeutsam war in diesem Zusammenhang auch die Einschätzung zur Nato („Wir sagen nein zur Nato, aber ja zur Realität der Nato."[27]), aus der die Bundesrepublik „nur im Zusammenhang mit der gleichzeitigen Auflösung beider Militärbündnisse" herausgelöst werden könne. So lange aber finde man sich mit der Existenz der – gleichwohl abgelehnten – westlichen Verteidigungsgemeinschaft ab. Damit ist die DKP in der Tat nicht mehr allzuweit von der Position entfernt, die die verketzerten eurokommunistischen Genossen in Italien bis zu jener atemberaubenden, bis heute gültigen Wende Enrico Berlinguers 1975 einnahmen, als der legendäre Sarde bekannte, er fühle sich unter dem „Schutzschirm der NATO" sicherer, weil er hier nicht Gefahr laufe, das gleiche Schicksal wie Alexander Dubcek zu erleiden. Natürlich ist an ein derart positives Verständnis des atlantischen Bündnisses in der DKP nicht auch nur im Ansatz zu denken, seine einstweilige, machtpolitisch bedingte Hinnahme ist aus der Kommentierung des Papiers aber durchaus herauszulesen.

Falls Mies geglaubt haben sollte, den innerparteilichen Querelen und Unruhen mit „Bundesrepublik 2000" den Wind aus den Segeln genommen zu haben, sah er sich bald eines Besseren belehrt. Insbesondere die unbefriedigenden und schwammigen Aussagen zu Gorbatschows Umgestaltungsprogramm stießen auf erneute Kritik in

[25] Vgl. Rosenbaum (FN 17), S. 934.
[26] Ebd., S. 934.
[27] Ebd.

den eigenen Reihen. Das Vorstandsmitglied Hasso Ehinger entrüstete sich hinsichtlich des dürftigen, nichtssagenden Passus zu „Glasnost" und „Perestrojka": „Das entspricht überhaupt nicht dem, was viele Genossinnen und Genossen begeistert. Wir alle spüren, daß hier gewaltige Veränderungen vor sich gehen, die uns ganz neue Hoffnungen geben."[28] Mies' Stellvertreterin Ellen Weber hatte daraufhin die Stirn, die westliche Diskussion über den innersowjetischen Reformprozeß als das Bemühen der bürgerlichen Medien anzuprangern, die auf diese Art und Weise nur Keile in die internationale kommunistische Bewegung treiben wollen, und selbst der reformorientierte Wolfgang Gehrke stützte den in seiner Funktionsfähigkeit erneut bedrohten „demokratischen Zentralismus" mit den Worten: „Ich teile die Auffassung, nach der es volle Freiheit der Diskussion, aber auch die Verbindlichkeit der Beschlüsse geben muß."[29]

Damit war die DKP praktisch in die Entwicklungsphase eingetreten, die in der Geschichte der kommunistischen Parteien bisher immer noch mit dem point of no return zwischen der Bewahrung leninistischer Identität einerseits und vorsichtiger Öffnung, Pluralisierung und der Akzeptanz von regelrechten, um die „richtige" Erkenntnis antagonierenden innerparteilichen Fraktionen andererseits ihre kulminierende Zuspitzung erreichte.[30] Die Eurokommunisten, allen voran die KPI, haben sie im letztgenannten Sinne entschieden, die Polnische Vereinigte Arbeiterpartei ringt seit den Augusttagen 1980 um eine endgültige Entscheidung, wohl wissend, daß eine Legalisierung der Solidaritätsgewerkschaft das leninistische Machtmonopol der Partei irreparabel beeinträchtigen muß.

3. Der 9. Parteitag der DKP

Und die DKP? Herbert Mies mochte noch so sehr hoffen, die Wogen im Vorfeld des für den Januar 1989 angesetzten 9. Parteitages durch konziliant angehauchte Programmschriften zu glätten, im

[28] Ebd., S. 935.

[29] Ebd.

[30] Vgl. zur breiteren Einordnung den Abschnitt „Das innerparteiliche Organisations- und Willensbildungsprinzip des ‚demokratischen Zentralismus' als entscheidendes Hindernis für die Entwicklung eurokommunistischer Parteien zu einem pluralistischen Staats- und Gesellschaftsverständnis" in: Kellmann (FN 8), S. 92-105.

Grunde wurde jetzt erst eine Diskussion entfesselt, wie sie die Partei in ihrem 20jährigen Bestehen bisher nicht erlebt hatte. Entlang der Einschätzung Gorbatschows bildeten sich in der Partei zwar noch nicht zwei unterschiedliche „Fraktionen“ bzw. Lager, wohl aber Gruppierungen, die subsumierend unter den Bezeichnungen „Bewahrer“ und „Erneuerer“ zusammengefaßt wurden. Immerhin war hier eine Parallele zur kleinen, in „leninistas“ und „renovadores“ zerstrittenen KP Spaniens in der Hochzeit des Eurokommunismus unübersehbar. In der DKP-Führung selbst sprach man sich jetzt sogar schon einmal je nach Standort mit „Menschewiki“ oder „Bolschewiki“ an.[31] Auf einer Vorstandssitzung vom September 1988 wurde erneut Kritik am Dogmatismus laut sowie am „geheimen Anti-Intellektualismus“ der Parteiführung; außerdem sei die stalinistische Vergangenheit von KPdSU und SED immer noch wie von einer Tabuzone umhüllt.[32] Wortführer dieser Fronde waren die Vorsitzenden der Bezirke Bremen, Essen und Köln – nicht unwesentlicher, ja geradezu klassischer Domänen in der Mitglieder- und Wählerschaft der DKP, sofern bei einer derartigen, zur Redundanz absinkenden Sekte überhaupt von Domänen gesprochen werden kann. Eine regelrechte Abstimmung über den auf dieser Sitzung unterbreiteten Text erbrachte immerhin ein abweichendes Votum von 18 Stimmen (und zwar 14 Nein-Stimmen und vier Enthaltungen) bei einer Gesamtpersonenstärke des Vorstands von 89 Mitgliedern.[33] Eine zunächst noch kleine innerparteiliche Opposition wuchs heran.

Die Strategie der immer noch übermächtigen Hardliner, der „Betonfraktion“ („Vorwärts“), für den Januar war klar: Wenn der „demokratische Zentralismus“ in der Partei noch funktionierte und damit der Geist Lenins in ihr existent war, dann durften diese Abweichler und die hinter ihnen stehenden Potentiale gar nicht erst von der Basis, den Orts-, Kreis- und Bezirksvorständen, zum Parteitag delegiert werden. Dementsprechend entfaltete Mies in den Wochen und Monaten vor dem Parteitag eine hektische Aktivität. Thomas Rieke, der Bundesvorsitzende des Marxistischen Studentenbundes

[31] Der Spiegel, 50/1988, S. 83.

[32] Vgl. Kevin Devlin, Gorbachev and the Western Communist Parties, Referat auf der Tagung „Die kommunistischen Parteien in Westeuropa und ihre Herausforderung durch den europäischen Integrations- und Modernisierungsprozeß nach dem Zweiten Weltkrieg“ der „Mission Historique Française en Allemagne (MHFA)“ und des Instituts für Zeitgeschichte in München vom 1. bis 3. Dezember 1988, unveröffentlichtes, maschinenschriftliches Manuskript, S. 16.

[33] Devlin (FN 32), S. 16

„Spartakus" (MSB), fiel bei der Delegierten-Wahl des mitgliederstarken Bezirks Rheinland-Westfalen durch. Mies' Regieführung war hier zumindest sehr wahrscheinlich. Damit war erstmals ein amtierender MSB-Chef auf einem DKP-Parteitag nicht mehr stimmberechtigt – die Risse wurden deutlicher. Außerdem galt der MSB der engeren Führung schon länger als „revisionistisch" und „reformistisch", weil sich neben Rieke auch alle seine Vorgänger zur innerparteilichen Opposition rechneten.[34] In einem Minderheitenpapier von sechs „Rebellen" aus dem Vorstand, unter denen sich wiederum der Chef des MSB fand, hieß es: „Viele GenossInnen zweifeln daran, daß mit und in der DKP noch etwas zu verändern ist. Gleichzeitig werden große – zum Teil letzte – Erwartungen an den bevorstehenden Parteitag geknüpft." Inwischen versuchten die Hardliner mit dem taktisch geschickten Slogan „Bewahren und Erneuern" Zeit zu gewinnen. Eine „Erneuerung durch Bruch" könne es nicht geben, und der Chefideologe Robert Steigerwald rief den Opponenten aus den eigenen Reihen zu: „Die Flagge, die wir da gezeigt bekommen, ist nicht rot."[35]

Aus der (einstigen?) orthodoxen Ideologie-Hochburg der DKP, der Universitätsstadt Marburg, kamen indessen andere Signale. Der Gesellschaftswissenschaftler Fülberth forderte seine Genossen drastisch auf, endlich dem Traum abzuschwören, sich in absehbarer Zukunft zur Massenpartei zu entwickeln: „Wir sollten endlich damit aufhören zu versuchen, mit den großen Hunden zu pinkeln, obwohl wir noch nicht einmal das Bein heben können." Die Verworrenheit wuchs, und Mies mußte sich in jenen Tagen so vorgekommen sein, als ob er an drei Fronten gleichzeitig kämpfte. Mehr noch: Die Frontlinien verliefen gerade dort, wo bis dato naturgemäß die engsten Verbündeten zu suchen waren, nämlich in Ost-Berlin, in Moskau und in immer größer werdenden Teilen der Parteibasis.

Ende Oktober 1988 wurde er zum „Rapport" nach Ost-Berlin bestellt, um sich von Honecker persönlich daran erinnern zu lassen, daß alle Bruderparteien „Fleisch von einem Fleische"[36] seien. Der Generalsekretär der SED machte unzweideutig klar, daß er, durch die Reformbestrebungen in der Sowjetunion und in Polen bereits in die Defensive gedrängt, nicht auch noch durch den national nächsten

[34] Vgl. den Artikel „DKP-Betonriege schießt Neuerer ab", in: Der Vorwärts vom 26. Nov. 1988.
[35] Der Spiegel, 50/1988, S. 81.
[36] Vgl. ebd.

ideologischen Außenposten im Westen wegen ideologischer Verharschung an den Pranger gestellt werden möchte. Währenddessen sprach Mies selbst bereits ganz unverhohlen von den „zwei Linien" in seiner Partei. Von zwei regelrechten Lagern zu sprechen, zwischen denen die Stimmung immer gereizter wurde, war mittlerweiler kaum weniger falsch. Von den etwa 500 hauptamtlichen Funktionären der DKP quittierten im Verlauf des Jahres 1988 immerhin 29 den Dienst, unter ihnen Harry von Bargen, Mies' persönlicher Referent. 43 Mitglieder, die alle aufgrund des Extremistenbeschlusses ihre Stellung hatten aufgeben müssen, warnten in einem Brief an das Präsidium nunmehr auch vor Denkverboten in der eigenen Partei und vor der unübersehbaren Neigung „zur Ausgrenzung" von Minderheiten: „Wenn die DKP nicht verändert wird, muß es eben eine neue Partei geben."[37] Auf Bezirkskonferenzen der DKP kam es jetzt schon einmal vor, daß den Gastteilnehmern der SED Exemplare der in der DDR verbotenen Ausgaben der sowjetischen Zeitschrift „Sputnik" überreicht wurden, Honeckers Mahnungen hatten die Fortpflanzung des Gorbatschow-Bazillus auf der Basisebene eben doch nicht eindämmen können. Während das Motto einer Theorie-Tagung der DKP vom September noch „Die Gedanken sind los" geheißen hatte, wurde auf der Vorstandssitzung Ende November bereits zahlreichen „Erneuerern" bedeutet, daß sie auf dem Parteitag im Januar nicht wieder für eine Kandidatur in den Spitzengremien benannt würden.

Trotzdem dürfte, wie der 9. Parteitag der DKP vom 6. bis 8. Januar 1989 in Frankfurt dann tatsächlich zeigte, der Funktionsmechanismus des „demokratischen Zentralismus" bereits erheblich an Wirkungsfähigkeit eingebüßt haben: Etwa ein Viertel der in Frankfurt vertretenen 651 Delegierten wurde dem Gorbatschow-Kurs zugerechnet. Mies selbst hatte noch kurz zuvor ein dramatisches Bild gezeichnet und eingeräumt, daß der „demokratische Zentralismus" auch in der Führung zunehmend zugunsten offener und freier Personal- und Sachentscheidungen auf allen Ebenen in Frage gestellt werde. Noch am zweiten Weihnachtstag des Jahres 1988 war der DKP-Vorsitzende nach Moskau gebeten worden, wo ihn Gorbatschow eindringlich (und auch auf die Organisation der Partei selbst bezogen) beschworen hatte: „Die Perestrojka ist unsere Wiedergeburt." Allein die Auswahl des Vertreters, den der Generalsekretär

[37] Vgl. ebd., S. 83.

der KPdSU nach Frankfurt entsandte, machte deutlich, welches Signal er seinen westdeutschen Genossen mit auf den Weg geben wollte, denn mit seinem Vertrauten Alexander Jakowlew kam „die Schlüsselfigur für die dramatische Öffnung des Sowjetreichs“[38] An Deutlichkeit zu wünschen ließ dagegen auch nicht die personelle Zusammensetzung der Gastdelegation, die von der SED in die Rhein-Main-Metropole geschickt wurde. An ihrer Spitze stand der 72jährige Hermann Axen, der Sekretär für Internationale Beziehungen beim Zentralkomitee der SED und Gralshüter orthodox-leninistischer Identität schlechthin.

War Mies noch mit der offenen Versicherung aus Moskau zurückgekehrt, daß die DKP in „voller Übereinstimmung mit dem von der KPdSU eingeschlagenen Kurs“ stehe, so zeugte der Verlauf des Parteitages eher vom Gegenteil. Zwar nannte er Gorbatschow in seinem Eröffnungsreferat noch den „Hoffnungsträger unserer Zeit“ und die Politik der Perestrojka den richtigen Weg zur Lösung der sowjetischen (!) Probleme, andererseits ermahnte er aber das Parteivolk, „beim Suchen nach neuen Wegen“ nicht die Grundsätze des Marxismus-Leninismus über Bord zu werfen, und er beklagte vehement beispiellose innere Widersprüche“, die die „Handlungsfähigkeit und Einheit“ der Partei massiv bedrohten. An welche Organisationsmaxime hier appelliert wurde, dürfte klar sein, aber auch die Gesamtstrategie war leicht durchschaubar: Die Dogmatiker mit dem Pochen auf den „demokratischen Zentralismus“ bei der Stange halten, die „Erneuerer“ in ihrem Verlangen nach mehr innerparteilicher Demokratie besänftigen und beruhigen und so das Auseinanderdriften oder gar Auseinanderfallen der Partei verhindern. Schließlich, und dies genau war Mies' Kalkül, setzten sich bei den abschließenden Vorstandswahlen aber die Hardliner durch. Aus dem neuen, 98köpfigen Vorstand wurden einige prominente Reformvertreter herausgesäubert. Mies selbst, dadurch ermutigt, erntete zwar Pfiffe und Unmutsäußerungen, als er in seiner Schlußansprache Kritik an den Oppositionellen übte, wurde aber zusammen mit seiner Stellvertreterin Ellen Weber wiedergewählt – nach erheblicher Verzögerung und mit erheblichen Gegenstimmen, die von den 159 „Erneuerern“ unter den Delegierten kamen. Immerhin konnten auch diese Erfolge verzeichnen. So sprach man sich in Frankfurt entgegen der bisher geübten Praxis für eine parteiöffentliche Personaldebatte aus. Mies

[38] So die Einschätzung der Wochenzeitung Die Zeit vom 6. Jan. 1989.

hatte nichts anderes als nur noch einmal Zeit gewonnen. Endgültig geklärt war nichts.

Die ideologische Gratwanderung des Vorsitzenden geriet, umgesetzt in ihren verbalisierten Ausdruck vor dem Parteitag, zur regelrechten contradictio in adjecto: Mies sprach fast in einem Atemzug vom „Bewahren" wie auch vom „Festhalten an der marxistischen Lehre", von der Kader- wie auch von der Massenpartei, von Reform wie auch von Revolution. Während er einerseits einen „Umbruch von historischer Tragweite" erkannte, spielte er andererseits den unübersehbaren, ein Viertel der Partei fast abtrennenden Gegensatz zum reinen „Meinungsstreit" herunter.[39] „Trotz aller Versuche, Sprünge zu kitten und die Spaltung zu vermeiden, stoßen in der DKP zwei Generationen, zwei politische Konzepte, zwei deutlich unterschiedene Arten aufeinander, die Welt wahrzunehmen und zu interpretieren."[40]

Längst waren auch beispielsweise die katastrophalen Umweltverschmutzungen in den osteuropäischen Staaten kein Tabuthema mehr für die jungen DKP-Mitglieder. Die Nachwirkungen von Tschernobyl, das auf so grausame Art und Weise auch die sozialistische Fehlbarkeit in der Beherrschung der Produktionskräfte gezeigt hatte, reichten bis nach Frankfurt. Katja Barloschky von der Bremer Bezirksleitung führte auf dem Parteitag aus: „Wenn es stimmt, daß die Weser nicht nur in der Bundesrepublik, sondern vor allen Dingen in der DDR versalzt wird, [. . .] dann müssen wir als kommunistische Partei um unserer Glaubwürdigkeit willen Formen und Wege finden, diese Fakten beim Namen nennen zu können, ohne dabei unsere Freundschaft zu unseren Bruder- und Schwesterparteien aufzukündigen oder aufgekündigt zu bekommen."[41] Die Bremer Delegierten waren es auch, die sich noch auf dem Parteitag zur Beratung zurückzogen, worin ihnen die Kölner Genossen sehr schnell folgten. Fraktionierung bzw. Fraktionsbildung nannte man so etwas früher, im Zeitalter des „demokratischen Zentralismus", und es führte in der Regel zum Parteiausschluß bzw. zu scharfen Disziplinarmaßnahmen.

Dahin dürfte auf Dauer auch Mies' Trachten gehen. Den Anteil der

[39] Vgl. Helga Hirsch, Aufbruch in den Untergang. Die westdeutschen Kommunisten sind unfähig, sich Moskaus Neuem Denken zu öffnen, in: Die Zeit vom 13. Jan. 1989, S. 2.

[40] Ebd.

[41] Ebd.

„Erneuerer" vermochte er im neuen Vorstand mit 17 Sitzen auf einem Tiefstand zu halten. Er wird, die Kontrolleure von der SED im Nacken, gar nicht umhin können, mit eisernem Besen zu kehren. Hermann Axen nahm vor dem Parteitag schon drei maßgebliche DKP-Reformer in Einzelgesprächen in Ost-Berlin ins Gebet. In Frankreich bezeichnete er den Hinweis von Mies auf die „zwei Linien" in der Partei als „nicht glücklich", woraufhin es in der DKP selbst nicht mehr ausgeschlossen wurde, daß die SED ihn nach 15jähriger Amtszeit fallenlasse.[42] Aber auch mit dem Segen Gorbatschows?

Einstweilen reisten die eurokommunistischen „renovadores" immer ähnlicher werdenden DKP-Reformer genauso ungeniert wie ungehindert übers Land, um ihre Positionen und das unbefriedigende Ergebnis des Frankfurter Parteitages unter die eigenen Leute zu bringen, allen voran Dieter Gautier, der Bezirksvorsitzende aus Bremen, der schon Ende Januar in Kiel verkündete, daß die hierarchische Struktur der DKP der Vergangenheit angehöre. Eine „Parteiführung mit Anspruch auf die letzte Wahrheit" sei an der gesellschaftlichen Realität gescheitert. „Wer sieht, wie polnische Arbeiter Margret Thatcher bejubeln, darf doch als Kommunist nicht hämisch grinsen, sondern muß eigene Positionen überdenken." Dieses sei, und damit gab Gautier das Stichwort für die DKP nach Frankfurt, nur möglich, indem mit allen anderen Linkspolitikern offen und frei diskutiert werde, welche Antworten auf die kapitalistischen Modelle überhaupt noch möglich seien.[43]

Damit war die alte Frage nach dem Verhältnis zur Sozialdemokratie wieder aufgeworfen, die die DKP seit den Tagen ihrer Gründung begleitet hatte, ja, die schon für die KPD seit ihrer Abspaltung 1918/19 immer wieder zur Schicksalsfrage geworden war, so etwa im Angesicht der Bekämpfung des Nationalsozialismus am Ende der Weimarer Republik. Damals war man blind Stalins verhängnisvoller Einschätzung vom „Sozialfaschismus" gefolgt, nach der in der Sozialdemokratie der eigentliche Hauptfeind zu sehen war. Demgegenüber ist die Geschichte der DKP in nicht unwesentlichem Maße eine Geschichte der vergeblichen Annäherungs-, fast Anbiederungsversuche an die SPD. Schon der frischgebackene Bundesausschuß der wieder legalisierten kommunistischen Partei hatte am 6. Dezember 1969 einen Brief an alle Mitglieder und Funktionäre der SPD gesandt, in

[42] Vgl. Der Spiegel, 3/1989.
[43] Vgl. Kieler Nachrichten vom 28. Jan. 1989.

dem zu lesen stand: „Wir streben ein vertrauenvolles und kameradschaftliches Verhältnis zu den Mitgliedern und Anhängern der SPD an. Ohne Verständigung zwischen Sozialdemokraten und Kommunisten [. . .] in der Bundesrepublik gibt es keine fortschrittliche Entwicklung im Interesse der arbeitenden Bevölkerung."[44] So, als hätte sie es geahnt, hatte die SPD schon gleich nach der Gründung der DKP verlauten lassen: „Zwischen Sozialdemokraten und Kommunisten gibt es keine Gemeinsamkeiten. Es gibt keinen Anlaß für gemeinsame Gespräche oder gar gemeinsame Aktionen."[45]

4. Perspektiven der weiteren Entwicklung

Die wenigen, die es dann doch gab, werden wie die Trophäen einer vollzogenen Partnerschaft vor die rote Fahne gehalten, die Zusammenarbeit gegen die Nachrüstung der NATO im Krefelder Appell zum Beispiel. Als die Grundwertekommission der SPD und die Akademie für Gesellschaftswissenschaften beim ZK der SED nach jahrelanger Vorarbeit am 27. August 1987 ihr gemeinsames Papier „Der Streit der Ideologien und die gemeinsame Sicherheit" vorlegten, sprach die DKP sofort von generell verbesserten Bedingungen für die „Aktionseinheit".[46] Das Jahr 1988 stellte sie unter das Motto: „Auf diesem Wege weiter: ran an Sozialdemokraten – für Aktionseinheiten!"[47] Diese Linie wurde dann im Programm „Bundesrepublik 2000" fortgeführt, in dessen zeitlichem Erscheinungsumfeld Mies gar erklärte, daß die Gründe für die Spaltung der Arbeiterbewegung – die Zustimmung der Sozialdemokraten zu den Kriegskrediten von 1914 – heute nicht mehr bestünden, da die SPD einer konsequenten Abrüstung das Wort rede.[48] Die Wahl des historischen Bezugspunktes mag als gewagt, vermessen und letztlich unzulässig erscheinen, und Mies dieses weitreichende Urteil vor der Geschichte nicht zustehen, immerhin war dies aber eine Wiederholung genau der Vorstellungen, wie sie in der eurokommunistischen KP Italiens in der Ära Enrico Berlinguer laut geworden waren.

[44] Madloch (FN 2), S. 985.
[45] Ebd., S. 986.
[46] Eigenbeilage der DKP-Tageszeitung Unsere Zeit vom 2. Sept. 1987, S. 13 f.
[47] "Richtlinien zur Durchführung der Jahreshauptversammlung der Grundorganisation der DKP im Jahre 1988".
[48] Vgl. auch Rosenbaum (FN 17), S. 934.

Wird sich die ideologisch verknöcherte Sekte also doch aufweichen können oder aufweichen müssen? Wird die Spaltung vermieden werden können, oder würde eine Spaltung die bedeutungslose Partei nicht noch bedeutungsloser machen? Welche Unterschiede bestehen eigentlich zwischen ihren Erneuerern und den Fundamentalisten in der grün-alternativen Bewegung, aber auch zwischen den DKP-Reformern und linken Sozialdemokraten wie dem Bremer Hochschullehrer Detlev Albers, die ihre Lebensarbeit daran gesetzt haben, die Integrationsfähigkeit des Marxismus in die Sozialdemokratie theoretisch herzuleiten und praktisch zu vollziehen?[49] Welchen Weg wird die Partei in den neunziger Jahren, ja bis zum Jahr 2000 nehmen, wenn sie denn nicht im absoluten politischen Aus, in irgendeinem sich verflüchtigenden politischen Nirwana landen will? Und vor dem Versuch diese Entscheidungsfragen der DKP zu beantworten, noch eine weitere, die Partei nicht von ihrer Integration oder Desintegration ins politische oder gesellschaftliche System der Bundesrepublik, sondern von ihrem Stellenwert im internationalen kommunistischen System, speziell vom Moskau der Ära Gorbatschow her in den Blick nehmende Fragestellung: Welche Rolle spielt die DKP im Weltkommunismus eigentlich noch, und welche Aufgaben, welche Funktion wird ihr von der de facto nach wie vor richtungsweisenden Moskauer Zentrale im Konzert der KPen rund um den Erdball zugewiesen und zugedacht?

Der Reiz, diese Fragen zu stellen, besteht darin, daß sie etwas von dem Reformdruck zu vermitteln vermögen, dem die Genossen zwischen Elbe und Rhein ausgerechnet aus dem Lager des real existierenden Sozialismus ausgesetzt sind. Gorbatschow jedenfalls scheint nach allem, was bislang an Zeugnissen verfügbar ist, nicht im geringsten daran zu denken, die kommunistischen Parteien in Westeuropa – mögen sie noch so unbedeutend, machtlos und ohne Regierungsteilhabe sein – sich selbst oder dem anderen „Lager" zu überlassen. Die bisher zu konstatierenden (Selbst-)Auflösungstendenzen, die darauf hinauslaufen, daß dort, wo einst die eigenen Genossen waren, im parteipolitischen System der westeuropäischen Staaten nur noch eine Leerstelle, eine genauso orthodox leninistische wie gefügige Sekte, eine grün-alternative Bewegung mit Restbeständen der

[49] Vgl. zum Beispiel Detlev Albers, Sozialismus im Westen. Erste Annäherungen: Marxismus und Sozialdemokratie, Berlin 1987. Für Albers besteht kein Zweifel, daß die marxistische Linke ihren politischen Organisationsort vor allem in der SPD suchen sollte.

alten KP oder aber eine starke, sozialistische bzw. sozialdemokratische Partei zu finden ist, dürften von Gorbatschow längst in ihrer vollen Problematik und Tragweite erkannt worden sein. Er ist nicht gewillt, dem Vorgang der Marginalisierung bzw. Selbstauflösung der westeuropäischen KPen durch Wiedervereinigung mit den sozialistischen und sozialdemokratischen Parteien der 1919 zerbrochenen Arbeiterbewegung tatenlos zuzusehen, sondern er will „seine" Formationen langfristig zu breit akzeptierbaren Reformalternativen in der westeuropäischen Linken umgewandelt sehen. Auch dies ist ein Aspekt der Glasnost- und Perestrojka-Politik mit ihrer Auflockerung staatlicher Planungsvorgaben, ihrem Entlassen des ökonomischen Sektors aus staatlicher Bevormundung auf mittlerer und unterer Betriebsebene, ihrem Streben nach sicherheitspolitischem Konsens und Abrüstung, der Liberalisierung von Wissenschaft und Kultur sowie der Ausrichtung auf ein „gemeinsames Haus Europa". Insofern laufen die – im Sinne der Ära Breschnew – moskautreuen Sekten in der kontinentalen Mitte Westeuropas, allen voran die DKP, Gefahr, ihren einflußreichsten Bundesgenossen zu verlieren, denn für Gorbatschow rangieren Stärke, Macht und politische Potenz vor ideologischer Observanz und Unterwürfigkeit.

Deshalb ist es nicht vermessen, wenn man davon spricht, daß die Amtsübernahme Gorbatschows „zu paradox anmutenden Entwicklungen und wahrhaftigen Umwälzungen im Charakter der Beziehungen zwischen KPdSU und Westkommunisten"[50] geführt hat. Vorbei ist es mit den Präferenzbeziehungen zu den traditionalistisch orientierten KPen, vielmehr ist die in ihrem Reformprozeß am weitesten fortgeschrittene KPI „heute fast die einzige KP des Westens, die von der KPdSU geachtet und ernstgenommen wird".[51] Wenn auch nicht an die Adresse der DKP, so aber doch an die der ihr im Westen engstens verbundenen Kommunistischen Partei Frankreichs (KPF) schrieb Jurij Krassin, der Direktor des gesellschaftswissenschaftlichen Instituts des Zentralkomitees der KPdSU, im September 1988, daß „die Treue zu den Klassenpositionen des Proletariats einen lebensfernen, dogmatischen Charakter annimmt".[52] Das, in der Tat,

[50] So Heinz Timmermann in dem Referat „Die KPdSU und die westeuropäischen kommunistischen Parteien 1968-1988" auf der in FN 31 erwähnten Tagung, unveröffentlichtes, maschinenschriftliches Manuskript, S. 2.

[51] Ebd.

[52] Krassin in: Kommunist (Moskau) 14 (1988), S. 65-76, hier zitiert nach Timmermann (FN 50), S. 3.

waren starke Töne aus Moskau, die sehr wohl zur kompletten Verwirrung genuin kommunistischer Geister beitragen konnten, doch damit nicht genug! Der – offensichtlich von höchster Seite – autorisierte Krassin forderte im gleichen Jahr in einer programmatischen Rede in Prag alle KPen rund um den Globus auf, endlich alle Berührungsängste gegenüber revisionistischen Transformationsprozessen abzulegen, denn den „Revisionismus zu fürchten bedeutet, überhaupt neue Fragestellungen zu vermeiden".[53] Feiert Eduard Bernstein ausgerechnet an der Moskwa fröhliche Urständ? Ist die KPdSU am Ende des 20. Jahrhunderts endlich dort angelangt, wo die SPD schon am Ende des 19. war?

Auf jeden Fall waren es die Sowjets, die im gleichen Zeitraum anregten, durch ein Öffnen der Archive die Geschichte der eigenen Bewegung bis hin zu solch' verhängnisvollen Kursänderungen, wie sie etwa die Sozialfaschismusthese darstellte, einer kritischen Überprüfung zu unterziehen. Wieder waren es DKP und KPF, die dagegen Sturm liefen, wäre dann doch im Falle der deutschen Genossen die Rolle des Weimarer KPD-Vorsitzenden Ernst Thälmann, eines bedingungslosen Nachvollziehers aller Stalinschen Strategiewechsel, einer für das historische Selbstverständnis der Partei kaum günstigen Überprüfung auszusetzen. Deshalb versuchten wohl auch Abgesandte der DKP den sowjetischen Westexperten Sagladin in Moskau auf die „Schwierigkeiten" und den „Schaden" hinzuweisen, der durch eine derartige Vergangenheitsbewältigung entstehen würde, was Sagladin indes nur mit einer ganz dem Glasnost-Zeitalter entsprechenden Antwort quittieren konnte: „Selbstkritik, strengste Selbstanalyse ist die wichtigste Quelle der Kraft und Dynamik des Sozialismus".[54] Aus alledem läßt sich nur schließen, daß in der kommunistischen Weltbewegung tatsächlich so etwas wie ein „renversement des alliances", ein – von Gorbatschow initiierter und konsequent vollzogener – Umsturz der bisherigen Bündnisse im Gange ist, was den Kölner Politologen Heinz Timmermann, einen der renommiertesten internationalen Kommunismusforscher, zu dem folgenden Abschlußurteil veranlaßt: „Heute scheinen gerade diese – die ‚revisionistischen' Strömungen der westeuropäischen Linken aus Moskauer Sicht in die Rolle von Präferenzpartnern für

[53] Abgedruckt in: Probleme des Friedens und des Sozialismus 31 (1988), S. 371-387, 385.

[54] Timmermann (FN 50), S. 14.

einen lernorientierten und zukunftsbezogenen Dialog hineinzuwachsen, während die kommunistische Orthodoxie immer deutlicher ihrem Schicksal überlassen wird. Noch ist es zu früh, daraus auf die Herausbildung festumrissener neuer Konstellationen zu schließen, zumal der Reformkurs in der Sowjetunion selbst noch keineswegs unumkehrbar ist. Gleichwohl unterstreicht die Schwerpunktverlagerung des Moskauer Interesses die radikale Kursänderung, die die KPdSU nach der Stagnationsperiode unter Breschnew in ihrem Verhältnis zu den westeuropäischen Kommunisten seit dem Amtsantritt Gorbatschows eingeleitet hat."[55]

Auch aus diesen Gründen geht die DKP einer fatalen Zukunft entgegen. Der Druck von allen Seiten wächst, gleich ob er aus der eigenen Partei, der sie umgebenden bundesrepublikanischen Gesellschaft, der Kommandozentrale in Ost-Berlin oder der klassischen Kommandozentrale im Moskau kommt. Die eigentliche Kalamität besteht darin, daß dem Druck von einer Seite nachzugeben hieße, den von allen anderen Seiten nur noch zu verstärken. Mies spielt in dieser Situation auf Zeit. Langfristig bindende Programme sollen erst auf einem Sonderparteitag Anfang der 90er Jahre, dem ersten in der Geschichte der Partei, verabschiedet werden. Bis dahin hofft der Vorsitzende klare Verhältnisse geschaffen zu haben, was nach Lage der Dinge nur auf ein Herausdrängen der Reformer aus der Partei deuten kann. „Ihr wollt eine ganz andere Partei, ihr habt eine völlig andere Vorstellung von einer kommunistischen Partei als ich und meine Generation. Mit mir wird dieser Weg nicht beschritten werden. Mit mir nicht!" So ließ sich der „Genosse im letzten Gefecht"[56] bereits unzweideutig vernehmen. Pfiffe, Tränen und Verbitterung kennzeichneten schon den letzten Parteitag. In Gorbatschow, dem großen Hoffnungsträger, spiegelt sich eigentlich nur die gefährliche Ambivalenz und der Scheideweg, vor dem die DKP steht. „Kurzfristig kann sie mit einer Belebung der innerparteilichen Diskussion rechnen, längerfristig wird der anachronistische Charakter der Partei ihren Untergang beschleunigen."[57]

Schon das, was man in Frankfurt erlebte, war – für eine kommunistische Partei – ungewohnt, konfus und chaotisch genug. Die einzig deutlich Linie war die Trennlinie zwischen den „neostalini-

[55] Ebd., S. 16.

[56] Rainer Pöschl, Herbert Mies – Genosse im letzten Gefecht, in: Zeitmagazin vom 24. Febr. 1989, S. 14-20; dort auch das vorgenannte Zitat (S. 20).

[57] Hirsch (FN 39).

stisch-breschnewistischen Bewahrern"[58] und den an Gorbatschow ausgerichteten „Erneuerern". Mögen letzte auch (noch?) in der Minderheit sein, so bilden sie doch bereits unübersehbare regionale Domänen heraus. Sie konnten zum Beispiel verhinden, daß ein alter ideologischer Zuchtmeister wie Willi Gerns überhaupt als Delegierter nach Frankfurt gewählt wurde. Andererseits mußten sie auf dem Parteitag selbst durchaus auch Niederlagen hinnehmen: Vera Achenbach, das bisherige Mitglied im Sekretariat des Parteivorstands, Dieter Gautier und Steffen Lehndorff, der ehemalige MSB-Vorsitzende, verloren ihre Ämter im Vorstand. Dagegen fanden mit Birgit Radow, der Vorsitzenden der Sozialistischen Deutschen Arbeiterjugend (SDAJ), Wolfgang Gehrke, dem Bezirksvorsitzenden von Hamburg, und Heinz Jung, dem Leiter des Frankfurter Instituts für Marxistische Studien und Forschungen (IMSF), drei ausgeprägte Gorbatschowianer den Weg auf die Vorstandssessel. Allerdings sind sie im neuen Präsidium nur mit drei (von zwanzig) und im neuen, nur noch neunköpfigen Sekretariat überhaupt nicht vertreten. Der Marburger Politologe Georg Fülberth nannte das Frankfurter Treffen einen „Übergangsparteitag", nach dem nichts mehr so sein werde wie vorher. Er empfahl, mit den Minderheiten in der Partei so umzugehen, wie die frühe KPD vor ihrer Bolschewisierung durch Stalin und Thälmann.[59] Mies selbst sprach in einer Pressekonferenz am 23. Januar 1989 davon, daß die DKP „am Ende des ersten Durchgangs des Parteitages möglicherweise einige Sekunden vor der Spaltung" gestanden habe.[60] Volker Einhorn, einer derjenigen, die der Trutzburg des „demokratischen Zentralismus" bereits enttäuscht den Rücken gekehrt haben, faßte Verlauf und Ergebnis des Entwicklungsprozesses kürzer: „Selbst wenn nur fünfzehn Menschen übrig bleiben, werden die sich ‚DKP' nennen."[61]

[58] Thomas Ammer, Zum 9. Parteitag der DKP, in: Deutschland Archiv 22 (1989), S. 135-139, S. 135.

[59] Vgl. Unsere Zeit vom 13. Jan. 1989, S. 3.

[60] Unsere Zeit vom 24. Jan. 1989.

[61] Der Spiegel, 50/1988, S. 83; Vgl. auch: „Das Ende der DKP? – Gespräch mit Peter Schütt", in: Die Neue Gesellschaft/Frankfurter Hefte 36 (1989), S. 265-272.

Renaissance des Rechtsextremismus in Europa? – Das französische Beispiel[1]

Von Hans-Gerd Jaschke

1. Einführung

Ende 1985 legte ein vom Europäischen Parlament eingesetzter Untersuchungsausschuß zum „Wiederaufleben des Faschismus und Rassismus in Europa" seinen Abschlußbericht vor. Er kommt zu dem Ergebnis, parlamentarisch stelle der Rechtsextremismus „für die europäische Demokratie keine ernsthafte Gefahr dar".[2] Andererseits gebe „das Aufkommen von mehr oder weniger diffusen Gefühlen der Fremdenfeindlichkeit und der Anstieg der Spannungen zwischen den veschiedenen Gemeinschaften" „Anlaß zu größerer Besorgnis".[3] Heute, vier Jahre später, ist diese Einschätzung zu modifizieren. Auch parlamentarisch gibt es Anzeichen einer Renaissance von rechts: Der Front National in Frankreich hat sich stabilisiert und konnte bei den Parlamentswahlen 1988 nur durch die Einführung des Mehrheitswahlrechts (vorläufig) gestoppt werden. In der Bundesrepublik sorgten die Deutsche Volksunion (DVU) und die Republikaner für Aufsehen, als es ihnen gelang, in Bremen (DVU) und Berlin (Republikaner) in die Landtage einzuziehen. Selbst in einer so stabilen Gesellschaft wie der Schweiz mehren sich in den achtziger Jahren rechtsextreme Tendenzen.[4]

Fragt man nach den Ursachen dieser Entwicklungen, dann müssen wenigstens zwei Ebenen berücksichtigt werden. Rechtsextremismus ist heute ein Produkt der modernen Gesellschaft. Modernisierungsschübe, bestehende Konfliktstrukturen, Vorurteilsstrukturen und po-

[1] Dieser Beitrag ist die überarbeitete und aktualisierte Fassung von: Extremism, populism och intellektuella: Om den franska högerextremismens historia, in: Res publica. Tidskrift för politisk kultur och kulturpolitik (Göteborg), Nr. 2/1985, S. 77-106.

[2] Dimitrios Evrigenis (Berichterstatter), Untersuchungsausschuß „Wiederaufleben des Faschismus und Rassismus in Europa". Bericht über die Ergebnisse der Arbeiten, hrsg. vom Europäischen Parlament, 1985, S. 114.

[3] Ebd., S. 115.

[4] Urs Altermatt, Rechtsextremismus im schweizerischen Alltag der achtziger Jahre: Angst vor dem Verlust der Heimat, in: Totalitarismus. Demokratie und Totalitarismus – Totalitarismen in der Demokratie, Freiburg/Schweiz 1987, S. 37-54.

litische Deutungsangebote von rechts konturieren manifeste rechte Protestformen – und zwar durchweg in allen westeuropäischen Ländern. Auf der anderen Seite sind es besondere nationalspezifische rechtsextreme Traditionen wie auch staatlich-gesellschaftliche Kontrolltraditionen, welche die je besonderen Ausdrucksformen hervorbringen. Ich möchte im folgenden am französischen Beispiel zeigen, in welcher Weise dort Rechtsextremismus von Traditionen der französischen neueren Geschichte und des „rechten Lagers" zehrt.

Seit 1983/84 ist der Rechtsextremismus wieder ein gewichtiger Faktor französischer Politik. Dem Front National mit seinem Führer Jean-Marie Le Pen war es 1983 gelungen, bei einigen Kommunalwahlen mit nationalistischen und ordnungspolitischen Themen Stimmengewinne bis zu 16,7 Prozent zu verbuchen. Es folgte eine Serie von Wahlerfolgen, unter anderem der Einzug in die Nationalversammlung 1986 mit über 10 Prozent und 15 Prozent für Le Pen bei den Präsidentschaftswahlen im April 1988. Im gleichen Jahr gab es zwar auch Rückschläge. Grund für Stimmeneinbußen war aber weniger eine organisatorische Schwäche des Front National als das von Ministerpräsident Chirac wieder eingeführte Mehrheitswahlrecht.

Es mangelt nicht an mehr oder weniger erklärungskräftigen Theorien über die Renaissance der Rechten. Eric Roussel hat die Ansicht vertreten, Le Pens Erfolg sei in einem wesentlichen Punkt mit dem des Mai 68 zu vergleichen: Beide Male ging es darum, durch radikale Protestformen die Krise traditioneller Werte und historisch erschöpfter Ideologien zu artikulieren.[5] Monica Charlot bevorzugt demgegenüber einen komparativen Erklärungsansatz: Der Durchbruch Le Pens ist, so ihre These, vergleichbar dem britischen Rechtsradikalismus 1964 bis 1970, als Enoch Powell ein ernstzunehmender Gegenspieler des Tories von rechts wurde. In beiden Fällen seien Immigrationsprobleme als zentrale Themen zusammengetroffen mit einer regierenden Linken, die auf entscheidenden ordnungspolitischen Gebieten versagt habe.[6]

Beide Einschätzungen verdeutlichen, daß aufbrechender Rechtsradikalismus Ausdruck einer Krise der Gesellschaft ist. Doch jene spezifischen Krisentypen, die erst Protestformen von rechts hervorbringen, entstehen weder zufällig, noch läßt sich aus bestimmten

[5] Eric Roussel, Le cas Le Pen. Les nouvelles droites en France, Paris 1985, S. 104 ff.

[6] Vgl. Monica Charlot, L'émergence du Front National, in: Revue Française de Science Politique 36 (1986), S. 30-45.

Krisenformen rechtsradikaler Protest gleichsam ableiten. Mit anderen Worten: Rechtsextreme Bewegungen in Europa wirken im Rahmen der bestehenden Gesellschaftsordnungen und ihrer Wertsysteme. Aber die Art und Weise ihres Auftretens, ihre Themen und Artikulationsformen beruhen auf nationalspezifischen Traditionen von Protest und Reaktion der Gesellschaft. Der spärliche Forschungsstand über ländervergleichende Rechtsextremismusforschung[7] hat die zentrale Frage, ob diese Protestformen transnationalen gesellschaftlichen Ursachen folgen oder aus nationalspezifischen Ursachen hervorgehen, bislang offengelassen.

Gerade die französische Variante des Rechtsextremismus ist traditionsbildend gewesen seit ihrer Entstehung in der zweiten Hälfte des 19. Jahrhunderts. Insofern bietet es sich an, an diesem Beispiel die Besonderheiten einer nationalspezifischen Entwicklung darzustellen, aus der heraus gegenwärtige Phänomene, wie etwa die Renaissance der „alten" (Le Pen) wie auch der „neuen" Rechten (Nouvelle Droite) besser eingeschätzt werden können.

Die französische Rechte zwischen ihrem gemäßigt-parlamentarischen und ihrem offenen extremistischen Flügel ist nach 1944, dem Ende des Vichy-Regimes, organisatorisch zersplittert in eine kaum überschaubare Vielzahl von Gruppen und Grüppchen, ideologisch fraktioniert und wahlpolitisch bis in die achtziger Jahre kaum von Bedeutung. Mit Ausnahme von 1956 und 1958, als es der rechtspopulistischen Poujade-Bewegung gelang, 13,3 bzw. 3,0 Prozent in Stimmen zu erreichen, liegt bei allen übrigen Wahlen zur Nationalversammlung der 4. und 5. Republik der prozentuale Anteil rechtsextremer Parteien unter einem Prozent.[8] Erst die parlamentarischen Erfolge Le Pens seit 1983 signalisieren eine Renaissance der Rechten. Die historischen Gründe für diese Entwicklung sind differenziert zu betrachten. Spezifische Faktoren der französischen Nachkriegsentwicklung, aber auch die Eigendynamik der extremen Rechten haben dazu beigetragen, daß sich die antigaullistische Rechte mit Ausnahme des Front National und der Nouvelle Droite im politischen Abseits befindet.

Im vorliegenden Beitrag geht es darum, die Geschichte des franzö-

[7] Vgl. Uwe Backes, Rechtsextremismus in westlichen Demokratien. Bundesrepublik Deutschland, Frankreich, Großbritannien, Italien, vergleichende Länderstudien, in: Wolfgang Michalka (Hrsg.), Extremismus und streitbare Demokratie, = NPL-Beiheft 4, Stuttgart 1987, S. 71-128.

[8] Vgl. Peter Reichel (Hrsg.), Politische Kultur in Westeuropa, Bonn 1984, S. 352.

sischen Rechtsextremismus nach 1944 vorzustellen, um den historischen Kontext der neueren Entwicklungen ins Blickfeld zu rücken und die Matrix von Kontinuität und Diskontinuität herauszuarbeiten.[9] Dazu gehört auch das Einbeziehen der dem deutschen Leser kaum bekannten politischen Biographien einiger führender Funktionäre: Sie geben nicht nur für das Verständnis notwendige Informationen, sondern illustrieren sowohl die politische Erfahrungswelt rechter Aktivisten als auch den Generationswechsel, der als wichtiges Moment des organisatorisch-ideologischen Umstrukturierungsprozesses Mitte der sechziger Jahre angesehen werden muß.

2. Zur Tradition der französischen Rechten

Die historischen Wurzeln des rechten politischen Denkens liegen in der Oppositionsbewegung gegen die französische Revolution. Die konterrevolutionären Ideen betonen Traditionalismus und Respekt

[9] Der Zugang zu dieser Rekonstruktion wird begrenzt durch einen auch von französischen Autoren beklagten defizitären Forschungsstand. Vgl. etwa Joseph Algazy, La tentation néofasciste en France de 1944 à 1965, Paris 1984, S. 13 ff.; Bernard Brigouleix, L'extrême droite en France, Paris 1977. Dort heißt es: „Das Fehlen präziser Statistiken und Primärstudien macht es schwierig, allgemeine Schlußfolgerungen zu ziehen und nötigt zu fragmentarisch-unwissenschaftlichen Arbeiten auf diesem Gebiet" (S. 92). In der Bundesrepublik ist der französische Rechtsextremismus nach 1945 praktisch terra incognita. Es dominieren einige ausschnitthafte Überblicksdarstellungen, die für unseren Zusammenhang kaum weiterführen. Vgl. auch Johannes M. Becker, Die Entwicklung der extremen Rechten in Frankreich, in: Blätter für deutsche und internationale Politik 29 (1984), S. 211-224. Die Diskussion ist geprägt von zusammenfassenden Überblicksdarstellungen (Brigouleix [FN 9]; Jean-Marc Théolleyre, Les néo-nazis, Paris 1982; Jean-Christian Petitfils, La droite en France de 1789 à nos jours, Paris 1983; vgl. dazu auch Backes [FN 7], S. 89 ff.), wobei die theoretische Frage nach einem originär französischen Faschismus und Neofaschismus empirisch-sozialhistorische Ansätze verdrängt. Soziodemographische Daten und strukturgeschichtliche Ansätze gibt es ebensowenig wie eine methodische Perspektive, die Rechtsextremismus als die Geschichte seiner Unterdrückung und gesellschaftlichen Zurichtung begreift. Der Forschungsstand über die extreme Rechte nach 1945 folgt dem über ihre Ausprägung vor 1945, dessen „begrenzten Erkenntniswert" Klaus-Jürgen Müller zu Recht auf die „heuristische Begrenztheit ideengeschichtlicher Doktrinanalysen und phänomenologischer Untersuchungsansätze" zurückführt. Vgl. ders., Die französiche Rechte und der Faschismus in Frankreich 1924-1932, in: Dirk Stegmann u. a. (Hrsg.), Industrielle Gesellschaft und politisches System. Beiträge zur politischen Sozialgeschichte. Festschrift für Fritz Fischer, Bonn 1978, S. 413-430, 415. Einzig die Studie von Algazy [FN 9] ist – Tascas Credo „Den Faschismus definieren heißt, seine Geschichte schreiben" folgend – als Schritt nach vorn aufzufassen. Sie beruht auf Primärmaterialien und Interviews mit Aktivisten und liefert für den Zeitraum von 1944 bis 1965 neue Informationen und eine konsistente Darstellung.

vor der natürlichen Ordnung der Dinge und einen Wertekanon, der sich wesentlich auf die katholische Monarchie des Ancien Régime vor 1789 bezieht. Politisch wirksam sind sie, wie Rémond gezeigt hat[10], in drei Strömungen: Die vornehmlich auf die Grundeigentümer gestützten Ultra-Royalisten und Legitimisten sind die entschiedensten Gegner der Revolution. Traditionalistischer Katholizismus und das Eintreten für die Monarchie kennzeichnen diese Richtung. Demgegenüber repräsentieren die nach heutigen Maßstäben zur „rechten Mitte" gehörenden Orléanisten das aufstrebende Wirtschaftsbürgertum, das politisch die Revolution und ihre Ideen ablehnt, gleichzeitig aber von den ökonomischen Strukturreformen des sich entwickelnden Kapitalismus profitiert. Eine autoritär-nationalistische Strömung schließlich verkörpern die Bonapartisten, Anhänger des 1851 durch einen Staatsstreich an die Macht gekommenen Louis Bonaparte. Das bonapartistische zweite Kaiserreich vereinigte alle drei Strömungen für mehrere Jahrzehnte. Aber nicht nur das politische Selbstverständnis der französischen Rechten, sondern auch die Herrschaftsmethoden der Diktatur nehmen spätere europäische Regime zwischen Autoritarismus und Faschismus in ihren Grundzügen vorweg. Von daher ist insbesondere für die extreme Rechte nach dem Zweiten Weltkrieg die Tradition des Bonapartismus auch als Herrschaftssystem ein konstitutiver Faktor ihres Selbstverständnisses. Die „Boulanger-Krise" 1887/88 ist ein Markstein in der Geschichte der französischen Rechten. Dem General Boulanger gelang es, verschiedene Wahlen zu gewinnen und erste Formen späterer rechter Massenbewegungen zu entwickeln.[11] Die Affaire „zeigte den rechten und monarchistischen Kräften in Frankreich, wie wichtig und erfolgversprechend es war, die ihnen so verhaßten revolutionären Traditionen Frankreichs mit Ideologien zu bekämpfen, die gerade wegen ihrer revolutionären Herkunft besonders massenwirksam waren. Dies galt für die Ideologien des Nationalismus, eines rückwärts gewandten und reaktionären Antikapitalismus und vor allem für den Antisemitismus, der gerade während der Dreyfus-Affaire am Ende des 19. Jahrhunderts seine die Massen mobilisierende und zugleich polarisierende Kraft und Wirkung zeigte."[12] Die Dreyfus-Affaire

[10] Vgl. René Rémond, Les droites en France, Paris 1982, S. 46 ff.

[11] Vgl. Zeev Sternhell, La droite révolutionnaire 1885-1914, Paris 1978, S. 24 ff.

[12] Wolfgang Wippermann, Europäischer Faschismus im Vergleich 1922-1982, Frankfurt a. M. 1983, S. 215. Die Dreyfus-Affaire begann im September 1898, als der Chef des Nachrichtendienstes, Oberstleutnant Henry verhaftet wurde wegen Fälschung ei-

wirkte über die Jahrhundertwende hinaus als Katalysator. Nationalismus und Antisemitismus gewannen eine zentrale Funktion, soziale Bewegungen als Aktionsform setzten sich mehr und mehr durch. Zunächst waren es aber die 1905 von Charles Maurras [13] gegründete „Ligue d'Action française" und ihre Studentenorganisation „Fédération des étudiants d'Action Française", die für die Geschichte der Rechten eine bedeutende Rolle spielen: Hier wurden intellektuelle Formen des rechtsextremen Denkens entwickelt. Die Action française verstand sich als kulturelles Projekt, das auf monarchistischer Grundlage gegen die republikanische Grundstruktur opponierte. Traditionalismus, Nationalismus und Positivismus waren Eckpfeiler ihrer politischen Philosophie. Auch wenn sie mit ihren Stoßtrupps (Camelots du roi) seit 1908 als soziale Bewegung agierte, blieb ihr Charakter als „société de pensée" weiter bestehen. In der Zwischenkriegszeit hatte die Action française zeitweilig mehr als 60.000 Mitglieder, zentrierte ihre Aktivitäten um ihren Verlag La Librairie Jean Rivain, eine Tageszeitung, die bis zu 100.000 Auflage erreichte.[14] Aus dem Almanach der Action française von 1933 ergeben sich aufschlußreiche Hinweise zur sozialen Struktur der Aktivisten: Rund 34 Prozent bezeichnen sich als „akademische Honoratioren", 15 als Militärs, 7 als Industrielle und 21% als Handwerker und kleine Geschäftsleute, insgesamt zwanzig Prozent waren Adlige; die Sozialdaten ergeben, wie es Eugen Weber überspitzt formulierte, „ein nahezu perfektes Portrait einer vorindustriellen Gesellschaft".[15]

nes Beweisstückes gegen den wegen Hochverrat inhaftierten jüdischen Hauptmann Dreyfus. Vorausgegangen waren politische, administrative, juristische und publizistische Attacken der „Dreyfusards" zur Rehabilitation von Dreyfus, die zu antisemitischen Gegenoffensiven führten. Insbesondere der junge Publizist Charles Maurras (vgl. FN 13) löste durch einen antisemitischen Artikel, in dem er die Dreyfusards als jüdisches „Verrätersyndikat" denunzierte, eine Welle des Antisemitimus aus. Vgl. zu diesen Vorgängen ausführlich: Ernst Nolte, Der Faschismus in seiner Epoche, 4. Aufl., München 1971 (1963), S. 90 ff.

[13] *Charles Maurras* (geboren 1868): Schriftsteller, Journalist, Politiker, Absolvent des collège catholique in Aix-en-Provence, Mitarbeiter mehrerer philosophischer Zeitschriften in Paris vor der Jahrhundertwende. Mitbegründer der Zeitschrift „L'Action Française". Autor von etwa 40 politischen Büchern, zunächst über die Monarchie (Enquête sur la Monarchie, 1900), später über andere Themen der Rechten. Aus politischen Gründen mehrfach inhaftiert (1912, 1929, 1936). Seit 1938 Mitglied der Académie Française. Politisch mit Marschall Pétain verbunden, wurde Maurras am 27. Januar 1945 zu lebenslänglicher Haft und Verlust der bürgerlichen Ehrenrechte verurteilt wegen Landesverrat („Intelligence avec l'ennemi"). 1952 gestorben. Vgl. Henri Coston (Hrsg.), Dictionnaire de la politique française, Paris 1967, S. 680-684.

[14] Vgl. Petitfils (FN 9), S. 27.

[15] Vgl. Müller (FN 9), S. 426.

Einige Parallelen zur Nouvelle Droite unserer Tage scheinen auf der Hand zu liegen: Taguieff bezeichnet die Action française als Erfinder der metapolitischen Strategie von rechts[16], Rémond verweist auf Analogien in der kulturkämpferischen Strategie. Auch die Action française verstand sich als neue Schule des Denkens, die um eine Zeitschrift herum entstand und metapolitische Strategien gegenüber tagespolitischem Engagement bevorzugte.[17] Auch wenn inhaltlich beträchtliche Differenzen bestehen: Die Nouvelle Droite ist weder monarchistisch-katholizistisch noch anti-deutsch wie die Action française[18] –, darf die traditionsstiftende Funktion der Action française nicht übersehen werden: Sie war für eine ganze Reihe von späteren rechten „Denkschulen" Vorbild und Stimulanz zugleich bis zu ihrer formellen Auflösung 1914 und darüberhinaus.

Neben der gemäßigten parlamentarischen Rechten hat sich in Frankreich vor Kriegsausbruch 1939 eine Struktur der Rechten herausgebildet, die durch drei Bewegungen mit unterschiedlichen Akzenten gekennzeichnet ist. Die Action française dominierte zusammen mit einer Vielzahl kleinerer intellektueller Zirkel den geistigen Überbau als progressiver Ideologienlieferant. Die 1927 gegründete und 1936 verbotene Frontkämpferbewegung Croix de Feu integrierte die boulangistische Tradition mit neuen, dem italienischen Faschismus entlehnten Vorstellungen, und „der von dem einstigen kommunistischen Spitzenfunktionär Jacques Doriot (1898-1945) im Jahre 1936 gegründete PPF (Parti Populaire Française), der auf seinem Höhepunkt 250.000 Mitglieder gezählt haben soll, trägt hingegen deutlich Züge einer faschistischen Massenbewegung – der bisher einzigen in der französischen Geschichte".[19]

[16] Pierre-André Taguieff, La stratégie culturelle de la „Nouvelle Droite" en France (1968-1983), in: Vous avez dit Fascismes?, hrsg von Robert Badinter, Paris 1984, S. 128.

[17] Rémond (FN 10), S. 284.

[18] Die deutschfeindliche Komponente der französischen Rechten hatte nach dem verlorenen Krieg 1870/71 Auftrieb erhalten. Ihren nachhaltigsten Ausdruck fand diese Tradition in der 1882 gegründeten „Ligue des Patriotes", die ihrerseits nach der Jahrhundertwende großen Einfluß auf die Action Française gewann.

[19] Mohler interpretiert die französische Vorkriegsrechte unter vergleichendem Aspekt mit folgender Bemerkung: „Man sieht: die Schichtung der französischen Rechten der 30er Jahre hat zwar ihren besonderen Charakter, läßt sich aber doch in den Umrissen mit derjenigen der deutschen Rechten vor 1933 in Deutschnationale, NSDAP und ‚konservative Revolution' gleichstellen." Ders., Die französische Rechte, München 1958, S. 51. In unserem Zusammenhang muß noch ein Schritt weitergegangen werden, ist die Ausgangslage zwischen 1944/45 und Anfang der fünfziger Jahre doch durchaus vergleichbar, dann aber nehmen die Entwicklungen einen unterschiedlichen

Die bis hierher grob nachgezeichneten historischen Traditionen der Rechten zeigen die Spaltung des ursprünglich relativ homogenen gegenrevolutionären Denkens in einen gemäßigt-parlamentarischen Flügel und eine extreme Rechte, die sich nach der Boulanger-Krise 1887/88 abzeichnet. Die ursprünglich konservative, klerikal-monarchistische politische Philosophie rezipiert nationalistische und antisemitische, später auch faschistische und nationalsozialistische Ideen sowie Elemente der rechtsgerichteten europäischen Massenbewegung, wodurch die angesprochene Fraktionierung noch stärker zementiert wird. Unter vergleichendem Aspekt fällt auf, daß es eine etwa der NSDAP oder dem italienischen Faschismus entsprechende einheitliche und dominante Partei oder Bewegung nicht gibt. Organisatorische und ideologische Heterogenität ist eines der markantesten Kennzeichen der Vorkriegs-Rechten in Frankreich.[20] Die Action française ist keiner Richtung eindeutig zuzuordnen, sie gehört weder zur gemäßigt-parlamentarischen Rechten noch zu den in faschistische Ordnungsvorstellungen abgleitenden Bewegungen. Ihre Funktion ist eher die eines Bindegliedes zwischen dem französischen Nationalismus des ausgehenden 19. Jahrhunderts und den faschistischen Bewegungen der dreißiger Jahre, darüberhinaus aber begründet sie die Tradition des rechten Intellektualismus.

In der französischen Diskussion ist der Streit bislang unentschieden, ob es überhaupt eine genuin französische Tradition des Faschismus gibt oder ob nicht die französischen faschistischen Bewegungen hauptsächlich von den außerfranzösischen Faschismen der Zwischenkriegszeit beeinflußt waren.[21] Für unseren Zusammenhang

Verlauf. *Jacques Doriot* (1898-1945): Seine politische Biographie ist die eines Wanderers von links nach rechts. Er war Arbeiterkind und engagierte sich schon früh in der sozialistischen Bewegung. Nach dem Ersten Weltkrieg trat er der kommunistischen Partei bei, war Teilnehmer am 3. Weltkongreß der Komintern in Moskau und wurde 1922 Generalsekretär der KPF-Jugendorganisation Jeunes Communistes. Drei Jahre Bürgermeister von Saint-Dénis. Seine Kritik am Führungsanspruch der Sowjetunion für den Weltkommunismus führt zu seinem Parteiausschluß. Nach der Gründung der PPF 1936 entwickelte sich Doriot, der das Vichy-Regime unterstützte und mit kollaborationistischen Organisationen zusammenarbeitete, zu einem geistigen Kopf des Antikommunismus. Er veröffentlichte dazu mehrere Bücher und gründete u. a. die Légion des Volontaires Français contre le Bolchevisme. Vgl. Coston (FN 13).

[20] Vgl. Robert J. Soucy, The Nature of Fascism in France, in: George L. Mosse (Hrsg.), International Facism. New Thoughts ans New Approaches, London/Beverly Hills 1979, S. 243-272.

[21] Vgl. zu dieser Debatte: Nolte (FN 12), Algazy (FN 9) und (von rechts) zusammenfassend: Armin Mohler/T. Mudry/ R. Steuckers, Généalogie du fascisme français. Dérives autour des traveaux de Zeév Sternhell et Noel O'Sullivan, Genf 1986, S. 178 f.,

scheint eine Diskussion dieser Frage wenig weiterführend, entscheidend ist vielmehr, *daß* Traditionen rechten Denkens und rechter Aktionsformen in der Spannbreite zwischen Rechtskonservatismus und Rechtsextremismus vor allem in der ersten Hälfte dieses Jahrhunderts in der französischen Geschichte einen Focus geschaffen haben, auf den die Nachkriegsentwicklungen von rechts kontinuitätstheoretisch zu beziehen sind.

3. 1944 bis 1951: Der Schatten von Vichy

Nach dem Ende des Vichy-Regimes waren rechtsextremistische Bestrebungen sehr bald diskreditiert durch Säuberungsaktionen („épuration") und strafrechtliche Verfolgungen von Kriegsverbrechern. Nach einer im August 1944 erlassenen Rechtsverordnung bezüglich der Strafverfolgung von Kriegsverbrechern wurden bis Ende 1951 über 18.000 Verfahren eingeleitet.[22] Daraus folgten 1.366 Schuldsprüche, davon 493 Todesurteile, von denen 55 vollstreckt wurden. Darüberhinaus wurden im Rahmen der Säuberungsaktionen mehr als 160.000 Verfahren in Gang gesetzt, die in 4 Prozent der Fälle mit dem Todesurteil endeten, in 8 Prozent mit Zwangsarbeit, in 16 Pro-

S. 11. Marieluise Christadler, Frankreichs Konservative zwischen liberaler Vernunft und rechter Versuchung, in: Leviathan 14 (1986), S. 176-207. Eine aufschlußreiche Bemerkung von Müller (FN 9) sei hier deshalb ausführlich zitiert, weil sie nichts an Aussagekraft verloren hat: „Vermeintlich oder tatsächlich faschistische Phänomene im Frankreich der Zwischenkriegszeit sind hierzulande registriert, jedoch nur in Ausnahmefällen untersucht und fast nie ernsthaft in die theoretische Diskussion einbezogen worden. Die ausländische, vor allem die französische und angelsächsische Forschung hat sich zwar intensiv um die historische Untersuchung der verschiedenen Gruppierungen und Bewegungen der extremen Rechten bemüht, verzichtete jedoch nahezu vollständig darauf, ihre Ergebnisse in einem faschismus-theoretischen Kontext zu diskutieren und in einen wie auch immer gearteten strukturgeschichtlichen Rahmen hineinzustellen. Was ihre allgemeine Einschätzung anbetrifft, so stehen sich gegenwärtig zwei Auffassungen gegenüber. Während eine Historikerschule, deren prominentester Vetreter René Rémond ist, meint, die Ligen und ähnliche Erscheinungen seien nichts anderes als zeitgenössische Ausformungen eines traditionellen bonapartistisch-autoritären Nationalismus, der höchstens gelegentlich eine Art faschistischer Couleur angenommen habe, vertreten [andere] die Ansicht, daß es sich dabei durchaus um bestimmte, sehr unterschiedliche Ausformungen des Faschismus gehandelt habe. Die Diskussion über dieses Problem dauert noch an" (S. 143).

[22] Vgl. dazu die auf neuestem Zahlenmaterial aus Primärquellen beruhenden Angaben bei: Gerhard Kiersch/Anette Kleszcz-Wagner, Frankreichs verfehlte Vergangenheitsbewältigung, in: Jürgen Weber/Peter Steinbach (Hrsg.), Vergangenheitsbewältigung durch Strafverfahren? NS-Prozesse in der Bundesrepublik Deutschland, München 1984, S. 170 ff.

zent mit Haftstrafen, in 25 Prozent mit der Aberkennung der bürgerlichen Ehrenrechte und in 45 Prozent mit der Niederschlagung von Prozessen bzw. mit Freispruch. Eine Reihe von Aktivisten war auf der Flucht oder im Gefängnis; Zeitschriften wurden verboten; Drieu La Rochelle[23] hatte im Frühjahr 1945 Selbstmord begangen, die Symbolfigur Charles Maurras war zu lebenslanger Haft verurteilt.[24] Obwohl die Vollstreckung der Urteile durch mehrfache Teilamnestien in ihrer strafrechtlichen Wirkung effektiv geschmälert wurde und die Zahlen insofern zu relativieren sind, mußte die juristische und politische Bewältigung von „Vichy" gravierende regressive Folgen für die extreme Rechte faktisch und perspektivisch nach sich ziehen. Die Ausgangsbedingungen waren bis in die fünfziger Jahre vor allem deshalb schlecht, weil durch die Verfahren die öffentliche Meinung „rechts" mit „Vichy" und der Kollaboration assoziierte. „Nach 1945", notiert Roussel, „wurde der Begriff rechts zum Tabu, keine der großen Parteien bekannte sich öffentlich dazu."[25]

Die Aktivitäten von rechts in der frühen Nachkriegszeit sind geprägt von diesem historischen Dilemma. Zahlreiche Anhänger des Vichy-Regimes verließen „das ihnen zugedachte politische Ghetto, indem sie dem 1947 von General de Gaulle gegründeten Rassemblement du Peuple français beitraten".[26] Wahlpolitisch chancenlos, organisatorisch zersplittert und programmatisch im politischen Abseits, kristallisierten sich drei Aktivitätsrichtungen heraus, die die vierte Republik überdauern sollten.

Ehemalige Kollaborateure fanden sich in wehrsportlichen Kampf-

[23] *Drieu La Rochelle* (1883-1945): An seiner politischen Biographie zeigt sich ganz besonders deutlich ein Spezifikum der französischen Rechten, das Nolte (Die faschistischen Bewegungen, 6. Aufl., München 1977 [1966], S. 315) mit dem lapidaren Satz beschreibt: „In keinem Lande war der Faschismus in so starkem Maße auch eine Angelegenheit der Intellektuellen wie in Frankreich." Drieu La Rochelle, aus begütertem Haus und finanziell unabhängig, „Homme de lettres" (Coston). Studium an der Ecole des Sciences Politiques, Kriegsteilnehmer im 1. Weltkrieg, danach freier Mitarbeiter bei Zeitschriften im Umkreis der Action française. Er versuchte eine Synthese aus Nationalismus und Sozialismus. Verbindungen zu den Croix de Feu und nach 1936 zu Doriots PPF. Drieu war nie Funktionär, sondern stets formell unabhängig und wesentlich literarisch tätig. 1943 schrieb er: „Ich bin Faschist, weil ich die zunehmende Dekadenz in Europa gesehen habe. Ich habe im Faschismus das einzige Mittel gesehen, die Dekadenz wirksam zu bekämpfen." Am 15. März 1945 beging er Selbstmord, nachdem er von Ermittlungen gegen ihn im Zuge der épuration erfahren hatte. Vgl. Coston (FN 13), S. 383-384.

[24] Vgl. Petitfils (FN 9), S. 78.

[25] Roussel (FN 5), S. 97.

[26] Petitfils (FN 9), S. 81.

gruppen zusammen. Die bekanntesten sind die 1947 von Charles Luca gegründeten „Commandos de Saint-Ex". Ihre Mitgliederzahl belief sich auf mehrere hundert relativ junge Aktivisten. Nach dem Verbot 1949 reorganisierten sich die „commandos" und existierten unter anderem Namen bis weit in die fünfziger Jahre. Programmatisch forderte die „Citadelle", einer der Nachfolger, an erster Stelle das Ende der Bestrafung von Kollaborateuren („arrêt de l'épuration"), einen starken Staat und unterstützte Bestrebungen eines Zusammenschlusses europäischer faschistischer Bewegungen. Citadelle war Teilnehmer an der Konferenz europäischer faschistischer Bewegungen in Malmö 1951.[27]

Der Reformationsprozeß rechtsextremer Parteien begann 1946. Bei Wahlen erfolglos blieben die diversen Kleinparteien, wie etwa der Parti républicain d'unité populaire (P. R. U. P.), der Mouvement socialiste d'unité française und andere, doch Indiz für die Kontinuität rechtsextremer Politikformen in Frankreich auch nach der libération. Kennzeichnend für diese Parteien, bei deren Entstehung René Binet oft eine wichtige Rolle spielte[28], war ihr programmatischer Immobilismus: Sie kämpften für eine rasche Beendigung der épuration auf der ideologischen Grundlage der traditionellen extremen Rechten und entwickelten sich daher schnell zum politischen Anachronismus.

In der Tradition der von Maurras und der Action française geprägten intellektuellen französischen Rechten stand die Gründung von Zeitschriften, Debattierzirkeln, Interessengemeinschaften und Kul-

[27] 1953 ging aus Citadelle der (parlamentarisch bedeutungslose) Parti socialiste français hervor, 1955 die Phalange française, die 1957 dem Kameradschaftsring Nationaler Jungendverbände (KNJ) beitrat, um die europäische Ausrichtung einer jugendlich geprägten eurofaschistischen Internationale zu unterstützen. Vgl. Algazy (FN 9), S. 102 ff.; die Phalange française unterstützte die Poujadisten, ein Fusionsangebot wurde von diesen jedoch zurückgewiesen. Vgl. ebd., S. 112. 1958 wurde auch die „Phalange" verboten, die sich weiterhin informell in der „Algerie Française"-Bewegung betätigte. Vgl. Coston (FN 13), S. 650.

[28] *René Binet* (1914–1957): Mitglied der kommunistischen Jugend – ausgeschlossen 1934. Trotzkist, Redakteur und Mitglied der trotzkistischen „Commune". 1934-1939 entwickelt er antisowjetische und antisemitische Ideen, gerät in deutsche Kriegsgefangenschaft. Nach der Entlassung Mitglied der Panzergrenadierdivision SS „Charlemagne". Nach 1944 Gründer mehrerer Parteien und Zeitschriften auf der extremen Rechten. 1951 beim Treffen europäischer Faschisten in Malmö, protegiert er die Gründung einer eurofaschistischen Internationale, Gründer des Nouvel Ordre Européen. Nach Algazy (FN 9), S. 83 ff. ist Binet, ein notorischer Parteigründer, symptomatisch für den neofaschistischen französischen Funktionär der Zeit 1944 bis Anfang der fünfziger Jahre.

turorganisationen. Die in den Jahren 1944 bis 1946 entstandenen Zeitschriften „Les documents nationaux", „Perspectives", „Questions actuelles", „Écrits de Paris", „Paroles françaises" und „Réalisme" setzten sich vor allem mit der Résistance auseinander und bestritten die Legitimation des Widerstandes gegen das Vichy-Regime. Die Zeitschriften und die dahinterstehenden Debattierzirkel inspirierten die Gründung verschiedener Kulturorganisationen. Die „Comités de défense des épurés présentés" verstanden sich als Interessenvertreter inhaftierter Kollaborateure; die „Centres d'études" als intellektuelle Ratgeber der politischen und ökonomischen Eliten. Sie waren durchweg pétainistisch „und versuchten eine neue Anhängerschaft zu gewinnen und die politische Arena zurückzuerobern".[29] Die „organisations à base sectorielle" schließlich definierten sich als Form berufsgruppenspezifischer Agitation und übernahmen die politische Basisarbeit für die „Centres d'études". Angesprochen wurden mit Veranstaltungen und Printmedien der öffentliche Dienst, Studenten, Bauern, Frauen, Polizei- und Kommunalbeamte. Sie versuchten, die speziellen beruflichen Interessen mit den übergeordneten Zielen der „Centres" zu verbinden, wobei die „Apologie der Kollaborateure" (Algazy) und die Diskreditierung der Résistance zu dieser Zeit obenan standen.

Bezeichnend für die Fixierung der extremen Rechten auf die Themen Vichy/Kollaboration Ende der vierziger Jahre, aber ebenso symptomatisch für die Tradition der intellektuellen Rechten ist die politische Aktivität des, so Algazy, „gefährlichsten Ideologen des französischen und europäischen Neofaschismus"[30], Maurice Bardèche.[31] 1947 veröffentlichte er das Buch „Lettre à François Mauriac", in

[29] Algazy (FN 9), S. 71.

[30] Ebd., S. 221.

[31] *Maurice Bardèche* (geb. 1909): Absolvent der Ecole Normale Supérieure, Promotion über Balzac 1940, Professor für Literaturwissenschaft an der Sorbonne und an der Universität Lille, während des Vichy-Regimes politisch nicht aktiv. Befreundet und literarische Zusammenarbeit mit Robert Brasillach, einem der führenden faschistischen Literaten der dreißiger Jahre, der wegen Kollaboration am 6. Februar 1945 hingerichtet wurde. Dieses Ereignis veranlaßte eine Politisierung Bardèches in geschichtsrevisionistischer Hinsicht. Er war im Anschluß an die Malmöer Konferenz eurofaschistischer Bewegungen, auf der er die französische Delegation leitete, Herausgeber der Zeitschrift „Défense de l'occident" (1951-1983) und Herausgeber der geschichtsrevisionistischen Schriften von Paul Rassinier. Vgl. Algazy (FN 9), S. 202 f. und Coston (FN 13), S. 89 f. – Rassiniers Geschichtsrevisionismus dient seinerseits als Vorlage und Interpretation für die französische Revision der Leugnung von Judenmorden in Auschwitz, wie sie vor allem von Robert Faurisson vertreten wird. Vgl. dazu Lothar Baier, Französische Zustände, Frankfurt a. M. 1982, S. 89-121. Zum Ge-

dem er das System von Vichy verherrlichte, 1948 das Buch „Nuremberg ou la terre promise“, in dem er die Kriegsverbrecherprozesse verurteilte und den Alliierten das Recht absprach, über die besiegten Deutschen Gericht abzuhalten. Bardèche büßte für diese Schrift mit einem Jahr Haft, wovon er allerdings nur drei Wochen absitzen mußte, bevor er amnestiert wurde.

Die historische Ausgangslage der extremen Rechten in Frankreich nach dem Zweiten Weltkrieg zeigt verblüffende Parallelen zur deutschen Entwicklung: Hier wie dort steht die Auseinandersetzung mit vorangegangenen rechtsgerichteten Regimen und den personell/ideologischen Verstrickungen, aber auch den juristisch-administrativen Folgen im Zentrum der politischen Arbeit. Dieser Ausgangszusammenhang wirkte allerdings in der Bundesrepublik nachhaltiger und tiefer, prägte somit für längere Zeit das Gesicht der Rechten.

4. 1951 bis 1958: Zeit der Dekolonisation, Re-Formation und Themenwechsel

„Vichy“ und die Folgen waren bis Anfang der fünfziger Jahre das Generalthema der extremen Rechten. Es waren mehrere außenpolitische Faktoren, die den thematischen Paradigmenwechsel beschleunigten, die Last der französischen Vergangenheitsbewältigung verdrängten und der Rechten neue Konturen verschafften.

In den fünfziger Jahren verlor Frankreich den größten Teil seiner asiatischen und afrikanischen Kolonien. Das Ende des Indochina-Krieges bzw. die Genfer Verträge von 1954 entließen Laos, Kambodscha und das geteilte Vietnam in die Unabhängigkeit, 1956 folgten Marokko und Algerien. Der Kampf um Algerien 1954 bis 1962 und die Intervention mit Israel und Großbritannien gegen Ägypten in der Suez-Krise 1956, indirekt auch der Ungarn-Aufstand im gleichen Jahr und das Hineinwachsen Frankreichs in die EWG veränderten die außenpolitischen Rahmenbedingungen nachhaltig. Nicht nur bei der extremen Rechten wurden jene Ereignisse als Verlust nationaler Souveränität gedeutet, aber bei ihr am deutlichsten und am stärksten, weil die nationale Frage im Kern des rechten Denkens stand und

schichtsrevisionismus der französischen Rechten vgl. auch den Überblick bei Pierre-André Taguieff, L'héritage nazi. Des nouvelles droites européennes à la litérature avant le génozide: Les nouveaux cahiers, 64/1981, S. 16 ff.

steht und darüberhinaus die Dekolonisation eine gute Gelegenheit bot zur Beendigung der politischen Dauerdiskussion um „Vichy". Die zentrale Bedeutung des Antikommunismus für die Ideologie der Rechten ließ sich am Komplex der Dekolonisation scheinbar mühelos verifizieren. Die Konferenz eurofaschistischer Bewegungen in Malmö 1951 schuf darüberhinaus die Voraussetzungen internationaler Kooperation und ein in die Zukunft gerichtetes Projekt, das besonders bei der französischen extremen Rechten breiten Widerhall fand.[32] So ist es kein Zufall, daß Jean-Louis Tixier-Vignancour, in den sechziger Jahren eine zentrale Figur der Rechten, Sektionschef des aus der Malmöer Konferenz hervorgegangenen „Mouvement social européen" in Frankreich war.[33]

Im Kontext einer nahezu unübersehbaren Vielfalt kleiner und kleinster Gruppierungen nimmt die Zeitschrift Rivarol eine Sonderstellung ein. 1951 gegründet und noch existent, ist sie das traditionsreichste Magazin der parteiunabhängigen extremen Rechten, zudem das in den fünfziger Jahren einflußreichste und meistgelesene (Auflage 1957: 45.000[34]). Rivarol war und ist antirepublikanisch, antiparlamentarisch, antikommunistisch, versteht sich in der Tradition der Action française und vertritt eine ausgesprochen eurofaschistische Linie. Im Februar 1957 führte die Zeitschrift eine Umfrage unter ih-

[32] Vgl. Théolleyre (FN 9), S. 203 ff.

[33] *Jean-Louis Tixier-Vignancour* (geb. 1907): Entstammt einer Abgeordnetenfamilie; Studium der Rechtsswissenschaft und aktiv in der Studentenorganisation der Action Française; 1936 Abgeordneter des Front Populaire. 1940/41 Informationsminister der Vichy-Regierung. Nach der Befreiung inhaftiert, zeitwillig Berufsverbot als Rechtsanwalt und Aberkennung der bürgerlichen Ehrenrechte; zeitweilig Mitarbeiter von „Défense de l'occident" und „Jeune Nation", 1945 gründete er den Rassemblement National. 1956 gibt er die Zeitschrift „L'Espoir" heraus, die aktiv für ein französisches Algerien eintritt. In diesem Zusammenhang unterstützt er Le Pens „Front National pour l'Algérie Française". 1965 war Tixier Präsidentschaftskandidat der Rechten, scheiterte aber trotz 1,26 Millionen Wählerstimmen im ersten Wahlgang. Tixier gilt in Frankreich als „Staranwalt" für Angeklagte, die der Kollaboration bzw. politischer Vergehen unter dem Vichy-Regime beschuldigt werden. Vgl. Algazy (FN 9), S. 126 f., ausführlicher Coston (FN 13), S. 1020-1022. Während des Mai '68 leitete Tixier-Vignancour den Front National Anti-Marxiste und beteiligte sich an den Auseinandersetzungen gegen die revoltierenden Studenten. Vgl. Studien von Zeitfragen, VIII/1969, S. 3. In den siebziger Jahren war er Aktivist beim Parti des Forces Nouvelles, dem politischen Antipoden des Front National Le Pens innerhalb der alten Rechten. Bei den Wahlen zum Europäischen Parlament 1979 war er sogar Spitzenkandidat des PFN. Anläßlich der Wahlen zum Europäischen Parlament im Juni 1984 kam es jedoch zur Versöhnung: Tixier-Vignancour, 77jährig, unterstützte demonstrativ den Wahlkampf Jean-Marie Le Pens. Vgl. Edwy Plenel/Alain Rollat, L'effet Le Pen, Paris 1984, S. 47.

[34] Vgl. Algazy (FN 9), S. 131 f.

ren Lesern durch, deren Ergebnisse hier deshalb vorgestellt werden, weil insgesamt für die extreme Rechte in Frankreich zu wenig soziodemographische Daten vorliegen. Von den Lesern, die auf die Befragung antworteten (n= 3.607), waren 42,6 Prozent über 50 Jahre alt, 38,9 Prozent zwischen 30 und 50 und 17,5 Prozent unter 30. Unter den Berufsgruppen sind Arbeiter mit 7 Prozent unterrepräsentiert, Angestellte und Beamte und Studenten mit 39,8 Prozent überrepräsentiert. Ein Viertel war bis 1944 Anhänger von Pétain, immerhin 36 Prozent waren nach der Befreiung inhaftiert wegen Kollaboration. Diese Daten sind nicht repräsentativ für die soziologische Struktur der extremen Rechten der fünfziger Jahre, aber sie deuten – ebenso wie die politischen Biographien führender Funktionäre – darauf hin, daß der politische und politisch-biographische Zusammenhang des Vichy-Regimes auch gegen Ende der fünfziger Jahre noch eine große Rolle spielte.

Die Bewegung Jeune Nation (Mouvement Jeune Nation [MJN]) bestätigt und widerlegt diese These zugleich. Biographisch waren die Gründer um die Gebrüder François, Pierre und Jacques Sidos tief in die Geschichte des Vichy-Regimes verstrickt[35], politisch ist der MJN jedoch ein Kind der Kolonialkriege – entstanden 1949/50, verschwunden mit dem Ende des Algerienkrieges Anfang der sechziger Jahre. „Jeune Nation machte sich bemerkbar", notiert Algazy, „durch seine gewalttätigen Aktionen gegen seine politischen Gegner, vor allem die Kommunistische Partei, und seine Aktionen, um jeden Preis

[35] Die *Familie Sidos* ist, wie der Dictionnaire de la politique française notiert, „une famille de militants nationaux" (Coston [FN 13], S. 978). Der Vater, François, geboren 1889, war Teilnehmer der Schlacht von Verdun und nach dem Ersten Weltkrieg Regionalleiter (dirigeant régional) der Ligue des Jeunesses Patriotes (dazu ausführlich Müller [FN 9]. Unter Marschall Pétain wurde er Beauftragter der Regierung in den besetzten Gebieten. Nach der Befreiung zum Tode verurteilt und im März 1946 hingerichtet. *François Sidos* junior; geboren 1922, Ingenieur und diplomierter Historiker, Kriegsfreiwilliger, erster Vorsitzender des MJN. Nach der Befreiung ebenso wie seine Brüder verhaftet und bis 1949 interniert. *Jacques Sidos*; geboren 1928, wegen militanter politischer Aktionen insgesamt zehn Jahre inhaftiert. *Pierre Sidos*; geboren 1927, Journalist, Gründer der Zeitschrift Jeune Nation und des MJN sowie der Parti Nationaliste. Nach deren Verbot geht er in den Untergrund und nimmt an den Algerien-Kämpfen an der Seite der Rechten teil. 1962 für knapp ein Jahr inhaftiert. Seit 1963 Mitarbeit bei Europe-Action, kurz darauf aber politisch isoliert. 1966 Gründer der Zeitschrift „le soleil". „Seit fünfzehn Jahren wird Pierre Sidos von seinen politischen Gegnern ebenso wie von seinen Freunden als Kopf der dynamischsten Fraktion des französischen Nationalismus betrachtet", notiert der „Dictionnaire" im Jahre 1967. Vgl. Coston (FN 13), S. 979 sowie Algazy (FN 9), S. 115. 1968 gründete Pierre Sidos die noch heute bestehende Oeuvre Française. Petitfils (FN 9) bezeichnet diese Organisation als die heute einflußreichste der alten Rechten jenseits des Front National (S. 104).

die französischen Kolonien als solche zu erhalten."[36] Nach den Statuten kämpfte Jeune Nation, um Frankreich seinen Platz als „Grande Nation" zu erhalten und für eine zweite französische Revolution, die sich an den Prinzipien Autorität, Verantwortung und Hierarchie orientieren sollte.[37] Innerhalb des rechtsextremen Spektrums distanzierte sich der MJN vom Neo-Vichyismus und von René Binet ebenso sehr wie von Charles Lucas' paramilitärischen Formationen, um sich stärker aktuellen Problemen zu widmen. Besonders bei Veranstaltungen unterschied sich der MJN von den übrigen Gruppierungen der extremen Rechten durch einen neuen Stil, den Algazy als „sophistiqué" bezeichnet.[38] Kehrseite der modernen Rhetorik war die seit 1954 zum öffentlichen Politikum werdende Militanz von Jeune Nation auf den Straßen von Paris. Zwischen 1954 und 1957 gab es zahlreiche Demonstrationen der extremen Rechten, angeführt von Jeune Nation.

Bevor sie als Unterstützer der „Ultras" in der Algerien-Frage eine noch größere Rolle als militante Rekrutierungsorganisation der extremen Rechten spielen konnte, wurde sie im Mai 1958 verboten, nachdem sie verdächtigt worden war, ein Bombenattentat auf die Nationalversammlung geplant zu haben.[39] Ihre Zeitschrift „Jeune Nation" blieb jedoch – illegal – weiter bestehen; die Kader reorganisierten sich um Pierre Sidos und seinen Parti Nationaliste.[40]

Eine besondere Rolle in der Entwicklung des französischen Rechtsextremismus der fünfziger Jahre spielt die von Pierre Poujade 1953 ins Leben gerufene „Union de Défense des Commerçants et Artisans" (UDCA). Sie erreichte bei den Wahlen zur Nationalversammlung 1956 2,5 Millionen Stimmen, damit 13,3 Prozent und schickte 52 Abgeordnete ins Parlament, darunter auch Jean-Marie Le Pen, den Führer des späteren Front National. Nach diesem für viele überraschenden Wahlsieg zerfiel die von Bauern und Handwerkern vor allem der ärmeren landwirtschaftlichen Départements des Südens und des Westens getragene Bewegung nicht zuletzt aufgrund massiver politischer Angriffe: Die im Kern mittelständische Steuerprotest-

[36] Algazy (FN 9), S. 112 f.
[37] Vgl. ebd., S. 118.
[38] Ebd., S. 120.
[39] Vgl. Taguieff (FN 16), S. 15.
[40] Die Zeitschrift Jeune Nation existiert nach wie vor. Sie ist heute unter der Bezeichnung „Jeune Nation solidariste" das Sprachrohr des 1979 gegründeten Mouvement Nationaliste Révolutionnaire.

bewegung wurde des Neonazismus beschuldigt („Poujadolf"). Praktisch war dieser Vorwurf gegenstandslos, tatsächlich aber waren die Poujadisten Objekt einer Unterwanderung der extremen Rechten. Ihr hoher Wahlerfolg resultierte aber nicht zuletzt daraus, „daß der Teil der Wählerschaft, der sieben oder acht Jahre lang auf General de Gaulle gewartet hatte, nach seinem Rückzug aus der Politik einen anderen Ausdruck des Protests gegen das Regime suchte, den er ihr eingeimpft hatte".[41] Die Rückkehr de Gaulles an die Macht 1958 schließlich absorbierte das Wählerpotential der Poujadisten nahezu vollständig, obwohl der Poujadismus als kleinbürgerliches Protestmilieu in der politischen Kultur Frankreichs bis heute fortwirkt.[42]

Die poujadistische Episode ist in der Geschichte des französischen Rechtsextremismus aus mehreren Gründen von Bedeutung. Zum einen hatte sich gezeigt, daß die Strategie einer Infiltration rechts prädisponierter (klein-)bürgerlicher Protestbewegungen eine interessante Alternative im Kampf um Parlamentssitze bedeutet. Darüberhinaus aber wurde deutlich, daß klassische politische Motive der Rechten durchaus Resonanz finden konnten, wenn sie keinen offensichtlichen rechtsextremen Hintergrund aufweisen: Moderate Formen von Nationalismus und Antisemitismus, vor allem aber Leitvorstellungen einer agrarisch-handwerklich strukturierten Gesellschaft, in der der gewerbliche Mittelstand gleichberechtigt neben der Industrie gelten sollte, gehörten zu den wichtigsten programmatischen Aussagen. „Im ganzen konnte man wohl den Eindruck haben", notiert Weisenfeld, „daß ein in alten Vorstellungen verhaftetes Frankreich gegen moderne Auffassungen von der Entwicklung und der Rolle des Landes rebellierte".[43]

41 Ernst Weisenfeld, Frankreichs Geschichte seit dem Krieg, München 1980, S. 115.

42 Vgl. Roger Eatwell, Poujadism and Neo-Poujadism: From Revolt to Reconciliation, in: Philip G. Cerny (Hrsg.), Social Movements and Protest in France, London 1982, S. 70-93.

43 Weisenfeld (FN 41), S. 114.

5. Bis 1962: „L'Algérie Française"

Am 18. März 1962 wurde durch die Verträge von Evian formell die Unabhängigkeit Algeriens besiegelt. Damit schien eine Krise der französischen Politik beendet, in der die Auseinandersetzungen zwischen Befürwortern und Gegnern der Unabhängigkeit die Republik zu einer ernsthaften Legitimationskrise der Gesellschaft geführt hatten. Noch einige Monate später, im August 1962, entging der 1958 mit außerordentlichen Vollmachten ausgestattete Staatspräsident de Gaulle nur knapp einem Attentat der rechtsradikalen Geheimarmee Organisation de l'Armée Secrète (OAS). Der Verlust Algeriens war zwar durch ein Referendum im Januar 1961 von 75 Prozent der Bevölkerung gebilligt worden, aber für die Gegner dieser Politik, vereinigt in einer Vielzahl politischer Organisationen, bedeutete „L'Algérie Française" mehr als den Verlust eines Stückes französischen Territoriums: „Sie beschworen, das Abendland sei in Gefahr, der sowjetische Marxismus instrumentalisiere die Befreiungsbewegungen, um seine Weltherrschaft zu errichten. Der Kampf für die Aufrechterhaltung der französischen Kolonien hieß nichts anderes als Kampf gegen den Kommunismus und seine islamischen Verbündeten".[44]

Der algerische Aufstand vom November 1954 hatte die Krise eingeleitet. Noch bevor de Gaulle sich zu Beginn der sechziger Jahre kompromißbereit zeigte und damit den „Algérie Française"-Kräften den offenen Bruch signalisierte, revoltierten Teile der französischen Armee, die den Taktierern der Regierungen Mendès-France (bis 1956), Bourgès-Maunoury (bis April 1958), Pflimlin (einige Wochen) und de Gaulle (seit Juni 1958) kein Vertrauen entgegenbrachten.

Die terroristische Geheimarmee OAS wurde im August 1961 anläßlich des Putschversuchs französischer Generäle in Algier gegründet. Sie bündelte mehrere antigaullistische, rechtsgerichtete Vereinigungen, fand relativ breite Unterstützung nicht nur bei der kämpfenden Truppe in Algerien, sondern auch bei vielen „kleinen Leuten" in Frankreich selbst, die den Verlust der Kolonien als nationale Niederlage empfanden. Nahezu alle Gruppierungen der äußersten Rechten unterstützten die OAS. Vorfeldzusammenschlüsse wie etwa der Front National pour l'Algérie Française vereinigte Le Pen und Tixier-Vignancour mit anderen, ursprünglich fraktionierten Gruppierun-

[44] Petitfils (FN 9), S. 89.

gen. Ideologischen Flankenschutz erhielt die OAS von überaus unterschiedlichen Seiten: die intellektuelle Rechte um Jeune Nation und Maurice Bardèche bereitete ideell-programmatische Solidaritätsaktionen vor, und pro-israelische jüdische Organisationen wie auch die Herouth-Partei in Israel selbst unter dem späteren Ministerpräsidenten Menachem Begin unterstützten, wenn auch aus anderen Gründen, den Kampf der OAS.[45] Die OAS fungierte objektiv als Sammelbecken der zerstrittenen äußersten Rechten, die sich der Solidarität eines nicht geringen Teils der französischen Wahlbevölkerung sicher sein durfte.

Höhepunkt und politisches Ende der OAS waren die Verträge von Evian im März 1962, denen eine Terrorwelle vorausging. Auf ihrem Höhepunkt, am 24. Januar 1962, wurden von der OAS 22 Bombenanschläge verübt, die ein Fanal setzen sollten und den militanten Radikalisierungsprozeß der OAS und ihrer Sympathisanten symbolisierten. Die politische Lösung der Algerienfrage bedeutete schließlich auch das Ende der OAS und den gescheiterten Versuch von rechts, über dieses ressentimentgeladene Problem eine Sammlungsbewegung von rechts zu initiieren. Nach 1962 versuchte die Rechte eine andere Strategie, um zum Erfolg zu kommen.

6. Bis 1965: Die Umstrukturierung der extremen Rechten

Das Ende des Algerienkrieges bedeutete nicht nur eine Niederlage für die vereinigte Rechte, sondern auch eine politische Zäsur: die extreme Rechte und der Gaullismus hatten sich über die Algerienfrage entfremdet, bis es durch de Gaulles Nachgiebigkeit zum offenen Bruch gekommen war, der eine lange nachwirkende Distanzierung beider „Fraktionen" der Rechten bewirkte. Seit 1962, dem Verlust auch eines ihrer zentralen Mobilisierungs-Themen, begnügt sich die extreme Rechte damit, „die Kooperationspolitik zu denunzieren, die ‚algerische Invasion' und die gaullistische Unabhängigkeitspolitik als objektive Vertretung sowjetischer Interessen hinzustellen. Sie veranstaltet Kampagnen für die Amnestie der OAS-Gefangenen und träumt davon, den General von der Macht zu verdrängen."[46] Vor diesem Hintergrund startet die antigaullistische extreme Rechte eine

[45] Vgl. Algazy (FN 9), S. 96.
[46] Petitfils (FN 9), S. 96.

Wahlkampagne für ihren Präsidentschaftskandidaten Tixier-Vignancour. Die „comités TV" sammeln noch einmal die disparaten Teile der Rechten, die de Gaulles Algerienpolitik mißbilligen, auch Royalisten, ehemalige OAS-Anhänger, Vichy-Veteranen, Maurrassisten und eurofaschistische Gruppen. Bei den Präsidentschaftswahlen am 5. Dezember 1965 mußte die extreme Rechte dann aber nach dem Algerien-Debakel eine weitere Niederlage hinnehmen: Tixier-Vignancour scheiterte bereits im ersten Wahlgang mit 1,26 Millionen Stimmen (= 5,27 Prozent). Unter den Gruppen, die sich am stärksten für Tixier-Vignancour einsetzten, verdienen zwei unsere besondere Aufmerksamkeit: der Studentenverband FEN und der Kreis um die Zeitschrift „Europe Action".

Die Fédération des Etudiants Nationalistes (FEN) entstand im Mai 1960. Es handelte sich zunächst um eine oppositionelle Gruppe des Studentenverbandes Union nationale des étudiants de France, die im April 1960 in Lyon tagte. Als die Studenten mehrheitlich eine Resolution für ein unabhängiges Algerien verabschiedeten, spaltete sich ein Teil der Studenten ab und verließ unter Protest die Tagung, darunter auch Fabrice Laroche (= Alain de Benoist), der zu den Gründern der FEN zählt. Im Gründungsaufruf forderte die FEN unter anderem, die „Algérie Française"-Bewegung zu unterstützen und die Wiedergeburt der französischen Nation zu fördern durch das wissenschaftliche Studium der großen nationalen Probleme.[47] Die FEN griff zwei Probleme des französischen Rechtsextremismus am Anfang der sechziger Jahre auf: Angesichts des Verbotes von Jeune Nation und des Untergrundkampfes der OAS das Bedürfnis nach einer legalen antigaullistischen rechten Opposition und darüberhinaus die Notwendigkeit einer nationalistische Studenten und Intellektuelle verbindenden neuen organisatorischen und ideologischen Infrastruktur.[48] Ihre Theoriezeitschrift „Cahiers Universitaires" (1967 eingestellt) appellierte in der im Februar erschienenen ersten Nummer an den sportlichen Geist der Jugend und rief dazu auf, Mannschaftsdisziplin und revolutionäre Methoden zu entwickeln.[49]

[47] Vgl. Algazy (FN 9), S. 193.

[48] Vgl. ebd., S. 192 ff.

[49] „Pour nettoyer la maison et la remettre en ordre, il faut un corps solide. Les méthodes doivent être révolutionnaires – quoi qu'en disent certains archéonationalistes. Nous avons besoin d'une équipe, une comme la nation que nous voulons, une, disait Brasillach, comme une équipe sportive. [...] le role des étudiants est d'autant plus considérable qu'aujourd'hui, faire la lance de la jeunesse, ils seront demain les cadres pays." Zitiert nach Algazy (FN 9), S. 194. – Nach Angaben des Informationsdienstes

Das 1960 veröffentlichte „Manifeste de la classe 60" setzte einen ideologischen Diskurs frei, der nicht nur als ideologisch-politische „Charta" für die neue Generation der „l'Algérie Française" verteidigenden Rechten diente, sondern auch für die weitere Entwicklung des französischen Rechtsextremismus, insbesondere der späteren Nouvelle Droite, von größter Bedeutung sein sollte.[50] Das Manifest ist eine theoretisch begründete politisch-philosophische Kritik an den Prinzipien des Marxismus und der Demokratie. Hier deutet sich bereits die anti-egalitaristische Position der Neuen Rechten an, indem das implizite Gleichheitsgebot der demokratischen Prinzipien kritisiert wird, da es zu gleichmacherischem Egalitarismus führe; der Marxismus hingegen wird vor allem deshalb abgelehnt, weil die Überbewertung der Ökonomie den Menschen auf eine maschinelle Funktion degradiere. An dieser, wie es im Manifest heißt, „conception spiritualiste de l'existence", einer metapolitischen Begründung der rechten Theorie und Politik, arbeitete die FEN seit ihrer Entstehung. Im Laufe der Jahre arbeitete die FEN sehr intensiv an ihrer Selbstverständigung; sie entwickelte neue Gedanken, den überlieferten französischen Nationalismus in einen europäischen Nationalismus hineinwachsen zu lassen. Ihr ging es dabei darum, die politische Haltung rational zu begründen, die bei den Älteren vielfach überwiegenden Emotionen sollten zurückgeschraubt werden. Hiermit gingen intensive Bemühungen um eine naturwissenschaftlich exakte Denkweise einher, um so das Fundament einer in sich geschlossenen „nationalistischen Weltanschauung' zu gewinnen".[51] Politisch war die FEN eingebunden in die antigaullistische Front der „Algérie Française" und der traditionellen extremen Rechten. Sie unterstützte die Kandidatur Tixier-Vignancours 1965. Dennoch beginnt der Umstrukturierungsprozeß der extremen Rechten mit der FEN. Er ist gekennzeichnet durch eine neue Generation von Aktivisten, die „Vichy" nicht erlebt haben und den Versuch einer Re-Ideologisierung der in diesem Sinne „alten" Rechten.

Fortgesetzt und verstärkt wird diese Dynamik von dem personell

Studien von Zeitfragen, VIII/1969, S. 3 hatte die PFN „bald Aktivistengruppen an fast allen Universitäten und Hochschulen, auch an zahlreichen Oberschulen. Bei den Studentenratswahlen 1966 konnte sie in Aix-en-Provence 20 von 39 Sitzen erringen; in Toulouse und anderswo kam es zu ähnlich guten Ergebnissen [. . .] In ihren besten Zeiten verfügte die PFN über rund 50 örtliche Blätter mit (teils gedruckt, teils vervielfältigt) Auflagen zwischen 1000 und 3500."

50 Vgl. ebd.

51 Studien von Zeitfragen, 8/1969, S. 3.

vor allem aus dem Umfeld von Jeune Nation und FEN gespeisten Kreis um die 1963 von Dominique Venner [52] gegründete und im November 1966 eingestellte Zeitschrift "Europe Action". Sie setzt, theoretisch gestützt auf Autoren der „klassischen" französischen Rechten (Maurras, Drieu La Rochelle, Bardèche u. a.), die von der FEN begonnene Diskussion um eine neue theoretische Begründung der Rechten fort. Neben Venner sind die später auch bei der Nouvelle Droite exponierten Jean Mabire und Fabrice Laroche (= Alain de Benoist) führende Köpfe des Unternehmens. Ein Portrait von Europe Action in der befreundeten deutschen Monatszeitschrift „Nation Europa" bescheinigt der neuen Zeitschrift, sie unterscheide sich angenehm „von anderen ‚nationalistischen Zeitungen und Zeitschriften durch ihre sachliche und wohlfundierten Artikel und das Fehlen von Polemik und Ressentiments. ‚Europe Action' wird von jungen Franzosen herausgegeben, die jede Verschwörerromantik ablehnen, die sich nicht auf die letzte Schlacht vorbereiten, sondern auf das Leben in der Zukunft."[53] Sie bearbeitet im wissenschaftlichen und philosophischen Stil Themen wie „biologischer Realismus", „revolutionärer Nationalismus" und „europäischer Nationalismus". „Diese Themen sind sicher nicht neu", bemerkt dazu Petitfils, „aber das Neue daran ist der dezente Tonfall und die leise Ernsthaftigkeit, mit denen Themen wie etwa Neo-Paganismus in Milieus hineingetragen werden, die der Rechten bis dahin unzugänglich waren".[54]

[52] *Dominique Venner* (Journalist, geboren 1935): Kriegsfreiwilliger in Algerien, Herausgeber und Aktivist von Jeune Nation, 1958 Mitbegründer des Parti Nationale, zusammen mit Pierre Sidos, daraufhin inhaftiert. Gründer des Verlags „Editions Saint-Just" 1962, in dem auch Europe Action erscheint. 1966 Mitbegründer des Mouvement National du Progrès. Vgl. Coston (FN 13), S. 1058. 1968 Mitbegründer von GRECE, gelegentlicher Autor bei Eléments, nach Angaben von Taguieff (FN 16), S. 39, auch bei Nouvelle Ecole Autor unter dem Pseudonom „Julien Lebel". Zur publizistischen Tätigkeit von Venner und Jean Mabire vgl. ebd., S. 32 ff.

[53] Nation Europa 15 (1965), H. 4, S. 29 f. – Im gleichen Heft heißt es in einem anderen Beitrag (Hartmut Klaar, Die französische Rechte gestern und heute, S. 19-26, hier: S. 23): „Was bei diesen jungen französischen Nationalisten auffällt, ist ihre große Europabegeisterung, ihr revolutionärer Schwung, ihre unerbittliche Gegnerschaft gegen ‚das Regime'. Wenn man ihnen erzählt, daß die große Mehrheit der nationalen Deutschen in de Gaulle einen französischen Nationalisten sieht, der für sein Land das Höchstmögliche herausholt, erntet man entsetztes Kopfschütteln."

[54] Petitfils (FN 9), S. 110.

7. Nach 1966: Die Spaltung der antigaullistischen Rechten

Die „comités TV", die die Präsidentschaftskandidatur Tixier-Vignancours 1965 unterstützt hatten, waren ein letzter Versuch, nach der Algerienfrage eine Sammlungsbewegung der verschiedenen antigaullistischen Gruppen der Rechten auf eine tragfähige Grundlage zu stellen. Nach der Wahlniederlage zerfiel das Bündnis und bewirkte eine langfristig andauernde Spaltung der Rechten. Sie zeigte sich in personellen und strategischen Differenzen, aber auch in grundlegenden Meinungsunterschieden über die zukünftige Strategie und das politische Selbstverständnis. Der von der FEN und Europe Action beschrittene Weg einer politisch-philosophischen Selbstreflexion stieß auf Widerstand bei der alten Rechten, wie umgekehrt deren Strategie und ihr aus der Vichy-Tradition kommendes Selbstverständnis vom FEN- und Europe-Action-Umfeld nicht länger akzeptiert wurden. Die alte Rechte sammelt sich um Tixier-Vignancour und seine „Republikanische Allianz", während die neue, modernistische Rechte ihre theoretische Arbeit fortsetzte. Hartwig Singer (= Henning Eichberg) beschrieb aus deutscher, mit den „Modernisten" sympathisierender Sicht seinerzeit die neue Entwicklung wie folgt: „Die Fortschrittsbewegung war aufgrund des Niveaus ihrer Theorie und der Vielfalt ihrer Praxis das Studium wert. Nebeneinander in fruchtbarer Spannung standen die rationale Doktrin maurrassistischer Schule (nicht in inhaltlicher Hinsicht, sondern in formaler) orientiert am Empirismus und Positivismus und zielend auf eine geschlossene weltanschauliche Fundierung für eine europäische Politik, – und andererseits das Dichterisch-Visionäre eines Schriftstellers wie Jean Mabire. Ein europäischer Sozialismus war der Inhalt, der die divergierenden Charaktere miteinander verband. Die Praxis spannt sich von reger Buchverlagsproduktion, niveauvollen Zeitschriften (neben Europe Action besonders die Cahiers universitaires) über die politische Tätigkeit im engeren Sinne (Versammlungen, internationale Kontakte) bis zur ‚direkten Aktion' in den Straßen gegen die politischen Gegner, worauf besonders die aktivistischen Studenten drängten. So konnte von dieser Bewegung manche Anregung erwartet werden, manche Wirkung in der französischen Politik. Es sollte jedoch anders kommen."[55]

[55] Vgl. Hartwig Singer, Mai 68. Die französischen Nationalisten und die Revolte, Hamburg 1969, S. 4

Die „Modernisten“, zusammengeschlossen im Mouvement National du Progrès (MNP) traten unter der Listenbezeichnung Rassemblement Européen de la Liberté bei den Parlamentswahlen 1967 an. Die Gründungsgruppe ist personell nahezu identisch mit derjenigen von GRECE 1968.[56] Das Wahlprogramm forderte die sofortige Beendigung der Entwicklungshilfe, Rückführung nordafrikanischer Einwanderer und die Gründung eines föderativen europäischen Staates unter der Losung „Weder Amerikaner noch Russen – Europäer!“[57] Nach einem entmutigenden Wahlergebnis erfolgte nun eine zweite Spaltung: MNP/REL, politisch-parlamentarisch ausgerichteter Hoffnungsträger der Kreise um FEN und Europe Action, brachen auseinander. Bevor es zu einem neuen Anlauf in der Form der Gründung von GRECE 1968 kam, versuchten sich die Führer bei verschiedenen Zeitschriften. Fabrice Laroche/Alain de Benoist gab noch einige Zeit zwei Informationsdienste heraus, Jean Mabire arbeitete für die Magazine „Valeurs Actuelles“ und „Spectacle du Monde“ und das offen rechtsextreme Blatt Minute.[58] – Wir verfolgen an dieser Stelle die weitere Entwicklung der neuen Rechten bzw. von GRECE nicht weiter[59], sondern fragen nach dem Entwicklungsweg der alten, traditionellen Rechten.

Die in den „comités TV“ 1965 noch verbündeten Flügel standen sich bei den Parlamentswahlen 1967 als Gegner gegenüber. Die alte Rechte kandidierte um Tixier-Vignancours Alliance Républicaine pour les Libertés et le Progrès (APLP) gegen MNP/REL – und erreichte weniger als 200.000 Stimmen. Von dieser parlamentarischen Niederlage hat sich die alte Rechte vorläufig nicht erholt. Ihre Aktivitäten bis Anfang der siebziger Jahre erscheinen strategisch kaum durchdacht, Tendenzen der Zersplitterung setzen ein, ideologisch erfolgt – wohl auch als Folge des Verlustes jüngerer Aktivisten an die neue Rechte nach 1966 – ein „roll back“. Militanz, Geschichtsrevisionismus und Vichy-Nostalgie prägen diese Szene für mehrere Jahre. Beispiele hierfür sind die 1966 gegründete Neonazi-Gruppe FANE (Fédération d'Action National Européenne) unter ihrem Führer Marc Frederiksen. Erwähnenswert ist auch das Mouvement Occident, denn es steht paradigmatisch für den Zerfall der alten Rechten. Diese

[56] Vgl. Taguieff (FN 16), S. 26.
[57] Studien von Zeitfragen, 8/1969, S. 5.
[58] Vgl. Singer (FN 55), S. 2 ff.
[59] Vgl. zur weiteren Entwicklung der „Neuen Rechten“ um GRECE: Taguieff (FN 16); Christadler (FN 21).

Gruppe entstand 1963 unter Pierre Sidos[60], der zunächst bei Europe Action involviert war, bevor persönliche und politische Differenzen mit Dominique Venner zu seinem Ausschluß führten und er daraufhin Occident gründete.[61] Politisch lebte die Gruppe von Vichy-Nostalgie, Solidaritätsaktionen mit Franco und Salazar. Zur Zeit der studentischen Revolte 1968 ging sie gewalttätig gegen die Linke vor, bevor sie Ende 1968 verboten wurde. Zusammen mit Tixier-Vignancours Front Nationale Anticommuniste konzentrierte sie sich vor ihrem Verbot darauf, durch militante Aktionen Frankreich gegen die Linke des Mai 68 zu verteidigen.[62]

8. Nach 1972: Kampf um die politische Hegemonie innerhalb der alten Rechten

Der Front National wurde im Oktober 1972 von Aktivisten aus verschiedenen Gruppen der geschwächten und zerstrittenen alten Rechten um Jean-Marie Le Pen[63] gegründet. Erklärtes Ziel der neuen Partei war die elektorale Ausrichtung unter der Voraussetzung einer weitgehenden Re-Integration der zersplitterten alten Rechten. Unter den Gründungsmitgliedern waren unter anderen der Herausgeber von „Minute" und ehemalige OAS-Kämpfer François Brigneau, Roger Holeindre, ehemals Wahlkampfleiter für Tixier-Vignancour (1965) und später (1984) verantwortlich für den Ordnungsdienst der Partei, sowie Alain Robert, Chef des Ordre Nouveau, einer Nachfolgeorganisation des verbotenen Occident und François Duprat, Autor bei Défense de l'Occident.[64] Der dezidierte Führungsanspruch des Front

[60] Siehe FN 35.

[61] Vgl. Algazy (FN 9), S. 286 f.

[62] Vgl. dazu ausführlich: Singer (FN 55), S. 2 ff.

[63] *Jean-Marie Le Pen* (geb. 1928): Jurist, Kriegsfreiwilliger in Algerien. Zu Beginn der Fünfzigerjahre Vorsitzender der Vereinigung französischer Jura-Studenten. Politisch zunächst den Monarchisten nahestehend, schloß er sich der Poujade-Bewegung an und wurde 1956 Abgeordneter in der Nationalversammlung. Nach 1958 aktiv in der „Algérie Française"-Bewegung: Er gründete den Front National pour l'Algérie Française, die beide die Gründung der OAS vorbereiteten. 1962 gründete Le Pen den Verlag „Société d'études et de relations publiques", der neben Büchern auch Schallplatten und Tonbänder herausgab, etwa über deutsche Panzer im 2. Weltkrieg oder die Hitlerjugend. 1972 gründete Le Pen den Front National. Vgl. Algazy (FN 9), S. 227-230. Siehe auch die biographischen Hinweise bei: Roussel (FN 5), S. 19 ff.

[64] Vgl. Plenel/Rollat (FN 33), S. 45 sowie die Hinweise bei: Evrigenis (FN 2), S. 40 ff. und Charlot (FN 6). Vgl. dort auch die graphischen Übersichten S. 31 f.

National war jedoch umstritten und führte bald zum Konflikt: 1974 verließ die von dem 1973 verbotenen Ordre Nouveau kommende Gruppe den Front National und gründete den Parti des Forces Nouvelles (PFN).

Bis Anfang der achtziger Jahre sind es diese beiden Parteien, die in Konkurrenz zueinander versuchen, eine parlamentarisch ausgerichtete Sammlungsbewegung zu inszenieren. Es liegt auf der Hand, daß der politische Antagonismus beider Parteien eine insgesamt paralysierende Funktion nach sich ziehen mußte. Die Strategie des PFN[65] zielte im Wesentlichen darauf ab, durch eine Annäherung an die bürgerlich-parlamentarischen Parteien (RPR, UDF) ihre Akzeptanz zu verbreitern. Sie organisierte in ihrer Frühzeit öffentliche Diskussionsveranstaltungen mit Funktionären von RPR und UDF, gab journalistisch-professionell gestaltete Zeitschriften heraus und unterstützte 1974 die Präsidentschaftskandidatur Valéry Giscard d'Estaings. Die Strategie des Ausbruchs aus dem rechten Ghetto blieb die gleiche, als der PFN den Adressaten wechselte und sich Mitte der siebziger Jahre an das gaullistische RPR wandte – nicht ohne Erfolg, wie die Listenverbindungen bei den Kommunalwahlen 1977 zeigten. 1978 erreichte der PFN 1,06 Prozent bei den Parlamentswahlen, der Front National nur 0,33 Prozent. Ein Jahr später beteiligte sich der PFN mit seinem Spitzenkandidaten Tixier-Vignancour an der Liste der Euro-Rechten zusammen mit dem neofaschistischen italienischen MSI und der spanischen Fuerza Nueva, wobei das Ergebnis (1,2 Prozent) jedoch weit hinter den Erwartungen blieb. Nachdem die politische Paralyse von PFN und FN bei den Parlamentswahlen 1981 wieder einmal deutlich geworden war – beide erhielten zusammen nur 0,3 Prozent – kam es zu einer Beendigung im Kampf um die politische Hegemonie: Der PFN brach auseinander und war nicht mehr in der Lage, an den Wahlen zum Europäischen Parlament 1984 teilzunehmen.

Teile des PFN wandten sich nach 1981 dem rechtspopulistischen „Centre national des indépendants et paysants" (CNIP) zu, „einer konservativen Splitterpartei, die im ländlich-katholischen Bereich wie im gewerblichen Mittelstand ihre Hauptstütze hat".[66] Andere gingen zum FN, und wieder andere zogen sich aus der Politik zurück. Die politische Paralyse der extremen Rechten fand ein demonstratives Ende, als Tixier-Vignancour den Europa-Wahlkampf Le Pens 1984

[65] Vgl. zum folgenden: Plenel/Rollat (FN 33), S. 45 ff.
[66] Christadler (FN 21), S. 192.

unterstützte. Das Ende des Kampfes um die Hegemonie innerhalb der extremen Rechten zwischen PFN und FN hat diesem zweifellos den Weg bereitet zu seinen parlamentarischen Erfolgen seit 1983. Im Rückblick auf die Geschichte des FN seit 1972 hat die Partei 1983/84 einen Durchbruch geschafft, dessen Ursachen freilich nicht allein dem Sieg über den PFN geschuldet sind. Der parlamentarische Aufschwung beginnt mit vereinzelten Erfolgen auf kommunaler Ebene. 11 Prozent im 20. Pariser Bezirk im März 1983 und 16,7 Prozent in Dreux im September 1983 sind der Auftakt. 10,95 Prozent bei den zweiten Direktwahlen zum Europäischen Parlament 1984 und fast ebensoviele bei den Wahlen zur Nationalversammlung 1986 machen den FN zu einem ernstzunehmenden Faktor französischer Politik. Bei den Präsidentschaftswahlen 1988 erhielt Le Pen im ersten Wahlgang 15 Prozent. Nur durch die Einführung des Mehrheitswahlrechts gelang es, den FN im Jahre 1988 aus der Nationalversammlung wieder hinauszudrängen. Bei den Europawahlen vom 18. Juni 1989 (11,7 Prozent) bestätigte die Partei nichtsdestoweniger ihr gutes Ergebnis von 1984. Ein Blick auf die regionale Differenzierung der Stimmenanteile zeigt, daß die Region Paris, der industrialisierte Ost-Gürtel und der Süden Hochburgen sind, wo der FN teilweise über 20 Stimmenprozente erzielen konnte. Dieser Trend hatte sich bei den Kantonalwahlen des 10. März 1985 fortgesetzt, besonders im Süden.[67] In Perpignan erreichte die Partei 27,5 Prozent, in Marseille 26 Prozent. Ihre Attraktivität war und ist besonders stark bei Arbeiter- und Angestelltenwählerschichten in denjenigen Regionen, wo die industrielle Strukturkrise besonders spürbar und der Ausländeranteil relativ hoch ist.[68]

Der „typische" Wähler des FN ist männlich, Rentner, Arbeiter oder Angestellter, wohnt in einer Industrieregion, ist katholisch und bekundet vergleichsweise starkes Interesse an Politik allgemein. Unter den Sympathisanten bezeichnet sich die Hälfte von ihrer politischen Herkunft her als „extrême droite" (!), 27 Prozent zählen sich zur „droite", 15 Prozent zur politischen Mitte. Die von den Wählern und Sympathisanten favorisierten Einstellungen und Werte gruppieren sich um die zentralen Ordnungsbegriffe Ordnung, Autorität und Nation. Die Unterschiede zwischen den Sympathisanten des FN auf der einen und denjenigen des gaullistischen RPR und der rechtsliberalen

[67] Vgl. Le Monde vom 12. März 1985, S. 6.
[68] Vgl. dazu und zum Folgenden: Plenel/Rollat (FN 33), S. 110 ff.; Charlot (FN 6).

UDF auf der anderen Seite sind nicht mehr grundsätzlicher, sondern nur noch gradueller Natur. Entsprechende Umfragen kommentieren Plenel/Rollat: „Auf dem französischen politischen Kontinuum sind die ideologischen Unterschiede innerhalb des Elektorats der Opposition zusammengeschmolzen".[69] Damit scheint das an der épuration und der Algerien-Frage entstandene historische Zerwürfnis zwischen Gaullismus und Rechtsextremismus zumindest auf der Wähler- und Sympathisantenebene aufgehoben. Aber auch auf der Parteienebene beginnen die Fronten zu bröckeln: Bei den Kantonalwahlen am 10. März 1985 verzichteten die Gaullisten im zweiten Wahlgang in mehreren Wahlkreisen auf den eigenen Kandidaten, um die Wahl des FN-Bewerbers gegen die Linke sicherzustellen – und umgekehrt. Auf diese Weise gelang es dem FN, die anderen Rechtsparteien zu Konzessionen zu zwingen. Daß diese darauf eingingen, um die Chancen der Linken zu mindern, belegt die neue mögliche Bündnisstruktur der gesamten Rechten in Frankreich. Andererseits ist zu fragen: Wodurch unterscheidet sich der FN von der rechten Opposition insgesamt, ist es ihr gelungen, das Stigma des rechten Extremismus und Außenseitertums abzulegen?

Der FN präsentiert sich als diejenige Kraft der Opposition, die Frankreich von mehreren Gefahren befreien könne. Sie wirbt mit einem Vier-Punkte-Programm, das die Schwerpunkte und Themen ihrer Selbstdarstellung werbewirksam bündelt.[70] Um die Analyse ihrer Ideologie vorzustrukturieren, ordnen wir jedem der vier Punkte einen nachfolgend noch zu erläuternden interpretativen Begriff zu:

1. „Assurer la sécurité, première des libertés" – *Nationalismus*
2. „Inverser le courant de l'immigration" – *Fremdenfeindlichkeit*
3. „Tourner le dos aux socialisme" – *Antikommunismus*
4. „Construire le capitalisme populaire" – *Populismus*

„Assurer la sécurité" heißt die Verteidigung des französischen Territoriums, nationale Unabhängigkeit und Stärke in zweierlei Hinsicht: Außenpolitisch sei durch militärische Stärke im Atlantischen Bündnis und zusammen mit den Europäern dem „einzigen Aggressor", der Frankreich bedrohe, zu begegnen: der UdSSR. Innenpolitisch müsse der steigenden Kriminalität, auch durch das Mittel der Todesstrafe, begegnet werden. Beide Forderungen zielen auf den

[69] Plenel/Rollat (FN 33), S. 125.

[70] Wir stützen uns hier auf eine von der FN Anfang 1985 verschickte Werbeschrift „Un avenir d'espoir". Bezug: FN, rue Bernouilli, F-75008 Paris. Vgl. auch Christadler (FN 21), S. 197 ff.

Nationalismus der alten Rechten, hier jedoch begründet durch aktuelle politische Verhältnisse, die durchaus von größeren Bevölkerungsteilen ähnlich interpretiert werden können. „Inverser le courant de l'immigration" heißt die Forderung nach Re-Patriierung der rund sechs Millionen Ausländer. Ihr Bevölkerungsanteil wird assoziativ mit Kriminalität in Verbindung gebracht. Bürokratismus, Staatsverschuldung und Etatismus sind Folgen der „marxistischen Revolution", die es zu beenden gelte. Der traditionelle Antikommunismus der Rechten wird aktualisiert in der Beziehung auf die seit 1981 regierenden Sozialisten und Staatspräsident Mitterrand. „Construire le capitalisme populaire" heißt die Forderung nach Beteiligung aller Beschäftigten am Produktivvermögen, Abbau von Bürokratie, Freihandel und Entstaatlichung der verstaatlichten Unternehmen. Insbesondere dieser letzter Punkt ist auch ein Appell an das bürgerliche Fankreich, ein demonstratives Aufgeben der in der französischen extremen Rechten häufig vertretenen kapitalismuskritischen Implikationen.

Die ganz auf die Person Le Pens gerichtete Strategie des Front National ist darauf ausgerichtet, alle nach der extremen Rechten verweisenden Symbole zu vermeiden. Das bürgerliche Ambiente erweist sich nicht nur in der seriösen Präsentation des Spitzenkandidaten, in seinen Sympathieerklärungen für Präsident Reagan und seiner demonstrativen Distanzierung von Etikettierungen als rechtsextrem, sondern auch im Fehlen von rechtsextremer Symbolik in der ästhetischen Dramaturgie: Weder beim National Hebdo, dem alle zwei Wochen erscheinenden Magazin des Front National („Le journal de Jean-Marie Le Pen"), noch bei öffentlichen Auftritten und Demonstrationen findet sich eine nach rechts verweisende Symbolik. Die Farben der „Bewegung" sind die der Trikolore, Le Pen beansprucht nichts anderes als die Interessenvertretung *der* Franzosen schlechthin. All diese Merkmale – "catch-all"-Schlagworte, volksparteiliche Attitüden, Ablehnung rechter Symbolik, Betonung tief verwurzelter, häufig latenter Einstellungen (Antikommunismus, Ausländerfeindlichkeit, Recht-und-Ordnung-Habitus) – verweisen auf einen Begriff, der das Phänomen Le Pen vielleicht am ehesten beschreiben könnte: Populismus.

Taguieff vertritt die These, der Appell an den „bon sens", an den „gesunden Menschenverstand", den der FN in plakativer Weise ins Zentrum ihrer Selbstdarstellungen gerückt hat, verweise auf die populistischen Dimensionen der Poujade-Bewegung in den fünfziger

Jahren.[71] Es scheint in der Tat unverkennbar, daß bei allen Unterschieden die Attraktivität des FN weniger mit seinem objektiv-rechtsextremen Profil zu tun hat als mit dem Artikulieren von Ängsten und Bedürfnissen klassenspezifischer Bevölkerungsteile. Der „Anlaß" für die FN-Wählerquoten besteht nicht – wie in den fünfziger Jahren – aus *einem* politischen Ereigniszusammenhang (Vichy/Algerien), sondern in der Schärfe des krisenhaften Modernisierungsprozesses der französischen Gesellschaft. Themen wie insécurité, Xenophobie, starker Staat und die Betonung französischer Werte erscheinen in der Tat als „populäre" Antworten auf komplexe Strukturprobleme. Parolen wie „Les français d'abord" – so ein Buchtitel von Le Pen – scheinen eine massenwirksame Antwort auf kaum durchschaute Krisenphänomene zu geben.

9. Zusammenfassung

Auf die Frage, ob es einen eigenständigen französischen Faschismus gegeben (Nolte, Sternhell) oder ob es sich nur um mehr oder weniger gelungene Adaptionen außerfranzösischer Vorbilder gehandelt hat (Rémond), läßt sich im Rückblick auf unsere Ausführungen eine Teilantwort geben: Die französischen Ausprägungen der Rechten haben zumindest bezüglich ihrer Ausdrucksformen und ihres Selbstverständnisses durchaus eigenständige Traditionen hervorgebracht. Man muß nicht so weit gehen wie Lévy und Sternhell, die Frankreich als „kulturelles Mutterland des Faschismus" bezeichnet haben[72], um einige Besonderheiten als charakteristisch hervorzuheben:

Die französische Rechte hat – im Gegensatz zur deutschen und britischen – revolutionäre Ursprünge. Die eruptiven ideologischen und politischen Auswirkungen der europäischen Aufklärung traten nirgendwo so deutlich und so schnell hervor wie in Frankreich nach dem Ancien Régime. Die politisch-ideologische Dynamik der zunächst reaktiven Rechten entstand aufgrund von klaren und überschaubaren Feindbildern: „Nur in Frankreich konnte eine Gruppe entstehen, die von grundsätzlicher Feindschaft gegen die Staatsform

[71] Taguieff (FN 16), S. 27 f.

[72] Vgl. den Bericht von: Jürg Altwegg, Über den Faschismus und seine französischen Varianten, in: FAZ vom 9. März 1985, S. 27.

erfüllt war, weil diese Staatsform den Umsturz zu repräsentieren und dessen radikalster Erscheinungsform die Wege zu ebnen schien, denn nur in Frankreich gab es eine demokratische Republik".[73]

Die lange überwiegend royalistische Rechte bedient sich schließlich in Frankreich am deutlichsten der Mittel der Revolution selbst: Analytisches Denken, relative Offenheit für die Ideen des Marxismus und des Anarcho-Syndikalismus und der „Bewegungs"-Charakter vieler Gruppierungen illustrieren diese Tendenz. Das in den ersten Ausformungen bürgerlicher Öffentlichkeit sich herausbildende Modell der in kleinen Gemeinschaften (Klubs, Zirkel) zentrierten „sociétés de pensée"[74] führte dabei zu einem Organisationsprinzip, das neben der französischen Gesellschaft als solcher auch die Rechte umfaßte: Die „société" dominiert die Partei als Organisationsform.

Die französische Rechte ist wesentlich weniger als die deutsche und britische auf Parteien gerichtet. Umgekehrt führt dies zu einer relativ hohen ideologischen Flexibilität und Mobilität, zu einer weniger starren Verfestigung in organisatorischen Strukturen. Berücksichtigt man die Tradition des rechten Intellektualismus, so läßt sich sagen, daß Flexibilität und Diskussionsintensität die französische Rechte in besonderem Maße charakterisieren.

Im Hinblick auf die parlamentarischen Erfolge des Front National ist darauf hinzuweisen, daß diese Renaissance nicht plötzlich und zufällig aufbricht. Sie basiert auf einem rechtsradikalen politisch-sozialen Milieu, das in Jahrzehnten die Traditionen der revolutionären und bonapartistischen Rechten aufgreift und fortführt. Gerade bei der Diskussion, ob es ein Wiederaufleben des Rechtsextremismus in Europa gibt, dürfen die nationalspezifischen Traditionen rechten Protests nicht übersehen werden. Sie sind die Voraussetzung dafür, daß sich in zeitgenössischen strukturellen Gesellschaftskrisen die Opposition von rechtsaußen entzündet und rechtsradikale Meinungs- und Einstellungspotentiale freigesetzt und kanalisiert werden können.

[73] Nolte (FN 23), S. 289.

[74] Jürgen Habermas (Strukturwandel der Öffentlichkeit, Neuwied 1971, S. 46 ff.) hat dies am französischen Beispiel gezeigt.

Hätten sie doch nur „Mein Kampf" gelesen! – Vor 100 Jahren wurde Adolf Hitler geboren, vor 50 Jahren begann der Zweite Weltkrieg

Von Konrad Löw

Prolog

Am 28. September 1989 jährte sich zum 50. Male der Abschluß des Freundschaftsvertrages zwischen Hitler und Stalin. Ihm ging ein Nichtangriffspakt und die Unterzeichnung eines geheimen Zusatzprotokolls (jeweils 23. August 1939) voraus, das die Aufteilung der Pufferstaaten zwischen der Sowjetunion und dem Deutschen Reich regelte und den Polenfeldzug auslöste.

In dieser Zeit, vorher und auch nachher, wurde „Mein Kampf", das Evangelium der Hitlerbewegung, in Millionenauflage unters Volk gebracht. Darin heißt es mit Blick auf Lenin, Stalin und die Sowjetunion: „Man vergesse doch nie, daß die Regenten des heutigen Rußlands blutbefleckte, gemeine Verbrecher sind, daß es sich hier um einen Abschaum der Menschheit handelt, der, begünstigt durch die Verhältnisse in einer tragischen Stunde, einen großen Staat überrannte, Millionen seiner führenden Intelligenz in wilder Blutgier abwürgte und ausrottete und nun seit bald zehn Jahren das grausamste Tyrannenregiment aller Zeiten ausübt [. . .] Verfolgt man aber dieses Ziel, so ist es ein Wahnsinn, sich mit einer Macht zu verbünden, die den Todfeind unserer eigenen Zukunft zum Herren hat. Wie will man unser eigenes Volk aus den Fesseln dieser geistigen Umarmung erlösen, wenn man sich selbst in sie begibt? Wie dem deutschen Arbeiter den Bolschewismus als fluchwürdiges Menschheitsverbrechen klarmachen, wenn man sich selbst mit den Organisationen dieser Ausgeburt der Hölle verbündet, sie also im großen anerkennt? Mit welchem Rechte verurteilt man dann die Angehörigen der breiten Masse ob seiner Sympathie für eine Weltanschauung, wenn die Führer des Staates selber die Vertreter dieser Weltanschauung zum Verbündeten wählen?" – Und gleichwohl: nur ein gutes Dutzend Jahre später vor den Augen des Volkes und der Welt ein „Freundschaftsvertrag" mit eben diesen „Verbrechern".

1. „Mein Kampf" – "nur für wissenschaftliche Zwecke"

Zu Adolf Hitlers 100. Geburtstag (20. April 1989) brachte die Presse das Ergebnis einer Repräsentativumfrage der Wickert-Institute, wonach 62,5 Prozent der befragten Bundesdeutschen der Ansicht sind, „der Krieg wurde ihm aufgezwungen".[1] Ziemlich zeitgleich stand zu lesen: „Fünf Exemplare einer ‚Jubiläumsausgabe' von Adolf Hitlers ‚Mein Kampf' sind bei einem Buchhändler in München beschlagnahmt worden."[2]

Ist das, wie es in der Zeitung heißt, „schlimme Hitlerbild" auf die Verbreitung von „Mein Kampf" zurückzuführen? Oder verhält es sich vielleicht gerade umgekehrt: Weil „Mein Kampf" im Buchhandel, aber auch in den Bibliotheken nicht erhältlich ist – mein Exemplar ist mit dem Aufdruck versehen: „Ausleihe nur für wissenschaftliche Zwecke" –, wird einem falschen, gefährlichen Hitlerbild Vorschub geleistet? Auch wenn „Mein Kampf" nur mit Vorbehalt als historische Quelle genutzt werden kann: Die Fachwissenschaftler sind sich einig[3], daß Hitler in „Mein Kampf" mit seltener Aufrichtigkeit seine Ansichten und Absichten preisgegeben hat, „Mein Kampf" ungemein aufschlußreich gewesen wäre und die gewissenhafte Lektüre Schlimmstes hätte verhindern können.

„Mein Kampf" wurde fleißig gekauft, nach der „Machtergreifung" nicht zuletzt von staatlichen Stellen: Bis zum Machtantritt Hitlers am 30. Januar 1933 sollen es rund 287.000 Exemplare gewesen sein, Ende 1939 fünf Millionen, für 1943 werden 9.840.000 Exemplare angegeben.[4] In den USA, in England, Spanien, Portugal, Italien, Dänemark, Norwegen, Schweden, Ungarn und anderen Staaten gab es Übersetzungen.[5] Wieviele von denen, die es in die Hand bekamen, haben es auch gelesen? Hitler wußte um seine stilistischen Schwächen und duldete deshalb nicht weniger als 2.500 sprachliche Änderungen.[6] In

[1] Münchner Merkur vom 20. April 1989.

[2] Münchner Merkur vom 19. April 1989.

[3] Siehe insbesondere: Werner Maser, Adolf Hitler – Mein Kampf. Der Fahrplan eines Welteroberers, Eßlingen 1977, S. 8; Eberhard Jäckel, Hitlers Weltanschauung, Stuttgart 1981, S. 8; Rainer Zitelmann, Adolf Hitler. Eine politische Biographie, Göttingen 1989, S. 34 f.

[4] Siehe Christian Zentner, Adolf Hitlers Mein Kampf. Eine kommentierte Auswahl, München 1974, S. 179.

[5] Maser (FN 3), S. 7. Neuerdings liegt auch in Israel eine Übersetzung vor. Siehe Frankfurter Allgemeine Zeitung vom 16. Sept. 1988, S. 29.

[6] Maser (FN 3), S. 68 f.

der Sache aber blieb er sich treu: Während des Aufenthaltes in Wien (1908-1913) „bildeten sich mir ein Weltbild und eine Weltanschauung, die zum granitenen Fundament meines derzeitigen Handelns wurden. Ich habe zu dem, was ich mir so einst schuf, nur weniges hinzulernen müssen, zu ändern brauchte ich nichts."[7] Wenn große Teile des deutschen Volkes nach wie vor ein falsches, ein „schlimmes" Hitlerbild haben und wenn Hitler in „Mein Kampf" seine wahren Absichten skrupellos vorgestellt hat, dann müßte doch die Lektüre von „Mein Kampf" dazu beitragen, dieses Bild zu korrigieren.

Vergegenwärtigen wir uns zunächst, was „Mein Kampf" von Hitlers moralischen Kategorien preisgibt (3), welcher Staatstyp ihm vorschwebte (4), welche außenpolitischen Ziele er verfolgte (5). Hat er die „Endlösung der Judenfrage" angekündigt oder zumindest angedeutet (6)? Eine Zusammenfassung soll zu der Frage überleiten, ob und was wir aus dem Fatum von „Mein Kampf" lernen können (7). Doch vorab sollen die positiven Aspekte, die aus dem dämonischen Unikum offenbar einen Menschen wie Dich und mich machen, in das Blickfeld gerückt werden (2).

2. Nicht „mit der Gier des feindseligen Fanatikers"

Ende 1932 erschien ein Büchlein mit dem Titel „Christus! – nicht Hitler".[8] Der erste Satz stellt die Frage: „Ist der Nationalsozialismus wirklich ein Feind des Christentums?"[9] Hans Rost, der Verfasser, kommt zu dem Ergebnis: „Der katholische Christ muß sich entscheiden für Christus oder für Hitler."[10] Rosts Beweise sind vor allem Zitate aus „Mein Kampf". Umgehend erschien „Eine Antwort auf Dr. Rosts [. . .] Broschüre". Darin heißt es: „Dr. Rost hat das programmatische Buch Hitlers Mein Kampf nicht mit der liebevollen Hingabe des Wissenschaftlers oder mit den kritischen Augen des Gelehrten studiert, sondern mit der Gier des feindseligen Fanatikers. Er hat das Buch durchwühlt, hat mit dem Zeigefinger Zeile für Zeile, Wort für Wort abgetastet und jede Redewendung, die ihm verdächtig erschien, die vielleicht dem klösterlichen Geiste eines Mädchenpensio-

7 Adolf Hitler, Mein Kampf, 37. Aufl., München 1935, S. 21.
8 Hans Rost, Christus! – Nicht Hitler, Augsburg 1932.
9 Ebd., S. 3.
10 Ebd., S. 40.

nats nicht ganz entsprach, als ‚Sünde' angekreuzt."[11]

In der Tat, wer Positives in „Mein Kampf" sucht, findet zahlreiche Äußerungen, die, für sich genommen, kaum Widerspruch auslösen. Wer Negatives sucht, findet ebenfalls zahlreiche Äußerungen, die, wieder für sich genommen, kaum einen Verteidiger finden. Aber es gibt eben nicht nur den einen oder den anderen Zugang zu Hitlers Gedankengebäude. Man kann, tunlichst sine ira et studio, alle Seiten von „Mein Kampf" zur Kenntnis nehmen, jeden Satz auf die Waagschale legen, ohne fürchten zu müssen, daß das Einerseits und das Andererseits sich „die Waage halten", ohne fürchten zu müssen, daß das Ergebnis kein klares Urteil trägt.

Übereinstimmend versichern Hitlers Biographen, der Tod seiner Mutter habe ihn zutiefst berührt, als Soldat sei er nicht nur tapfer und zuverlässig gewesen, sondern auch ein guter Kamerad. In seinem handschriftlichen Testament vom 2. Mai 1938 verfügte er unter 1.: „Mein Sarg hat denen der übrigen [gemeint sind die „Helden der Bewegung"] zu gleichen." – Also keine Hitlerpyramide, kein eigenes Mausoleum, kein Hitlerkult. Dann führt er Punkt für Punkt neun Personen auf, an die eine monatliche Rente oder ein einmaliger Betrag zu zahlen sei, z. B.: „e) an meine Hauhälterin Frau Winter, München, auf Lebenszeit monatlich 150 Mark".[12] Ist diese Anhänglichkeit des damals so übermächtigen, abgöttisch verehrten Führers an schlichte Leute, zeilich ferne Bekanntschaften, nicht rührend? Zeigt sie uns nicht einen im Kern grundanständigen Menschen? Als Freund der Armen, der Entrechteten, der einfachen Handarbeiter tritt er uns entgegen, wenn er in „Mein Kampf" „die Nichtbeachtung der sozialen Not, wie dies die Mehrzahl der vom Glück Begünstigten oder auch durch eigenes Verdienst Gehobenen tagtäglich sehen läßt"[13], geißelt. Mit aller Entschiedenheit betont er, „daß ehrliche Arbeit niemals schändet, ganz gleich welcher Art sie auch sein möge."[14] Und das sprach nicht einer, der sich die Not der Massen angelesen hatte wie etwa Karl Marx oder Friedrich Engels. Hier sprach einer, der selbst aus der Tiefe kam: „Mit mir besaß das Schicksal in dieser Hinsicht Erbarmen. Indem es mich zwang, wieder in diese Welt der

[11] Josef Sewald, Christus! – Nicht Hitler. Eine Antwort auf Dr. Rosts gleichnamige Broschüre, Augsburg, o. J. (Ende 1932 oder Anfang 1933), S. 7 f.

[12] Nach Otto Gritschneder, Randbemerkungen, München 1978 (Eigenverlag des Autors), S. 185.

[13] Hitler (FN 7), S. 23.

[14] Ebd., S. 25.

Armut und Unsicherheit zurückzukehren, die einst der Vater im Laufe seines Lebens schon verlassen hatte, zog es mir die Scheuklappen einer beschränkten, kleinbürgerlichen Erziehung von den Augen."[15] „In Hunderten von Beispielen habe ich dieses alles miterlebt, anfangs angewidert oder wohl auch empört, um später die ganze Tragik dieses Leides zu begreifen, die tieferen Ursachen zu verstehen. Unglückliche Opfer schlechter Verhältnisse."[16] Selbst die verachtete Kreatur findet in ihm ihren Freund. Er fütterte die „Mäuslein, die in der kleinen Stube ihre Unterhaltung trieben [. . .] Ich hatte in meinem Leben schon so viel Not gehabt, daß ich mir den Hunger und daher auch das Vergnügen der kleinen Wesen nur zu gut vorzustellen vermochte."[17]

„John Locke des 20. Jahrhunderts" ist man versucht, Hitler zu titulieren, wenn er ausführt: „Staatsautorität als Selbstzweck kann es nicht geben, da in diesem Falle jede Tyrannei auf dieser Welt unangreifbar und geheiligt wäre. Wenn durch die Hilfsmittel der Regierungsgewalt ein Volkstum dem Untergang entgegengeführt wird, dann ist die Rebellion eines jeden Angehörigen eines solchen Volkes nicht nur Recht, sondern Pflicht [. . .] Menschenrecht bricht Staatsrecht."[18] Er rechtfertigt sogar im voraus die Männer des 20. Juli 1944 und ihre Taten: „Das Unschönste, was es im menschlichen Leben geben kann, ist und bleibt das Joch der Sklaverei."[19] „In einer Stunde, da ein Volkskörper sichtlich zusammenbricht und allem Augenscheine nach der schwersten Bedrückung ausgeliefert wird, dank des Handelns einiger Lumpen, bedeuten Gehorsam und Pflichterfüllung diesen gegenüber doktrinären Formalismus, ja reinen Wahnwitz, andererseits durch Verweigerung von Gehorsam und ‚Pflichterfüllung' die Errettung eines Volkes vor seinem Untergang ermöglicht würde."[20]

Der Eklektiker kann Hitler auch als Humanisten nachweisen: „Pflichterfüllung, d. h., nicht sich selbst zu genügen, sondern der Allgemeinheit zu dienen. Die grundsätzliche Gesinnung, aus der ein solches Handeln erwächst, nennen wir zum Unterschied vom Egoismus, vom Eigennutz – Idealismus. Wir verstehen darunter nur die

[15] Ebd., S. 22.
[16] Ebd., S. 28.
[17] Ebd., S. 239.
[18] Ebd., S. 104.
[19] Ebd., S. 195.
[20] Ebd., S. 127.

Aufopferungsfähigkeit des einzelnen für die Gesamtheit, für seine Mitmenschen."[21] „Die Bewegung hat die Achtung vor der Person mit allen Mitteln zu fördern; sie hat nie zu vergessen, daß im persönlichen Wert der Wert alles Menschlichen liegt, daß jede Idee und jede Leistung das Ergebnis der schöpferischen Kraft eines Menschen ist und daß die Bewunderung vor der Größe nicht nur einen Dankeszoll an diese darstellt, sondern ein einigendes Band um die Dankenden schlingt."[22]

Der nationale Sozialist mit kommunistischen Neigungen vertritt den Standpunkt: „Eine Bewegung, die den deutschen Arbeiter in ehrlicher Weise seinem Volk wiedergeben und dem internationalen Wahn entreißen will, muß auf das Schärfste Front machen gegen eine, vor allem in Unternehmerkreisen herrschende Auffassung, die unter Volksgemeinschaft die widerstandslose wirtschaftliche Auslieferung des Arbeitnehmers dem Arbeitgeber gegenüber versteht, und die in jedem Versuch der Wahrung selbst berechtigter wirtschaftlicher Existenz-Interessen des Arbeitnehmers einen Angriff auf die Volksgemeinschaft sehen will."[23] „Gerade deshalb wird man aber in der Zukunft sich vor einer zu großen Differenzierung der Lohnverhältnisse hüten müssen. Man sage nicht, daß damit die Leistungen ausbleiben würden. Das wäre das traurigste Zeichen des Verfalls einer Zeit, wenn der Antrieb zu einer höheren geistigen Leistung nur mehr im höheren Lohne läge."[24]

Auch Hitlers außenpolitische Einlassungen können nicht pauschal verworfen werden. Wer wollte ihm widersprechen, wenn er schreibt: „Endlich sollten wir Deutsche doch auch jetzt nicht vergessen, daß der Krieg nicht unsere Absicht war, mithin wir auch uns nicht zu schämen hätten, offen und männlich zu gestehen, daß wir jederzeit zu einer Versöhnung der Menschheit unseren Teil beitragen würden."[25] Auf der grünen Welle, die vom 20. ins 21. Jahrhundert hinüberschwappt, reitet Hitler mit seinem Ausspruch: „Es gibt keine Freiheit, auf Kosten der Nachwelt [. . .] zu sündigen."[26]

Wäre Hitler nicht in Polen eingefallen, hätte er nicht die Juden in die Gaskammern getrieben, „sein Volk" in Ruinen, Not und Tod ge-

21 Ebd., S. 327.
22 Ebd., S. 387.
23 Ebd., S. 374.
24 Ebd., S. 486.
25 Ebd., S. 183.
26 Ebd., S. 278.

führt, „authentische" Bausteine zur Errichtung eines gewaltigen Mythos hätte es genug gegeben, um „die unendliche Liebe Hitlers zum deutschen Volke"[27] glaubhaft zu machen. Doch sehen wir uns einiges von dem an, was dabei unterschlagen worden wäre, was man hätte wissen können, was manche gewußt haben, deren Stimme wie die eines Rufenden in der Wüste ohne Echo blieb.

3. Die Ethik der NS-Bewegung

Hitler verabscheut Humanität und Friedfertigkeit ebenso wie das Streben nach Objektivität. Dafür jeweils ein Beleg: „Daß aber diese Welt dereinst noch schwersten Kämpfen um das Dasein der Menschheit ausgesetzt sein wird, kann niemand bezweifeln. Am Ende siegt ewig nur die Sucht der Selbsterhaltung. Unter ihr schmilzt die sogenannte Humanität als Ausdruck einer Mischung von Dummheit, Feigheit und eingebildetem Besserwissen wie Schnee in der Märzensonne. Im ewigen Kampfe ist die Menschheit groß geworden – im ewigen Frieden geht sie zugrunde."[28] „Hätten unsere Vorfahren einst ihre Entscheidungen von dem gleichen pazifistischen Unsinn abhängig gemacht wie die heutige Gegenwart, dann würden wir überhaupt nur ein Drittel unseres jetzigen Bodens zu eigen besitzen".[29]

Es ist schier unglaublich, wie hemmungslos Hitler sich selbst entlarvt, wie er mit seinem Bekenntnis zur „fanatisch einseitigen Einstellung" sich selbst diskreditiert hat, genauer: sich eigentlich hätte diskreditieren müssen: „Die Nationalisierung der breiten Masse kann niemals erfolgen durch Halbheiten, durch schwaches Betonen eines sogenannten Objektivitätsstandpunktes, sondern durch rücksichtslose und fanatisch einseitige Einstellung auf das nun einmal zu erstrebende Ziel. Das heißt also, man kann ein Volk nicht ‚national' machen im Sinne unseres heutigen Bürgertums, also mit soundsoviel Einschränkungen, sondern nur nationalistisch mit der ganzen Vehemenz, die dem Extrem innewohnt. Gift wird nur durch Gegengift gebrochen, und nur die Schalheit eines bürgerliches Gemüts kann die mittlere Linie als den Weg ins Himmelreich betrachten."[30]

[27] Sewald (FN 11), S. 8.
[28] Hitler (FN 7), S. 148 f.
[29] Ebd., S. 152.
[30] Ebd., S. 370 f.

Nach diesen berserkerhaften Einlassungen Hitlers wundert es nicht, daß ihm seine „fanatisch einseitige Einstellung" gleichsam am laufenden Band ehrenrührige Behauptungen aufstellen läßt, ohne daß er auch nur einen Versuch unternimmt, die Richtigkeit nachzuweisen: „Die Sozialdemokratie hatte seit Jahrzehnten die schurkenhafteste Kriegshetze gegen Rußland betrieben, das Zentrum aber hatte aus religiösen Gesichtspunkten den österreichischen Staat am meisten zum Angel- und Drehpunkt der deutschen Politik gemacht. Nun hatte man die Folgen dieses Irrsinns zu tragen. Was kam, mußte kommen und war unter keinen Umständen zu vermeiden. Die Schuld der deutschen Regierung war dabei, daß sie, um den Frieden nur ja zu erhalten, die günstigen Stunden des Losschlagens immer versäumte, sich in das Bündnis zur Erhaltung des Weltfriedens verstrickte und so endlich das Opfer einer Weltkoalition wurde, die eben dem Drang nach Erhaltung des Weltfriedens die Entschlossenheit zum Weltkrieg engegenstemmte."[31]

„Das Finanzjudentum wünscht, entgegen den Interessen des britischen Staatswohls, nicht nur die restlose wirtschaftliche Vernichtung Deutschlands, sondern auch die vollkommene politische Versklavung. Die Internationalisierung unserer deutschen Wirtschaft, d. h. die Übernahme der deutschen Arbeitskraft in den Besitz der jüdischen Weltfinanz läßt sich restlos nur durchführen in einem politisch bolschewistischen Staat."[32]

Seine Kritik an anderen ist maßlos. Die Belege dafür bilden eine nicht enden wollende Kette: „Meine persönliche Einstellung war von Anfang an fest: Ich haßte das ganze Pack dieser elenden, volksbetrügerischen Parteilumpen auf das äußerste. Ich war mir längst darüber im klaren, daß es sich bei diesem Gelichter wahrlich nicht um das Wohl der Nation handelte, sondern um die Füllung leerer Taschen. Und daß sie jetzt selbst bereit waren, dafür das ganze Volk zu opfern und wenn nötig Deutschland zugrunde gehen zu lassen, machte sie in meinen Augen reif für den Strick. Auf ihre Wünsche Rücksicht nehmen, hieß die Interessen des arbeitenden Volkes zugunsten einer Anzahl von Taschendieben opfern, sie aber erfüllen konnte man nur dann, wenn man bereit war, Deutschland aufzugeben."[33] „Wer all die Opfer überdenkt, die durch den sträflichen Leichtsinn dieser Ver-

[31] Ebd., S. 176.
[32] Ebd., S. 702.
[33] Ebd., S. 218 f.

antwortungslosesten der Nation aufgebürdet wurden, all die zwecklos geopferten Toten und Krüppel sich vor Augen führt, sowie die grenzenlose Schmach und Schande, das unermeßliche Elend, das uns jetzt getroffen hat, und weiß, daß dieses alles nur kam, um einem Haufen gewissenloser Streber und Stellenjäger die Bahn zu Ministerstühlen frei zu machen, der wird verstehn, daß man diese Kreaturen wirklich nur mit Worten wie Schuft, Schurke, Lump und Verbrecher bezeichnen kann, sonst wären der Sinn und Zweck des Vorhandenseins dieser Ausdrücke im Sprachgebrauch ja unverständlich. Denn diesen Verrätern an der Nation gegenüber ist jeder Zuhälter noch ein Ehrenmann."[34]

Hitler bejaht und fordert Unduldsamkeit, Rücksichtslosigkeit, Gewalt, Brutalität: „Die Zukunft einer Bewegung wird bedingt durch den Fanatismus, ja die Unduldsamkeit, mit der ihre Anhänger sie als die allein richtige vertreten und anderen Gebilden ähnlicher Art gegenüber durchsetzen."[35] Das Adjektiv „rücksichtslos" ist geradezu ein ständiger Begleiter seiner Maximen: „Rücksichtslose wie beharrliche Zentralisierung".[36] „Es lag ganz bei uns, schon am ersten Tage die Bewegung durch blindes, rücksichtsloses Einstehen zu verewigen."[37] „Ich selber hatte mir die Organisation der Propaganda vorbehalten und führte diese nun auch rücksichtslos durch."[38]

Gewalt, ja zum äußersten entschlossene Brutalität, in Theorie und Praxis, sind die Konsequenzen: „In der ewig gleichmäßigen Anwendung der Gewalt allein liegt die allererste Voraussetzung zum Erfolge. Diese Beharrlichkeit jedoch ist immer nur das Ergebnis einer bestimmten geistigen Überzeugung. Jede Gewalt, die nicht einer festen geistigen Grundlage entsprießt, wird schwankend und unsicher sein. Ihr fehlt die Stabilität, die nur in einer fanatischen Weltanschauung zu ruhen vermag."[39] „Wird der Sozialdemokratie eine Lehre von besserer Wahrhaftigkeit, aber gleicher Brutalität der Durchführung entgegengestellt, wird diese siegen, wenn auch nach schwerstem Kampfe."[40]

„Man war in meinen Augen verrrückt, daß man nichts tat, um die

[34] Ebd., S. 101 f.
[35] Ebd., S. 77.
[36] Ebd., S. 384.
[37] Ebd., S. 401.
[38] Ebd.
[39] Ebd., S. 188.
[40] Ebd., S. 44 f.

Siedehitze der Leidenschaft zu steigern; daß man aber die glücklich vorhandene auch noch beschnitt, vermochte ich schlechterdings nicht zu verstehen. [. . .] Es wäre die Pflicht einer besorgten Staatsregierung gewesen, nun, da der deutsche Arbeiter wieder den Weg zum Volkstum gefunden hatte, die Verhetzer dieses Volkstums unbarmherzig auszurotten. Wenn an der Front die Besten fielen, dann konnte man zu Hause wenigstens das Ungeziefer vertilgen. [. . .] Was aber mußte man nun tun? Die Führer der ganzen Bewegung sofort hinter Schloß und Riegel setzen, ihnen den Prozeß machen und sie der Nation vom Halse schaffen. Man mußte rücksichtslos die gesamten militärischen Machtmittel einsetzen zur Ausrottung dieser Pestilenz."[41]

Hitlers Menschenbild ist bestürzend. Mensch im Vollsinne ist für ihn offenbar nur der reinrassige Weiße: „Wie grenzenlos die heutige Menschheit in dieser Richtung sündigt, mag noch ein Beispiel zeigen. Von Zeit zu Zeit wird in illustrierten Blättern dem deutschen Spießer vor Augen geführt, daß da und dort zum ersten Mal ein Neger Advokat, Lehrer, gar Pastor, ja Heldentenor oder dergleichen geworden ist. Während das blödselige Bürgertum eine solche Wunderdressur staunend zur Kenntnis nimmt, voll von Respekt für dieses fabelhafte Resultat heutiger Erziehungskunst, versteht der Jude sehr schlau, daraus einen neuen Beweis für die Richtigkeit seiner den Völkern einzutrichternden Theorie von der Gleichheit der Menschen zu konstruieren. Es dämmert dieser verkommenen bürgerlichen Welt nicht auf, daß es sich hier wahrhaftig um eine Sünde an jeder Vernunft handelt; daß es ein verbrecherischer Wahnwitz ist, einen geborenen Halbaffen so lange zu dressieren, bis man glaubt, aus ihm einen Advokaten gemacht zu haben, während Millionen Angehörige der höchsten Kulturrasse in vollkommen unwürdigen Stellungen verbleiben müssen."[42]

Hitler kennt nur ein „Menschenrecht", „das ewige Vorrecht der Kraft und der Stärke".[43] „Die Natur [. . .] sieht dem freien Spiel der Kräfte zu; der Stärkste an Mut und Fleiß erhält dann als ihr liebstes Kind das Herrenrecht des Daseins zugesprochen."[44] „Nein, es gibt nur ein heiligstes Menschenrecht, und dieses Recht ist zugleich die heiligste Verpflichtung, nämlich: dafür zu sorgen, daß das Blut rein

[41] Ebd., S. 184 ff.
[42] Ebd., S. 478 f.
[43] Ebd., S. 69.
[44] Ebd., S. 444.

erhalten bleibt, um durch die Bewahrung des besten Menschentums die Möglichkeit einer edleren Entwicklung dieser Wesen zu geben.“[45]

4. Das „Dritte Reich“

Hitlers Einlassungen zum Thema Staat erheben keinen Anspruch auf Vollständigkeit, sind keine allgemeine Staatslehre, kein deutsches Staatsrecht, sondern nur grobe, bruchstückartige Skizzen. Dennoch reichen sie aus, um Hitler als von antiparlamentarischen, antidemokratischen, antipluralistischen Vorstellungen beherrscht nachweisen zu können.

Von zentraler Bedeutung ist für ihn folgende Sicht des Staates, die er in großen Lettern herausstellt und bei jeder Gelegenheit sinngemäß wiederholt: „Der Staat ist ein Mittel zum Zweck. Sein Zweck liegt in der Erhaltung und Förderung einer Gemeinschaft physisch und seelisch gleichartiger Lebewesen [...] Somit ist der höchste Zweck des völkischen Staates die Sorge um die Erhaltung derjenigen rassischen Urelemente, die als kulturspendend, die Schönheit und Würde eines höheren Menschentums schaffen.“[46]

Die Staatsform des „Dritten Reiches“ wird zunächst negativ abgegrenzt: „Die Bewegung sieht endlich ihre Aufgabe nicht in der Wiederherstellung einer bestimmten Staatsform und im Kampfe gegen eine andere, sondern in der Schaffung derjenigen grundsätzlichen Fundamente, ohne die auf die Dauer weder Republik noch Monarchie bestehen können. Ihre Mission liegt nicht in der Begründung einer Monarchie oder der Festigung einer Republik, sondern in der Schaffung eines germanischen Staates.“[47] Die konkrete Gestaltung soll nicht dogmatisch antizipiert werden, vielmehr für die Zweckmäßigkeitserwägungen offen bleiben: „Die Frage der äußeren Gestaltung dieses Staates, also seine Krönung, ist nicht von grundsätzlicher Bedeutung, sondern wird nur bedingt durch Fragen praktischer Zweckmäßigkeit.“[48]

Und doch steht für ihn fest, daß sein Staat beim verhaßten Parlamentarismus keine Anleihen aufnehmen wird. An die Stelle „einer

[45] Ebd., S. 147.
[46] Ebd., S. 433 f., siehe ferner S. 164, 420 f.
[47] Ebd., S. 380.
[48] Ebd.

parlamentarischen Schwätzervereinigung"[49] tritt der Führer: „Die junge Bewegung ist ihrem Wesen und ihrer inneren Organisation nach antiparlamentarisch, d. h. sie lehnt im allgemeinen wie in ihrem eigenen inneren Aufbau ein Prinzip der Majoritätsbestimmung ab, in dem der Führer nur zum Vollstrecker des Willens und der Meinung anderer degradiert wird. Die Bewegung vertritt im Kleinsten wie im Größten den Grundsatz der unbedingten Führerautorität, gepaart mit höchster Verantwortung."[50] Die Ereignisse des Jahres 1933 unzweideutig vorwegnehmend, fügt er hinzu: „Damit ist die Bewegung aber antiparlamentarisch, und selbst ihre Beteiligung an einer parlamentarischen Institution kann nur den Sinn einer Tätigkeit zu deren Zertrümmerung besitzen, zur Beseitigung einer Einrichtung, in der wir eine der schwersten Verfallserscheinungen der Menschheit zu erblicken haben."[51]

Dies besagt zugleich, daß er die bürgerliche, die westliche Demokratie entschieden ablehnt und bekämpft. Doch auch insoweit sind wir nicht auf Interpretationen angewiesen. Hitler: „Daher ist diese Art von Demokratie auch das Instrument derjenigen Rasse geworden, die ihren inneren Zielen nach die Sonne zu scheuen hat, jetzt und in allen Zeiten der Zukunft. [. . .] Dem steht gegenüber die wahrhaftige germanische Demokratie der freien Wahl des Führers mit dessen Verpflichtung zur vollen Übernahme aller Verantwortung für sein Tun und Lassen. In ihr gibt es keine Abstimmung einer Majorität zu einzelnen Fragen, sondern nur die Bestimmung des einzigen, der dann mit Vermögen und Leben für seine Entscheidung einzutreten hat."[52]

Eine Opposition hat in seinem Reich kein Lebensrecht. Auch hier würde das Zitierte vollauf genügen. Mit Blick auf das Jahr 1914 meint Hitler: „Die Parteien waren aufzulösen, der Reichstag, wenn nötig mit Bajonetten zur Vernunft zu bringen, am besten aber sofort aufzuheben. So wie die Republik heute Parteien aufzulösen vermag, so hätte man damals mit mehr Grund zu diesem Mittel greifen müssen."[53] Was gestern recht war, sollte es morgen nicht billig sein? Nachdem er ausführlich seine und seiner Partei Weltanschauung

[49] Ebd., S. 99.
[50] Ebd., S. 378.
[51] Ebd., S. 379.
[52] Ebd., S. 99.
[53] Ebd., S. 168.

dargelegt hat[54], fährt er fort: „Denn die Weltanschauung ist unduldsam und kann sich mit der Rolle einer ‚Partei neben anderen' nicht begnügen, sondern fordert gebieterisch ihre eigene, ausschließliche und restlose Anerkennung sowie die vollkommene Umstellung des gesamten öffentlichen Lebens nach ihren Anschauungen. Sie kann also das gleichzeitige Weiterbestehen einer Vertretung des früheren Zustandes nicht dulden."[55] „Da eine Weltanschauung niemals bereit ist, mit einer zweiten zu teilen, so kann sie auch nicht bereit sein, an einem bestehenden Zustand, den sie verurteilt, mitzuarbeiten, sondern fühlt die Verpflichtung, diesen Zustand und die gesamte gegnerische Ideenwelt mit allen Mittel zu bekämpfen, d. h. deren Einsturz vorzubereiten."[56]

Auch der Föderalismus als mögliches Hemmnis wird wie die Spreu vom Winde hinweggeblasen: „Im übrigen wird eine junge, sieghafte Idee jede Fessel ablehnen müssen, die ihre Aktivität im Vorwärtstreiben ihrer Gedanken lähmen könnte. Der Nationalsozialismus muß grundsätzlich das Recht in Anspruch nehmen, der gesamten deutschen Nation ohne Rücksicht auf bisherige bundesstaatliche Grenzen seine Prinzipien aufzuzwingen und sie in seinen Ideen und Gedanken zu erziehen."[57] Daß die Pressefreiheit, „wie man den Unfug dieser straflosen Volksbelügung und Volksvergiftung bezeichnet"[58], spätestens gleichzeitig beseitigt sein sollte, ist nach all dem eine Selbstverständlichkeit.

5. Weltherrschaft oder „nur" Weltreich?

Im Prinzip völlig unzweideutig verkündet Hitler in „Mein Kampf", und zwar an mehreren Stellen, seine imperialistischen Hauptziele: Entmachtung Frankreichs, Lebensraum im Osten: „Demgegenüber müssen wir Nationalsozialisten unverrückbar an unserem außenpolitischen Ziel festhalten, nämlich dem deutschen Volk den ihm gebührenden Grund und Boden auf dieser Erde zu sichern. [. . .] Der Grund und Boden, auf dem dereinst deutsche Bauerngeschlechter kraftvolle Söhne zeugen können, wird die Billigung des Einsatzes der

[54] Vgl. ebd., insbes. S. 409 ff.
[55] Ebd., S. 506.
[56] Ebd., S. 508.
[57] Ebd., S. 648.
[58] Ebd., S. 268.

Söhne von heute zulassen, die verantwortlichen Staatsmänner aber, wenn auch von der Gegenwart verfolgt, dereinst freisprechen von Blutschuld und Volksopferung. Ich muß mich dabei schärfstens gegen jene völkischen Schreiberseelen wenden, die in einem solchen Bodenerwerb eine ‚Verletzung heiliger Menschenrechte' zu erblicken vorgeben und demgemäß ihr Geschreibsel dagegen ansetzen. [. . .] Die Tatsache des Gelingens eines unmäßigen Bodenerwerbs durch ein Volk ist keine höhere Verpflichtung zur ewigen Anerkennung desselben. Sie beweist höchstens die Kraft der Eroberer und die Schwäche der Dulder. Und nur in dieser Kraft allein liegt dann das Recht. [. . .] So sehr wir heute auch alle die Notwendigkeit einer Auseinandersetzung mit Frankreich erkennen, so wirkungslos blieb sie in der großen Linie, wenn sich in ihr unser außenpolitisches Ziel erschöpfen würde. Sie kann und wird nur Sinn erhalten, wenn sie die Rückendeckung bietet für eine Vergrößerung des Lebensraums unseres Volkes in Europa. [. . .] Deutschland wird entweder Weltmacht oder überhaupt nichts sein. [. . .] Wir setzen dort an, wo man vor sechs Jahrhunderten endete. Wir stoppen den ewigen Germanenzug nach dem Süden und Westen Europas und weisen den Blick nach dem Land im Osten. [. . .] Wenn wir aber heute in Europa von neuem Grund und Boden reden, können wir in erster Linie nur an Rußland und die ihm untertanen Randstaaten denken. Das Schicksal selbst scheint uns hier einen Fingerzeig geben zu wollen. Indem es Rußland dem Bolschewismus überantwortete, raubte es dem russischen Volke jene Intelligenz, die bisher dessen staatlichen Bestand herbeiführte und garantierte. Denn die Organisation eines russischen Staatsgebildes war nicht das Ergebnis der staatspolitischen Fähigkeiten des Sklaventums in Rußland, sondern vielmehr nur ein wundervolles Beispiel für die staatenbildende Wirksamkeit des germanischen Elements in einer minderwertigen Rasse. [. . .] Das Riesenreich im Osten ist reif zum Zusammenbruch. Und das Ende der Judenherrschaft in Rußland wird auch das Ende Rußlands als Staat sein. Wir sind vom Schicksal ausersehen, Zeugen einer Katastrophe zu werden, die die gewaltigste Bestätigung für die Richtigkeit der völkischen Rassentheorie sein wird."[59]

Walther Hofers Feststellung: „Nirgendwo wird klar ausgesprochen, welches die Grenzen des zu erobernden Lebensraumes sein

[59] Ebd., S. 739 ff. Im gleichen Sinne z. B. auch S. 148, 150, 154, 689, 728, 731 f., 757.

sollten"[60], ist zwar richtig, aber ohne praktisches Gewicht. Ob der Ural oder der Pazifik des Deutschen Reiches Grenze im Osten bilden sollte, darüber hat sich Hitler offenbar nicht den Kopf zerbrochen, zumal er Grenzen als „zufällig"[61] bezeichnet und eigentlich dem „Herrenvolk", dem „höchsten Menschentum" die Weltherrschaft gebührt.

„Die in jüngster Zeit immer häufiger diskutierte Frage, ob Hitler ‚nur' Europa und angrenzende Territorien oder aber ‚die' ganze Welt habe erobern wollen, ist trotz der Begriffe ‚Weltmacht', ‚Welthandel' und ‚Weltpolitik', die er häufig verwendete, nicht mit Sicherheit zu beantworten".[62] So Werner Maser unter Nachweis der widerstreitenden Meinungen. Diese Kontroverse ist im Hinblick auf die Kriegsschuldfrage von untergeordneter Bedeutung. Jedoch ist der Streit der Meinungen nur schwer verständlich. Genügt es nicht, daß Hitler in „Mein Kampf" die Voraussetzungen des deutschen Volkes zur Schaffung der pax germanica universalis auf seine Weise „nachgewiesen" hat? Hitler: „Würde das deutsche Volk in seiner geschichtlichen Entwicklung jene herdenmäßige Einheit besessen haben, wie sie anderen Völkern zugute kam, dann würde das deutsche Reich heute wohl Herrin des Erdballs sein. Die Weltgeschichte hätte einen anderen Verlauf genommen, und kein Mensch vermag zu entscheiden, ob dann nicht auf diesem Weg eingetroffen wäre, was so viele verblendete Pazifisten heute durch Winseln und Flennen zu erbetteln hoffen: ein Friede, gestützt nicht durch die Palmwedel tränenreicher pazifistischer Klageweiber, sondern begründet durch das siegreiche Schwert eines die Welt in den Dienst einer höheren Kultur nehmenden Herrenvolkes."[63] „Gegenüber der lächerlichen Parole einer Sicherung von Ruhe und Ordnung zur friedlichen Ermöglichung gegenseitiger Begaunerei erscheint die Aufgabe eines durch die höchsten Güter des Allmächtigen dieser Erde geschenkten höchsten Menschentums als eine wahrhaft hohe Mission."[64] „Eine Weltanschauung, die sich bestrebt, unter Ablehnung des demokratischen

[60] Walter Hofer, Der Nationalsozialismus. Dokumente 1933-1945, Frankfurt a. M. 1975, S. 168.

[61] Hitler (FN 7), S. 740.

[62] Maser (FN 3), S. 177; Jochen Thies, Hitlers Endziele: Zielloser Aktionismus, Kontinentalimperium oder Weltherrschaft?, in: Karl Dietrich Bracher u. a., Nationalsozialistische Diktatur 1933-1945. Eine Bilanz, Bonn 1986, S. 392 (mit entsprechenden Literaturnachweisen).

[63] Hitler (FN 7), S. 437 f., siehe ferner 315 f.

[64] Ebd., S. 439.

Massengedankens, dem besten Volk, also den höchsten Menschen, diese Erde zu geben, muß logischerweise auch innerhalb dieses Volkes wieder dem gleichen aristokratischen Prinzip gehorchen".[65]

6. Die Judenvernichtung

Nirgendwo findet sich in „Mein Kampf" oder in einer anderen Verlautbarung Hitlers eine eindeutige Formulierung des Inhalts, daß er nach der physischen Vernichtung des jüdischen Volkes trachte, in ihr eine Mission des deutschen Volkes oder der arischen Rasse erblicke. Und doch kommt man kaum umhin, Hitler beizupflichten, wenn er sagt: „Ich habe gegen die Juden mit offenem Visier gekämpft."[66]

Der letzlich unerklärliche pathologische Haß, der das Judentum für alle Mißstände der Weltgeschichte verantwortlich macht, rechtfertigt, systemimmanent nur folgerichtig, ihre Ausrottung mit allen Mitteln, mit Stumpf und Stiel. Dutzende von Seiten können mit entsprechenden Belegen[67] allein aus „Mein Kampf" gefüllt werden. Hier nur einige Beispiele zur Veranschaulichung des Gesagten: „Er [der Jude] ist und bleibt der ewige Parasit, ein Schmarotzer, der wie ein schädlicher Bazillus sich immer mehr ausbreitet, sowie nur ein günstiger Nährboden dazu einlädt. Die Wirkung seines Daseins aber gleicht ebenfalls der von Schmarotzern: wo er auftritt, stirbt das Wirtsvolk nach kürzerer oder längerer Zeit ab."[68] „Der schwarzhaarige Judenjunge lauert stundenlang, satanische Freude in seinem Gesicht, auf das ahnungslose Mädchen, das er mit seinem Blute schändet und damit seinem, des Mädchens, Volke raubt. Mit allen Mitteln versucht er die rassischen Grundlagen des zu unterjochenden Volkes zu verderben. So wie er selbst planmäßig Frauen und Mädchen verdirbt, so schreckt er auch nicht davor zurück, selbst im größeren Umfange, die Blutschranken für andere einzureißen. Juden waren es und sind es, die den Neger an den Rhein bringen, immer mit den gleichen Hintergedanken und klaren Zielen, durch die dadurch zwangsläufig eintretende Bastardierung die ihnen verhaßte weiße Rasse zu zerstö-

[65] Ebd., S. 493.
[66] Nach Jäckel (FN 3), S. 77.
[67] Hitler (FN 7), S. 61 ff., 149, 165, 168, 184 f., 253, 315 ff., 331 f., 444, 448, 648, 630, 704.
[68] Ebd., S. 334,

ren, von ihrer kulturellen und politischen Höhe zu stürzen und selber zu ihren Herren aufzusteigen. Denn ein rassereines Volk, das sich seines Blutes bewußt ist, wird vom Juden niemals unterjocht werden können. Er wird auf dieser Welt ewig nur der Herr von Bastarden sein."[69] „Damit aber tritt an Stelle des organisatorischen Prinzips der arischen Menschheit das Destruktive des Juden. Er wird dadurch ‚zum Ferment der Dekomposition' von Völkern und Rassen und im weiteren Sinne zum Auflöser der menschlichen Kultur."[70] „Das Finanzjudentum wünscht, entgegen den Interessen des britischen Staatswohls, nicht nur die restlose wirtschaftliche Vernichtung Deutschlands, sondern auch die vollkommene politische Versklavung. [...] So ist der Jude heute der große Hetzer zur restlosen Zerstörung Deutschlands."[71] „An Stelle des Hasses gegen Arier [gemeint sind hier die Engländer], von denen uns fast alles trennen kann, mit denen uns jedoch gemeinsames Blut oder die große Linie einer zusammengehörigen Kultur verbindet, muß sie [die nationalistische Bewegung] den bösen Feind der Menschheit, als den wirklichen Urheber allen Leides, dem allgemeinen Zorne weihen."[72] „Hätte man zu Kriegsbeginn und während des Krieges einmal zwölf- oder fünfzehntausend dieser hebräischen Volksverderber so unter Giftgas gehalten, wie Hunderttausende unserer allerbesten deutschen Arbeiter aus allen Schichten und Berufen es im Felde erdulden mußten, dann wäre das Millionenopfer der Front nicht vergeblich gewesen."[73]

7. Theodor Heuss oder Gerlich/Naab vorbildlich? – Schlußfolgerungen

„Mein Kampf" – vor 50 Jahren gedruckter Wahnsinn als Bestseller, sein Autor ein abgöttisch geliebtes Genie. Sicherlich, der Wahnsinn basiert auf Prinzipien, hat Methode. Und doch ist dies keine hinlängliche Erklärung. Dem Genie wird seit 40 Jahren weltweit gleichsam der Prozeß gemacht. Totalitarismus in Reinkultur, opferreichster Krieg aller Zeiten, Völkermord an Millionen, so lautet die

[69] Ebd., S. 357.
[70] Ebd., S. 498.
[71] Ebd., S. 702 f.
[72] Ebd., S. 724.
[73] Ebd., S. 772.

Anklage, so auch der Schuldvorwurf im Urteil. Können die Richter ihre Hände in Unschuld waschen? Die Beweisaufnahme hat ergeben, daß Hitler nicht heimtückisch gehandelt, vielmehr die Moral des neuen Siegfried, seine Methoden und Ziele, schwarz auf weiß gedruckt, vor und nach der Machtübernahme jedermann feilgeboten hat.

Da gab es sicherlich nicht wenige, die „Mein Kampf" aus Abneigung gegen den Verfasser oder politischer Gleichgültigkeit nie in die Hand nahmen[74], andere, die nur darin schmökerten, und schließlich solche, die Hitler Seite für Seite oder zumindest aufs Ganze gesehen Beifall klatschten. So Millionen seiner Zuhörer vor 1933. Denn in seinen Ansprachen hat Hitler den Geist von „Mein Kampf" gestenreich und mit heiserer Stimme vor Augen gestellt, z. B. als er am 13. November 1930 in Erlangen vor der Professoren- und Studentenschaft ausführte: „Wir wissen folgendes: Jedes Wesen strebt nach Expansion und jedes Volk strebt nach Weltherrschaft. Nur wer dieses letzte Ziel im Auge behält, gerät auf den richtigen Weg. Ein Volk, das zu feige ist oder den Mut oder die Kraft nicht mehr besitzt, sich dieses Ziel zu stellen, betritt den zweiten Weg, und zwar den des Verzichtes und der Selbstaufgabe, die in der Vernichtung seinen Abschluß findet."[75]

Welche anderen Reaktionen hat die Lektüre ausgelöst? „Ich lese jetzt Hitlers Buch ‚Mein Kampf', das mich sehr tief bewegt durch das reine Wollen des klugen und begabten Mannes. Ich habe ihm früher in Gedanken Unrecht getan." Dies schrieb Paul Ernst[76], ein feinsinniger, honoriger Dichter, als 67jähriger einem Bekannten. Alter schützt vor Torheit nicht! Eine plausible Erklärung ist kaum möglich. Offenbar waren seine Augen halb geblendet, so daß er nur noch die lichten Passagen wahrnehmen konnte.

Auch Theodor Heuss hat „Mein Kampf" gelesen und 1932 ein Buch, „Hitlers Weg", veröffentlicht, in dem er sich damit auseinandersetzt. Aus seiner Sicht, die er in der Vorbemerkung deutlich formuliert, gab es bisher zum Thema Nationalsozialismus „Apologetik wie Polemik. Die Frage erhob sich, ob zwischen diesen Büchern

[74] Joseph Kardinal Schulte soll auf Vorhaltungen aus „Mein Kampf" geantwortet haben: „Aber, lieber Mitbruder, wer liest denn ein solches Buch?"; nach Frankfurter Allgemeine Zeitung vom 21. Dez. 1982.

[75] H. Preiß (Hrsg.), Adolf Hitler in Franken, Nürnberg 1939, S. 171 f.

[76] Nach Max Rößler, Deutschland, deine Dichter, in: Deutsche Tagespost vom 23. Oktober 1984, S. 10.

und Broschüren ein neuer und gewiß weniger lauter Versuch noch Raum fände."[77] Dieser Absicht blieb er sich treu. Schon auf der ersten Seite nennt er die Männer, die am 9. November 1923 vor der Feldherrenhalle in München erschossen wurden, „schuldlose Opfer einer unsichtbaren Regie". Er attestiert „Mein Kampf" „eine innere Verwandtschaft" zu August Bebels „Frau".[78] Einige Seiten später führt er aus, und solche Passagen sind typisch: „Willy Hellpach hat einmal den Versuch gemacht, Hitler als den vierten Einsatz der deutschen Geschichte im Streben nach einem nationalen Sozialismus darzustellen; die Vorgänger, nicht die Vorläufer, sind ihm Fichte, Lassalle, Naumann. Die Überlegung ist interessant und anregend, aber es wäre verwirrend, zwischen den Namen eine ursächliche Verschlingung zu sehen."[79] Und an anderer Stelle: „Es ist unsicher, wer sich mehr beleidigt fühlt, der Sozialdemokrat oder der Nationalsozialist, wenn man Ferdinand Lassalle und Adolf Hitler nebeneinander nennt. Sie sind gewiß höchst verschieden in ihrer geistigen Herkunft, in ihren Bildungsansprüchen, in ihrer Lebensführung, wohl verwandt in dem Ehrgeiz, der Sache und Person in eins setzt und in einer empfindsamen Eitelkeit, die, Kränkung, Nichtachtung witternd, immerzu ein humorloses Pathos der Abwehr zur Verfügung hat."[80] Über eine Seite hinweg werden dann Parallelen aufgezeigt, vor allem die innerparteiliche Diktatur.

Souverän, ironisch, zugleich meist verhalten kritisiert Heuss das Programm der NSDAP und „Mein Kampf". Die Kritik verschwindet fast im Meer geistreicher, historisch-soziologischer Erörterung politischer Tagesfragen. Obgleich die achte und zugleich letzte Auflage nach dem ersten Wahlgang der Reichspräsidentenwahl am 13. März 1932 überarbeitet wurde, erschallt an keiner Stelle der Ruf: „Hitler ante portas!" Von Bestürzung, Furcht oder Schrecken keine Spur.

Schon damals gab es deutliche Kritik an „Hitlers Weg", z. B. im Vorwärts: „Kann man, darf man *nur* Verständnis aufbringen, wo sich Gewalt, Brutalität, Terror und bewußte Unvernunft in dieser Bewegung organisiert und gesammelt haben?"[81] Die nationalsozialistischen Blätter nahmen von „Hitlers Weg" keine Notiz. Joseph

[77] Theodor Heuss, Hitlers Weg, neu herausgegeben und mit einer Einleitung versehen von Eberhard Jäckel, Tübingen 1968, Vorbemerkung o. S.

[78] Ebd., S. 14.

[79] Ebd., S. 27.

[80] Ebd., S. 115.

[81] Vorwärts vom 12. März 1932; zitiert nach Heuss (FN 77), S. XXIV.

Goebbels machte sich jedoch am 24. Januar 1932 eine Tagebucheintragung: „Ich lese eine Broschüre, die ein Demokrat über ‚Hitlers Weg' geschrieben hat. Das ist alles so dumm, daß es kaum einer Beachtung wert erscheint."[82]

Die Partei, der Heuss angehörte, die DDP (ab 1930 Deutsche Staatspartei) erhielt bei den letzten Wahlen vor dem Durchbruch der NSDAP 1,48 Millionen Stimmen (20. Mai 1928), bei den letzten freien Wahlen nur noch 336.000 (6. November 1932), ein Verlust von 77 Prozent. Ähnlich erging es anderen liberalen Parteien, der DVP und der Wirtschaftspartei. Sie verloren beide in diesen vier Jahren rund 80 Prozent ihrer Wählerstimmen, die offenbar zum größten Teil der NSDAP zugute kamen.

Ganz anders die Wählerentwicklung von SPD, KPD, Zentrum und der bayerischen Schwesterpartei, der BVP. Die Zahl der SPD-Wähler sank zwar im gleichen Zeitraum von 9,15 Millionen auf 7,29 Millionen. Aber der Verlust hielt sich in Grenzen: 21 Prozent. Im Gegenzug konnte die KPD ihre Stimmen gewaltig steigern, und zwar um 18,3 Prozent. SPD- und KPD-Stimmen zusammen ergeben ein Wachstum von 6 Prozent. Die beiden katholischen Parteien zusammengerechnet erzielten sogar einen Stimmenzuwachs von 14 Prozent.[83] Ein Vergleich der Landkarten „Die Konfessionsgliederung des Deutschen Reiches" einerseits und „Die Reichstagswahl am 23. Juli 1932" andererseits zeigt, daß sich von ganz wenigen SPD- und KPD-Stimmkreisen abgesehen, nur die erwähnten katholischen Parteien großflächig gegenüber der NSDAP behaupten konnten (nämlich in Westfalen, im Rheinland und in Bayern).[84]

Worauf ist diese Resistenz zurückzuführen? Sicherlich nicht zuletzt auf das, was Theodor Heuss leicht vorwurfsvoll „Polemik" nennt: Die harte, ungeschminkte Sprache, die letztlich die Kritik auf den Punkt bringt. Über „Hitlers Weg" haben Leute wie Goebbels nur verächtlich den Kopf geschüttelt. „Der gerade Weg" hingegen, heraus-

[82] Die Tagebücher von Joseph Goebbels. Sämtliche Fragmente, hrsg. von Elke Fröhlich im Auftrag des Instituts für Zeitgeschichte und in Verbindung mit dem Bundesarchiv, Teil I: Aufzeichnungen 1924-1941, Bd. 2: 1. 1. 1931-31. 12. 1936, München u. a. 1987, S. 115.

[83] Alfred Milatz, Wähler und Wahlen in der Weimarer Republik, Bonn 1965, Karte 2 und Karte 13. Zur statistischen Aufbereitung siehe umfassend: Jürgen Falter/Thomas Lindenberger/Siegfried Schumann, Wahlen und Abstimmungen in der Weimarer Republik. Materialien zum Wahlverhalten 1919-1933, München 1986.

[84] Es blieb jeweils unberücksichtigt, daß die Gesamtzahl der Stimmen in dieser Zeit zugenommen hat.

gegeben von Dr. Fritz Gerlich und dem Kapuzinerpater Ingbert Naab, hat das wahre Wesen des Nationalsozialismus schonungslos enthüllt. Der offene Brief des Pater Naab „Herr Hitler, wer hat Sie gewählt?" entstand zeitgleich mit der letzten, oben erwähnten Überarbeitung des Heuss-Buches. Auch hier wird analysiert: „Wer hat Sie gewählt? Leute mit antirömischem Affekt. [. . .] Die Masse der Suggerierten. Die wirtschaftlich Zusammenbrechenden. [. . .] Die Menschen, die unter der Suggestion standen, daß Sie als Reichspräsident unvermeidlich sind. [. . .] Die Feiglinge, die ihre Stellungen nicht verlieren wollten. [. . .] Die Stellenjäger und zukünftigen Parteibuchbeamten. [. . .] Menschen, die sich ihren Zahlungsverpflichtungen entziehen wollten. [. . .] Eine Masse unreifer junger Menschen [. . .] Die Revolutionsmenschen [. . .] Die Untermenschen des Mordes und der Bedrohung des Nebenmenschen", um mit einem beschwörendem Appell zu enden: „Was sagen Sie zur Lügenpropaganda? [. . .] Ist nicht Ihre Zurückhaltung in den religiösen Fragen eine einzige große Irreführung der Massen? [. . .] Was sagen Sie zur Propaganda des Hasses? [. . .] Herr Hitler, auf Ihrem Gewissen lastet die Schuld an der Zerreißung Deutschlands."[85] 20 Millionen Exemplare dieses Briefes wurden verteilt.[86]

In dieser Wochenzeitung stand auch (31. Juli 1932) folgender Wahlaufruf: „Dem Krieg des Mittelalters folgte die Pest als eine Geißel der Menschheit. Aber diesem Kriege, den ja alle erlebt und gefühlt haben und dessen Spuren und Folgen *Revolution, Inflation, Wirtschaftskrise und Arbeitslosigkeit* heißen, folgte eine geistige Pest: der Nationalsozialismus. Die Übel, unter welchen die Völker leiden, können allein geheilt werden durch *Verständigung, Versöhnung, Abrüstung und Frieden.* Nationalsozialismus aber bedeutet: *Feindschaft mit den benachbarten Völkern, Gewaltherrschaft im Inneren, Bürgerkrieg, Völkerkrieg.* Nationalsozialismus heißt: *Lüge, Haß, Brudermord und grenzenlose Not.* Adolf Hitler verkündet das Recht der Lüge. In der 1. bis 11. Auflage seines Buches ‚Mein Kampf' schrieb er auf S. 202: ‚Er [der Deutsche] hat keine blasse Ahnung, wie man das Volk beschwindeln muß, wenn man Massenanhänger haben will'. Ihr, die Ihr diesem Betrug eines um die Gewaltherrschaft Besessenen verfallen seid, erwacht! Es geht um Deutschlands, um euer und euerer

[85] Nach Maximilian Neumayr, Pater Ingbert Naab. Seher, Kämpfer, Beter, München 1947, S. 320 ff.
[86] Ebd., S. 239.

Kinder Schicksal."[87]

Diese Sprache und die sie begleitenden Karikaturen erreichten das Volk, gingen den Nationalsozialisten unter die Haut. Vor mir liegt ein Foto. Es zeigt Hitler am Schreibtisch und vor ihm liegt „Der gerade Weg". Theodor Heuss kam nach der „Machtergreifung" mit Aberkennung des Reichstagsmandates, Lehr- und zeitweiligem Publikationsverbot einigermaßen glimpflich davon. Pater Ingbert Naab dagegen mußte Hals über Kopf ins Elsaß fliehen. Fritz Gerlich, der sich von seinen Mitarbeitern nicht trennen wollte, wurde in der „Schutzhaft" ermordet (Dachau, 1. Juli 1934).

Eberhard Jäckel wirft in der Einleitung zur Neuauflage des Heuss-Buches die Frage auf: „Ob denn andere den Nationalsozialismus damals zutreffender beurteilt haben. Eine einzige klarsichtige Prognose würde möglicherweise schon genügen, um das Buch von Heuss als verfehlt abtun zu können. Aber man sucht vergebens danach."[88] – Hat das zitierte Flugblatt Gerlichs nicht alles Wesentliche, was kommen sollte, vorhergesagt?

Theodor Heuss hat Adolf Hitler mit Ferdinand Lassalle verglichen: Hätte er über Karl Marx besser Bescheid gewußt, hätte er zwischen Marx und Hitler, den Personen und ihren Lehren, weit mehr Gemeinsamkeiten aufzeigen können.[89] Diese Feststellung wird auf Widerspruch stoßen. Er ist darauf zurückzuführen, daß die Auseinandersetzung mit Marx bis heute noch weit behutsamer betrieben wird, als sich dies von Heuss mit Blick auf Hitler sagen läßt. Die SPD ließ mit dem Godesberger Programm Karl Marx fallen. Sie tat dies, weil sie in den Führungsetagen wußte, daß Marx als Antisemit, Verächter der slawischen Völker und Vorkämpfer des Totalitarismus die Hauptcharakteristika mit Hitler teilt. Doch die Erkenntnis wurde als streng vertraulich eingestuft: „Darüber sollten wir im engsten Kreise sprechen" – lautete die Devise.[90]

Bleibt noch die eingangs aufgeworfene Frage: Soll „Mein Kampf" in der Bundesrepublik neu aufgelegt werden? Der Reiz des Verbote-

[87] O. N., Propheten wider das Dritte Reich, München 1946, S. 437 (Hervorhebung im Original).

[88] Heuss (FN 77), S. XXXVII.

[89] Siehe Konrad Löw, Warum fasziniert der Kommunismus?, München 1985, S. 165 ff.; ders., Totalitäre Elemente im originären Marxismus, in: Ders. (Hrsg.) Totalitarismus, Berlin 1988, S. 166-184.

[90] Vgl. ders., „Darüber sollten wir im engsten Kreise sprechen" – Warum hat die SPD vor 25 Jahren Abschied von Marx genommen, in: Politische Studien 36 (1985), S. 279-292.

nen würde entfallen, zugleich auch der Vorwurf, daß die bisherige Praxis im Ergebnis einer Bücherverbrennung sehr nahekommt. Eine neue Hitler-Welle, Auftrieb für Rechtsextremisten, wäre sicherlich nicht zu befürchten. Die Zahl der Käufer würde sich in Grenzen halten, die Zahl der Leser erst recht. Andererseits bliebe es unvermeidlich, daß dem Freistaat Bayern, als dem für eine Neuauflage Hauptverantwortlichen, was auch immer im Vorwort und in den Anmerkungen zu lesen stünde, die Begünstigung einer Hitler-Renaissance unterstellt würde. Dies und die durch „Mein Kampf" dokumentierte Blindheit des deutschen Volkes (aber nicht nur!) in den zwanziger und dreißiger Jahren könnte dem deutschen Ansehen im Ausland Abbruch tun.

Derlei Gesichtspunkte sollten letztlich nicht ausschlaggebend sein, aus Gründen der rechtlich und politisch gebotenen Gleichbehandlung ausnahmslos alle Schriften 50 Jahre nach dem Tode des Verfassers zur Veröffentlichung freigegeben werden. Käme es deshalb zu einer ernsten Gefährdung der freiheitlichen demokratischen Grundordnung, so wäre die hinlängliche politische Reife eines solchen Volkes zu verneinen. Doch diesen Test müßten wir 40 Jahre nach der Gründung der Bundsrepublik Deutschland vertrauensvoll wagen können.

Daten, Dokumente, Dossiers

Wahlen 1988

Von Eckhard Jesse

1. Ausgangssituation und Rückblick

1988 war in der Bundesrepublik Deutschland ein „wahlarmes" Jahr. Es fanden nur zwei Landtagswahlen statt – am 20. März in Baden-Württemberg und am 8. Mai in Schleswig-Holstein. Letzte war wegen der Machenschaften des früheren schleswig-holsteinischen Ministerpräsidenten Uwe Barschel notwendig geworden. Die Situation für die extreme Linke und für die extreme Rechte stellte sich unterschiedlich dar.

Die Krisensituation der extremen Linken ist unverkennbar. K-Gruppen haben sich zumeist ganz aufgelöst, spielen jedenfalls nicht die geringste Rolle und kandidieren überhaupt nicht. Auch die DKP ist vor allem aufgrund der Entwicklung in der Sowjetunion in eine schwere Krise geraten. Im Loyalitätskonflikt zwischen dem neuerdings reformfreudigen Moskau und dem sich politischem Wandel entgegenstemmenden Ostberlin wird die Partei vor eine Zerreißprobe gestellt.[1] Bei den vier Wahlen in den Bundesländern im Jahre 1987 (Hessen, Rheinland-Pfalz, Schleswig-Holstein und Bremen) erreichte sie die üblichen Ergebnisse im Promillebereich (0,1 bis 0,5 Prozent). An der Bundestagswahl nahm sie als eigenständige Kraft erst gar nicht teil. Die von ihr initiierte und maßgeblich gesteuerte „Friedensliste" stellte nur Wahlkreiskandidaten auf, die insgesamt 0,5 Prozent der Erststimmen auf sich vereinigen konnten.

Hingegen signalisiert die Tendenz für den politischen Rechtsextremismus eine Aufwärtsentwicklung. Zum ersten Mal seit 1968 war einer rechtsextremistischen Partei im Jahre 1987 wieder einmal der Einzug in ein Landesparlament gelungen: Die im März 1987 gegründete „Deutsche Volksunion – Liste D" des Verlegers Dr. Gerhard Frey hatte bei der bremischen Bürgerschaftswahl im September 1987 – sie war von der NPD unterstützt worden – dank eines aufwendigen Wahlkampfes und einer Bremer Sonderregelung ein Mandat

[1] Vgl. folgenden Beitrag: 9. Parteitag der „Deutschen Kommunistischen Partei" (DKP), in: Innere Sicherheit, 2/89, S. 3-7.

errungen.[2] Die NPD trat bei den Landtagswahlen des Jahres 1987 bis auf Rheinland-Pfalz (0,8 Prozent) nicht an, erreichte bei der Bundestagswahl jedoch 0,6 Prozent der Stimmen und damit das für die Wahlkampfkostenerstattung wichtige Quorum von 0,5 Prozent der Stimmen. NPD und DVU-Liste D hatten im April 1987 Wahlabsprachen hinsichtlich ihrer gegenseitigen Unterstützung getroffen. Die NPD wollte die DVU-Liste D bei den Wahlen in Bremen 1987 und bei den Europawahlen unterstützen, diese hingegen bei den beiden Landtagswahlen im Jahre 1988 und bei der Bundestagswahl 1990 die NPD.[3] Das „nationale Lager" sollte zu den Wahlen geeint antreten.

2. Landtagswahl in Baden-Württemberg

Die baden-württembergische Landtagswahl führte erneut zu einer absoluten Mehrheit der Mandate (allerdings nicht der Stimmen) für die CDU. Es kam zu dem kuriosen Ergebnis, daß sowohl CDU und SPD als auch Liberale und Grüne Stimmen verloren (vgl. Tabelle 1).[4] Das lag wesentlich an den Erfolgen von Splittergruppen aus dem rechten Spektrum, die zusammen fast fünf Prozent erreichten. Als rechtsextrem können allerdings nur NPD und FAP gelten.[5] Für letzte kandidierte lediglich ihr damaliger Bundesvorsitzender Martin Pape, der in seinem Wahlkreis ganze 54 Stimmen erhielt. Die DKP erzielte nur 0,2 Prozent und verlor damit noch einmal 0,1 Prozentpunkte im Vergleich zur letzten Wahl (11.406 Stimmen gegenüber 13.620 Stimmen).

[2] Sie erreichte 3,4 Prozent der Stimmen. Das genügte zum Einzug in die Bürgerschaft, weil die DVU-Liste D in einem der beiden Wahlbereiche (Bremerhaven) mehr als fünf Prozent der Stimmen erzielt hatte (Bremerhaven: 5,4 Prozent; Bremen: 3,0 Prozent).

[3] Vgl. folgenden Artikel: Wahlabsprachen zwischen NPD und DVU-Liste D, in: Innere Sicherheit, 2/88, S. 7.

[4] Vgl. für Einzelheiten: Forschungsgruppe Wahlen, Wahl in Baden-Württemberg. Eine Analyse der Landtagswahl am 20. März 1988, Mannheim 1988; Hans-Peter Biege, Die baden-württembergische Landtagswahl vom 20. März 1988. Ein strahlender Verlierer und keine Gewinner, in: Zeitschrift für Parlamentsfragen 19 (1988), S. 468-482.

[5] Man könnte auch noch die „Patrioten für Deutschland" nennen. Diese früher unter dem Namen Europäische Arbeiterpartei bekannte Partei wird ideologisch vor allem von einer allumfassenden Verschwörungstheorie bestimmt, ist folglich schwer in das Rechts-Links-System einzuordnen.

Tabelle 1: Landtagswahl Baden-Württemberg 1988 (Stimmen in Prozent)*

CDU	49,1	(−2,8)
SPD	32,0	(−0,4)
Die Grünen	7,9	(−0,1)
FDP	5,9	(−1,3)
NPD	2,1	(+2,1)
ÖDP	1,4	(+1,4)
Die Republikaner	1,0	(+1,0)
DKP	0,2	(−0,1)
Christliche Liga	0,1	(+0,1)
Patrioten	0,1	(+0,1)
Zentrum	0,0	(0,0)
FAP	0,0	(0,0)
Einzelbewerber	0,2	(0,0)

* Die Angaben in Klammern beziehen sich auf die Veränderungen gegenüber der letzten Landtagswahl im Jahre 1984.
Quelle: Zusammenstellung nach den amtlichen Wahlergebnissen.

Die NPD hatte im Wahlkampf ausländerfeindliche Ressentiments geschürt (eine der Hauptparolen lautete: „Scheinasylanten raus!"). Während Millionen Deutsche arbeitslos seien, habe man Ausländer ins Land geholt und hier gehalten. Der Geburtenschwund in der Bundesrepublik bedrohe die Zukunft des deutschen Volkes. Das werdende Leben bedürfe des Schutzes. Die NPD hatte sich besonders der Bauern angenommen, die „Opfer einer unsinnigen EG-Politik" seien, den Erhalt der kleinen Familienbetriebe wie die „Abkehr von der EG-Massenproduktion"[6] propagiert. Der Landesvorsitzende Jürgen Schützinger, zugleich stellvertretender Bundesvorsitzender und Bundesgeschäftsführer, machte zum Hauptgegner „alle antideutschen Politiker, ohne Rücksicht auf deren Parteizugehörigkeit."[7] Schützinger appellierte an die NPD-Mitglieder, als Beobachter an der Wahl teilzunehmen, mit einer Begründung, die verwundert: „Keine Stimme für die NPD darf unter den Tisch fallen oder ‚vergessen' werden. Vertrauen ist gut – Kontrolle ist besser!"[8] Auch Gerhard Frey trat mit seiner Deutschen Volksunion-Liste D entspre-

[6] Wahlprogramm der NPD zur Landtagswahl am 20. März 1988, Stuttgart 1988, S. 3.

[7] Jürgen Schützinger, Hauptgegner sind alle antideutschen Politiker, in: Nation Europa 38 (1988), H. 3, S. 56.

[8] Ders., Brief vom 11. Febr. 1988 an die Parteimitglieder, S. 2.

chend den Vereinbarungen im Wahlkampf für die NPD in Erscheinung[9] und warb in seinen Blättern wie der Deutschen National-Zeitung für sie.

Die DKP gestaltete ihren Wahlkampf unter dem Hauptmotto „Arbeitsplätze statt Raketen". Sie machte sich für eine Verstaatlichung der Rüstungskonzerne stark, sprach sich gegen den „Überwachungsstaat" aus.[10] Entsprechend Art. 139 GG forderte sie das Verbot von Organisationen, die sie als neonazistisch klassifizierte. Die extreme Linke sah ihren Hauptfeind eindeutig in der als Nazi-Partei bezeichneten NPD, nicht in den Republikanern, die in Baden-Württemberg „noch stärker als in Bremen und Bayern rechtskonservative Positionen beziehen werden, um unzufriedene CDU-Wähler zu werben, die nicht faschistisch wählen wollen."[11] Wie die NPD stellte die DKP die Problematik der Arbeitslosigkeit in den Vordergrund, wobei ihre Therapien weit voneinander abwichen. Machte die DKP das Großkapital für die Arbeitslosigkeit verantwortlich, sah die NPD in den Ausländern eine Hauptursache.

Bekanntlich hatte die NPD im Jahre 1968 – zwanzig Jahre zuvor – im Lande Baden-Württemberg mit 9,8 Prozent der Stimmen ihr bestes Wahlergebnis erreicht und das letzte Mal den Einzug in ein Landesparlament geschafft. Diesmal kam sie auf 2,1 Prozent der Stimmen - das seit dem Jahre 1971 beste Ergebnis bei einer Landtagswahl. Nach Meinung von Wahlanalytikern haben die rechten und rechtsextremen Parteien insbesondere im ländlich-katholischen Raum Stimmen gewonnen, was insofern überrascht, als bisher in diesem Bereich die Resistenz gegenüber dem Extremismus besonders groß war.[12] Die Stimmengewinne der NPD weisen keine besonderen

[9] Vgl. Brief von Gerhard Frey an die Bürger von Baden-Württemberg vom 26. Febr. 1988. Eine Kostprobe: „Auf dem Altar Europas werden durch Kohls Versagen in Brüssel in den nächsten Jahren zusätzliche 50 Milliarden Mark deutscher Steuergelder geopfert, wird der deutsche Bauernstand ebenso vernichtet wie entscheidende Industriezweige, während gleichzeitig Ausländerzustrom und Asylmißbrauch weitergehen und die CDU die deutsche Einheit abschreibt."

[10] Vgl. für Einzelheiten: DKP-Bezirksvorstand Baden-Württemberg (Hrsg.), Baden-Württemberg 2000. Demokratische Alternative der DKP, Stuttgart 1988.

[11] Hans Schäfer, Gemeinsam gegen rechts. Materialien zum Auftreten neofaschistischer und rechtskonservativer Parteien im Landtagswahlkampf Baden-Württemberg, in: Antifaschistischer Informations- und Pressedienst 2 (1988), Sonderausgabe (hrsg. vom Bundesvorstand der VVN-Bund der Antifaschisten), S. 1.

[12] Vgl. Dieter Oberndörfer/Gerd Mielke, Im Südwesten offenbaren sich vertraute Konturen und neuartige Wandlungsprozesse, in: Frankfurter Allgemeine Zeitung vom 26. März 1988, S. 4.

regionale Ausschläge auf, sieht man einmal ab von den guten Wahlkreisergebnissen des Landesvorsitzenden Schützinger (4,9 Prozent) und des Bundesvorsitzenden Mußgnug (4,6 Prozent), der bei der Oberbürgermeisterwahl in Tuttlingen im November 1987 15,1 Prozent erzielt hatte.

Mit Genugtuung kommentierte die rechtsextreme Presse den Wahlerfolg der NPD und die Niederlage der Republikaner, die nur in 49 der insgesamt 70 Wahlkreise Kandidaten aufgestellt hatten.[13] Man sah das Wahlergebnis als erstes Resultat der Einigung des „nationalen Lagers" an. Landesvorsitzender Schützinger wurde auf dem Landesparteitag im April 1988 wiedergewählt. Die DKP zeigte sich von ihrem Abschneiden enttäuscht.

3. Landtagswahl in Schleswig-Holstein

Die vorgezogenen Landtagswahlen in Schleswig-Holstein brachten das nach dem Skandal um den früheren Ministerpräsidenten Barschel erwartete Ergebnis: Eine absolute Mehrheit für die SPD und eine eklatante Niederlage für die Union (siehe Tabelle 2).[14] Extremistische Parteien konnten davon nicht sonderlich profitieren, obwohl die NPD immerhin 1,2 Prozent der Stimmen gewann, nachdem sie 1987 überhaupt nicht kandidiert hatte. Die DKP erhielt unter ihrem Bezirksvorsitzenden Ewald Stiefvater statt 0,2 Prozent nur 0,1 Prozent der Stimmen. Allerdings täuscht diese prozentuale Veränderung insofern, als sich ihr Ergebnis gegenüber der Landtagswahl 1987 kaum veränderte (2253 Stimmen gegenüber 2338 Stimmen).

[13] Vgl. beispielsweise: Sieg für Nationale. Niederlage für Etablierte, in: Deutsche Wochen-Zeitung vom 25. März 1988.

[14] Vgl. für Einzelheiten: Forschungsgruppe Wahlen, Wahl in Schleswig-Holstein. Eine Analyse der Landtagswahl vom 8. Mai 1988, Mannheim 1988; Wilhelm P. Bürklin, Die schleswig-holsteinische Landtagswahl vom 8. Mai 1988. Eine grundsätzliche Wahl zur politischen Erneuerung, in: Zeitschrift für Parlamentsfragen 19 (1988), S. 482-495.

Tabelle 2: Landtagswahl Schleswig-Holstein 1988 (Stimmen in Prozent)*

SPD	54,8	(+9,6)
CDU	33,3	(−9,3)
FDP	4,4	(−0,8)
Die Grünen	2,9	(−1,0)
SSW	1,7	(+0,2)
NPD	1,2	(+1,2)
UWSH	0,8	(−0,5)
Die Republikaner	0,6	(+0,6)
DKP	0,1	(−0,1)
S-H-P	0,1	(+0,1)
ÖDP	0,1	(+0,1)
FSU	0,0	(0,0)

* Die Angaben in Klammern beziehen sich auf die Veränderungen gegenüber der letzten Landtagswahl im Jahre 1987.

Quelle: Zusammenstellung nach den amtlichen Wahlergebnissen.

Die NPD plädierte für die Rückführung der „Scheinasylanten" ins Ausland, für verstärkte Umweltmaßnahmen sowie für einen besseren Schutz vor Kriminellen. Sie machte sich für den Mittelstand stark, insbesondere für den Erhalt des bäuerlichen Familienbetriebes („Land ohne Bauern – Volk ohne Zukunft") und den Stopp der Milliardenzahlungen an die EG. Eine Forderung bezog sich auch auf die Schule: „Der Gemeinschaftskunde-Unterricht in den Haupt- und weiterbildenden Schulen soll in Zukunft insbesondere Lehrstoff vermitteln, der im Schüler, und später verantwortlichen Staatsbürger, die kulturelle und nationale Identität fördert."[15]

Eine Reihe von NPD-Wahlveranstaltungen fiel den Störungen durch antifaschistische Gruppen zum Opfer. Auch der für den 16. Januar 1988 vorgesehene Landesparteitag mußte zunächst ausfallen, konnte dann aber einen Monat später in Plön unter Polizeischutz stattfinden. Gerhard Frey hatte an alle Haushalte Schleswig-Holsteins eine Postwurfsendung gerichtet. Dem Schreiben lag eine Postkarte bei, die ausgefüllt zurückgeschickt werden sollte. Bei der als „Meinungsumfrage" titulierten Aktion konnte man lediglich mit ja oder nein antworten. Die suggestive Formulierung lautete etwa: „Sollen Korruption und kriminelle Machenschaften in Politik und Verwaltung bekämpft werden?" Oder: „In der EG müssen endlich

[15] Vgl. im einzelnen: Deutsche Stimme, Ausgabe Schleswig-Holstein, Kiel 1988, S. 4.

auch deutsche Interessen durchgesetzt werden."[16]

Die DKP, die unter dem Hauptmotto „Für eine neue Politik in Schlewig-Holstein – wählt und stärkt die DKP" antrat, wollte Schleswig-Holstein atomwaffenfrei machen. Die Tricks Barschels und seiner Umgebung wurden als Indiz der Machenschaften des Großkapitals gewertet. Im März 1988 erschien ein „Schwarzbuch", welches die These belegen sollte, daß die Barschel-Affäre für die jahrzehntelange Politik der Union in Schleswig-Holstein charakteristisch gewesen ist.[17] Die DKP forderte „die Auflösung aller neonazistischen Gruppen, die Unterbindung ihrer Propaganda und ihre Nichtzulassung zu den Landtagswahlen".[18] Immer wieder stellte sie ihr Motto „gemeinsam gegen rechts" heraus. Aber manche Forderung mußte verwundern: „Bonn und Brüssel erdrosseln den bäuerlichen Familienbetrieb" – so lautete die Schlagzeile der DKP-Werbung und ihres Landtagskandidaten – und Landwirts – Dierk Franßen.[19]

Bei der Wahl in Schleswig-Holstein konnte die NPD unter ihrem Landesvorsitzenden Uwe Schäfer nicht an den Erfolg in Baden-Württemberg anknüpfen, jedoch mehr als doppelt so viele Stimmen erzielen wie bei der Bundestagswahl 1987 (0,5 Prozent). Sie schnitt im Südteil des Lande besser ab als im Norden. Die DKP vermochte mit 2.353 Wählerstimmen ihren Mitgliederanteil nur wenig mehr als um das Doppelte zu übertreffen. Sie kommentierte den Ausgang der Wahlen ambivalent, wobei die Formulierungen im Hinblick auf die eigene Mitwirkung an der CDU-Niederlage unfreiwillig komisch wirken. Einerseits heißt es: An der erdrutschartigen Niederlage der CDU „ist die DKP, die entsprechend ihrer Kraft einen offensiven Wahlkampf gegen die CDU geführt hat, beteiligt."[20] Andererseits wird das unbefriedigende Ergebnis zugestanden und auf die Polarisierung zwischen SPD und CDU zurückgeführt.

[16] Brief Gerhard Freys an die Bürger Schleswig-Holsteins vom 18. April 1988.

[17] Vgl. DKP-Bezirksvorstand Schleswig-Holstein (Hrsg.), Schwarzbuch. CDU-Politik in Schleswig-Holstein, Kiel 1988. Hier sprach sie sich u. a. für die Entfernung des Politologieprofessors Werner Kaltefleiter aus dem Amt aus. Er sei ein „Feind des Friedens" und habe Gorbatschow mit Hitler verglichen.

[18] So der Spitzenkandidat der DKP Heinz Stehr, Mehr Demokratie heißt Mehrheitswillen der Bevölkerung durchsetzen, in: DKP-Bezirksvorstand Schleswig-Holstein (Hrsg.), Forderungen der DKP zu den Landtagswahlen 1988, Kiel 1988, S. 7.

[19] Vgl. DKP-Schleswig-Holstein (Hrsg.), Bonn und Brüssel erdrosseln den bäuerlichen Familienbetrieb, Flugblatt.

[20] Erklärung des DKP-Bezirksvorstands Schleswig-Holstein zum Ausgang der Landtagswahlen 1988, in: Unsere Zeit vom 10. Mai 1988, S. 2.

4. Vergleich und Ausblick

Die Parteien des politischen Extremismus konnten die Regierungsbildung in beiden Ländern nicht gefährden. Im Gegenteil: Die für sie abgegebenen Stimmen kamen aufgrund der Sperrklausel indirekt überproportional der jeweils größten Partei zugute. Es verwundert nicht, daß NPD und DKP entschieden die Abschaffung der Fünfprozenthürde fordern.

Was sich bereits 1986 und 1987 angedeutet hatte, setzte sich 1988 fort: eine Zunahme der Stimmen für das rechte und rechtsextreme Lager. Allerdings fiel der Erfolg für die NPD in Baden-Württemberg deutlicher aus als in Schleswig-Holstein (trotz einer größeren Anzahl von Splitterparteien). Offenbar kam die Enttäuschung über das Verhalten des Ministerpräsidenten Barschel der SPD zugute, der geholfen werden sollte. Zudem gab es die Probleme mit der Landwirtschaft nicht in gleichem Maße wie in dem Bundesland Baden-Württemberg, in dem die NPD traditionell über bessere Wahlchancen verfügt. Freilich dürften die Erfolge für die extreme Rechte und andere Rechtsparteien wie die Republikaner nicht in erster Linie mit lokalen Gegebenheiten zu erklären sein. Beide extremistischen Parteien – die NPD und die DKP – hatten im Wahlkampf auch keine spezifischen Länderinteressen in den Vordergrund gerückt.

Für die Kommunisten spielten die Rechtsextremisten in der Wahlpropaganda und ihrem Argumentationshaushalt eine weit größere Rolle als umgekehrt. Freilich wies auch die NPD auf die Störungen ihrer Veranstaltungen durch antifaschistische Gruppierungen hin. Momentan sind die Perspektiven für den Rechts- und Linksextremismus unterschiedlicher Natur. Die extreme Linke kann bei Wahlen nicht reüssieren. Wie sich auch bei den Wahlen des Jahres 1989 zeigte, ist die Tendenz für die extreme Rechte hingegen positiv, allerdings keinesfalls in einer besorgniserregenden Größenordnung.[21]

Wissenschaftlich von besonderem Interesse dürften mehrere Komplexe sein. Was die Frage nach der Altersstruktur der Wählerschaft der rechtsextremistischen Parteien angeht, so geben die Repräsenta-

[21] Dies läßt folgender Beitrag außer acht: Bartholomäus Grill u. a., Alte Parolen, neue Parteien. Gegen Asylbewerber, Gastarbeiter und Aussiedler: Heil ohne Hitler?, in: Die Zeit vom 17. Febr. 1989, S. 13-17. In einer Graphik waren die Stimmenanteile der Parteien als Hitler-Gruß umgesetzt worden. Zu den Rechtsextremisten wurden dabei auch die ÖDP, die Bayernpartei, die Republikaner, die Christliche Liga und das Zentrum gerechnet.

tivstatistiken zu den beiden Wahlen darüber keine (Schleswig-Holstein) oder so gut wie keine (Baden-Württemberg) Auskunft. Die „sonstigen Parteien" waren in Baden-Württemberg bei den Männern sowie bei den 18- bis 24jährigen überrepräsentiert.[22] Vieles deutet auf eine Verjüngung der Altersstruktur der Wählerschaft hin. Damit könnte sich ein Wandel abzeichnen. Ebenfalls Interesse verdient die Frage nach der Herkunft der NPD-Wählerschaft. Man macht es sich vielfach zu einfach, bringt man ausschließlich die Verluste der CDU damit in Verbindung.[23] Auch die Wahlerfolge der NPD in der zweiten Hälfte der sechziger Jahre gingen nicht nur auf ehemalige Unionswähler zurück.[24] Die Stimmabgabe für die NPD war eben keineswegs ausschließlich ideologisch bestimmt, sondern auch Ausdruck einer diffusen Protesthaltung. Damit hängt ein anderes Problem zusammen: die Frage nach den Ursachen dieses Wahlverhaltens. Entspringen die Gewinne der Parteien rechtsaußen vorwiegend einer Denkzettel-Mentalität der Bürger, oder vollzieht sich langfristig ein Wandel des Parteiensystems? Offenkundig konnte die NPD gerade einen Teil sozial schwächerer Schichten mobilisieren. Steht eine neue Polarisierung bevor?[25] Alle drei angedeuteten Komplexe dürften in nächster Zeit von Bedeutung sein.

Da „Bewegung am rechten Rand"[26] herrscht, gibt es auch in politischer Hinsicht interessante Probleme. Mit fünf Fragen mag dieser Bericht beendet werden. Erstens: Werden die Republikaner oder die extremistischen Rechtsparteien stärker Zulauf erhalten? Zweitens: Kann die Einigung zwischen der NPD und der DVU-Liste D bei fortdauernden Wahlerfolgen anhalten? Drittens: Erhält durch die Gewinne der extremistischen Rechtsparteien auch die extreme Linke Zulauf? Viertens: Sind die Stimmengewinne für das „rechte Lager" ein Zeichen der Normalität der westdeutschen Demokratie, oder ver-

[22] Vgl. Eberhard Gawatz/Roland Petri, Landtagswahl 1988: Wahlverhalten der Bevölkerung. Ergebnisse der Repräsentativen Landtagswahlstatistik, in: Baden-Württemberg in Wort und Zahl, 6/1988, S. 237.

[23] So hat Hans-Peter Biege gezeigt, daß die Stimmengewinne der NPD bei der baden-württembergischen Landtagswahl nicht nur auf Verlusten der CDU beruhen. Vgl. ders. (FN 4), S. 475.

[24] Vgl. Klaus Liepelt, Anhänger der neuen Rechtspartei. Ein Beitrag zur Diskussion über das Wählerreservoir der NPD, in: Politische Vierteljahresschrift 8 (1967), S. 237-271.

[25] In diesem Sinne Dieter Oberndörfer/Gerd Mielke, Die Mitte schrumpft, die Extreme festigen sich, in: Frankfurter Allgemeine Zeitung vom 23. März 1989, S. 14.

[26] Vgl. Manfred Berger/Wolfgang C. Gibowski/Dieter Roth, Bewegung am rechten Rand, in: Die Zeit vom 25. März 1988, S. 4.

weisen sie auf die nach wie vor bestehende Labilität der politischen Kultur? Fünftens: Stellt sich Ende der achtziger Jahre die Frage nach der Integrationkraft der rechten Volkspartei, wie sie sich ein Jahrzehnt zuvor für die linke Volkspartei stellte?

Organisationen 1988

Von Uwe Backes

1. Ausgangssituation und Rückblick

Der politische Extremismus in seiner organisierten Form[1] zerfällt in eine Vielfalt ideologischer Strömungen und Varianten, deren Vertreter sich untereinander vielfach heftig befehden. Auf der ideologisch-programmatischen Ebene ist die typologische Unterscheidung zwischen einer „rechten" und einer „linken" Variante des politischen Extremismus trotz gewisser Übergangs- und Mischformen nach wie vor sinnvoll. Rechts- und Linksextremismus bilden jeweils locker gefügte, in sich wiederum heterogene und vielfach auch zerstrittene Ideengemeinschaften mit organisatorischen Verflechtungen und mehr oder weniger stark ausgeprägten Interaktionsmustern. Am deutlichsten tritt der lockere Zusammenhalt der rechts- und linksextremen „Szene" in ihrer gegenseitigen Frontstellung zu Tage. Sogenannte „antifaschistische" Aktionen, deren Teilnehmer mehr durch das „Anti" als durch irgendein „Pro" zusammengehalten werden, sind hierfür ein besonders markantes Beispiel.

Aufgrund der klandestinen Aktionsweise führen rechts- und linksterroristische Gruppen ein Eigenleben. Sie gehen zwar im allgemeinen aus entsprechenden rechts- und linksextremen „Milieus" hervor, versuchen auch, den Kontakt zu diesen Klientelgruppen aufrecht zu erhalten; die Isolation des Untergrunddaseins, der häufig elitäre Anspruch und die äußerste Radikalität des strategischen Konzepts bewirken jedoch zumeist eine weitgehende Abschottung – bis hin zur Auflösung jeglicher kommunikativer Verbindungen.

Illegalität und Untergrund stellen eine extreme Form der Absonderung von der „Mehrheitskultur" dar. Eine gewisse subkulturelle Isolation kennzeichnet im westlichen Nachkriegsdeutschland jedoch – mit unterschiedlicher Intensität – die Situation des gesamten

[1] Im Unterschied zu extremistischen Verhaltensdispositionen, die sich (noch) nicht organisatorisch verfestigt haben, aber als latentes Potential von Meinungen, Einstellungen, Überzeugungen in der Bevölkerung nachweisbar sind. Vgl. zu derartigen Untersuchungen und ihren methodischen Problemen: Uwe Backes/Eckhard Jesse, Politischer Extremismus in der Bundesrepublik Deutschland, Bd. I: Literatur, Köln 1989, S. 30-34, 51-59. Zum Begriff des politischen Extremismus generell und zu den Möglichkeiten einer typologischen Differenzierung: Ebd., Bd. II: Analyse, S. 37-43.

rechts- und linksextremen Spektrums. Der demokratische Verfassungsstaat faßte seit 1949 in der Bundesrepublik – entgegen den Erwartungen skeptischer Beobachter – so fest Fuß, daß der Bestand des demokratisch-pluralistischen Systems bislang zu keinem Zeitpunkt ernsthaft in Frage gestellt war. Im Gegenteil: Extremistische Kräfte sahen sich in der wenig komfortablen Lage, eine radikale Alternative gegen einen politisch, ökonomisch und sozial ungewöhnlich attraktiven Status quo vertreten zu müssen. Wenn der Zustand der extremistischen Subkultur(en) auch als eine Art Barometer für die „Großwetterlage" in der Mehrheitskultur gelten kann, so zeugte die bisherige Abfolge überwiegend milder „Witterungen" von der Stabilität und Funktionsfähigkeit der bestehenden politischen Ordnung.

Daß Subkulturen sehr wohl empfindsam auf politische Klimaveränderungen reagieren, zeigt die derzeitige Entwicklung des Rechts- und Linksextremismus in der Bundesrepublik augenfällig. So ist der Aufwind rechtsextremer und nationalpopulistischer Parteien, wie er sich besonders in Wahlergebnissen manifestiert[2], nicht zu verstehen ohne die Abfolge von Skandalen und Affären, die das Ansehen der großen Parteien in Mitleidenschaft gezogen haben. Auch die Mißachtung oder unbefriedigende Beantwortung konkreter Problemlagen (Arbeitslosigkeit, Asylantenproblematik, Wohnsituation) durch die politisch Verantwortlichen hat offenkundig die Neigung bestimmter Bevölkerungsgruppen zum Protest mit dem Stimmzettel verstärkt. Während innenpolitische Faktoren die graduellen Raumgewinne rechter Gruppierungen im wesentlichen erklären, scheint die Lage der Organisationen am anderen Ende des politischen Spektrums überwiegend durch die Veränderung der internationalen Konstellation seit Mitte der achtziger Jahre geprägt. Der Reformprozeß in der Sowjetunion hat über die traditionell an Moskau und Ostberlin orientierte kommunistische Partei hinaus zu innerparteilichen Auseinandersetzungen um den „richtigen" Kurs zum „Sozialismus" geführt. Die Situation der bedeutenderen rechts- und linksextremen Organisationen im Jahr 1988 soll im folgenden eingehender beleuchtet werden.

[2] Siehe dazu den Beitrag „Wahlen 1988" in diesem Band.

2. Linksextremismus

Was für den Extremismus insgesamt gesagt werden kann, trifft auch für seine linken Varianten zu: Die „Szene" ist von organisatorischer, ideologischer und strategischer Heterogenität bestimmt. In organisatorischer Hinsicht stehen etwa kleine Theoriezirkel und Aktionsgruppen neben mitgliederstärkeren Wahlorganisationen. Ideologisch umfaßt das Spektrum diverse kommunistische und anarchistische Doktrinen. „Legalitätstaktik" und „Terrorismus" bilden die äußersten Ende der Skala extremistischer Strategien. Trotz aller Vielgestaltigkeit sind die verschiedenen Gruppierungen in aller Regel zu „antifaschistischen" Aktionsbündnissen untereinander und mit demokratischen Organisationen bereit.

Für die Geschichte des Linksextremismus in der Bundesrepublik war die von marxistischen und anarchistischen Ideen inspirierte Studentenbewegung in der zweiten Hälfte der sechziger Jahre von einschneidender Bedeutung. Eine große Zahl von Organisationen entstand in dieser Zeit. In vielen deutschen Großstädten etablierten sich links-alternative Protestmilieus. Diese bilden wiederum den Humus, auf dem auch terroristische Gruppierungen gedeihen. In den siebziger Jahren konnten sowohl die an Ostberlin und Moskau orientierte Deutsche Kommunistische Partei (DKP) mit ihren Nebenorganisationen als auch andere dogmatisch-marxistische Organisationen erhebliche Mitgliederzuwächse verbuchen. Diese Tendenz erreichte in der zweiten Hälfte der siebziger Jahre ihren Höhepunkt. Danach setzte der unaufhaltsame Niedergang des Maoismus[3] und seiner diversen Spielarten ein: Teile dieses Potentials haben in der Ökologiebewegung und auch beim „fundamentalistischen" Flügel der Grünen eine neue politische Heimat gefunden.[4]

[3] Die beste Darstellung zur verwirrenden Vielfalt kommunistischer Sekten bietet: Gerd Langguth, Protestbewegung. Entwicklung – Niedergang – Renaissance. Die Neue Linke seit 1968, Köln 1983.

[4] Siehe dazu etwa: Helmut Fogt, Die Grünen in den Parlamenten der Bundesrepublik. Ein Soziogramm, in: Zeitschrift für Parlamentsfragen 14 (1983), S. 500-517.

Tabelle 1: Linksextreme Organisationen, 1986-1988

	1986		1987		1988	
	Zahl	Mitglieder	Zahl	Mitglieder	Zahl	Mitglieder
Orthodoxe Kommunisten						
Kernorg.	2	46.000	2	42.500	2	39.500
Nebenorg.	13	28.000	13	28.000	14	15.900
beeinflußte Org.	53	64.000	54	60.500	55	60.000
„Neue Linke"						
Revolutionäre Marxisten						
Kernorg.	24	6.100	27	6.100	29	7.100
Nebenorg.	9	600	10	500	10	500
beeinflußte Org.	11	1.100	11	1.200	10	1.400
Anarchisten und sonstige Sozialrevolutionäre	63	3.000	65	4.300	67	4.000

Quelle: Verfassungsschutzbericht 1988.

Noch bedeutsamer erscheinen die Mobilisationsschwierigkeiten der DKP und ihrer Nebenorganisationen in den achtziger Jahren. Die Situation dieser – in der Tradition der 1956 verbotenen Kommunistischen Partei Deutschlands (KPD) stehenden – sogenannten „alten Linken" ist von der Existenz des anderen deutschen Staates geprägt. Da sich die DKP als „Bruderpartei" der SED versteht, von ihr zu einem Gutteil finanziert wird und sich am Vorbild des „real existierenden Sozialismus" orientiert, muß sie es sich gefallen lassen, an den (Fehl-)Leistungen dieses Systems gemessen zu werden. Bewirkt also die massive Förderung durch Ostberlin einerseits eine Privilegierung der Partei gegenüber anderen linksextremen Organisationen, so setzt das abschreckende Beispiel des SED-Regimes – trotz gewisser Erfolge bei Infiltrationsbemühungen etwa an den Hochschulen, bei Teilen der Gewerkschaften, der demokratischen Linken und den „neuen sozialen Bewegungen"[5] – dem politischen Wirkungsgrad der DKP enge Grenzen.

[5] Vgl. hierzu den Beitrag von Manfred Wilke in diesem Band. Außerdem: Ossip K. Flechtheim/Manfred Wilke/Wolfgang Rudzio/Fritz Vilmar, Der Marsch der DKP durch die Institutionen, 2. Aufl., Frankfurt a. M. 1981 (1980); Gottfried Linn, Politischer Ex-

Die Gorbatschowschen Reformen in der Sowjetunion haben die Partei neuerdings in die wohl schwerste innerparteiliche Krise seit ihrer Gründung (1968) gestürzt. Die DKP und ihre Mitglieder sind in einen schwer auflösbaren Loyalitätskonflikt zwischen dem reformfreudigen Moskau und dem reformfeindlichen Ostberlin geraten. Offen ausgebrochen war der innerparteiliche Streit um Inhalte und Organisationsprinzipien, nachdem ein Diskussionspapier[6] des Hamburger DKP-Bezirkssekretariats vom August 1987 („Überlegungen zum krisenhaften Zustand der Partei") an die Öffentlichkeit gelangt war. Darin hatte es unter anderem geheißen: „Viele Genossinnen und Genossen haben zusammengefaßt den Eindruck, man könne weder mit noch in unserer Partei etwas bewegen." Obwohl die Parteileitung gegen das Papier Stellung bezog und gegen innerparteiliche Kritiker Parteiordnungsverfahren einleitete, ebbte die ungewohnt heftige Diskussion im Inneren der Partei nicht ab. Wies der DKP-Vorsitzende Herbert Mies noch im Juni 1988 die „Vorstellungen über ‚zwei programmatische Linien' in der Partei" zurück, räumte er Anfang September 1988 unumwunden die „Existenz zweier Linien in der DKP"[7] ein.

Als Diskussionsgrundlage für den Parteitag im Januar 1989 verabschiedete der mehrheitlich von den „Traditionalisten" besetzte Parteivorstand einen Entwurf „Zur Lage und künftigen Entwicklung der DKP".[8] Die abweichende Position der „Erneuerer", die besonders stark in den Jugendorganisationen MSB Spartakus und SDAJ vertre-

tremismus an den Hochschulen. Die Gruppierungen und ihre Aussagen, Bonn 1987; Axel Minrath, Friedenskampf. Die DKP und ihre Bündnispolitik in der Anti-Nachrüstungsbewegung, Köln 1986; Wolfgang Rudzio, Die Erosion der Abgrenzung. Zum Verhältnis zwischen der demokratischen Linken und Kommunisten in der Bundesrepublik Deutschland, Opladen 1988.

[6] Es ist auszugsweise – nebst einer Stellungnahme des Parteivorstandes der DKP – abgedruckt bei: Backes/Jesse (FN 1), Bd. III: Dokumentation, S. 113-121. Siehe auch „Ungesunder Avantgardismus" in der DKP. Die Düsseldorfer Zentrale rügt die Hamburger Kommunisten, in: Frankfurter Allgemeine Zeitung vom 3. Okt. 1987, S. 3 sowie „Deutsche Kommunistische Partei" (DKP) in der Krise, in: Innere Sicherheit, Nr. 2 vom 27. Mai 1988, S. 2-5.

[7] Zitiert nach: Richtungsstreit in der „Deutschen Kommunistischen Partei" (DKP), in: Innere Sicherheit, Nr. 4 vom 22. Nov. 1988, S. 4-7, 4 f.

[8] Vgl. ebd., S. 5.

ten sind, fand Ausdruck in einem Gegenpapier, in dem die Forderung nach einer Öffnung und Demokratisierung der Partei erhoben wurde. Während die „Traditionalisten" das Prinzip der „Linientreue" und der innerparteilichen Geschlossenheit betonen, treten die „Erneuerer" für mehr Diskussionen und eine Aufwertung der Parteibasis ein. Auch die Frage nach dem Verhältnis von Reform und Revolution in der Phase des Übergangs vom „Kapitalismus" zum „Sozialismus" ist zwischen den beiden Strömungen umstritten. Vor dieser Ausgangssituation erlebte die Partei vom 6. bis 8. Januar 1989 den turbulentesten Parteitag seit 1968. Eine Spaltung wurde nur knapp vermieden. Dennoch setzten sich die „Traditionalisten" um den alten und neuen Parteivorsitzenden Herbert Mies und dessen (mit geringerer Stimmenzahl wiedergewählte) Stellvertreterin Ellen Weber durch.

Die DKP und ihre Nebenorganisationen erlitten im Jahr 1988 einen weiteren drastischen Mitgliederschwund (siehe auch Tabelle 1). Die Mitgliederzahl der DKP-Kernorganisation fiel von ca. 38.000 auf ca. 35.000, die der SDAJ von an die 15.000 auf ca. 6.500, die des MSB Spartakus von ca. 6.000 auf ca. 3.500 und die der Kinderorganisation „Junge Pioniere" von ca. 4.000 auf ca. 3.000.[9] Nur die „Sozialistische Einheitspartei Westberlins" (SEW) konnte ihren Mitgliederstand vom Vorjahr (4.500) halten. Auch die von der DKP beeinflußten Organisationen waren von den Mitgliederverlusten offenbar nicht betroffen. Ihre Mitgliederzahl wird für 1988 auf 60.000 (gegenüber 60.500 im Jahre 1987) geschätzt. Ausschlaggebender Grund für die ungewöhnlich hohe Zahl der DKP-Austritte dürfte die eher abwimmelnde Haltung der Parteiführung gegenüber dem Reformprozeß in der Sowjetunion und die Nibelungentreue gegenüber dem SED-Regime sein. Obgleich dies indirekt bis zu einem gewissen Grad von der DKP-Führung eingeräumt wird, sind einige der von dem DKP-Chefideologen Willi Gerns vorgebrachten Argumente nicht von der Hand zu weisen: Die Sozialstruktur der Parteimitglieder habe sich gewandelt – Angehörige der lohnabhängigen Mittelschichten und der Intelligenz falle es schwer, das Prinzip des „demokratischen Zentralismus" anzuerkennen; das Wirken in der Legalität beeinträchtige die Parteidisziplin; der gewachsene Einfluß auf bestimmte gesellschaftli-

[9] Diese Zahlen werden genannt im: Verfassungsschutzbericht 1988, Bonn 1989, S. 128-130 (hektographierte Fassung, rosa Teil). Die DKP gibt höhere Zahlen an. Allerdings ist der manipulative Umgang der Parteiführung mit den Mitgliederzahlen seit langem bekannt.

che Bereiche wie die „neuen sozialen Bewegungen" erweise sich als zweischneidig, da diese mit ihrem Politikverständnis auf die Partei zurückstrahlten.[10]

Die Veränderungsprozesse in der Sowjetunion, Polen und Ungarn werden nicht nur von der DKP, sondern auch von anderen linksextremen Organisationen als Herausforderung begriffen. Die an den Lehren Marxens, Lenins, Stalins und Mao Tse-tungs beharrlich festhaltende „Marxistisch-Leninistische Partei Deutschlands" (MLPD), derzeit nach der DKP und ihrem Westberliner Ableger SEW die größte Kaderorganisation marxistisch-leninistischer Prägung (1988: ca. 1.300 Mitglieder), wertet die Reformen Gorbatschows als einen „revisionistischen Betrug"[11]. Sie liefen auf eine „Vertiefung der kapitalistischen Restauration"[12] hinaus – so der greise Chefideologe Willi Dickhut. Freilich wird auch die Zurückhaltung der DKP-Mehrheit gegenüber den Veränderungen in der UdSSR nicht gewürdigt, ihr vielmehr attestiert, sie befinde sich auf „revisionistischer Talfahrt".[13]

Differenzierter würdigt der „Kommunistische Bund" (KB) die Reformpläne Gorbatschows. Einerseits begrüßt die Organisation die Pläne zur Schaffung „rechtsstaatlicher" Strukturen, Ansätze zur Pluralisierung der innerparteilichen Willensbildung und die politische Aufwertung des Obersten Sowjet. Andererseits interpretieren KB-Mitglieder den außenpolitischen Kurswechsel als zu weitgehend (der internationalistische Anspruch dürfe nicht aufgegeben werden), kritisieren die Halbherzigkeit mancher Reformschritte (insbesondere im Hinblick auf den gesellschaftlichen Bereich) und warnen vor den Folgen neuer sozialer Ungleichheiten, die durch unternehmerische Initiative und stärkere Differenzierung der Löhne entstünden.[14] Der 1971 gegründete KB (Mitgliederzahl 1988: über 400) hat nicht zuletzt aufgrund einer größeren programmatischen und strategischen Flexibilität dem Verfallsprozeß der kommunistischen Sekten in den siebziger und achtziger Jahren getrotzt. Erfolgreicher als andere Gruppierun-

[10] Vgl. „Deutsche Kommunistische Partei" (DKP) in der Krise (FN 6), S. 5.

[11] Vgl. Gruppen der „Neuen Linken" kritisieren Gorbatschows Reformkurs, in: Innere Sicherheit, Nr. 4 vom 22. Nov. 1988, S. 7.

[12] Willi Dickhut, Die Restauration des Kapitalismus in der Sowjetunion, überarbeitete und erweiterte Neuauflage, Düsseldorf 1988, S. 561. Siehe dazu den Beitrag von Eckhard Jesse in diesem Band.

[13] Verfassungsschutzbericht 1988 (FN 9), S. 59.

[14] Vgl. Gruppen der „Neuen Linken" kritisieren Gorbatschows Reformkurs (FN 11), S. 7.

gen fand er Anschluß an die „neuen sozialen Bewegungen". Aus der Mitarbeit von KB-Mitgliedern bei den Grünen macht die Partei kein Geheimnis, erklärt vielmehr selbstbewußt, man „sei nach dem KPD-Verbot 1956 als einzige kommunistische Organisation mit Abgeordneten im Bundestag und in mehreren Landtagen vertreten gewesen".[15]

In vielen Punkten geteilt wird die Einschätzung des KB zur Lage in der Sowjetunion von der „Vereinigten Sozialistischen Partei" (VSP). Die Organisation würdigt die größer gewordenen Spielräume für Zusammenschlüsse der Arbeiter, aus denen eine echte revolutionäre Umwandlung hervorgehen könne. Die VSP war 1986 aus dem Zusammenschluß der trotzkistischen „Gruppe Internationale Marxisten" (GIM) und der sich auflösenden KPD (früher: KPD/ML) entstanden. Sie umfaßte 1988 ca. 450 Mitglieder.

Nicht weniger als 15 miteinander konkurrierende trotzkistische Gruppen gab es Ende 1988 in der Bundesrepublik.[16] Sie verfügen nach Schätzung des Bundesamtes für Verfassungsschutz jedoch lediglich über eine Gesamtmitgliederstärke von 700 Personen und dürften mehrheitlich nicht mehr aktiv sein. Die Trotzkisten fordern von der sich reformierenden Sowjetunion vor allem die Rehabilitierung des einstigen Revolutionsführers und Stalin-Rivalen Leo Trotzki.

Eine Sonderstellung innerhalb der kommunistischen Organisationen nimmt die „Marxistische Gruppe" (MG) ein. Die seit Anfang der siebziger Jahre bestehende Vereinigung ist in der Art einer Verschwörerorganisation konzipiert, schottet sich gegenüber anderen linksextremen Gruppierungen ab und beteiligt sich nicht an Aktionsbündnissen. Von der Münchener Zentrale aus zentralistisch geleitet, konzentriert sie ihr Wirken auf Hochschulorte, wo Oberschüler, Studenten und Akademiker gewonnen werden sollen. Die MG will auf diese Weise eine Elite heranbilden, die befähigt ist, revolutionäres Bewußtsein in die durch den Kapitalismus korrumpierte Arbeiterschaft hineinzutragen. Die MG war in den siebziger und achtziger Jahren vom Verfallsprozeß der „K-Gruppen" nicht betroffen und erreichte 1988 die vergleichsweise hohe Mitgliederzahl von 3.000.[17]

[15] Verfassungsschutzbericht 1988 (FN 9), S. 61.

[16] Vgl. ebd., S. 65 f.

[17] Vgl. Die „Marxistische Gruppe" – eine expandierende Organisation der „Neuen Linken", in: Innere Sicherheit, Nr. 2 vom 30. Mai 1989, S. 7 f. An dieser Stelle können nicht alle Klein und Kleinstorganisationen des linksextremen Spektrums berücksich-

Anarchisten unterschiedlicher Couleur sehen die Errichtung einer herrschaftslosen Ordnung als gemeinsames Ziel. Im Gegensatz zu kommunistischen Kadern hegen sie ein prinzipielles Mißtrauen gegen komplexere Formen der Organisationsbildung, da diese mit der Herausbildung neuer Herrschaftsstrukturen einhergingen.[18]. Zudem ist der Anarchismus durch eine Abneigung gegen umfassende theoretische Entwürfe von der Art des Marxismus-Leninismus gekennzeichnet. Dennoch verzichten auch Anarchisten keineswegs auf eine revolutionäre Kerndoktrin. In der Bundesrepublik hat der Anarchismus nach 1945 nie recht Fuß fassen können.[19] Zwar bewirkte die „68er" Bewegung eine Revitalisierung anarchistischer Ideen und Aktivitäten; aufgrund der erklärten Organisationsscheu erreichten anarchistische Gruppierungen jedoch zu keinem Zeitpunkt die (relative) Bedeutung kommunistischer Vereinigungen. Von den verschiedenen (lockeren) Zusammenschlüssen wies 1988 die „Föderation Gewaltfreier Aktionsgruppen" (FöGA) die höchste Mitgliederzahl (ca. 500) auf.[20] Dieser seit 1980 bestehende Dachverband von heute etwa 70 „Aktionsgruppen" hatte durch die inzwischen wieder abgeebbte Friedensbewegung zeitweilig einen gewissen Zulauf erhalten.

Quantitativ von größerer Bedeutung ist das Spektrum der sich selbst so bezeichnenden „Autonomen". Nach Informationen der Sicherheitsbehörden gehörten ihnen 1988 ca. 2.000 Personen an.[21] „Autonome" Gruppen entstanden seit Anfang der achtziger Jahre aus den Hausbesetzer-„Szenen" in verschiedenen Großstädten der Bundesrepublik. Gemeinsamer Nenner ihres teilweise anarchistisch inspirierten Selbstverständnisses ist eine aggressive Verneinung der bestehenden politischen Ordnung und die Forderung nach Befreiung des Individuums von allen Bindungen und Zwängen („Autonomie"). Vielfach wird die Anwendung von Gewalt (gegen Sachen oder auch Personen) von den „Autonomen" gefordert oder billigend in Kauf genommen. Die „autonome Szene" hat sich daher in den letzten Jahren als Nährboden auch die Grenze zum Terrorismus überschreiten-

tigt werden. Eine ausführlichere Auflistung auf neuestem Stand präsentiert der Verfassungsschutzbericht 1988 (FN 9), S. 128-140.

18 Siehe zu den ideologischen Spezifika anarchistischer und kommunistischer Doktrinen: Uwe Backes, Politischer Extremismus in demokratischen Verfassungsstaaten. Elemente einer normativen Rahmentheorie, Opladen 1989, insbes. Kap. III.

19 Vgl. zur Geschichte des Anarchismus in der Bundesrepublik vor allem: Günter Bartsch, Anarchismus in Deutschland, Bde. 1 und 2/3, Hannover 1972/73.

20 Vgl. Verfassungsschutzbericht 1988 (FN 9), S. 74 f.

21 Vgl. ebd., S. 69-74.

der Aktivitäten erwiesen. Nicht erst die Vorfälle an der Frankfurter „Startbahn West" vom 2. November 1987, als aus der Menge heraus gezielte, tödliche Schüsse auf Polizeibeamte abgefeuert wurden, haben die Aufmerksamkeit auf das neue Gewaltpotential der „Autonomen" gelenkt. Anlaß zur Besorgnis gibt die Tatsache, daß die Mehrzahl der Gesetzesverletzungen mit linksextremem Hintergrund 1988 von Straftätern aus dem „autonomen" Spektrum begangen wurde.[22]

Die Summe schwerer terroristischer Gewalttaten liegt für das Jahr 1988 deutlich unter der der Vorjahre (siehe Tabelle 2). Fahndungserfolge der Polizei gegen mutmaßliche Mitglieder „Revolutionärer Zellen" (RZ) bewirkten offenkundig eine Unterbrechung der von diesen Gruppierungen ausgehenden Aktivitäten.[23] 1988 führte lediglich die dem locker geknüpften Netz der RZ angehörende Frauengruppe „Rote Zora" einen Sprengstoffanschlag durch, der allerdings mißlang. Der Attentatversuch richtete sich gegen das Biotechnologische Zentrum der Technischen Universität Braunschweig. Mit dieser Aktion setzte die Gruppe ihre Kampagne gegen die Bio- und Gentechnologie fort.[24] Während sich die Aktivitäten der RZ somit 1988 in engen Grenzen hielten, verübten von den Sicherheitsbehörden als „RZ-Nachahmer" eingestufte Täter fünf Brandanschläge.[25] Dies belegt, daß das Terrorkonzept der RZ in der militanten „Szene" nicht ohne Resonanz geblieben ist.

Tabelle 2: Gesetzesverletzungen mit linksextremem Hintergrund, 1987-1988

Art	1987	1988
Morde/Mordversuche	2	1
Sprengstoffanschläge	28	11
Brandanschläge	210	144
Aktionen mit Körperverletzungen	133	83
Raubüberfälle/Diebstähle	2	1
Landfriedensbruch und Widerstandshandlungen	98	99

[22] Vgl. ebd., S. 3.
[23] Vgl. ebd., S. 105.
[24] Ein „Bekennerbrief" zu dieser Aktion wird im folgenden Beitrag („Dokumentation 1988") wiedergegeben und kommentiert.
[25] Vgl. Verfassungsschutzbericht 1988 (FN 9), S. 106 f.

Organisationen 1988

Art	1987	1988
Gefährliche Eingriffe in den Bahn-, Luft- und Straßenverkehr	99	43
Sachbeschädigungen mit Gewaltanwendung	925	408
Gewalttaten insgesamt	1. 497	790
Gewaltandrohungen	100	38
Sonstige Gesetzesverletzungen mit linksextremistischem Hintergrund	258	127
Gesamt	1. 855	955

Quelle: Verfassungsschutzbericht 1988.

Aufgrund ihres elitären Anspruchs, der strengen Abschottung im Untergrund und der gezielten Gewaltanwendung auch gegen Personen hatte die „Rote Armee Fraktion" (RAF) von ihrer Entstehung Anfang der siebziger Jahre an stets Schwierigkeiten, ihre „Botschaft" an gesellschaftliche Klientelgruppen zu vermitteln. Zum engeren Umfeld der RAF wurden 1988 ca. 250 Personen gerechnet.[26] Neben der Häftlingsbetreuung gehören vor allem propagandistische Aktivitäten und die Gewinnung neuer Anhänger und Mitkämpfer zu ihren Aufgaben. Diese Bemühungen werden freilich durch die seit einigen Jahren verstärkt in Gang gekommene Diskussion um die Möglichkeiten einer Austrocknung der Terrorszene konterkariert.[27] Angebote zum Dialog und zur Resozialisierung terroristischer Straftäter haben eine gewisse Wirkung erzielt und bei den sogenannten „Militanten" der RAF wie auch im engsten Kreis der kämpfenden Kader („Kommandoebene" mit derzeit schätzungsweise 15 bis 20 Aktivisten) zu Besorgnissen geführt.

1988 führte die Gruppe der RAF-„Militanten" keine Anschläge durch. Dagegen rief die „Kommandoebene" der Öffentlichkeit ihre Handlungsfähigkeit durch ein Attentat auf den Staatssekretär im Bundesfinanzministerium, Dr. Hans Tietmeyer, in Erinnerung. Einer

[26] Vgl. ebd., S. 99-104.

[27] Vgl. hierzu den Beitrag des Präsidenten des Bundesamtes für Verfassungsschutz, Gerhard Boeden, in diesem Band. Siehe auch die Beiträge in folgendem Band: DIE GRÜNEN im Bundestag/Arbeitskreis Recht und Gesellschaft (Hrsg.), Ende der bleiernen Zeit? Versuch eines Dialogs zwischen Gesellschaft und RAF, Bonn 1989.

Erklärung der RAF zufolge mißlang die Aktion, weil die Tatwaffe, eine Maschinenpistole, versagt hatte.[28] Den Hintergrund des Anschlags bildete die von militanten Aktionen begleitete Kampagne linksextremer Kreise gegen das Treffen des Internationalen Währungsfonds und der Weltbank in Berlin, an dessen Organisation der Staatssekretär maßgeblich beteiligt war. Die RAF nutzte die Taterklärung[29], um eine künftige Zusammenarbeit mit dem „antiimperialistischen" Zweig der italienischen Roten Brigaden anzukündigen. Das durch die Dezimierung der französischen „Action directe" und der belgischen „Cellules Communistes Combattantes" gestörte Projekt der „westeuropäischen revolutionären Front" soll auf diese Weise weiterverfolgt werden.

3. Rechtsextremismus

Obgleich „antifaschistische" propagandistische Vokabeln wie „Neonazismus" oder „Neofaschismus" Einheit und Geschlossenheit suggerieren, ist das rechtsextreme Spektrum in der Bundesrepublik kaum weniger vielgestaltig als das linksextreme. Auf der ideologisch-programmatischen Ebene etwa lassen sich explizit am Vorbild des Nationalsozialismus orientierte Gruppen („Neonationalsozialismus") von konservativ-revolutionären und eher deutsch-national ausgerichteten Vereinigungen unterscheiden. Im Hinblick auf die Organisationsformen sind Theoriezirkel um Zeitschriftenprojekte von militanten Kadergruppen oder mitgliederstarken Parteien zu unterscheiden. Strategisch reicht das Spektrum – wie auch im Bereich des Linksextremismus – von strikter Legalitätswahrung bis hin zum Terrorismus.

Nachdem die Nationaldemokratische Partei Deutschlands (NPD) 1969 an der Fünfprozenthürde gescheitert und die Erfolgsserie der Vorjahre abgerissen war, setzte innerhalb des rechtsextremen „Lagers" ein Prozeß beschleunigter Umstrukturierung ein.[30] In diversen

[28] Vgl. Verfassungsschutzbericht 1988 (FN 9), S. 96 f.; Günter Bannas, Trügerische Hoffnung, die RAF sei zerrüttet, in: Frankfurter Allgemeine Zeitung vom 23. Sept. 1988, S. 3.

[29] Vgl. dazu den kommentierten Abdruck des „Bekennerschreibens" im folgenden Beitrag.

[30] Siehe zur Geschichte des Rechtsextremismus in der Bundesrepublik besonders die Studie von: Peter Dudek/Hans-Gerd Jaschke, Entstehung und Entwicklung des Rechtsextremismus in der Bundesrepublik. Zur Tradition einer besonderen politischen

Vereinigungen vollzog sich ein Generationswechsel. Das Scheitern der Wahlbewegung gab aktivistischen und militanten Gruppen Auftrieb, die eine Machtübernahme nicht mehr nur mit legalen Mitteln anstreben wollten. Theoriezirkel einer „Neuen Rechten" versuchten sich an einer Reformulierung und Reaktivierung rechter Ideen. Das Anhängerpotential der Ende der sechziger Jahre über 25.000 Mitglieder umfassenden NPD wurde umverteilt: Während die Partei bis Anfang der achtziger Jahre zunächst einen rapiden, dann verlangsamten Schrumpfungsprozeß durchlief, wuchs die Mitgliederschaft der 1971 von dem Verleger der „Deutschen National-Zeitung", Dr. Gerhard Frey, gegründeten Deutschen Volks-Union (DVU) von Jahr zu Jahr.

Tabelle 3: Rechtsextreme Organisationen, 1986-1988

	1986		1987		1988	
	Zahl	Mitglieder	Zahl	Mitglieder	Zahl	Mitglieder
Neonazistische Gruppen	23	1.500	20	2.100	23	1.900
„Nationaldemokratische" Org.	6	6.800	5	7.000	5	7.250
„Nationalfreiheitliche" Org.	2	12.100	3	15.100	3	18.600
Sonstige Org.	42	3.150	41	3.100	40	3.200
Summe	73	23.550	69	27.300	71	30.950
Zahl der Mitglieder nach Abzug der Mehrfachmitgliedschaften		22.100		25.200		28.300

Quelle: Verfassungsschutzbericht 1988.

Seit Mitte der achtziger Jahre befindet sich die extreme Rechte erkennbar im Aufwind. Eine Reihe von Faktoren trug zu dieser Entwicklung bei: Skandale und Affären haben das Ansehen der großen Parteien in Mitleidenschaft gezogen; in der Regierungsverantwortung verloren die Unionsparteien am rechten Rand an Integra-

Kultur, 2 Bde., Opladen 1984. Ferner den historischen Überblick bei: Backes/Jesse (FN 1), Bd. II: Analyse, S. 44-96.

tionskraft; politische „issues" wie „Ausländer" und „AIDS" sind für rechtsextreme Propaganda prädestiniert; Statusängste bestimmter sozialer Gruppen (in ihrer Existenz bedrohte Kleinbauern und Winzer, Arbeitslose) führen rechten Protestformationen Stimmen zu. Von dieser Situation profitieren keineswegs die mit neonazistischen Parolen und Symbolen auftretenden Gruppierungen, sondern in ihrem äußeren Habitus vergleichsweise „gemäßigt" auftretende Wahlformationen wie die NPD und die 1987 gegründete Partei DVU-Liste D.

Pendelte das Verhältnis zwischen den Organisationen des Münchener Verlegers Frey und der NPD bis weit in die achtziger Jahre hinein zwischen kurzen Phasen der Annäherung und langen Phasen gegenseitiger Nichtbeachtung und Rivalität[31], so einigten sich beide Organisationen 1986 auf eine Zusammenarbeit zu beiderseitigem Nutzen. Teilweise beachtliche Stimmenzuwächse bei Wahlen[32] bestärkten die Führungen der beiden Parteien in der Fortsetzung dieses politischen Kurses, obwohl die Kooperation in der NPD – vor allem auch in der Jugendorganisation „Junge Nationaldemokraten" (JN) – heftig umstritten ist. Angesichts der bevorstehenden Europawahl mußte 1988 eigens ein außerordentlicher Parteitag einberufen werden (er fand am 26. Juni in Feucht bei Nürnberg statt), um eine Abstimmung über die Fortsetzung des Bündnisses mit der DVU-Liste D herbeizuführen. Das Ergebnis zeigt, daß die Partei in dieser Frage nahezu gespalten ist: 182 Delegierte votierten für den geplanten Kandidaturverzicht zugunsten der DVU-Liste D, 133 jedoch dagegen. Das Parteipräsidium um Martin Mußgnug hatte gleichzeitig die Vertrauensfrage gestellt, um das Interesse an einer Fortsetzung der 1986 eingeschlagenen politischen Linie zu unterstreichen.[33]

Das Bündnis mit der DVU-Liste D ist innerhalb der Partei vor allem deshalb umstritten, weil viele NPD-Mitglieder in dem Münchener Verleger, DVU-Vorsitzenden und Millionär Frey vor allem einen gewieften Geschäftsmann sehen, der in seinem Engagement stets auf persönlichen Gewinn aus sei. Viele fühlen sich zudem von der DVU übervorteilt. Die NPD hat von dem Bündnis bislang in geringerem Maße profitiert als die DVU-Liste D. Während den „Nationaldemo-

[31] Vgl. hierzu den Beitrag von Heinrich Sippel in diesem Band.
[32] Vgl. den voraufgegangenen Beitrag über „Wahlen 1988".
[33] Vgl. Verfassungsschutzbericht 1988, Bonn 1989 (hektographierte Fassung, gelber Teil), S. 22.

kraten" nur eine geringe Ausweitung ihres Mitgliederpotentials gelang (von ca. 6.800 1986 auf ca. 7.250 1988; siehe Tabelle 3), konnte das – freilich sehr locker geknüpfte – Organisationsnetz der „National-Freiheitlichen" noch einmal kräftig ausgeweitet werden (von ca. 12.100 1986 auf ca. 18.600 1988). Die Wahlorganisation DVU-Liste D erhöhte ihren Mitgliederbestand im Jahre 1988 von ca. 2.500 auf ca. 6.000. Angesichts der organisatorischen Verflechtung mit der „überparteilichen" DVU ist diese Entwicklung keineswegs erstaunlich. NPD und DVU-Liste D profitierten auch finanziell von den Stimmenzuwächsen, da sie teilweise in den Genuß der Wahlkampfkostenerstattung gelangten.

Die Konzessionsbereitschaft der DVU-Liste D gegenüber dem neuen Bündnispartner zeigt sich vor allem in einer programmatischen Kurskorrektur: Die Organisation Freys, die im Gegensatz zur NPD stets die Notwendigkeit einer Einbindung Deutschlands in das westliche Bündnis betonte, ist offenkundig auf deren national-neutralistische Linie eingeschwenkt. Im DVU-Programm von 1988 wird neuerdings ein „blockfreies Gesamtdeutschland" gefordert.

Die Terraingewinne der beiden rechtsextremen Parteien wären wohl größer ausgefallen, hätten NPD und DVU-Liste D in Gestalt der Republikaner nicht eine starke Konkurrenz bekommen. Die seit einiger Zeit bei Wahlen so erfolgreiche neue Partei um den ehemaligen Fernsehmoderator und bayerischen Publikumsmagneten Franz Schönhuber wirbt um eine ähnliche Klientel und ringt mit ähnlichen Themen nach politischem Erfolg. Freilich sind die Republikaner trotz allen Zuzugs von seiten rechtsextremer Kräfte kein originäres Gewächs der rechtsextremen „Szene". In ihrem Innern streiten verschiedene Strömungen miteinander, wobei die einen NPD und DVU sehr nahe stehen und eine Trennlinie zu diesen Parteien wohl vor allem aus taktischen Gründen ziehen, während die anderen eher Bündnisse mit den Unionsparteien anstreben und eine prinzipielle Abgrenzung nach „rechts" betreiben. Zur Zeit erscheint die Situation noch als zu „offen" und im Fluß begriffen, um die Partei – wozu die politischen Gegner aus verständlichen propagandistischen Gründen neigen – als „rechtsextrem" einzustufen.

Die Mitgliederschaft der „nationaldemokratischen" und der „national-freiheitlichen" Organisationen zusammengerechnet ergab 1988 gut 91 Prozent der Gesamtzahl organisierter Rechtsextremisten. Weniger als zehn Prozent des Mitgliederpotentials rechtsextremer Organisationen entfiel also auf die Vielfalt der verbleibenden Klein- und

Kleinstgruppen. Während sogenannte „Kulturgemeinschaften"[34], Vereinigungen wie die „Gesellschaft für Freie Publizistik" (GFP), „Die Deutsche Freiheitsbewegung" (DDF) des ehemaligen Generalmajors Remer und die „Gesellschaft für biologische Anthropologie, Eugenik und Verhaltensforschung" (GfbAEV), vor allem auf der geistigen Ebene wirken und nur ein kleines Publikum erreichen, sorgen neonationalsozialistische Gruppen mit provokativen und teilweise militanten Aktionen nicht selten für Aufsehen in der Öffentlichkeit.

Nach einem ersten Höhepunkt in der Entwicklung der Mitgliederzahlen Ende der siebziger, Anfang der achtziger Jahre haben neonationalsozialistische Gruppierungen neuerdings wieder verstärkten Zulauf erhalten (siehe Tabelle 3), Verbotsverfahren gegen militante Organisationen (Wehrsportgruppe Hoffmann 1980, Volkssozialistische Bewegung Deutschlands/Partei der Arbeit [VSBD/PdA] 1982, Aktionsfront Nationaler Sozialisten/Nationale Aktivisten [ANS/NA] 1983) somit das Potential derartiger Gruppen nicht nachhaltig zu schwächen vermocht. Einige Gruppen wirkten auch nach der Inhaftierung maßgeblicher Aktivisten weiter, andere entstanden neu, wieder andere knüpften unter neuen Namen an alte Organisationen an.

Letztes trifft auf die sogenannte „Bewegung" zu, ein zwecks Umgehung neuer Verbotsverfahren nur lose geknüpftes, ca. 500 Personen[35] umspannendes Verbindungsnetz ehemaliger ANS/NA-Anhänger. Die bereits 1986 eingetretene, von personellen Rivalitäten geprägte Spaltung in einen homosexuellen-feindlichen Flügel um Jürgen Mosler und einen – nach dem historischen Vorbild der SA unter Ernst Röhm – homosexuellen-freundlichen Flügel um Michael Kühnen konnte auch nach der Haftentlassung Kühnens (März 1988) nicht überwunden werden. Kühnen, der als intellektueller Kopf der den Neuaufbau der NSDAP propagierenden „Bewegung" gelten muß[36], gründete im Juli 1988 die Vereinigung „Nationale Sammlung" (N. S.) – mit dem Ziel, sich an den hessischen Kommunalwahlen im März 1989 zu beteiligen. Die Organisation konzentrierte ihre rassistische und ausländerfeindliche Agitation auf die Landeshauptstadt Frankfurt und das Städtchen Langen, wo durch geballten Einsatz re-

[34] Vgl. ebd., S. 25 f.

[35] Vgl. ebd., S. 5-7.

[36] Dies dokumentieren einige in der Haft verfertigte programmatische Traktate. Textproben finden sich bei Dudek/Jaschke [(FN 30), Bd. 2, S. 360-363] und auch bei Backes/Jesse [(FN 1), Bd. III, S. 83-87].

spektable Ergebnisse erzielt werden sollten.[37] Diesen Bemühungen wurde jedoch durch das Verbot der N. S. im Februar 1989 von seiten des Bundesministeriums des Innern ein Ende gesetzt.[38]

Die Strategie der Neonationalsozialisten um Michael Kühnen besteht offenkundig darin, sich mehrere organisatorische Standbeine zu schaffen, um etwaigen Verbotsverfahren besser gewachsen zu sein. So unterwanderten ehemalige Mitglieder der ANS/NA nach dem Verbot dieser Organisation (Dezember 1983) die „Freiheitliche Deutsche Arbeiterpartei" (FAP), die bereits 1979 von dem arbeitslosen Kaufmann und Lehrer Martin Pape gegründet worden war.[39] Obgleich die Partei 1988 Landesverbände in Baden-Württemberg, Bremen, Hamburg, Hessen, Niedersachsen und Nordrhein-Westfalen aufwies, betrug ihre Mitgliederstärke dennoch lediglich 450.[40] Die Spaltung der „Bewegung" hatte ihre Auswirkungen auch auf die FAP. Anfang November 1988 wählte die Mosler-„Fraktion" den ehemaligen Führer der VSBD/PdA, Friedhelm Busse, zum neuen Vorsitzenden. Die Kühnen-Anhänger kürten dagegen den 73jährigen einstigen Gründer der Wiking Jugend (WJ), Walter Matthaei, zum Gegenvorsitzenden.

Ideologische und personelle Zerwürfnisse prägen die „Szene" des Neonationalsozialismus. So hat die seit 1979 bestehende „Hilfsorganisation für nationale politische Gefangene und deren Angehörige e. V." (HNG), eine ca. 200 Mitglieder umfassende Häftlingsbetreuungsorganisation, durch das 1987 von dem Ludwigshafener Neonationalsozialisten Ernst Tag gegründete „Internationale Hilfskomitee für nationale politische Verfolgte und deren Angehörige e. V." (IHV) eine Konkurrenz erhalten. Eine in Bielefeld, Bremen und Westberlin aktive „Nationalistische Front" (gegründet 1985; ca. 80 Aktivisten) beruft sich bei ihrer Agitation auf die Programmatik der Gebrüder Straßer. Daneben bestehen ältere Gruppen wie der Neonazi-Treffpunkt des Ehepaares Müller in Mainz-Gonsenheim, die „Bürger- und Bauerninitiative" (BBI) des nach Dänemark geflüchteten Agrarjournalisten und Neonationalsozialisten Thies Christophersen und die

[37] Vgl. den Bericht von: Thorsten Brommer, Das Beispiel Langen, in: links. Sozialistische Zeitung 21 (1989), Nr. 227, S. 30.

[38] Vgl. Bundesinnenminister Friedrich Zimmermann verbietet rechtsextremistische Vereinigung „Nationale Sammlung", in: Innere Sicherheit, Nr. 1 vom 28. Febr. 1989, S. 1.

[39] Vgl. hierzu den Beitrag von: Anne-Katrin Henkel, Die neonazistische Unterwanderung der FAP, in: Vorgänge 26 (1987), Nr. 90, S. 20-27.

[40] Vgl. Verfassungsschutzbericht 1988 (FN 33), S. 7-9.

„Deutsche Bürgerinitiative" des wegen rechtsterroristischer Vergehen inhaftierten Manfred Roeder fort.[41]

Daß die Grenzen von der Neonazi-„Szene" zu militanten und terroristischen Aktionsformen fließend sind, wird durch die Beteiligung von FAP-Mitgliedern bei Brandanschlägen erneut unter Beweis gestellt. So ermittelt die Polizei wegen der Brandstiftung an einem türkischen Lebensmittelgeschäft in Witten gegen FAP-Mitglieder. Anhänger dieser Partei waren es auch, die am 3. Dezember 1988 in Hannover einen Brandsatz gegen das Fenster des dortigen Jugendzentrums warfen. Gravierende Folgen hatte eine Brandstiftung an einem unter anderem von Ausländern bewohnten Haus im bayerischen Schwandorf. Vier Menschen kamen ums Leben. Unter Tatverdacht steht ein 19jähriger Neonationalsozialist.[42]

Tabelle 4: Gesetzesverletzungen mit rechtsextremem Hintergrund, 1987-1988

Art	1987	1988
Brandanschläge	8	12
Körperverletzungen	38	36
Sachbeschädigungen mit erheblicher Gewaltanwendung	30	25
Gewalttaten insgesamt	76	73
Gewaltandrohungen	115	83
Propagandadelikte, die den Tatbestand der §§ 86 I 4, 86a StGB erfüllen (u. a. Schmier-,Klebe-, Plakat-, Flugblattaktionen)	1.055	1.222
Sonstige Gesetzesverletzungen	201	229
Insgesamt	1.447	1.607

Quelle: Verfassungsschutzbericht 1988.

41 Vgl. für Informationen über weitere Klein- und Kleinstgruppen: Ebd., S. 3-15.
42 Vgl. ebd., S. 32 f.

4. Vergleich und Ausblick

Die Gesamtzahl der in eindeutig linksextrem ausgerichteten Vereinigungen Organisierten betrug 1988 56.000. Die entsprechende Zahl für den rechtsextremen Bereich belief sich auf 28.300. Die Zahl der organisierten Linksextremisten war also etwa doppelt so hoch wie die der Rechtsextremisten.[43] Freilich fiele die Zahl der Rechtsextremisten höher aus, berücksichtigte man die entsprechenden Strömungen bei den Republikanern. Jedoch ist die Zahl der linksextrem beeinflußten Organisationen hoch (1988: 46.000), gibt es bei den im Deutschen Bundestag vertretenen Grünen einen die Grenze zum Extremismus überschreitenden fundamentalistischen Flügel. Auch der kommunistische Einfluß in manchen Gewerkschaften, an vielen Hochschulen und in Teilen der demokratischen Linken bestärkt den Eindruck, daß Anhänger linksextremer Organisationen in der Bundesrepublik eher geduldet oder gar gefördert werden als Mitglieder rechtsextremer Gruppierungen, die sich wirksamen Abgrenzungs- und Stigmatisierungsmechanismen gegenübersehen. Beide Extreme im Umgang mit extremistischen Organisationen sollten im Interesse des demokratischen Verfassungsstaates vermieden werden: die gnadenlose Brandmarkung alles den politischen Fundamentalkonsens Sprengenden wie auch dessen von Gleichgültigkeit oder relativistischer Maßstablosigkeit zeugende Akzeptanz.

Der Umfang des organisierten Linksextremismus hat in den letzten Jahren ab-, der des organisierten Rechtsextremismus zugenommen. Während die äußerste Linke nicht zuletzt aufgrund externer Faktoren (Situation in der Sowjetunion, Scheitern revolutionärer Experimente in Osteuropa, China, Kambodscha, Kuba) an Bedeutung verloren hat, sind es vor allem interne Faktoren, die den Aufwind der politischen Rechten erklären: Verdrossenheit gegenüber den großen Parteien, Integrationsdefizite der Regierungspartei CDU/CSU, propagandaträchtige „issues". Zudem dürfte die extreme Rechte teilweise auch von militanten Aktionen der „Antifaschisten" profitieren, die das Sicherheitsbedürfnis des saturierten Bürgers wecken.

Weit größer als im Bereich des legal operierenden Extremismus ist das Kräftegefälle zwischen „links" und „rechts" im Hinblick auf den Terrorismus. 12 schweren Delikten rechtsextremer Täter standen

[43] Allerdings dürfte die Zahl der „Karteileichen" bei NPD und DVU weit größer sein als etwa in der DKP.

1988 157 schwere Delikte linksextremer Gruppierungen gegenüber. Während ein rechter Terrorismus aufgrund der Isolation des Rechtsextremismus bislang in Ansätzen steckengeblieben ist, ermöglicht die „Erosion der Abgrenzung“ (Rudzio) vor allem im Bereich der „neuen sozialen Bewegungen“ und ihrer militanten Randbereiche linksterroristischen Zellen einen größeren Aktionsradius.

Im Hinblick auf die weitere Entwicklung sei der Beitrag mit folgenden Fragen beschlossen: Wird die extreme Linke wieder an Attraktivität gewinnen können? Läßt sich die „Erosion der Abgrenzung“ am linken Rand des demokratischen Spektrums stoppen? Gelingt den Unionsparteien eine Ausschöpfung ihres Wählerpotentials am rechten Rand? Können sich die Republikaner dauerhaft auf der politischen Bühne etablieren und wie die Grünen als Gruppe innerhalb des demokratischen Spektrums figurieren? Gelingt aufgrund verstärkter Dialog- und Resozialisierungsangebote eine Austrockung des linksterroristischen Sumpfes?

Dokumentation 1988

Von Eckhard Jesse

1. Präsentation

In demokratischen Verfassungsstaaten legal operierende extremistische Organisationen befleißigen sich häufig einer Art politischer Mimikry: Sie versuchen den Eindruck zu erwecken, als seien sie geradezu mustergültige Demokraten. Programmatische Verlautbarungen – etwa der DKP oder in noch stärkerem Maße der NPD – sind daher im Hinblick auf die Frage nach „Demokratie oder Extremismus" häufig wenig aussagekräftig, da sich ihre Verfasser bemüht haben, den Text möglichst unverfänglich abzufassen. Verlautbarungen terroristischer Gruppen zeichnet demgegenüber der Vorzug einer unmißverständlichen Diktion aus. Der „bürgerlichen Gesellschaft" wird offen der Krieg erklärt, um die eigene Klientel mit freimütigen Worten geworben.

Offenherzigkeit charakterisiert naturgemäß sogenannte „Bekennerschreiben" terroristischer Organisationen. Sie dienen neben der Kampfansage vor allem der Erklärung und Rechtfertigung einer soeben begangenen Tat. Die kommunikative Dimension des Terrorismus wird offenbar: Bestimmte Gruppen der Bevölkerung sollen für die eigenen Ziele gewonnen werden. Ein Mobilisationseffekt kann nur entstehen, wenn möglichst viele die „Botschaft", das „Fanal" der terroristischen Gewalttat verstehen, sich mit den Zielen der Terroristen identifizieren, ihre Aktionen unterstützen, „revolutionäres Bewußtsein" entwickeln und schließlich selbst zur Tat schreiten.

Bei den folgenden Dokumenten handelt es sich um zwei „Bekennerschreiben" aus dem Jahr 1988. Ihr Abdruck soll die Argumentationsweise und den Sprachduktus zweier terroristischer Organisationen erhellen. Das erste Schreiben wurde nach dem Anschlag auf den Staatssekretär im Bundesfinanzministerium, Dr. Hans Tietmeyer, an die Öffentlichkeit lanciert. Am 20. September war beim Verlassen der Wohnung in Bad Godesberg mit einem „großkalibrigen automatischen Schrotgewehr"[1] auf den Ministerialbeamten geschossen wor-

[1] So der Verfassungsschutzbericht 1988, Bonn 1989 (hektographierte Fassung, rosa Teil), S. 96.

den. Der Anschlag mißlang, Tietmeyer und dessen Fahrer blieben unverletzt. In einer Verlautbarung vom 21. September erklärten die Täter des „kommando khaled aker" (benannt nach einem 1987 getöteten palästinensischen Terroristen), die verwendete Maschinenpistole habe versagt.

Wie aus dem Selbstbezichtigungsschreiben vom Tattag hervorgeht, stand das Attentat in Zusammenhang mit der für den November 1988 geplanten Jahrestagung des Internationalen Währungsfonds und der Weltbank in Westberlin, an deren Vorbereitung der Staatssekretär maßgeblich beteiligt war.[2] Gegen diese Tagung entfachten linksextreme Gruppierungen – von „Autonomen" über K-Gruppen bis zur DKP – verschiedene Kampagnen. In bundesweiten Aktionskonferenzen konnten Linksextremisten beträchtlichen Einfluß gewinnen.[3] In seiner Funktion als „delegierter bei iwf und weltbank" sei Tietmeyer „verantwortlich für die verschärfung von ausbeutung, verelendung und unterdrückung in westeuropa". Er zähle zu den Akteuren im „internationalen Krisenmanagement", die den „zusammenbruch des wirtschafts- und finanzsystems" verhinderten, den „imperialismus" am Leben erhielten und somit „für völkermord und massenelend in der 3. welt" Verantwortung trügen.

Das Todesurteil über den Staatssekretär wird in dem Schreiben auf der Grundlage einer hochabstrakten und daher mit beliebigen Konkretisierungen zu füllenden Theorie gefällt. „Der Imperialismus" ist die Ursache für eine ganze Serie von Übeln im Weltmaßstab. Differenziert wird weder zwischen Akteuren des „Imperialismus", noch zwischen verschiedenen Übeln mit unterschiedlichen Ursachen, noch zwischen einzelnen Weltregionen. Derartig pauschale Aussagen erlauben es, über jedem x-beliebigen Bürger eines westeuropäischen Industriestaates den Stab zu brechen: Da er an der Maschinerie „des Imperialismus" mitwirkt, kommt ihm faktisch der Status eines Massenmörders zu. Und als solcher kann er als Zielobjekt einer mobilisierenden, revolutionierenden Tat geopfert werden.

Das grobmaschige theoretische Strickmuster des Bezichtigungsschreibens knüpft an die Ideologie der ersten RAF-"Generation" an. Wie diese identifizieren sich auch die Täter von heute mit den unterdrückten Massen der „3. welt". Wie damals sollen die „befreiungs-

[2] Vgl. den Bericht von Helmut Herles, in: Frankfurter Allgemeine Zeitung vom 21. Sept. 1988, S. 3.
[3] Verfassungsschutzbericht 1988 (FN 1), S. 76-79

kämpfe“ in die „metropolen“ getragen werden. Mit der Forderung nach Schaffung der „EINHEIT DER REVOLUTIONÄRE“, der „vereinheitlichung der revolutionären kämpfe im westeuropäischen zentrum“ knüpft die RAF an frühere Kooperationsvorhaben mit der französischen „Action directe“ und den belgischen „Cellules Communistes Combattantes“ an. Dem Schreiben war eine Erklärung beigefügt, in dem eine Zusammenarbeit mit dem „antiimperialistischen“ Zweig der italienischen Roten Brigaden angekündigt wird. Der Anschlag auf den Staatssekretär sollte den Einstieg hierzu bilden.

Der Terrorismus der RAF lebt aus einem utopischen Politikverständnis. Im Bekennerschreiben wird das Ziel einer „herrschaftsfreien und menschlichen gesellschaft“ beschworen. Sie gilt zugleich als Maßstab für die Bewertung des Gegenwärtigen. Die „erfahrung, daß in diesem system aus profit und macht leben nicht möglich ist“ sei „die wurzel aller revolutionären und antagonistischen kämpfe hier in der metropole“, heißt es. Diese Erfahrung entsteht aus der Konfrontation der Wirklichkeit mit einem bloß gedachten Zustand vollkommener Konfliktfreiheit und Harmonie zwischen den Menschen. Was aber berechtigt die selbsternannten Revolutionäre, diesen historisch präzedenzlosen Zustand als realisierbar zu erachten? Die Denkbarkeit allein scheint ihnen Beweis genug für die Frage der Realisierbarkeit zu sein. Die radikale Verdammung alles Gegenwärtigen ist die Konsequenz eines durch Erfahrungswissen nicht gebändigten Glaubens an die Möglichkeit eines Paradieses auf Erden. Auf diese Weise wird deutlich, wie das Medium grauer Theorie den Traum vom Paradies in die Praxis der Hölle verwandelt.

Das zweite Bezichtigungsschreiben wurde im Zusammenhang mit einem fehlgeschlagenen Sprengstoffanschlag auf das Biotechnologische Zentrum der Technischen Universität Braunschweig (27. Februar 1988) an die Öffentlichkeit gebracht.[4] Bereits im Jahre 1985 hatte die Gentechnologie einen Aktionsschwerpunkt der dem Netz der „Revolutionären Zellen“ (RZ) angehörenden feministischen Terrorgruppe „Rote Zora“ gebildet. Dabei wurden typischerweise keine Anschläge auf Personen verübt, da die RZ um die moralisch disqualifizierende Wirkung derartiger Taten auch in ihrer potentiellen Klientel wissen.

Bei den seit Anfang der siebziger Jahre in der Bundesrepublik ope-

[4] Ebd., S. 105.

rierenden RZ stand stets die Vermittelbarkeit der Tat an eine Adressatengruppe im Vordergrund. Diesem Konzept folgend, bemüht sich auch das Schreiben der „Roten Zora“ um eine ausführliche Erklärung der Handlungsweise. Bei der „Bio- und Gentechnologie“ handele es sich um ein „pures Herrschaftsmittel“. Sie diene ausschließlich der Stärkung „des Imperialismus“. Von staatlicher Seite berufene Untersuchungs- und Sicherheitskommissionen hätten lediglich „Legitimationscharakter“ und dienten dazu, „die gesellschaftliche Akzeptanz dieser Technologie zu erreichen“. Dieser Gedankengang wird mit einem aus der Presseberichterstattung entnommenen Beispiel zu untermauern versucht.

Das „Bekennerschreiben“ erläutert die zentrale Rolle, die das Braunschweiger Forschungsinstitut in dem Gesamtkonzept der Bio- und Gentechnologie als Instrument zur Stärkung und Sicherung „des Imperialismus“ spiele. Anschaulicher als in der RAF-Erklärung wird die Situation geschildert. Auf ein empörtes studentisches Publikum soll wohl die Feststellung wirken, das neue „Bio-Zentrum“ befinde sich eben dort, „wo vorher u. a. ein Haus stand, in dem studentische Fachschaften ihre Räume hatten“. Suggeriert wird: Ein von oben gesteuertes Großprojekt drängt demokratische Mitwirkungsgremien in die Enge.

Die Verfasser solidarisieren sich mit dem von Frauen in verschiedenen Formen geübten „Widerstand“ gegen die „‚Zukunfts‘absichten der Imperialisten“. Damit würdigen sie die Aktivitäten auch anderer, legal operierender außerparlamentarischer Protestgruppen und werben um Verständnis für die eigene „radikale“ Handlungsweise. Die Berufung auf den „Frauenwiderstand“ im internationalen Maßstab soll zeigen, daß die „Rote Zora“ nicht allein kämpft, sondern in vielen Ländern über (potentielle) Bündnispartner verfügt. Die Entscheidung für den Terrorismus erscheint als einzig logische Konsequenz aus der Erkenntnis der Struktur des Status quo: „Es gibt für uns nur die Entscheidung für ein befreites Leben, d. h. Widerstand gegen die patriarchale imperialistische Herrschaft“. Wie die Erklärung der RAF spiegelt diejenige der „Roten Zora“ einen Wirklichkeitsverlust, der in die pauschale Verdammung des Bestehenden und den bedingungslosen Glauben an die Realisierbarkeit einer herrschafts- und konfliktfreien Gesellschaft der Zukunft mündet. – In beiden Fällen konnten die Täter bislang nicht ermittelt werden.

2. Dokumente

DOKUMENT 1: „Bekennerschreiben" der RAF zum Anschlag auf Staatssekretär Tietmeyer

heute haben wir mit dem kommando khaled aker den staatssekretär im finanzministerium, hans tietmeyer, angegriffen.

tietmeyer ist stratege und einer der hauptakteure im internationalen krisenmanagement, der auf nationaler, europäischer und internationaler ebene die ökonomische krise des imperialistischen systems beherrschbar machen und den zusammenbruch des wirtschafts- und finanzsystems verhindern will.
er hat zentrale funktionen in der formulierung, koordinierung und durchsetzung imperialistischer wirtschaftspolitik - es gab in den letzten jahren keine wichtigen wirtschafts- oder währungspolitischen entscheidungen, an denen er nicht maßgeblich beteiligt war.

er ist verantwortlich für völkermord und massenelend in der 3. welt. als delegierter bei iwf und weltbank, g5- und g7-treffen, weltwirtschaftsgipfeln (die er seit 1982 als beauftragter der regierung vorbereitet hat) . . . durch hunger und counterinsurgency gegen die völker in den abhängigen ländern im süden -
eine politik, die für die mehrheit der menschen tod oder elend bedeutet, um dem internationalen kapital profit und macht zu sichern.

er ist verantwortlich für die verschärfung von ausbeutung, verelendung und unterdrückung in westeuropa.
in verschiedenen eg-gremien, auf bilateraler (wie im deutsch-französischen wirtschafts- und finanzrat) und auf nationaler ebene hat er quer durch westeuropa die bedingungen für die aggressive restrukturierung des kapitals und die expansion der transnationalen banken und konzerne durchgesetzt – was verschärfte ausbeutung bzw. die zerstörung der existenzgrundlage von millionen menschen heißt – vor allem in den ärmeren ländern südeuropas und in irland.

imperialistisches krisenmanagement bedeutet die verlängerung und verschärfung des elends und der vernichtung der menschen in der metropole und in der 3. welt. es ist der versuch, das bestehende zugespitzte und katastrophale gleichgewicht im kräfteverhältnis zwischen imperialismus und befreiung, gegen den zunehmenden druck der befreiungskämpfe und die inneren erosionen des systems, mit *allen* mitteln zu stabilisieren und weitere einbrüche zu verhindern.

der imperialismus kann nur noch destruktivkräfte entwickeln, sein wesen ist zerstörung – er setzt im weltmaßstab die vernichtung der menschen durch genocid und aufgezwungene existenz in sinnlosigkeit und entwürdigung durch. gegen diese, im kern einheitliche wirklichkeit, daß die menschen nirgendwo in diesem system leben *können*, entwickeln und verstärken sich quer über den globus die kämpfe gegen den imperialismus und für selbstbestimmung und menschenwürde.
diese identität in inhalt und ziel ist die verbindung der kämpfenden an allen abschnitten der internationalen front, der prozeß der einheit, der weltweit reift.

die wurzel aller revolutionären und antagonistischen kämpfe hier in der metropole ist die erfahrung, daß in diesem system aus profit und macht, leben nicht möglich ist – jeder, dessen sinne nicht völlig abgestumpft sind, erfährt die dimension der zerstörung und sinnlosigkeit als nackten angriff auf sich selbst und alle ausgebeuteten,
erfährt daß dieses faulende system antagonistisch zu allen eigenen bedürfnissen und vorstellungen von menschlichem und menschenwürdigem leben ist.

dagegen ist die vorstellung von selbstbestimmtem leben, die rückeroberung natürlicher fähigkeiten und menschlichen reichtums und das ziel einer herrschaftsfreien und menschlichen gesellschaft, in der der mensch sinnbildendes zentrum ist, nur möglich und wird real im kampf für die radikale umwälzung der gesellschaftlichen realität.
im kampf für die zerschlagung des systems müssen diese werte als aktuelles und zukünftiges ziel immer wieder neu formuliert und von denen, die kämpfen, erobert und in den beziehungen hergestellt werden.

die identität im ziel kann und muß als gemeinsames subjektives moment für die EINHEIT DER REVOLUTIONÄRE und für die bewußte vereinheitlichung der revolutionären kämpfe im westeuropäischen zentrum bestimmt werden.

revolutionärer kampf braucht die vertiefung der subjektiven und politischen bewußtseinsprozesse – d. h. die existentiellen erfahrungen im system zum politischen begriff der situation zu bringen, eigene vorstellungen und ziele zu bestimmen und sich klar zu werden über die objektiven bedingungen, also die macht des imperialismus, die dagegen steht und gegen die die umwälzung durchgesetzt werden muß.
revolutionäre identität, die bewußte und unumkehrbare entscheidung dafür, den kampf für die grundsätzliche umwälzung der verhältnisse zum sinn und inhalt des eigenen lebens zu bestimmen, ist voraussetzung und basis

für selbstbestimmte, offensive und kontinuierliche praxis und gegen kapitulation und verrat.

ziel der revolutionären kämpfe weltweit ist, die destruktive entwicklungsrichtung, die der imperialismus überall durchsetzt, zu stoppen und umzukehren in eine entwicklung *für* die menschen und die konkrete perspektive auf das ende imperialistischer herrschaft und barbarei zu eröffnen. darin hat der kampf der front im westeuropäischen zentrum als abschnitt der internationalen front besondere bedeutung wegen der zentralität westeuropas und seiner steigenden politisch-ökonomisch-militärischen funktion im imperialistischen gesamtsystem.
der kampf gegen konkrete projekte in der imperialistischen strategie muß mit dem ziel geführt werden, ihnen die politisch-materielle grenze zu setzen, ihre durchsetzung zu blockieren und zu verhindern und die strategien des imperialismus real zu brechen und den erosionsprozeß des systems voranzutreiben.

DIE EINHEIT DER REVOLUTIONÄRE HERSTELLEN!
DEN KAMPF IM IMPERIALISTISCHEN ZENTRUM IN STRATEGISCHER EINHEIT MIT DEN KÄMPFEN IN DEN 3 KONTINENTEN IM SÜDEN FÜHREN!
SOLIDARITÄT MIT DEM AUFSTAND DES PALÄSTINENSISCHEN VOLKES!

kommando khaled aker
rote armee fraktion

DOKUMENT 2: „Bekennerschreiben" der Terrorgruppe „Rote Zora" zum Sprengstoffanschlag auf das Biotechnologische Zentrum der Technischen Universität Braunschweig

ES LEBE DER INTERNATIONALE REVOLUTIONÄRE FRAUENKAMPF!

Die Frauenbewegung hat durch Informationen und Aktionen deutlich gemacht, daß die Bio- und Gentechnologie pures Herrschaftsmittel ist.
Sie ist:
- verschärfter sexistischer Angriff auf Frauen (Bevölkerungspolitik)
- rassistische Selektion für imperialistische ökonomische Vernutzung
- biologisch organisierte gigantische Vernichtung von Menschen, Pflanzen und Tieren („Grüne Revolution") im Dienste des Profits
- ungeheure Profite fürs Kapital, insbesondere im Bereich von Pharma- und Lebensmittelindustrie

Das gewaltige Engagement der Öl- und Chemie-Multis (Hoechst, BASF, BAYER, Schering, Sandoz, Ciba Geigy) für Forschung und Entwicklung der Bio- und Gentechnologie ist logisch, da diese Technologie zusammen mit der Mikroelektronik das profitabelste Zukunftsprojekt für's internationale Kapital ist.
Bezeichnend ist, daß die vier hier existierenden Gen-Zentren wesentlich von den BRD-Konzernen mitfinanziert werden und die dortigen Forschungsvorhaben unter der Voraussetzung stattfinden, daß sie transnational sind und eine Beteiligung der Industrie ermöglichen.

Durch die staatlich finanzierte Grundlagenforschung mit dem Schwerpunkt „Anwendungsorientierung" hat die BRD mittlerweile ihren Rückstand in der Technologie gegenüber USA und Japan aufgeholt und ist nun führend in Europa. Geforscht wird, außer an den vier Gen-Zentren, in fünf Großforschungsanlagen (Gesellschaft für biotechnologische Forschung mbH Braunschweig (GBF), Kernforschungsanlagen Jülich und Karlsruhe, Krebsforschungszentrum Heidelberg, Gesellschaft für Strahlen- und Umweltforschung) an 10 Max-Planck-Instituten und an 34 Universitäten.
Gezielte vom BMFT (Bundesministerium für Forschung und Technik) und den Ländern finanzierte Programme („Förderung technologisch orientierter Unternehmensgründung TOU-Modellversuch Biotechnologie/Technologieparks") sollen den Konzernen auf die Sprünge helfen und die industrielle Verwertung der Technologie vorantreiben. Die Bio- und Gentechnologie spielt auch in der imperialistischen Formierung und Vereinheitlichung Westeuropas eine bedeutende Rolle:
- Schwerpunkt im EUREKA-Programm, neben Informationstechnik und Weltraumforschung
- Forschungsaktionsprogramm der EG von 1985-'89
- Finanzierung des Europäischen Laboratoriums für Molekular-Biologie (EMBL) in Heidelberg, bei der die BRD den größten Anteil hat

Die staatliche Erstellung von Sicherheitsbestimmungen oder die Einrichtung einer Gentechnik-Enquetekommission haben nur Legitimationscharakter und tragen letztendlich dazu bei, die gesellschaftliche Akzeptanz dieser Technologie zu erreichen. So wird aktuell auf Regierungsebene die Ausdehnung des Patentgesetzes „diskutiert", wonach demnächst, insbesondere von der Chemie-Industrie gefordert, gentechnisch manipulierte Pflanzen und Tiere in den Besitz der Konzerne gehen werden und für deren industrielle Vermarktung freigegeben sind.

Einen Eindruck von zynischen, mensch- und naturverachtenden Arbeit der Genforscher vermittelt das jüngst bekannt gewordene Beispiel aus Argentinien, wo ein in den USA gentechnisch hergestellter Virus an Kühen ausprobiert wurde, unter gezielter Einbeziehung von Menschen in das Experiment (TAZ vom 1. 2. 1988). Da wo die Forschung ihr sauberes Image in der Metropole angekratzt bekommen könnte, bieten sich in der Logik einer imperialistischen Vernichtungstechnologie die Trikontländer als Experimentiergebiete an!

Nach der Devise, staatliche Forschungsmittel als erfolgsversprechendstes Instrument zur Förderung der „zukunftsträchtigen" High-tech-Industrien wird zur Zeit Braunschweig als nationales Zentrum für biotechnische Großforschung ausgebaut. Das BMFT investiert dort mehr als 1/3 seines Gesamtetats für den Zeitraum '84-'89 (325 Mill. DM). Als Herzstück der biotechnologischen Forschungseinrichtungen gilt die GBF (Ziel einer Rote-Zora-Aktion im Herbst '86), die u. a. kräftig an der Entschlüsselung und Isolierung von Erbinformationen und deren Neueinpflanzung in fremde Organismen arbeitet und deren Forschungsergebnisse der Industrie über Lizenzvergabe zur Verfügung stehen.

Das für ca. 50 Mill. DM gerade fertiggestellte Bio-Zentrum, eine Einrichtung der TU für den neuen Studiengang Biotechnologie prangt jetzt da, wo vorher u. a. ein Haus stand, in dem studentische Fachschaften ihre Räume hatten. Aus Protest gegen den Abriß und gegen die Einrichtung der biotechnologischen Institute und der Installierung der dort angestrebten Forschungen der Genetik, Genmanipulation und biotechnologischer Verfahrenstechniken, besetzten StudentINNEN im September 1985 dieses Haus und informierten die Öffentlichkeit darüber.
Das Bio-Zentrum ist ein wesentlicher „Baustein" für den Forschungsverbund Biotechnologie, in dem die enge Zusammenarbeit von TU, GBF, Biologische Bundesanstalt und der Bundesforschungsanstalt für Landwirtschaft manifestiert ist. „Die im Bio-Zentrum unterzubringenden Institute repräsentieren in Forschung und Lehre zentrale biowissenschaftliche Grunddisziplinen der Bio-Technologie. Im Verbundbereich steht Laborfläche für Kooperationspartner aus der Industrie sowie auswärtigen und ansässigen Forschungsinstituten zur Durchführung gemeinsamer Forschungsprozesse zur Verfügung", so die TU-offizielle Vorstellung des Projekts auf der Biotechnica 1985. [. . .]

Ausdruck dieser Zielsetzung ist die Tatsache, daß die Wissenschaftler der GBF in den Uni-Lehrkörper integriert sind. „Das ist ein Modell, das in dieser Kompaktheit wohl noch an keinem anderen Ort existiert und für die Zukunft sehr interessant sein wird", meint der Leiter der GBF Klein.
Gegen die „Zukunfts"absichten der Imperialisten mit dieser Technologie organisieren Frauen einen entschiedenen radikalen Widerstand auf allen Ebenen:

- der öffentlichen Information, der Anprangerung von Grundlagenforschung, Institutionen und Personen, die an der Bio- und Gentechnologie beteiligt sind.
  sowie der militanten Sabotage und Verhinderung dieser Technologie, die sich als notwendige und wertvolle Bestandteile unserer Politik gegenseitig ergänzen und bereichern.

Gegen die Verwertung von Frauenarbeit und Frauenkörpern hat weltweit der Frauenwiderstand zugenommen:
in Südafrika, El Salvador, Südkorea, Palästina ... wird der revolutionäre Kampf wesentlich von Frauen getragen. Der revolutionäre Kampf ist Realität und eine Gefahr für die Herrschenden. Hier versuchen Frauen, nicht nur im Bereich der Gentechnologie, sondern auch gegen Frauenhandel/Gewalt gegen Frauen und imperialistische Auspressung von Frauenarbeit, ihre Erkenntnisse in einer feministischen, internationalistischen revolutionären Praxis zu verwirklichen.

Wir haben schon öfter betont, daß wir unseren Kampf als praktischen Internationalismus begreifen.

Trotz Repression und Verfolgung, wodurch die HERRschenden mit allen Mitteln versuchen, den Frauenwiderstand zu verhindern – ES GIBT FÜR UNS NICHTS ZURÜCKZUNEHMEN!

Es gibt für uns nur die Entscheidung für ein befreites Leben, d. h. Widerstand gegen die patriarchale imperialistische Herrschaft.

Deshalb haben wir am 27. Februar 1988 vor der bevorstehenden Einweihung des Bio-Zentrums dort eine Bombe gelegt!
[...]
GEGEN DEN IMPERIALISTISCHEN, PATRIARCHALEN NORMALZUSTAND!
ES LEBE DER INTERNATIONALE REVOLUTIONÄRE FRAUENKAMPF!
Rote Zora

Aussteiger aus terroristischen Gruppierungen – Probleme und Möglichkeiten einer Hilfe durch den Verfassungsschutz

Von Gerhard Boeden

1. Einleitende Bemerkungen

Das Bundesamt für Verfassungsschutz (BfV) beobachtet seit vielen Jahren das Phänomen des „Aussteigens" aus terroristischen Gruppierungen. Zwar sind immer nur Einzelfälle bekannt geworden; im Laufe der Jahre hat sich aber eine stattliche Zahl von Personen aus dem „bewaffneten Kampf" zurückgezogen. Die meisten von ihnen, insbesondere Aussteiger der RAF, halten sich vermutlich in Ländern der Dritten Welt auf, überwiegend im Nahen Osten, wo sie sich zum Teil in neue politische Strukturen einbinden lassen mußten. Nur wenige „Aussteiger" sind freiwillig in die Bundesrepublik Deutschland zurückgekehrt. Sie hatten zumeist über einen Rechtsanwalt prüfen lassen, ob sie mit einem Gerichtsverfahren rechnen mußten, oder hatten die Verjährung der ihnen zur Last gelegten Straftaten abgewartet. Andere sind in ihren Aufenthaltsländern – zum Teil lange nach ihrem Ausstieg – entdeckt, festgenommen und in die Bundesrepublik ausgeliefert worden (Astrid Proll, Michael „Bommi" Baumann, Hans Peter Knoll). Ähnlich erging es Peter Boock, der in die Bundesrepublik zurückgekehrt war und in Hamburg festgenommen werden konnte. Andere „Aussteiger" haben sich erst nach der Inhaftierung und Verurteilung in einem langdauernden Prozeß von der Ideologie ihrer Gruppen gelöst; einige von ihnen sprachen sich später in der Öffentlichkeit gegen jegliche Form des Terrorismus aus. Prominente Beispiele sind Horst Mahler, Klaus Jünschke und Christof Wackernagel. Auch Peter Boock hat aus der Haft heraus in glaubhaften Beiträgen die Sinnlosigkeit des Terrorismus deutlich gemacht.

2. Motive der Aussteiger

Nur diejenigen, die sich öffentlich vom Terrorismus abwandten, haben Hinweise auf ihre Motive zum Ausstieg gegeben. So schrieb der inzwischen begnadigte Klaus Jünschke 1986 in einem „Offenen Brief an die Genossinnen und Genossen der RAF": „Verantwortliches Handeln setzt Selbsterkenntnis und die Fähigkeit zur Wahrnehmung der Wirkung der eigenen Handlungen voraus. Beides geht euch ab. Das ist beängstigend. Und ihr wollt dennoch dieser Gesellschaft und den Kräften in ihr, die für menschlichere und menschenwürdigere Formen des Zusammenlebens kämpfen, vorschreiben, wo es lang zu gehen hat. Das ist grotesk. Den politischen Unterricht, den ihr mit euren Genickschuß-Morden gebt, den hat niemand nötig."

1985 hat Klaus Jünschke in einem Interview mit der Zeitung „taz" Auskunft über seinen Weg in die RAF gegeben und seinen politischen Werdegang beschrieben. Er bekannte: „Ich bin in meiner Radikalisierung sehr intolerant geworden, damals. Wenn ich Klassenkameraden traf, die eine andere Entwicklung genommen haben, dann habe ich die stehen gelassen. Ich war zum Schluß gar nicht mehr offen. Alles war auf eine Weise politisiert, daß man menschlich Leuten gar nicht mehr begegnet ist, die einem wohl mal etwas bedeutet haben, nur weil man sich selbst radikalisiert hat. Da geht viel Sensibilität verloren. Es ist natürlich auch irre, gemessen am eigenen Anspruch, die Welt zu verändern, wenn man sich selbst so brutalisiert. Eine Radikalisierung und Brutalisierung ist da abgelaufen."

Horst Mahler hat versucht, die Überzeugungsstrukturen der RAF darzustellen: „Die Welt ist schlecht, tagtäglich geschehen Mord, Terror und menschliches Leid. Das zu verändern, geht nur mit Gewalt, die aber unter dem Strich weniger Opfer erfordert als die Fortdauer des jetzigen Zustandes!" Der von Mahler so bezeichnete „moralische Rigorismus" der RAF hat sich zweifellos auf das gesamte Zusammenleben und Selbstgefühl der Gruppe ausgewirkt, einen Prozeß zunehmender Selbstisolierung hervorgerufen und Verhaltensformen mit sektenhaftem Charakter entstehen lassen.

Die damit verbundene Pervertierung der ursprünglichen Vorstellungen von menschlicheren und menschenwürdigeren Formen des Zusammenlebens wird aus einem Bericht der ehemaligen RAF-Terroristin Astrid Proll deutlich: „Die Struktur der Gruppe ließ keinen Zweifel zu, keine Kritik, kein Gefühl – nichts, was nicht in das große, heroische Konzept paßte. Das Leben wurde schnell eindimensional. [...] Wir lebten bald in einem eigenen System, in einer selbstproduzierten Ordnung. Du konntest nichts Normales mehr machen, wir verboten uns schließlich sogar, in die Kneipe zu gehen. [...] Eine solche Gruppe bedeutete für ihre Mitglieder natürlich totale Nähe und Zusammenhalt bis zur Selbstaufgabe."

Auch Peter Boock hat den von den einzelnen als unerträglich empfundenen Gruppendruck als wesentlichen Grund für seinen Ausstieg genannt und die RAF – aus seiner sicherlich sehr subjektiven Sicht – als eine intern von Opportunismus, Angst und zwischenmenschlichen Auseinandersetzungen geprägte Gruppe beschrieben. In der Gruppe sei es nicht mehr möglich gewesen, offen miteinander zu diskutieren. Ein Großteil der Gruppe sei von bestimmten Diskussionen ausgeschlossen gewesen und habe nicht zu allen Informationen Zugang gehabt. In der Gruppe habe eine – allerdings unausgesprochene – Ausweg- und Hoffnungslosigkeit geherrscht. Boock ist überzeugt, daß auch andere RAF-Mitglieder über einen Ausstieg nachdenken.

Dem BfV liegen Erkenntnisse vor, die diese Einschätzung bestätigen. Die RAF ist keineswegs eine homogene Gruppe. Ihre Mitglieder leben wegen der ständigen Angst, entdeckt zu werden, und wegen der an ihren selbstgesteckten Zielen gemessenen Erfolglosigkeit der eigenen „Politik" in einer permanenten Streßsituation. Das Zusammenleben in der Gruppe wird neben politischen Auseinandersetzungen über den richtigen Weg von einer Vielzahl von menschlichen Konflikten bestimmt, die die aus unterschiedlichen sozialen Milieus stammenden Gruppenmitglieder untereinander austragen. Wegen des Fehlens von herausragenden und intellektuell überzeugenden Persönlichkeiten gelingt es der jetzigen RAF-"Generation" auch nicht mehr in dem Umfang wie den früheren, ihren Anspruch als revolutionäre Avantgarde in der militanten Szene durchzusetzen.

Die RAF wird zunehmend in anderen gewaltbereiten politischen Gruppierungen wegen ihrer brutalen Anschläge kritisiert, bei denen sie die Tötung von unbeteiligten Personen bewußt in Kauf nimmt. Man wirft ihr einen „Niedergang ihrer politisch-revolutionären Moral" vor und verurteilt ihre „Kopfschußpolitik". Dies wurde 1977 in der Diskussion um die „Zulässigkeit" der Entführung der Lufthansamaschine nach Mogadischu zur Freipressung der RAF-Häftlinge deutlich und fand einen Höhepunkt in der Diskussion über die 1985 erfolgte Ermordung des amerikanischen Soldaten Pimental, der, nur um zur Vorbereitung eines Anschlages in den Besitz seiner Ausweispapiere zu gelangen, von RAF-Mitgliedern in eine Falle gelockt und getötet worden war. Selbst im engeren Umfeld der RAF wurde diese Tat scharf kritisiert und später durch Kommandomitglieder der RAF als „politischer Fehler" bezeichnet.

Die Qualität der politischen Aussagen der RAF hat sich im Laufe der Jahre – auch bedingt durch Tod und Ausstieg eines Teils ihrer führenden Mitglieder – kontinuierlich vermindert. Ihre in formelhaften Phrasen erstarrten Verlautbarungen und die verquaste Ausdrucksweise ihrer Erklärungen werden in steigendem Maße im linksextremistischen Spektrum abgelehnt. Die durch die Praxis der RAF erkennbare Fehlinterpretation kommunistischer Ideologie, ihrer Selbstüberschätzung und Realitätsferne haben sie in der „Linken" weitgehend isoliert. Die noch in den siebziger Jahren zu beobachtende Akzeptanz ihrer Thesen in Teilbereichen studentischer und intellektueller Kreise hat deshalb deutlich nachgelassen. Die vorgenannten Gründe haben nach Erkenntnissen des BfV bei vielen RAF-Mitgliedern Prozesse des Nach- und Umdenkens ausgelöst und bei einer Reihe von ihnen maßgeblich zu dem Entschluß beigetragen, sich aus dem bewaffneten Kampf zurückzuziehen.

Interessant ist auch die Entwicklung, die sich angesichts des jüngsten Hungerstreiks 1989 bei den RAF-Häftlingen abzeichnet. Schon in ihrer gemeinsamen Erklärung zum Beginn des Hungerstreiks fanden sich neue Akzente. Die Inhaftierten signalisierten Dialogbereitschaft mit anderen gesellschaftlichen Gruppen. Außerdem gab es keine Hinweise auf eine Abstimmung des Hungerstreiks mit der „Kommandoebene" der RAF, die noch während des letzten Hungerstreiks Ende 1984/Anfang 1985 einen Mord- und einen Sprengstoffanschlag verübte. Als im April die zwei am längsten hungernden Inhaftierten den Hungerstreik aussetzten, erklärten sie: „Der Hungerstreik ist keine RAF-Aktion, die Gefangenen sind nicht die RAF. Wir sind auf einem anderen Terrain." Die Erklärungen einzelner Inhaftierter zum Abbruch des Hungerstreiks ließen darüber hinaus ein gewisses Abrücken von politisch-ideologischen Grundpositionen der RAF erkennen. Im Vordergrund ihrer Überlegungen scheint zu stehen, eine nach wie vor angestrebte revolutionäre Entwicklung nunmehr auf politischem Wege in Zusammenarbeit mit anderen politischen Kräften erreichen zu können. Dies könnte bedeuten, daß sie den bewaffneten Kampf zumindest derzeit nicht als geeignetes Mittel zur Erreichung ihrer politischen Ziele ansehen.

3. Risiken des Ausstiegs

Nur starken Persönlichkeiten gelingt der Ausstieg aus eigener Kraft. Denn jeder Einzelne, der über den Ausstieg aus einer terroristischen Gruppe nachdenkt, sieht sich vor große, häufig unüberbrückbar erscheinende Probleme gestellt, die umso größer sind, je stärker er bereits in strafbare Handlungen verstrickt ist: Er muß jederzeit mit einer Festnahme durch die Sicherheitsbehörden und gegebenenfalls mit einer langjährigen Freiheitsstrafe rechnen; er muß, da er mit dem Ausstieg zum Risiko für seine frühere Gruppe wird, Verfolgung auch durch diese Gruppe befürchten, für die er zudem – vor allem wegen Beteiligung an früheren Straftaten – erpreßbar bleibt, oder er ist – zur Ausschaltung der vorgenannten Risiken – gezwungen, eine für ihn kaum erträgliche Existenz zumeist in einem fremden Kulturkreis in Kauf zu nehmen.

Der „Aussteiger" muß sein neues Leben also selbst und – aus seiner Sicht – in einer Weise organisieren, die ihn nach beiden Seiten absichert. Er gibt zudem alles auf, was ihm bisher „Lebensinhalt" sowie Halt und Stütze war. Die Gruppe ist für ihn gleichsam Familie. In dieser Situation erscheint es verständlich, daß manch einer, der sich mit Ausstiegsgedanken trägt – über die er sich auch in der Regel mit niemandem austauschen kann – vor einem Ausstieg zurückschreckt, weil er meint, die Konsequenzen alleine nicht bewältigen zu können. Das hat unter Umständen zur Folge, daß er den Gedanken an einen Ausstieg verdrängt, bei der Gruppe bleibt und sich womöglich in neue schwere Straftaten verstrickt.

Das Dilemma der Aussteiger, die für ihre Gruppe weiterhin erpreßbar bleiben, zeigt sich beispielhaft an der Reaktion von RAF-Häftlingen auf die öffentliche Debatte im Jahre 1988 über eine Begnadigung von Peter Boock durch den Bundespräsidenten. In einem offenen Brief („Boocks Lügen") schrieben sie im August 1988: „Wir hatten bisher nicht vor, mit einem Bericht zu Boock rauszukommen. [. . .] Jetzt sagen wir ein paar Grundtatsachen aber doch, weil da ein starker Mangel an konkretem Wissen ist (ein genauer Bericht kommt, wenn es notwendig wird)".

Der ehemalige Rechtsanwalt Siegfried Haag hat die Probleme von Inhaftierten, die sich von der RAF lösen wollen, 1986 in einem Zeitungsinterview wie folgt beschrieben: „Bei einem Gefangenen, der lebenslänglich bekommen hat, ist diese Situation noch schwieriger. Käme er zu dem Ergebnis, daß sein früheres Tun falsch gewesen ist, hat er gewissermaßen eine lebenslange Strafe vor sich [. . .] Das ist nicht leicht, da ist eine psychologische Sperre, die bei vielen Leuten neue Überlegungen verhindert [. . .] Man muß als Gefangener eine Perspektive haben. Ich meine, von den zuständigen Institutionen muß diese Perspektive auch konkret aufgezeigt werden!"

4. Hilfe für „Aussteiger"

An diesem Punkt setzt das BfV mit seinem Angebot „Hilfe für Aussteiger" an. Es bietet seine praktische Hilfe an, diesen Teufelskreis, dem mancher nicht entrinnen zu können glaubt, zu durchbrechen. Diese Hilfe besteht zunächst darin, daß der potentielle „Aussteiger" über eine Mittelsperson klären lassen kann, wie seine konkrete Situation aussieht. Viele kennen nicht den Stand des/der gegen sie eingeleiteten Ermittlungsverfahren(s). Sie wissen häufig nicht, mit welchen Anschlägen sie in Verbindung gebracht werden, welcher konkrete Tatvorwurf ihnen zur Last gelegt wird. Ihnen ist auch in der Regel die Beweissituation oder – auch das kommt vor – zum Beispiel der Eintritt der Verjährung unbekannt.

Schließlich wird ihnen die Möglichkeit eröffnet, über die Mittelsmänner ihre eigene Darstellung zu Tatvorwürfen und damit eventuell schuldmindernde oder gar schuldbefreiende Gesichtspunkte einzubringen. Damit können sich in Einzelfällen Umstände ergeben, die bei Rückkehr sogar die Aufhebung des Haftbefehls oder ein milderes Urteil, als zunächst angenommen, erwarten lassen.

Mittelspersonen können, wie auch in früheren Fällen, Rechtsanwälte sein. Das BfV hat aber auch durch eigene Initiative Personen für das Projekt gewonnen, die dem Verfassungsschutz zwar ansonsten kritisch gegenüberstehen, aber aus humanitären Gründen und wegen ihrer ablehnenden Haltung gegenüber dem Terrorismus bereit sind, die „Aussteiger" zu vertreten. Das BfV hat damit eine Basis geschaffen, die es den Betroffenen ermöglicht, auf einer vertrauensvollen und risikofreien Ebene die eigenen Möglichkeiten zu sondieren. Ziel ist es, jedem einzelnen „Aussteiger" konkret seine Lage, aber auch seine persönlichen Perspektiven aufzuzeigen.

Um die potentiellen „Aussteiger" zu erreichen, hat das BfV im Oktober 1987 in der alternativen Zeitschrift „Pflasterstrand" in der Form eines Interviews seine Haltung und den Rahmen, in dem es sich bewegen kann, dargelegt:

„1. *Schätzt das BfV die RAF heute anders ein als 1977?*
Das BfV sieht die RAF in ihrer jeweiligen Situation. Sie ist zwar immer noch höchst gefährlich, unkalkulierbar und auch zu Morden und Anschlägen fähig. Andererseits ist sie in der linken ‚Bewegung' weitgehend isoliert; sie mißt sich auch nicht mehr an ihren ursprünglichen politischen Ansprüchen und Wertvorstellungen.

2. *Beziehen Sie Ihre Aussage auf jedes einzelne RAF-Mitglied, oder sind Sie bereit zu differenzieren?*
Jeder RAF-Angehörige hat seine eigene Lebensgeschichte und seine eigene Motivation. Von daher ist eine differenzierte Betrachtung zwangsläufig geboten.

3. *Halten Sie einen Ausstieg von RAF-Angehörigen für ausgeschlossen?*
Nein, keineswegs. Wir sind überzeugt, daß es Angehörige der RAF gibt, die die Sinnlosigkeit der RAF-‚Politik' erkannt haben und sich gerne aus den Verstrickungen lösen würden. Ihnen sollten auch Möglichkeiten des Ausstiegs eröffnet werden, damit sie nicht weiter gezwungen sind, sich an neuen Straftaten zu beteiligen.

4. *Droht damit Aussteigern nicht notwendig eine langjährige bzw. lebenslängliche Freiheitsstrafe, oder gibt es andere Beispiele?*
Es gibt diese ‚anderen Beispiele', die wir aber aus verständlichen Gründen nicht nennen wollen. Im übrigen ist sicherlich jeder Einzelfall für sich zu beurteilen. Eine Reihe gesetzlicher Vorschriften läßt da einen größeren Spielraum als manch einer vermutet.

5. *Verfolgt der Verfassungsschutz gegebenenfalls andere Interessen als zum Beispiel die Strafverfolgungsbehörden?*
Der Verfassungsschutz hat zunächst einmal andere Aufgaben als die Strafverfolgungsbehörden. Er ist nicht an das Legalitätsprinzip gebunden; das heißt, er ist nicht in jedem Fall verpflichtet, Täter der Strafverfolgung zuzuführen. Damit ist ihm ein größerer Spielraum eingeräumt. Dennoch arbeitet das BfV nicht gegen die Strafverfolgungsbehörden. Im Gegenteil: In der Regel ist eine Zusammenarbeit mit ihnen geboten.

6. *Wie verhält sich das BfV gegenüber Aussteigern?*
Um es ganz deutlich zu sagen: Das BfV bewertet jeden Ausstieg aus einer terroristischen Gruppierung, das betrifft neben der RAF natürlich auch die RZ, positiv. Die Probleme, Ängste und Nöte des Aussteigers sowie dessen mögliche Bedrohung durch die Gruppe sind uns nicht unbekannt. Die Gruppe setzt ja Ausstieg automatisch mit Verrat gleich, obwohl dies nicht immer der Fall war.

7. *Was können Sie konkret tun?*
Wir können zum Beispiel über Dritte Kontakt zu einzelnen Aussteigern knüpfen, um die Möglichkeiten eines Ausstiegs auszuloten. Das kann dazu führen, daß das BfV für den Betroffenen Sondierungen bei den Strafverfolgungsbehörden vornimmt, zum Beispiel ihm die Möglichkeit verschafft,

seine Stellungnahme zu Tatvorwürfen abzugeben. So können eventuelle Schuldvorwürfe reduziert werden. Im übrigen verbietet es sich, in der Öffentlichkeit konkrete Maßnahmen zu erörtern.
8. *Wäre seitens der Aussteiger eine denunziatorische Lebensbeichte erforderlich?*
Nein. Wir wollen keine für den einzelnen unüberwindbaren Hürden aufbauen. Natürlich sind wir auch an Informationen interessiert; schließlich wollen wir künftige Anschläge verhindern und damit Menschenleben retten. Im übrigen ist allein der Ausstieg ein Erfolg für sich. Außerdem: Jeder Ausstieg hat eine positive Signalwirkung. Die kann junge Menschen davon abhalten, sich einer terroristischen Gruppierung anzuschließen und sich in schwerste strafbare Handlungen zu verstricken. Wir sind überzeugt, daß mancher, der diesen Schritt in den Untergrund gegangen ist, ihn später sehr bereut hat.
9. *Müßte man dann nicht auch an ausgestiegene Häftlinge denken?*
Ja, das tun wir bereits. Wir sind bereit, Signale über einen Sinneswandel aufzunehmen und in geeigneter Form mit den zuständigen Stellen darüber nachzudenken, welche neuen Lebensperspektiven den Betroffenen eröffnet werden können."

Dieses „Angebot des Jahres" – so die Schlagzeile im „Pflasterstrand" – ist durch die Medien verbreitet und vielfach kommentiert worden. Die Resonanz war überwiegend positiv. Das Signal hat aber auch – und das ist das eigentlich Wichtige – die Adressaten erreicht. Es hat einige Reaktionen gegeben, die das BfV optimistisch stimmen.

Gleichwohl sind wir uns darüber klar, daß in jedem Fall große Barrieren zu überwinden sind. Um die psychologisch größte Hürde auszuräumen, hat das BfV in dem Interview auf eine „denunziatorische Lebensbeichte" als Bedingung für irgendwelche Hilfen verzichtet.

Darüber hinaus müssen bei den Betroffenen aber auch Mißtrauen und ein lang gepflegtes „Feindbild" gegenüber dem BfV bzw. den Sicherheitsbehörden insgesamt abgebaut werden. Es gilt, die Betroffenen zunächst von der Ernsthaftigkeit und Seriosität des Angebots zu überzeugen. Insofern könnte sich jeder gelöste Einzelfall bahnbrechend auf die Überlegungen anderer positiv auswirken.

Auch ein anderer Aspekt darf nicht unerwähnt bleiben. Aus Äußerungen von der Gegenseite, vor allem aus dem Umfeld der RAF, wissen wir, daß man dort in dem „Angebot" einen Angriff gegen die RAF sieht. Das BfV findet damit seine Einschätzung bestätigt, daß jeder Ausstieg eine Schwächung der RAF und damit einen Gewinn darstellt. Das BfV erhofft sich darüber hinaus eine positive Signalwirkung in der Weise, daß junge Menschen davon Abstand nehmen, sich einer terroristischen Gruppierung anzuschließen. Jeder Ausstieg zeigt doch, daß selbst bei Angehörigen der RAF Zweifel an der Richtigkeit des „bewaffneten Kampfes“ aufgekommen sind.

NPD und DVU – Bilanz einer schwierigen Beziehung

Von Heinrich Sippel

Prolog

„Falsches Gewissen der Nation" – so betitelte der Journalist Günther Paschner 1967 eine Broschüre, in der er sich mit dem rechtsextremen Münchener Verleger Dr. Gerhard Frey und dessen publizistischen Aktivitäten befaßte, mit demselben Dr. Frey, der heute mit seiner am 5. März 1987 gegründeten „Deutschen Volksunion-Liste D" (DVU-Liste D) das öffentliche Interesse in einer Weise auf sich gezogen hat, wie dies bei rechtsextremen Parteien seit der Blütezeit der „Nationaldemokratischen Partei Deutschlands" (NPD) in den sechziger Jahren nicht mehr der Fall gewesen ist.

Am 13. September 1987 gelang es dieser DVU-Liste D, anläßlich ihrer ersten Wahlbeteiligung unter tatkräftiger Mitwirkung der NPD mit 3,41 Prozent der Stimmen im Stadtstaat Bremen und mit 5,4 Prozent im Wahlbereich Bremerhaven auf Anhieb einen Abgeordneten in die Bremer Bürgerschaft zu schicken.

Augenblicklich ist der rührige Frey dabei, mit allen ihm zur Verfügung stehenden organisatorischen, persönlichen und besonders finanziellen Mitteln die inzwischen auf weit über 20.000 Mitglieder angestiegene Partei in den Europawahlkampf zu führen. Er bedient sich dabei wiederum der NPD, die sich nach langen Jahren beiderseitiger feindseliger Konkurrenz seit 1986 dem umtriebigen und geschäftstüchtigen Zeitungsmacher aus München angenähert hat, um den Zersplitterungstendenzen im Rechtsextremismus entgegenzusteuern.

Wer ist dieser heute 56jährige Frey, der seit vielen Jahren grobkörnigen Staub in der politischen Landschaft der Bundesrepublik Deutschland aufwirbelt und über dessen frühere „Deutsche National-Zeitung und Soldatenzeitung" der SPD-Bundestagsabgeordnete Dr. Adolf Arndt schon 1965 im Bundestag unter dem „lebhaften" Beifall aller dort vertretenen Parteien feststellte, jede Zeile dieses Blättchens schwitze giftigen Antisemitismus aus und spreche „die Sprache der potentiellen Mörder von morgen"?

1. Ein Rechtsreferendar wird Verleger

Der vermögende Jurastudent Gerhard Frey übernahm im Jahre 1959 50 Prozent des Stammkapitals der „Deutschen Soldaten-Zeitung Verlagsgesellschaft m. b. H." (DSZ-Verlagsgesellschaft) in München. Der inzwischen zum Rechtsreferendar avancierte junge Mann bestimmte als „kommissarischer Chefredakteur und Leiter des politischen Ressorts" und etwas später als Geschäftsführer den Charakter der bereits im 9. Jahr erscheinenden „Deutschen Soldaten-Zeitung" (DSZ). Schon 1960 zahlte er die anderen Gesellschafter aus. Er war nun der alleinige Verleger, Herausgeber und Chefredakteur dieses Blattes.

Seine juristische Ausbildung brach Frey ab. In Graz promovierte er in Volkswirtschaft. Frey stieg ins Immobiliengeschäft ein und begründete damit eines der Fundamente für seine heutigen Millionen. Daß Frey aber nicht nur ein Geschäftemacher, sondern auch ein von politischem Ehrgeiz getriebener Aktivist war, ließ er 1965 erkennen, als er erklärte, er werde für den Bundestag kandidieren, sobald für eine nationale Partei die echte Chance bestehe, ins Parlament zu gelangen. Vorher sei er nicht bereit, sein Kapital aufs Spiel zu setzen.

2. „Kommißgeist" für „Unheilbare"

Im Jahre 1960 druckte Frey halbmonatlich 35.000 Exemplare der DSZ. Er entschloß sich zu expandieren und kaufte – im Bestreben, ein nationalistisches Pressemonopol in der Bundesrepublik Deutschland zu errichten – in der Folgezeit mehrere Zeitungen und deren Abonnentenstämme auf, so unter anderem die „Deutsche Freiheit" des Otto Straßer (1960), die „National-Zeitung" der Elisabeth Vetter (1962), die „Schlesische Rundschau" des Klinger-Verlages (1962) und den „Teplitz-Schönauer-Anzeiger" des Martin Herklotz-Verlages (1964).

Frey begann bereits 1959 mit der inhaltlichen Umwandlung des soldatischen Traditionsblattes in eine nationalistische Zeitung, die sich schon bald mit der neuen Bundeswehrführung heftig anlegte, was den damaligen Sprecher des Bundesverteidigungsministeriums, Oberstleutnant Schmückle, veranlaßte, die Zeitung Freys als „ein Blatt für Unheilbare und Gamaschenknöpfe" zu bezeichnen. 1961 bestätigte Major von Raven, der neue Sprecher des Bundesverteidigungsministeriums, der Freyschen Zeitung einen „Kommißgeist, der den Soldaten der Bundeswehr erschauern läßt."

Im Januar 1961 erklärte Frey, er werde künftig neben die Wehrpolitik einen weiteren Schwerpunkt seiner Verlagspolitik stellen: „das nationale Anliegen des deutschen Volkes, die Wiedervereinigung und nationale Erneuerung". Um diese Programmverlagerung auch nach außen deutlich zu machen, benannte er die nunmehr zehnjährige „Deutsche Soldaten-Zeitung" in „Deutsche Soldaten-Zeitung und National-Zeitung" (DSZNZ) um.

Schon bald wurde klar, daß Frey der nationalistischen Agitation gegenüber der wehrpolitischen den klaren Vorzug gab. Folgerichtig zeigte er diese umgekehrte Stellenwertfolge nach knapp zwei Jahren auch im Titel des mittlerweile wöchentlich erscheinenden Blattes an. Aus der „Deutschen Soldaten-Zeitung und National-Zeitung" (DSZNZ) wurde im Dezember 1962 die „Deutsche National-Zeitung und Soldatenzeitung" (DNZSZ) und 1968 die „Deutsche National-Zeitung" (DNZ).

3. Die nationale Elle als Maß aller Dinge

Die nationale Elle war hinfort das einzige Maß, mit dem Frey jedermann taxierte. Frey wörtlich: „Für uns geht es erstens um Deutschland, zweitens um Deutschland und drittens um Deutschland. Dann kommt eine ganze Weile gar nichts, und dann mögen wir reden von den Interessen von Völkern, die 10.000 km entfernt von uns wohnen". Frey bezeichnete sein Blatt als „die Stimme des wirklichen Deutschland". Folglich: Wer nicht für die DNZSZ war, war gegen Deutschland.

Über dieses nationalistische Grundbekenntnis hinaus hat es Frey bis heute vermieden, systematische ideologische Leitlinien für seine politischen Aktivitäten zu entwickeln. Für seine publizistischen Kampagnen genügte es ihm, aus der jeweiligen tagespolitischen Situation entwickelte Feindbilder aufzubauen, denen dann sein erbitterter Kampf galt. Es gab Dauerfeindbilder bei ihm wie die jeweils führenden SPD-Funktionäre und Gewerkschaftsführer, denen von Anfang an Freys abgrundtiefer Haß galt, aber auch Auswechselfeindbilder wie die FDP, die Frey über lange Strecken umbuhlte, dann aber auch wieder bekämpfte, zum Beispiel als 1967 die eine neue Ostpolitik indizierenden sogenannten Schollwer- und Rubin-Papiere auftauchten.

Der dem Nationalismus immanente Rassismus wurde jeweils transparent, wenn Frey über Juden berichtete. Paschner bezeichnete Freys Antisemitismus und Antizionismus vermengende Agitation als „hinterhältige Spekulation auf einen in etlichen Bevölkerungskreisen latent schlummernden Antisemitismus: ein Jude vertritt selbstverständlich die Sache Israels und verrät damit deutsche Interessen." Dreißig Jahre hindurch waren Themen wie Fremdenfeindlichkeit, Widerstand gegen Hitler, Kriegsschuldfrage, Kriegsverbrechen und KZ-Morde die „Dauerbrenner" in der Publizistik Freys, wobei die Erkenntnisse der zeitgeschichtlichen Forschung regelmäßig der Freyschen dogmatischen Interpretation weichen mußten. Eine ununterbrochene aggressive Diffamierungskampagne gegen demokratische Politik, Parteien und Institutionen kennzeichnete die Pressearbeit des Publizisten Frey von Beginn seines Zeitungsgeschäftes an bis heute.

4. „Draufgängertum" bestimmt die Redaktionsarbeit

Paschner charakterisierte Frey als einen Mann, der „seine am geschäftstüchtigen Draufgängertum orientierten kaufmännischen und verlegerischen Prinzipien auch auf die Redaktionsarbeit" übertrage. Eine Analyse der Hessischen Landeszentrale für politische Bildung stellte über die publizistischen Methoden Freys 1964 fest: „Nur etwa 20 Prozent der Nachrichten und Berichte sind sachlich richtige Informationen ohne NZ-Wertung [. . .] In 44 (von 161) Fällen wird in irgendeinem Zusammenhang die NZ oder ihr Herausgeber Dr. Frey erwähnt [. . .] In der Sozialpsychologie ist es eine bekannte Erscheinung, daß sektiererische und objektiv schwache und bedeutungslose Personen oder Gruppen ihr Selbstbewußtsein stärken, indem sie unkritisch Selbstlob spenden und sich Macht und Einfluß zusprechen." Paschner bezweifelte, daß alle uneingeschränkt Beifall zollenden Leserbriefe echt seien.

1966 wurde anläßlich eines Interviews offenbar, daß Frey nachträglich in mindestens 18 Fällen die Fragen umformuliert und in weiteren Fällen von dem Interview überhaupt nicht berührte Themen hinzugenommen hatte. Paschner nannte die DNZSZ das „marktschreierische Organ einiger Unverbesserlicher und Unbelehrbarer". „Die Zeit" sprach von einem „ekelhaften Blatt" und „Christ und Welt" von einer „grauenhaften Zeitung". Dennoch: „In keiner noch so verleumderischen, ehrabschneidenden oder volks- und rassehetzerischen Äußerung" – so Paschner 1967 – vermochten deutsche Gerichte strafwürdige Handlungen zu erblicken.

Der Bundesminister des Innern schrieb 1965 über die DNSZ: „Dem Blatt ist nichts an sachlicher Unterrichtung der Öffentlichkeit gelegen [...] Es mischt bewußt legitime nationale Anliegen mit eindeutig rechtsradikalen Tendenzen, oberflächliche Ablehnung des Nationalsozialismus und Totalitarismus mit nationalistischen Ressentiments". 1966 und 1967 fügte das Ministerium an: „Das Blatt bevorzugt reißerische Schlagzeilen, denen der Inhalt der Artikel häufig nicht entspricht. Von dieser Methode erhofft sich der Herausgeber eine erhöhte Werbewirkung. [...] Dabei ist er sich im klaren, daß seine Schlagzeilen für sich allein antisemitisch wirken."

5. „Merkantile Genialität"

Immer wieder war es die Geschäftstüchtigkeit Freys, die seine Kritiker auch aus den Reihe der Rechtsextremisten auf den Plan rief. Der Publizist Gerd Knabe schrieb: „Daneben baute Frey, und es gibt Leute, die ihm dies sogar als Lieblingsbeschäftigung zu attestieren bereit sind, einen Verkaufsbetrieb auf, einen Verkaufsladen en gros und en détail. Er bewies hierbei eine Mischung aus merkantiler Genialität und Chuzpe." Und Jörg Fischer, ein ehemaliger Mitarbeiter von Frey, zitierte in der unter dem Namen Georg von Detta verfaßten und von Fischer herausgegebenen Broschüre „Gerhard Frey ohne Maske": „Was kann man heute nicht alles bei ihm erstehen? Und natürlich bei Ehefrau Regine, der Kenner eine ähnliche Geschäftstüchtigkeit nachsagen wie dem Angetrauten. Da gibt es Bücher en masse, Zeitungen, Wandsprüche, Landkarten, Abzeichen, Schallplatten, Kassetten und Medaillen jeder Art."

Freys Ehefrau Regine ist die Inhaberin des 1971 gegründeten FZ-Verlages, dem 1985 der „Deutsche Buchdienst" und 1986 die „Deutschen Reisen" angegliedert worden sind. In diesem FZ-Verlag erschienen aufsehenerregende Freysche Buchschöpfungen wie „Prominente ohne Maske" und „Verheimlichte Dokumente".

6. Die „Deutsche Volksunion" im Widerstreit mit der NPD

Mit der Führung der 1964 aus den Überbleibseln der heruntergekommenen „Deutschen Reichspartei" gegründeten „Nationaldemokratischen Partei Deutschlands" (NPD) hatte sich der persönlich, geschäftlich und politisch ehrgeizige Frey schon bald hoffnungslos zerstritten. Konkurrenz konnte der geschäftstüchtige Publizist nicht vertragen. 1967 empfahl er den NPD-Mitgliedern sogar den Aufstand gegen ihre Parteiführung.

1971 gründete Frey aus seinem Leserkreis die „Deutsche Volksunion e. V." (DVU) als Auffangbecken für die damals immer mehr abbröckelnde NPD-Mitgliederschaft und den „Freiheitlichen Rat" (FR) als Koordinierungsgremium mehrerer befreundeter Gruppierungen zur Vorbereitung der Gründung einer eigenen Partei, die „Deutsche Nationalpartei" heißen sollte. Für die Mitglieder der DVU gab er ein zum großen Teil mit der DNZ druckgleiches Blatt heraus, den „Deutschen Anzeiger" (DA), der im FZ-Verlag von Ehefrau Regine Frey erscheint.

Die im FR eingebundenen Gruppierungen nahmen 1972 zusammen mit der DVU die Bezeichnung „Vereinigte Freiheitliche" an. Ab etwa 1976 nannten sie sich dann „National-Freiheitliche". 1974 näherte sich Frey überraschend der NPD und warb für sie in Landtagswahlkämpfen – ein Eingeständnis seines politischen Scheiterns, hatte er doch die drei Jahre zuvor erfolgte DVU-Gründung als „Fanal für den Neubeginn der heimatlosen Rechten" bezeichnet. 1975 trat Frey sogar der NPD bei. Der NPD-Vorsitzende Martin Mußgnug versprach, Frey auf dem nächsten Parteitag bei der Kandidatur zum stellvertretenden NPD-Vorsitzenden zu unterstützen. Doch da spielten die NPD-Delegierten nicht mit. Mit der Begründung, Frey stelle eine schädliche Belastung dar und dränge die Partei ins politische Abseits, verweigerten sie dem DNZ-Herausgeber mehrheitlich den Vizevorsitz. Frey zog sich beleidigt zurück. Die alte Gegnerschaft flammte wieder auf. Aus dem Dunstkreis der NPD wurde Frey damals als „Reaktionär schlimmsten Ausmaßes", als „Inhaber eines Hetzblattes" und als „Chef einer bunte Truppe von ‚Hitleristen'" bezeichnet.

Frey griff in der Folgezeit zugkräftige tagespolitische Themen auf und machte sie zur Zielsetzung von sogenannten „Aktionsgemeinschaften". So entstanden im Laufe der Jahre die „Volksbewegung für Generalamnestie", die „Initiative für Ausländerbegrenzung", die

„Aktion deutsches Radio und Fernsehen“, der „Ehrenbund Rudel – Gemeinschaft zum Schutz der Frontsoldaten“, der „Deutsche Schutzbund für Volk und Kultur“. Die Mitglieder dieser „Aktionsgemeinschaften“ wurden durch einen Satzungskniff automatisch zu Mitgliedern der DVU e. V. gemacht, was einer beschleunigten Vergrößerung dieser Organisation diente.

7. Die „Deutsche Volksunion-Liste D“ (DVU-Liste D)

Nach mehr als zehn Jahren des argwöhnischen Belauerns zeichnete sich 1986 wiederum eine von niemandem erwartete Annäherung beider rechtsextremer Kräfte, der „Nationaldemokraten“ und der „National-Freiheitlichen“, ab. Die DVU war mittlerweile auf über 12.000 Mitglieder angestiegen. DNZ und DA hatten zusammen mit der 1985 von Frey aufgekauften „Deutschen Wochenzeitung“ eine Auflage von über 110.000 Exemplaren erreicht. Alle Geschäftszweige des breitgefächerten publizistischen Unternehmens des umtriebigen Oberpfälzers Frey florierten und mehrten dessen Millionenvermögen. Frey fühlte sich offenbar stark genug, um in einer „Allianz der Nationalen“ – insbesondere wegen seiner finanziellen Möglichkeiten – die dominante Rolle zu spielen. Und da er auch die „politische Großwetterlage“ für günstig hielt, seine Millionen politisch wirksam einzusetzen, erfüllte er sich einen Jungmännertraum.

Nachdem Absprachen mit der NPD-Führung getroffen worden waren, gründete er mit Unterstützung der NPD am 5. März 1987 die neue Partei „Deutsche Volksunion-Liste D“ (DVU-Liste D). „National-Freiheitliche“ und „Nationaldemokraten“ sprachen sich in der Folgezeit ab, daß sie künftig unter gegenseitiger Unterstützung je nach Lage der Dinge als NPD oder DVU-Liste D in die Wahlkämpfe gehen wollten.

So trat die DVU-Liste D am 13. September 1987 als Wahlbündnis von DVU und NPD bei der Bürgerschaftswahl in Bremen an. Nach einem aufwendigen Wahlkampf, in dem Frey mit zwei Millionen DM mehr finanzielle Mittel ausgegeben haben soll als alle anderen Parteien zusammen, gelang es der DVU-Liste D, im Land Bremen 3,41 Prozent und im Wahlbereich Bremerhaven sogar 5,4 Prozent der Stimmen auf sich zu vereinigen und mit dem Schiffsingenieur Hans Altermann einen Rechtsextremisten als Abgeordneten in der Bürgerschaft zu stellen.

Dieses Wahlergebnis erregte großes öffentliches Aufsehen, hatten doch die letzten Rechtsextremisten schon vor 15 Jahren ihre Abgeordnetensessel in deutschen Landtagen räumen müssen. Bis zum September 1987 hatten Rechtsextremisten keine Chance mehr, sich offiziell in deutschen Staatsparlamenten zu artikulieren. Das erfolgreiche gemeinsame Auftreten des Bündnisses bei Wahlen darf jedoch nicht darüber hinwegtäuschen, daß es in der NPD Kreise gibt, die das Zusammengehen mit Frey auf das schärfste ablehnen. Am 26. Juni 1988 bedurfte es eines außerordentlichen Bundesparteitages, um die Wahlehe zwischen „National-Freiheitlichen" und „Nationaldemokraten" sowie zugleich den Verzicht der NPD zugunsten der DVU-Liste D bei der Europawahl 1989 absegnen zu lassen. Wie zerrissen die NPD in dieser Frage noch vor einem Jahr war, zeigt das Abstimmungsergebnis: 182 Delegierte waren für einen Verzicht zugunsten der DVU-Liste D, 133 (!) dagegen. Die Animositäten gegen den „geschäftstüchtigen Kapitalisten" Frey sind groß.

Frey ist seit Bestehen des Wahlbündnisses auf den nationalistischen Neutralismus der NPD eingeschwenkt, obwohl er aus seinem Antikommunismusverständnis bis dahin ein eifriger Verfechter der Ideen des westlichen Militärbündnisses gewesen war.

8. Nach Straßburg, um Europa zu vehindern

Frey setzte seine Kapazitäten voll für den Europawahlkampf ein. Mehrere Millionen DM kosteten allein zwei bundesweite Postwurfsendungen an alle Haushaltungen. Nachdem die DVU-Liste D und Freys Blätter in den Landtagwahlkämpfen in Baden-Württemberg (20. März 1988) und Schleswig-Holstein (8. Mai 1988) die NPD unterstützt hatten (2,1 Prozent bzw. 1,2 Prozent der Stimmen), war bei der Europawahl am 18. Juni 1989 – wie bereits dargelegt – wieder die DVU-Liste D an der Reihe (1,6 Prozent). Das Ergebnis enttäuschte die eigenen Anhänger allerdings.

Frey will – wie er in einem Interview mit der rechtsextremen Zeitschrift „Nation Europa" erklärte – den „Bremer Erfolg nun in ganz Westdeutschland wiederholen und verstärken." Er gab offen zu, er wolle mit seinen Anhängern im Straßburger Europa-Parlament „den Weg in einen westeuropäischen Bundesstaat blockieren, weil für uns die Wiedervereinigung Deutschlands [. . .] absoluten Vorrang genießt [. . .] Für uns gilt: Erst Deutschland – dann Europa!"

Bei der Zusammensetzung der Kandidatenliste für die Europawahl wurde deutlich, daß es Frey wieder einmal gelungen war, die NPD zu übervorteilen. Mit dem politisch völlig unbekannten hochdekorierten Weltkriegsjagdflieger Wilhelm Crinius hievte Frey einen Mann seiner Wahl auf den Listenplatz zwei, der in einem Wahlbündnis selbstverständlich dem ersten Mann des Bündnispartners zusteht. Mußgnug mußte sich mit Platz 3 und seine Partei darüber hinaus noch mit den Plätzen 6, 9 und 12 begnügen.

9. Über die Ursachen des Aufwindes

Es ist viel diskutiert worden über die Frage, wie es die DVU-Liste D und die von ihr unterstützte NPD nun schon seit zwei Jahren fertigbringen, bemerkenswerte Wahlergebnisse und einen spektakulären Mitgliederzuwachs zu erzielen. Mitte April 1989 umfaßte die DVU-Liste D nach der durch eine Satzungsänderung erfolgten Überführung der Mitglieder der DVU e. V. in die DVU-Liste D weit über 20.000 Mitglieder. In allen Bundesländern bestehen bereits Landesverbände der Partei.

Solche Erfolge haben viele Ursachen. Zunächst sind es zahlreiche Entscheidungen und Verhaltensweisen der Regierenden auf den Politikfeldern Ausländer, Wiedervereinigung, Europa, Arbeitslose, Wohnungen und Gesundheit, die – weil nur schwer vermittelbar – der Bevölkerung offenbar nicht plausibel gemacht werden konnten.

Zum anderen hat sich im Wählervolk eine Grundstimmung von Parteien- und Wahlverdrossenheit breit gemacht, die häufig sogar zu einer Staats- und Demokratieverdrossenheit eskalierte. Sie hat ihre Wurzel in der Entrüstung über aufgedeckte Politskandale und in der häufig durch Erfahrungs- und Wissensmängel bedingten Perspektiv- und Orientierungslosigkeit insbesondere bei jüngeren Jahrgängen.

Schließlich profitieren Rechtsextremisten seit Jahren vom Verhalten ihrer politischen Gegner. Publizisten machen deren Veranstaltungen durch aufwendige Berichterstattung erst bekannt und richtig interessant. „Antifaschisten" drängen Rechtsextremisten durch quantitatives und qualitatives Übermaß an Gegenreaktion in die bemitleidenswerte Märtyrerrolle. Gebietskörperschaften provozieren regelmäßig die gerichtliche Bestätigung ihres Unrechtshandelns, wenn sie – meist als ideologische Pflichtübung – der NPD und der DVU-Liste D kommunale Versammlungssäle sperren.

Und zu allerletzt bleiben Freys finanzielles Engagement mit vielen Millionen DM und der massiven Propagandaeinsatz mit weit über 100.000 wöchentlichen Exemplaren seiner Zeitungen nicht ohne Wirkung auf bestimmte Wählerkreise. Eine so günstige materielle und propagandistische Ausgangsposition hatten rechtsextreme Parteien in der Nachkriegszeit noch nie.

Da diese Ursachen weiter fortbestehen, ist kaum zu erwarten, daß sich der Aufwind in der Mitglieder- und Wählerentwicklung bei der DVU-Liste D in absehbarer Zeit nachhaltig dämpfen wird. Im Gegenteil: Eine Verschärfung der politischen Situation in der Ausländerproblematik, der Europapolitik und im sozialen Umfeld könnte den Propagandisten der DVU-Liste D weitere Protestler, aber auch neue Gesinnungsgenossen zuführen.

10. Die Republikaner – eine verhaßte Konkurrenz

Eine Drosselung der Aufwärtsbewegung könnte allerdings dann eintreten, wenn sich das derzeitige Wählerpotential am rechten Rand des demokratischen Spektrums weiter zersplittere. Faktoren, die dies bewirken könnten, sind der Bündnispartner NPD, vor allem die im Dunstkreis des Rechtsextremismus agierende Partei der Republikaner.

Die Republikaner haben sich durch ihren Wahlerfolg am 29. Januar 1989 in Berlin als gefährliche Konkurrenz für die DVU-Liste D ausgewiesen. Mit 7,5 Prozent der Stimmen erlangten sie 11 Sitze im Abgeordnetenhaus. Frey muß diese Partei fürchten, die im Gegensatz zu ihm keine Millionen und kein „Presseimperium" einsetzen kann und dennoch gelegentlich die Nase vorn hatte, wenn sie bei Wahlen auf die von Frey massiv unterstützte NPD traf. Das zeigte sich erstmals 1986, als die Republikaner in der bayerischen Landtagswahl 3,0 Prozent der Stimmen erlangten, während sich die NPD mit 0,5 Prozent begnügen mußte. Besonders deutlich wurde diese Dominanz der Republikaner bei der hessischen Kommunalwahl am 12. März 1989. Da standen sich im Wetteraukreis und im Rhein-Taunuskreis NPD und Republikaner gegenüber. In der Wetterau erreichten die Republikaner 7 Prozent, die NPD 4,7 Prozent der Stimmen. In dem anderen Wahlkreis ließen die Republikaner mit 10,5 Prozent die NPD mit 1,6 Prozent ganz besonders schlecht aussehen. Auch bei den Europawahlen im Juni 1989 schlugen die Republikaner (7,1) die DVU-Liste D klar aus dem Feld.

Die NPD steht – wie dargelegt – keineswegs geschlossen hinter dem Wahlbündnis mit dem ungebliebten Frey. Es sind in Teilen der NPD immer wieder Initiativen erkennbar, die darauf hinauslaufen, individuelle Verbindungen zu den Republikanern nicht abreißen zu lassen und neue zu begründen – ungeachtet der Tatsache, daß Frey den Republikaner -Vorsitzenden Franz Schönhuber aus vorwiegend persönlichen Gründen strikt ablehnt und Schönhuber mit der NPD nichts zu tun haben will, weil diese eine überflüssige und undemokratische Partei sei. Trotz dieser Ablehnungshaltungen in den Führungsbereichen könnte man sich auf lokaler Ebene zusammenfinden.

Die DKP und die Gewerkschaften – ein symbiotisches Verhältnis?

Von Manfred Wilke

1. Die Erfolge der DKP in den Gewerkschaften

Auf dem ersten Parteitag der DKP in Essen im April 1969 unterstrich ihr Vorsitzender Kurt Bachmann, daß sich seine Partei „nicht als Opposition in den Gewerkschaften" betrachtet, „sondern als zum Kern dieser Organisation gehörig".[1] Die damals gültige DGB-Satzung verpflichtete den Gewerkschaftsbund noch zur „Bekämpfung von faschistischen, kommunistischen [. . .] und allen sonstigen antidemokratischen Einflüssen".[2] 1971 hat der DGB in der neuen Satzung diese Verpflichtung gestrichen. Der DGB faßte 1973 einen Unvereinbarkeitsbeschluß gegen die maoistischen K-Gruppen; die DKP wurde davon ausgenommen.

1971 etablierte die IG-Metall-Jugendkonferenz im DGB das antifaschistische Leitbild der Einheitsgewerkschaft. Es reduzierte das Extremismusproblem in der Bundesrepublik auf den „Kampf gegen den Neofaschismus" und reintegrierte zunächst stillschweigend die DKP als Partei der „konsequenten" Antifaschisten in die Einheitsgewerkschaften. Die Erosion jenes politischen Leitbilds der Einheitsgewerkschaft, das die ersten Dezennien der DGB-Geschichte prägte, setzte ein: die „Koalition" zwischen Sozialdemokraten und dem Arbeitnehmerflügel der Union.

Als 1981 der DGB sich ein neues Grundsatzprogramm gab, kam es zum Streit über die historischen Traditionen der Einheitsgewerkschaft. Der Programmentwurf hob „vor allem" die „freiheitlich sozialistischen und christlich-sozialen Richtungen" der vergangenen deutschen Arbeiterbewegung hervor. Dagegen verlangte unter anderem die IG Druck und Papier, in der Präambel festzuschreiben, daß der Gedanke der Einheitsgewerkschaft im Kampf gegen den Faschismus wurzelt. Der Leiter der Abteilung Gesellschaftspolitik beim

[1] Kurt Bachmann, Einig handeln für demokratische Erneuerung von Staat und Gesellschaft, in: Parteivorstand der DKP (Hrsg.), Einig handeln für demokratische Erneuerung von Staat und Gesellschaft, Düsseldorf, o. J., S. 31.

[2] DGB-Bundesvorstand (Hrsg.), Protokoll des 3. Außerordentlichen DGB-Bundeskongresses, 14./15. Mai 1971, alte Satzung, o. J., S. 4.

DGB-Vorsitzenden qualifizierte diesen Verstoß in einem internen Papier als Versuch, „den Antifaschismus, der bis heute der bevorzugte ideologische Kitt für die Einheitsfrontpolitik der Kommunisten geblieben ist, zum bestimmenden Merkmal der Einheitsgewerkschaft hochzustilisieren", um „den Kommunismus zum konstituierenden Bestandteil der Einheitsgewerkschaft" zu machen und die Gewerkschaftspolitik letztlich auf die „programmatische Perspektive" der DKP zu orientieren.[3]

1981 wurden diese Anträge noch abgelehnt. Aber zwei Jahre später beschloß der 14. Ordentliche Gewerkschaftstag der IG Metall die Anerkennung der Kommunisten neben Christen und Sozialdemokraten als politische Strömung „innerhalb der Gewerkschaftsbewegung".[4] Im Februar 1988 wählte der Gewerkschaftstag der Gewerkschaft Holz und Kunststoff (GHK) mit dem Diplomkaufmann Peter Raane ein DKP-Mitglied als Kassierer und Personalchef in den Geschäftsführenden Hauptvorstand.[5] Die Landesdelegiertenkonferenz der Berliner Gewerkschaft Erziehung und Wissenschaft (GEW) wählte am 1. Juni 1989 mit 168 gegen 152 Stimmen die Lehrerin Ingeborg Uessler-Gothow zur neuen Vorsitzenden. Sie ist Mitglied der Sozialistischen Einheitspartei Westberlins (SEW). Die Mitgliedschaft in der „Bruderpartei" der DKP war den Delegierten bekannt. Der Vorsitzende der GEW, Dieter Wunder, verteidigte die Wahl und warnte vor politischer Stigmatisierung der neuen Landesvorsitzenden. Diese GEW-Vorstandswahl ist eine direkte Folge des Berliner Wahlsiegs von Alternativer Liste (AL) und SPD im Januar 1989. Dem neuen Senat gehört die frühere stellvertretende Vorsitzende der GEW, Sybille Volkholz, als Schulsenatorin an. Austritte und die bevorstehenden Personalratswahlen bewogen eine „knappe Mehrheit" des Landesvorstandes, nach sieben Wochen ihre Vorsitzende zum Rücktritt aufzufordern – ein Begehren, dem diese Folge leistete.[6]

Schon im April 1989 bilanzierte Conrad Schuler, Chefredakteur des Parteiorgans „Unsere Zeit", vor dem DKP-Parteivorstand den Anteil der Kommunisten an der Gründung der IG Medien: „Wenn beim

[3] Vgl. Manfred Wilke, Einheitsgewerkschaft zwischen Demokratie und antifaschistischem Bündnis, Melle 1985, S. 12 f.

[4] 14. Ordentlicher Gewerkschaftstag der IG Metall, Antragsordner, o. O., o. J., S. 125.

[5] Manfred Wilke, Roter Teppich für die DKP, in: Gewerkschaftsreport, 3/1988, S. 10 ff.

[6] Vgl. Die Wahrheit und die Berliner Morgenpost, jeweils vom 20. Juli 1989.

Parteiabend der DKP in Hamburg [anläßlich des 1. Gewerkschaftstages der IG Medien] Hunderte von Delegierten waren, darunter die ganze Führung der RFFU, der Rundfunk-Film-Fernsehunion, dann ist das auch eine Reverenz vor der Leistung der Kommunisten in den letzten zwei Jahrzehnten. Die IG Medien sind ein großes Ereignis und sie sind ein großes Ereignis für die Konsequenz und die Vitalität der Kommunisten."[7] Die positive Bilanz der Gewerkschaftspolitik seiner Partei, die der DKP-Vorsitzende in einem internen Referat zog, ist nicht unbegründet: „Von einer früher vorhandenen, nahezu totalen Ausschaltung von uns Kommunisten aus den Gewerkschaften, von einem nahezu bloßen Auftreten der Kommunistinnen und Kommunisten als nur ‚linke Leute' oder ‚linkssozialistisch angehauchte' Leute, von diesem Ausgangspunkt haben wir uns in die Akzeptanz innerhalb der Gewerkschaft hineingearbeitet, die allerdings nicht widerspruchsfrei ist."[8] Das Urteil von Mies wird gestützt durch den Verlauf der letzten Abgrenzungsdebatte zur DKP im DGB. Auf seinem 13. Bundeskongreß 1986 in Hamburg stellte die IG Chemie-Papier-Keramik den Antrag, daß in außerparlamentarischen Protestaktionen der DGB keine Bündnisse mit Organisationen eingeht „die in totalitären Gesellschaftssystemen oder undemokratischen Staatsformen das Ziel ihrer politischen Betätigung sehen". Der stellvertretende Vorsitzende der IG Druck und Papier, Dr. jur. Detlef Hensche, bekundete „mit allem Freimut" und unter lebhaftem Beifall der Delegierten: „Mir wäre viel, viel wohler, wenn dieser Antrag nie gestellt worden wäre." Der IG Chemie-Antrag richtete sich erklärtermaßen gegen die DKP und beschrieb die Bündnistechnik der Partei gegenüber Gewerkschaftsfunktionären, zum Beispiel gemeinsame Appelle, Unterschriftenaktionen und die Etablierung antifaschistischer Feiertage. Nach Ansicht der Antragsteller handelt es sich bei all diesen Aktivitäten der DKP im DGB und gegenüber Gewerkschaftsfunktionären – die ja in der Regel Sozialdemokraten sind – um „politische Vereinnahmung". Dieser politisch-ideologische Umerziehungsprozeß, der die Aktionseinheitspolitik der DKP impliziert, sollte unterbunden werden.

[7] Conrad Schuler, Beitrag auf der 4. Tagung des Parteivorstandes, 15./16. April 1989, DKP-Informationen, Nr. 20 vom Mai 1989, hrsg. vom Parteivorstand/Abt. Öffentlichkeitsarbeit, S. 30.

[8] Herbert Mies, Einige Gedanken zur 20jährigen Geschichte der DKP, Vortrag vor Kreisvorsitzenden des Bezirks Rheinland-Westfalen am 28. April 1988, hrsg. von der Abteilung Theorie und Marxistische Bildung beim Parteivorstand der DKP, 7/1988, S. 5 (hektographiertes Manuskript).

Aber bereits vor dem Kongreß wurde in der Antragsberatungskommission (unter dem Vorsitz des designierten IG-Metall-Vorsitzenden Franz Steinkühler) deutlich, daß nur sechs Gewerkschaften (IG Chemie, IG Bergbau, IG Bau-Steine-Erden, Nahrung-Genuß-Gaststätten, Textil-Bekleidung und ÖTV) gewillt waren, diesem „Grenzstein" gegen die Zusammenarbeit mit Kommunisten zuzustimmen. Die restlichen elf Gewerkschaften lehnten das Vorhaben ab.[9]

Der „wirklich große Erfolg", den seine Partei in der Gewerkschaftspolitik zu verbuchen hat, führt Mies zurück auf die tatsächliche Aufarbeitung vorausgegangener Geschichte „kommunistischer Gewerkschaftspolitik" und die „Hinwendung zu dem Kampf um den Erhalt der größten Errungenschaft unserer Arbeiterbewegung nach 1945: der Einheitsgewerkschaft". Für diese Behauptung von Mies spricht der eingangs zitierte Satz seines Amtsvorgängers, daß sich die DKP nicht als „Opposition in den Gewerkschaften" versteht. 1969 gab es in den Gewerkschaftsvorständen noch Funktionäre, deren Biographie von der Sozialisation in der deutschen Arbeiterbewegung vor 1933 geprägt war[10], sie wußten noch um die Spaltungspolitik der KPD. In der Diskussion um die Tradition der Einheitsgewerkschaft hat Hermann Rappe an den Aufbau der „Revolutionären Gewerkschafts-Opposition" (RGO) als kommunistische Richtungsgewerkschaft nach 1929 erinnert. Die Konklusion aus der Geschichte kommunistischer Gewerkschaftspolitik heißt für Rappe Abgrenzung: „Kommunisten wollten Gewerkschaften immer nur erobern und spalten. Sind es dann ‚ihre' Gewerkschaften, werden die Andersdenkenden rücksichtslos ‚ausgeschaltet', und statt innergewerkschaftlicher Wahlen regiert die Partei. Solche Gewerkschaften wollen wir nicht, und daß deshalb die Gewerkschaftszerstörer ebenfalls zu unserer Tradition gehören sollen, vermag ich nicht einzusehen."[11]

Noch 1987 verknüpfte Hermann Rappe in einer programmatischen Rede die Geschichte kommunistischer Gewerkschaftspolitik mit ihrer heutigen Zielsetzung. Er befand: „An der Vorgehensweise hat sich

[9] Vgl. Manfred Wilke, Stichwort: Einheitsgewerkschaft. Der DGB nach seinem 13. Bundeskongreß vom 25.-31. Mai 1986 in Hamburg, München 1986, S. 20 ff.

[10] Vgl. Hartmut Grewe/Horst-Udo Niedenhoff/Manfred Wilke, Funktionärskarrieren im DGB. Zum Generationswechsel an der Spitze der DGB-Gewerkschaften, Melle 1989, S. 49 ff.

[11] Zitiert nach Wilke (FN 3), S. 247 ff.

nichts geändert. Die damaligen Parolen finden wir auch heute wieder. Die KPD nannte als wichtigen Grundsatz ihrer Wühl- und Zersetzungsarbeit ‚die Wahrung absoluter Neutralität nach außen hin'. Neutralität wird dabei von ihnen verstanden als Verschleierung der wahren Absichten; die Brücke zur Gegenwart läßt sich schnell schlagen. Aktionsbündnisse, gemeinsame Komitees, wo andere ihren Namen hergeben, und die im Hintergrund dann kommunistisch beeinflußt werden."[12] Bachmann hat sich somit 1969 zur Geschichte der KPD-Gewerkschaftspolitik bekannt und versichert, daß in diesem Punkt die DKP aus den Fehlern der kommunistischen Bewegung gelernt hat.

Die DKP bestimmt die Gewerkschaften als „umfassendste Klassenorganisation der Arbeiter, Angestellten und Beamten" zur Basis für ihre Politik der Aktionseinheit mit den Sozialdemokraten. Nach ihrem gültigen Programm ist „das Ringen um die Herstellung der Aktionseinheit der Arbeiterklasse" – gemeint ist das gemeinsame „Handeln von Kommunisten und Sozialdemokraten" – als den „beiden Hauptströmungen der Arbeiterbewegung in der Bundesrepublik [. . .] ein Kernstück der Politik der DKP". Diese Perspektive bestimmt ihre politische Gewerkschaftsarbeit: Sie verteidigte die Einheitsgewerkschaft gegen „Angriffe der Unternehmerverbände" ebenso wie die Verletzung des Prinzips der parteipolitischen „Unabhängigkeit der Gewerkschaften [. . .] durch christdemokratische und rechtssozialdemokratische Politiker". Die Partei will in der „Einheitsgewerkschaft" eine klare programmatische Orientierung der Gewerkschaftspolitik: „Sie widersetzt sich allen Absichten, die Gewerkschaften als ‚Ordnungsfaktor' des kapitalistischen Systems zu mißbrauchen, sie mit der Ideologie der Sozialpartnerschaft an das Großkapital und eine dessen Interessen dienende Regierungspolitik zu binden". Der Schwerpunkt der DKP-Gewerkschaftspolitik ist ideologischer Natur; sie versucht, ihre „führende Rolle" in Form gewerkschaftlicher Beschlüsse und der Beteiligung des DGB an der von der Partei initiierten oder unterstützten außerparlamentarischen Kampagnen zu realisieren: „Die kommunistischen Arbeiter, Angestellten und Beamten sind Teil der Gewerkschaften. Sie setzen sich dafür ein, daß die

[12] Hermann Rappe, Die Fuldaer Beschlüsse – ihre Bedeutung in der Vergangenheit und Gegenwart, in: IG CPK, Hauptvorstand (Hrsg.), Die Auseinandersetzung mit dem politischen Extremismus von links und rechts im Deutschen Gewerkschaftsbund (DGB) und der Industriegewerkschaft Chemie-Papier-Keramik (IG CPK), Hannover 1987, S. 16.

Gewerkschaften an den Interessen der Arbeiterklasse orientierte Forderungen entwickeln und konsequent durchsetzen. Sie wirken dafür, daß sich die innergewerkschaftliche Demokratie entfaltet, daß dem Antikommunismus in den Gewerkschaften kein Raum gegeben wird und die Grundsätze der Einheitsgewerkschaften strikt beachtet werden. Den Kommunisten geht es um die Überwindung von Widersprüchen und Inkonsequenzen in der gewerkschaftlichen Politik und damit um die Erhöhung des Ansehens, der Glaubwürdigkeit und der Kampfkraft der Gewerkschaften."[13]

2. Die Gewerkschaftspolitik der KPD

Die von Mies ausgesprochene kritische Aufarbeitung der Geschichte kommunistischer Gewerkschaftspolitik hatte die vom Bundesverfassungsgericht 1956 verbotene KPD bereits Anfang der sechziger Jahre geleistet.[14] Mies war damals Kandidat des Politbüros der illegalen KPD und Sekretär des Zentralkomitees. Seit dem KPD-Verbot 1956 befand sich die KPD-Führung – ihr „Politbüro" – im DDR-Exil. Nach der vorliegenden Literatur reduzierte sich die Mitgliedschaft der Partei von 70.000 Mitgliedern auf den um den illegalen Apparat zentrierten Kern von etwa 7.000 Anhängern. Die ab 1960 von allen Beobachtern registrierte Revitalisierung der Aktivitäten der KPD fand in einer Konstellation statt, die durch folgende zeitgeschichtliche Ereignisse bestimmt war: 1. Der XX. Parteitag der KPdSU 1956 dekretierte die Prinzipien der friedlichen Koexistenz als außenpolitische Handlungsmaxime der Staaten des realen Sozialismus. 2. 1959 veränderte sich der Ost-West-Konflikt qualitativ, es gab das atomare Patt zwischen der Sowjetunion und den USA. In Genf fand die letzte alliierte Deutschlandkonferenz statt, auf der das Thema Wiedervereinigung auf der Agenda stand. 3. Die Übertragung der Konzeption der friedlichen Koexistenz auf Deutschland hieß für die SED, die Anerkennung der DDR als zweiten deutschen Staat in der Bunderepublik durchzusetzen.

Ulbricht unterstrich auf dem V. Parteitag der SED 1958, daß sich in

[13] Programm der DKP, beschlossen vom Mannheimer Parteitag der DKP, 20.-22. Okt. 1978, 3. Aufl., Düsseldorf 1983, S. 75.

[14] Nachfolgende Darstellung basiert auf einer noch unveröffentlichten, vom Bundesministerium für innerdeutsche Beziehungen geförderten Untersuchung. Vgl. FN 17.

Deutschland nicht nur zwei Staaten, sondern zwei politische Konzeptionen gegenüberstehen, die ihren Ausdruck in Parteien gefunden haben: einerseits die SED und die KPD, „welche die Gesamtinteressen der Arbeiterklasse und der friedliebenden Volksmassen vertreten, sowie der CDU/CSU, die das politische Instrument der aggressiven imperialistischen Kreise Westdeutschlands darstellt."[15] Die Sozialdemokratie hatte nach diesem Lagerschema der SED nur die Wahl zwischen diesen beiden Hauptkräften der deutschen Politik. Und die SPD entschied sich 1959 in Godesberg für die Gemeinsamkeit mit der CDU, um in Bonn regierungsfähig zu werden. Das Godesberger Programm und mehr noch die Rede von Herbert Wehner am 30. Juni 1960 im Bundestag über die Gemeinsamkeiten von Regierung und Opposition in der Außen-, Sicherheits- und Deutschlandpolitik verschärften sofort die antisozialdemokratische Propaganda der SED: Die „Einheit", die ideologische Zeitschrift der SED, schrieb: „Die rechten Führer liquidierten am 30. Juni 1960 die SPD als selbständige politische Partei."[16] Aber schon Ende Juli 1960 auf der 9. ZK-Tagung der SED fragt das für Westdeutschland zuständige SED-Politbüromitglied Hermann Matern nach den Kräften, die in der bundesdeutschen Arbeiterbewegung eine Wende herbeiführen können. Gerade die Polemik gegen den „Verrat der Wehner-Brandt-Gruppe" verdeutlicht die zentrale Frage der SED-Deutschlandpolitik Anfang der sechziger Jahre nach Godesberg: Mit welchen Bundesgenossen in „Westdeutschland" läßt sich die Politik der SPD beeinflussen und schließlich korrigieren? Matern setzt seine Hoffnung auf jene Kräfte innerhalb und außerhalb der SPD, die diesem Kurs von Godesberg kritisch gegenüberstehen und vor allem auf die „Gewerkschaften".

In dieser Konstellation fand im April 1960 eine „Parteidelegiertenkonferenz der KPD" statt, die eine programmatische Erklärung beschloß. Ausgangspunkt der Politik der KPD war die Feststellung, daß die SED die führende Partei der deutschen Arbeiterklasse sei. Folgerichtig stellte das Dokument der KPD von 1960 in seiner ganzen Anlage eine Konzeption für vielfältige Bündnisse mit allen oppositionellen Kräften in der Bundesrepublik dar, Schlüsselfrage war die

15 Erich Glückauf, Die beiden politischen Konzeptionen in Deutschland und die Stellung der SPD, in: Einheit 10 (1958), S. 1480.

16 Walter Krzyzanowski/Georg Neukranz/Werner Strauß, Der Verrat der Wehner-Brandt-Gruppe und die Gemeinsamkeiten der deutschen Arbeiter, in: Einheit 8 (1960), S. 1231.

Anerkennung der DDR. Nach der Konferenz legte die Gewerkschaftskommission am 25. November 1960 beim Politbüro der KPD die Analyse „Zur Situation in der westdeutschen Gewerkschaftsbewegung" vor.

Diese „Analyse" bildete den Basistext für das von der Gewerkschaftskommission beim Politbüro der KPD im August 1961 vorgelegte „Informations-Material zur Lage im DGB und der Aufgabe der Kommunisten in den Gewerkschaften". Zwischen beiden Papieren lag die Beurteilung der „Analyse" durch die zuständige ZK-Abteilung der SED. Die Korrekturen am KPD-Papier stammten nach Auskunft von Prof. Dr. Wolfgang Seiffert von Herbert Häber.[17] Die „Analyse" ging von zwei Linien der Gewerkschaftspolitik im DGB aus. Die Linie des DGB-Vorsitzenden Willi Richter stand nach Ansicht der KPD-Gewerkschaftspolitiker „offen" im „Lager des Imperialismus und Militarismus" und mußte daher bekämpft werden. Die zweite Linie im DGB wurde vor allem in der IG Metall repräsentiert. Sie galt der KPD mit ihren Beschlüssen zur geplanten Notstandsgesetzgebung und dem Festhalten an den Sozialisierungsforderungen des DGB-Grundsatzprogramms von 1949 nach Verabschiedung des Godesberger Programms der SPD als Beispiel für eine unabhängige Gewerkschaftspolitik in der Bundesrepublik. Aufgabe der KPD war es, hier politisch anzuknüpfen.

Diese Konzeption wurde im Grundsatz von der SED-Westabteilung in ihrer Kritik an der „Analyse" bestätigt und mit einer Klarstellung über den Inhalt der Losung „Unabhängigkeit der Gewerkschaften" verbunden. Nach Ansicht der SED-Westabteilung drehte es sich dabei „um die Unabhängigkeit vom Monopolkapital, aber nicht um die Unabhängigkeit gegenüber der revolutionären Partei der Arbeiterklasse, der KPD. Im Gegenteil, die Gewerkschaften können ihre Aufgabe als Vertreter der Arbeiterinteressen und der Interessen der Nation um so besser erfüllen, je mehr die von der KPD entwickelte Politik und ihr Aktionsprogramm die Orientierung in den Gewerkschaften bestimmt."[18] Damit hatte die SED den Rahmen abgesteckt,

[17] Herbert Häber, Jahrgang 1930, 1946 SED, 1950-1965 Mitarbeiter des ZK der SED, Abteilungsleiter für Westfragen. 1965-1971 stellvertretender Abteilungsleiter für gesamt- bzw. westdeutsche Fragen. Danach Direktor des Instituts für internationale Politik und Wirtschaft (IPW). Von 1973-1985 Leiter der Westabteilung. 1984/85 Mitglied des Politbüros. Vgl. Günther Buch, Namen und Daten wichtiger Personen der DDR, 4. Aufl., Berlin/Bonn 1987, S. 101.

[18] Vgl. Manfred Wilke/Hans-Peter Müller, Deutschlandpolitik aus einer Position der ideologischen Stärke? Die Diskussion über die westdeutschen Gewerkschaften in der

in dem sich die Gewerkschaftspolitik der KPD entfalten sollte. Die führende Rolle der KPD gegenüber dem DGB wird von der SED eingegrenzt, auf die vornehmlich in den Gewerkschaften ideologisch-politisch zu erfüllende Orientierung ihrer Sprache und Politik auf das Aktionsprogramm der Partei. Die SED hielt die KPD an, die „Lehren der Geschichte" ihrer Gewerkschaftspolitik zu ziehen und nicht mehr zu versuchen, die führende Rolle der Partei auch organisatorisch in Form offener Fraktionen oder sektiererischer Abspaltung der eigenen Kader aus der Einheitsgewerkschaft durchsetzen zu wollen.

Realpolitisch verlangte die SED-Westabteilung 1961 von der KPD, mit ihrer Politik der Aktionseinheit im DGB all jene Funktionäre zu stärken, die in der Lage sind, eine Wende der SPD-Politik herbeiführen zu helfen: „Die Veränderung des Kräfteverhältnisses in den Gewerkschaften zugunsten einer konsequenten antiimperialistischen Politik der Arbeiterklasse ist auch von entscheidender Bedeutung für die Veränderung der Lage in der Sozialdemokratie, für die Stärkung des Arbeiterflügels in der SPD, für die Stärkung der traditionellen reformistischen Kräfte gegenüber offenen Agenten des Imperialismus."

Eine der ersten Maßnahmen, mit denen 1961 die KPD den aktiven Kampf um die Beeinflussung des Bewußtseins der Gewerkschaftsfunktionäre aufnahm, war die Gründung einer Zeitschrift, der „Nachrichten". Sie wurden gegründet vom ehemaligen Vorsitzenden der Gewerkschaft Holz, Heinz Seeger. Aber das Konzept für das Projekt stammte von der Gewerkschaftskommission beim Politbüro der KPD – so berichtet Wolfgang Seiffert, heute Professor für Völkerrecht in Kiel und damals ihr Mitarbeiter.[19]

3. Die Fortsetzung der KPD-Gewerkschaftspolitik durch die DKP

1968 übernahmen DKP-Gesellschafter bei der „Neukonstituierung" die Zeitschrift und führten sie bis heute weiter. Der Verfassungsschutzbericht gibt die Auflage der „Nachrichten" mit „etwa 7. 000

DDR-Gesellschaftswissenschaft im Zeitraum 1961-1972, Ms., Berlin 1988. In dieser Arbeit werden bislang unveröffentlichte Materialien der KPD-Gewerkschaftskommission und die Beurteilung („Analyse") durch die SED erstmals dokumentiert und analysiert.

[19] Vgl. Wilke (FN 9), S. 25.

Exemplare" an.[20] Der „Nachrichten-Verlag" ist nicht das einzige Erbstück, das die DKP übernahm. Ein Vergleich der Aussagen des gültigen DKP-Programms mit dem Ansatz von 1961 zeigt, daß die Partei an der Zwei-Linien-Konzeption ebenso festhält wie an dem Ansatz, die Einheitsgewerkschaft als Basis für die Aktionseinheitspolitik mit der SPD und demokratischen Kräften wie den „Grünen" zu nutzen.

Diese institutionelle Sicht des DGB im politischen Prozeß der Bundesrepublik erklärt, warum die DKP als Anwalt der Einheitsgewerkschaft auftritt und sie ihre Mitglieder zu einer aktiven Beteiligung an der politisch-ideologischen Kursbestimmung der Gewerkschaftspolitik anhält. So diente der „Nachrichten-Verlag" 1985 beispielsweise als Plattform für ein Seminar, an dem Funktionäre der IG-Metall und der IG-Druck und Papier teilnahmen. Diskussionsthema war insbesondere die gewerkschaftliche Arbeitskampfpolitik.[21]

Um Gewerkschaftspolitik ging es der DKP auch bei ihrer medienpolitischen Konferenz in Hamburg im Dezember 1985. Das Mitglied des Präsidiums und Sekretär des Parteivorstands der DKP, Fritz Noll, begrüßte die Gründung der IG-Medien: „Es ist ein wichtiger Schritt zur Formierung demokratischer Gegenmacht. Wir stimmen mit dem DGB-Vorsitzenden überein, der von einer ‚historischen Dimension' sprach." Gleichzeitig erklärte Noll die Frage, „in wessen Händen die Massenmedien sind", zu einer Kernfrage der Politik.[22] Auf der Konferenz befaßte sich eine Arbeitsgruppe mit dem Problem des Einflusses auf die Inhalte der Massenmedien. Ausgangspunkt der Diskussion war die These, daß „die Frage nach dem Einfluß der Linken auf die Inhalte der Massenmedien identisch ist mit der Frage nach dem politischen Einfluß der Linken in unserem Land". Ein Ansatzpunkt, um aktiv Einfluß zu nehmen auf Programm und Inhalt der elektronischen Medien, sah die Arbeitsgruppe in der IG-Medien. „Schließlich spielen die fortschrittlichen Medienschaffenden eine sehr bedeutende Rolle." Die DKP stellte sich nun die Aufgabe, daß die Fragen des Inhalts von Sendungen in den Gremien der neuen IG-Medien behandelt würden: „Insgesamt wird sich die IG-Medien

[20] Verfassungsschutzbericht 1986, Bonn 1987, S. 72.

[21] Parteivorstand der DKP (Hrsg.), Gegen die Macht der Medienkonzerne die Gegenmacht der Demokraten, Materialien der medienpolitischen Konferenz der DKP-Hamburg, 14./15. Dezember 1985, Neuss 1986, S. 5 ff.

[22] Vgl. Frank Deppe/Manfred Balter/Sybille Stamm/Shelley Adams, Streik – Widerstand gegen Kapital und Kabinett, Frankfurt a. M. 1985.

verstärkt inhaltlichen Fragen zuwenden müssen, der Frage danach, was da in den Medien produziert wird, wie weit es dem Frieden, den Interessen der arbeitenden Menschen, der Demokratie und dem sozialen Fortschritt dient oder nicht."[23]

Hermann Rappe, Vorsitzender der IG Chemie, hat auf dem 13. DGB-Bundeskongreß die Arbeitsfelder aufgelistet, in denen es zu Auseinandersetzungen um kommunistische Gewerkschaftspolitik gekommen ist: „Es ging um Probleme der gewerkschaftlichen Kulturarbeit und Kulturpolitik; es ging aber vor allem um die Darstellung der Geschichte der Arbeiterbewegung" und um „Bildungsinhalte in der gewerkschaftlichen Jugendarbeit".[24] Ideologie- und Personalpolitik sind die beiden Seiten der Medaille „Aktionseinheitspolitik".

In den derzeitigen innerparteilichen Kontroversen der DKP ist das Feld Gewerkschaftspolitik unumstritten. Beide „Strömungen" sind sich einig: „Mehr Demokratie in der Bundesrepublik ist undenkbar ohne eine neue Qualität von Mitbestimmung und Kontrolle durch Gewerkschaften und Belegschaften."[25]

[23] Ebd., S. 83 ff.
[24] Zitiert nach Wilke (FN 9), S. 26.
[25] Entwurf Bundesrepublik Deutschland 2000. Vorschläge der DKP zu einer friedensorientierten und demokratischen Alternative für die 90er Jahre, UZ-Eigenbeilage zu Nr. 148 vom 30. Juni 1988.

Biographisches Porträt: Michael („Bommi") Baumann

Von Uwe Backes

1. Lebenslauf

Michael Baumann wird 1948 im Ostberliner Arbeiterbezirk Lichtenberg geboren.[1] Noch vor dem Bau der Mauer wechselt die Familie in den Westen der Stadt über und bezieht eine Wohnung am Rande des Märkischen Viertels, einer der vielen eintönig-grauen Trabantensiedlungen, die in den sechziger Jahren aus dem Boden gestampft werden. Der Umzug verursacht schulische Probleme: Michael Baumann muß ein Jahr wiederholen und verläßt die Volksschule bereits nach der achten Klasse. Er beginnt eine Lehre als Betonbauer, die er jedoch nicht abschließt. Der rebellische Teenager lehnt sich mehr und mehr gegen das Elternhaus und die Erwachsenenwelt auf. Nimmt er bis Mitte der sechziger Jahre noch gelegentliche Jobs an, vollzieht sich nach und nach ein totaler „Ausstieg" und die Integration in die Berliner Jugend- und Protestszene. Die neue Musikkultur (Beat, Rock), betont lässige Umgangsformen, lange Haare, Rauschgiftkonsum markieren den Bruch mit dem Elternhaus.

Das Abstreifen anerzogener Werte und Verhaltensmuster, vor allem Folge eines ungewöhnlich aggressiven Konflikts zwischen Kriegs- und Nachkriegsgeneration, wird durch intellektuelle Einflüsse nachträglich politisiert. Seit 1966 knüpft Michael Baumann Kontakte zu studentischen Kreisen im Umfeld der sich formierenden „Außerparlamentarischen Opposition" (APO), nimmt an Zusammenkünften des „Sozialistischen Deutschen Studentenbundes" (SDS) und des „Republikanischen Clubs" teil und schließt sich 1967 der „Kommune I" um Dieter Kunzelmann, Rainer Langhans und Fritz Teufel an. Während die studentischen Wohngenossen über psychopolitischen Theorien brüten, weiß „Bommi", wie Michael Baumann bald genannt wird, die Freiheiten des „Szene"-Lebens auszukosten. Wechselnde Liebschaften, Alkohol- und Haschisch-

[1] Vgl. zu den Lebensdaten: Uwe Backes/Eckhard Jesse, Politischer Extremismus in der Bundesrepublik Deutschland, Bd. III: Dokumentation, Köln 1989, S. 279. – Herrn Baumann danke ich für die Gelegenheit zu einem ausführlichen Gespräch am 19. April 1989 in Westberlin.

Konsum, „heiße" Musik, süßes Nichtstun: Dieses Leben erscheint ihm bald viel attraktiver als die „Maloche" auf dem Bau.

Der Abschied von der „bürgerlichen" Arbeitswelt erfährt durch revolutionäre Theorien eine Rechtfertigung. Wer arbeitet, hilft mit, das durch und durch morsche „System" am Leben zu erhalten. Vor der Anwendung von Gewalt schreckt Baumann im Gegensatz zu den studentischen Theoretikern nicht zurück. Bereits in der „Kommune I" plädiert er für massive Methoden des politischen Kampfes: „Dafür, daß man Bomben baut, war ich schon immer, schon 67 in der K I. So ein Mann wie Roy Clark, der Bombenleger, der die Bundesbahn erpreßt hat, den fand ich schon sehr gut, da wollte ich auch damals das Flugblatt in der K I machen. Roy Clark sei einer von uns, er soll kommen, uns zu helfen, daß der ganz in Ordnung ist, und daß der auch einen Praxisbereich erkannt hat. Aber die anderen waren dagegen."[2]

Baumann gehört denn auch zu denen, die am Rande von „Aktionen" Handgreiflichkeiten – etwa mit der Polizei – nicht aus dem Wege gehen. 1968 wird er beim Zerstechen von Autoreifen auf frischer Tat ertappt. Eine neunmonatige Haftstrafe, auf Bewährung ausgesetzt, ist die Folge. Baumann zieht zeitweilig wieder zu den Eltern und arbeitet auf dem Bau, um den entstandenen Schaden zu begleichen. Der Kontakt zur „Szene" reißt jedoch keineswegs ab. Nach dem Attentat auf Rudi Dutschke (Gründonnerstag 1968) beteiligt sich Baumann aktiv an den Krawallen. Der Weg in den politischen Terrorismus wird beschritten: „An dem Abend nach den brennenden Autos, da bin ich mit Urbach und Fritz rumgefahren im VW mit einer Kiste mit den restlichen Mollies, und wir haben überlegt, was wir nun noch anstecken können. [. . .] Wir wollten noch rausfahren nach Schwanenwerder, wo der Springer so 'ne Villa hat, die wollten wir auch noch anstecken, aber dann wußte wieder keiner genau, wo die ist. Jetzt waren Terrorprobleme sofort sehr aktuell."[3]

Baumann schließt sich 1968 der militanten „Wielandkommune" (in der Wielandstraße) an: „Wir lebten zu zehn, zwanzig Leuten, darunter drei Kinder in acht Zimmern und finanzierten uns von Raubdrukken (Bakunin, Gesammelte Werke) und Ladendiebstahl."[4] Führende Mitglieder der „Wielandkommune" gründen im Frühjahr 1969 den

[2] Bommi Baumann, Wie alles anfing, Neuausgabe, München 1982 (1975), S. 25.
[3] Ebd., S. 49 f.
[4] Ebd., S. 52 f.

„Zentralrat der umherschweifenden Haschrebellen", der sich als der „militante Kern der Berliner Subkultur" versteht und dem „Sklavenhaltersystem des Spätkapitalismus"[5] den Kampf ansagt. Möglichkeiten zum Aufbau einer „Stadtguerilla" werden, nicht zuletzt unter dem Einfluß von Lektüreerlebnissen (Debray, Guevara, Mao), ernsthaft diskutiert. Die organisatorische Vorbereitung von Attentaten beginnt. Baumann beteiligt sich beispielsweise beim Inbrandsetzen von Autos, an gewalttätigen Ausschreitungen am Rande von Demonstrationen und am Zerstören von Radarwagen der Polizei. Nach der Rückkehr einiger Militanter aus dem palästinensischen Ausbildungslager beginnt der Aufbau terroristischer Zellen („Schwarze Ratten", „Schwarze Front", „Tupamaros Westberlin") nach dem Vorbild südamerikanischer Stadtguerilleros. Die Gruppe begeht in der Folgezeit eine Reihe von Sprengstoff- und Brandanschlägen. Bei einer Racheaktion gegen einen „Quick"-Reporter, der über Terrorakte in Berlin berichtet hatte, wird Baumann im Februar 1970 verhaftet und verbringt die Zeit bis Sommer 1971 im Gefängnis. „Bommi" wird während seiner Haftzeit zum Idol der „Szene" stilisiert. Freunde und Bekannte engagieren sich mittels Flugblättern, Solidaritätsadressen und Anschlägen für seine Freilassung („Free-Bommi"-Kampagne).[6]

Nach Beendigung der Haftzeit kehrt Baumann in die militante „Szene" zurück. Inzwischen sind die Aktionen der RAF in aller Munde und üben eine Vorbildwirkung auf die Gruppen der Berliner „Haschrebellen" aus. Die Bildung der später einer breiteren Öffentlichkeit bekannt gewordenen „Bewegung 2. Juni" beginnt. Die Gruppe bewaffnet sich und unterhält „konspirative" Stützpunkte. Durch Banküberfälle sollen die nötigen Mittel zum Aufbau einer terroristischen Organisation beschafft werden. Zusammenstöße mit der Polizei sind aufgrund der nun größer gewordenen Systematik und Zielgerichtetheit der politischen Kriminalität programmiert. Im Dezember 1971 wird der Anführer der „umherschweifenden Haschrebellen", Georg von Rauch, nach einem Raubüberfall in einem Feuergefecht mit der Polizei getötet. Michael Baumann, der mit einem Kampfgefährten entkommt, beschreibt dieses Ereignis als

[5] Zitiert nach: Ebd., S. 60. Siehe hierzu auch: Dieter Claessens/Karen de Ahna, Das Milieu der Westberliner „scene" und die „Bewegung 2. Juni", in: Wanda von Baeyer-Katte/Dieter Claessens/Hubert Feger/Friedhelm Neidhardt, Gruppenprozesse, = Analysen zum Terrorismus 3, hrsg. vom Bundesministerium des Innern, Opladen 1982, S. 106 f.

[6] Vgl. Claessens/de Ahna (FN 5), S. 123-126.

Schlüsselerlebnis: „Danach war ich natürlich völlig fertig, weil ich mit ihm zusammen die ganzen Sachen angefangen hatte, zu ihm die stärkste Beziehung hatte und mit ihm zusammen war die ganzen Jahre. Ich habe ihn richtig neben mir umfallen sehen, im selben Augenblick weißt du auch, er ist tot. [. . .] Das war die erste Geschichte, wo ich darüber nachgedacht habe, daß das Ganze langsam Formen annimmt, die nichts mehr mit den ursprünglichen Geschichten zu tun haben, weder etwas mit den Kommunegeschichten noch mit unseren Dropouts in den 60er Jahren noch mit dem Blues und den Haschrebellen, nichts mit der neuen Sensibilität und Zärtlichkeit und einem Verstehen, einem Eingehen auf den anderen, damit hat das alles nichts mehr zu tun."[7]

Der Bruch mit dem Terrorismus vollzieht sich jedoch nicht abrupt, sondern in einem stufenweisen Prozeß. Er wird auch dadurch erleichtert, daß Baumann seit dem Feuergefecht mit der Polizei wieder auf den Fahndungslisten der Polizei steht und zu einem Leben im Untergrund gezwungen ist. Als Baumann am 1. September 1972 mit einem „Kumpel" Westberlin über den Bahnhof Friedrichstraße verläßt und von Prag in den Vorderen Orient fliegt, geschieht dies noch in der Absicht, Waffen für die „Bewegung 2. Juni" zu besorgen. Die Reise führt über Damaskus, Bagdad und Teheran nach Afghanistan.[8] Die neuen, faszinierenden Eindrücke einer anderen Kultur, die größer werdende Distanz gegenüber der zuletzt zum selbsterrichteten Gefängnis gewordenen militanten „Szene" und die Fahndungliste der Polizei lassen schließlich den Entschluß reifen, von der terroristischen Praxis Abstand zu nehmen und im Ausland zu bleiben.

Die nächsten Jahre verbringt Baumann unter falschem Namen und mit gefälschten Papieren in verschiedenen Ländern (insbesondere Afghanistan, Großbritannien, Indien, Italien). Bei einem Versuch, unerkannt über Ostberlin in den Westteil der Stadt zu gelangen, wird er zwischenzeitlich in der DDR verhaftet und dreieinhalb Monate inhaftiert. Trotz Feststellung seiner Identität als „antiimperialistischer Kämpfer" liefern die Behörden den Exterroristen nicht an die Bundesrepublik aus, sondern leiten ihn über den „Ho-Chi-Minh-Pfad", eine „Schleuse" in der Berliner Mauer, in den Westteil der Stadt. Danach kann er sich wiederum unerkannt ins Ausland abset-

[7] Baumann (FN 2), S. 131-133.

[8] Über die Zeit im Ausland seit September 1972 berichtet Baumann ausführlich in folgender Publikation: Ders., Hi Ho. Wer nicht weggeht, kommt nicht wieder, Berlin 1987.

zen. Ein „Apparat wie das BKA" werde wohl überbewertet[9], meint Baumann, denn er habe in Österreich und Italien sogar zweimal kleine Rollen in Filmen übernommen, ohne daß dies zu seiner Verhaftung geführt hätte. Erst im Jahre 1981 wurde er in London festgenommen, an die Bundesrepublik Deutschland ausgeliefert und wegen Bankraubs und eines Sprengstoffanschlags zu einer fünfjährigen Freiheitsstrafe verurteilt.[10] Inzwischen ist Baumann wieder auf freiem Fuß, lebt in Westberlin und hat in der dortigen Alternativszene seinen Platz gefunden. Staatliche Hilfe und die Unterstützung durch Freunde und Verwandte bewahren ihn vor der Rückkehr in eine Arbeitswelt, die ihm immer fremd geblieben war. Von seinen früheren Gewaltaktionen distanziert er sich heute und betrachtet den Status quo – auch vor dem Hintergrund seiner Auslandserfahrungen – mit größerer Versöhnlichkeit und Nachsicht.

2. Würdigung

Wer politische Sozialisation als einen stufenförmigen Prozeß begreift, der sich von der Lektüre einschlägiger Schriften über die Entfaltung eigener Ideen bis zu deren Umsetzung in die Praxis vollzieht, wird bei der Beschäftigung mit dem Lebensweg Michael „Bommi" Baumanns eines Besseren belehrt: Am Anfang steht kein intellektuelles Schlüsselerlebnis, sondern ein Generationenkonflikt, wie er sich in den sechziger und siebziger Jahren in Tausenden deutscher Familien abspielte und dessen Schärfe insbesondere durch die Gegensätzlichkeit der Erfahrunghorizonte bedingt war. Auf der einen Seite die Generation der Eltern: Sie hat entscheidende Prägungen in der NS-Zeit erfahren, die existenzbedrohenden und -vernichtenden Wirkungen eines Weltkrieges sowie Jahre materieller Not durchlebt. Auf der anderen Seite die Generation der Kinder: Sie hat entscheidende Prägungen in der Nachkriegszeit erfahren, allenfalls die Folgewirkungen von Krieg und Zerstörung durchlebt, in erster Linie aber von den neuen Freiheiten und dem neuen Wohlstand profitiert. Während die politischen und ökonomischen Fortschritte von der Elterngeneration überwiegend mit Zufriedenheit und Dankbar-

[9] Ebd., S. 205.

[10] Vgl. den Beitrag von: Hanno Kühnert, In Deutschland leben? Na, Wahnsinn! Ein Gespräch mit dem Ex-Terroristen Michael „Bommi" Baumann, in: Die Zeit vom 25. März 1983, S. 58.

keit betrachtet werden, gelten sie den Herangewachsenen als selbstverständlich, konfrontieren diese die vorgefundenen Verhältnissen mit hohen materiellen und moralischen Ansprüchen.

Der Eltern-Sohn-Konflikt äußert sich im Falle Michael Baumanns zunächst ganz und gar unpolitisch: Baumann hört Musik, die die Ohren der Eltern belästigt. Seine Vorbilder sind nicht wohlerzogene Herren mit gebügelten Hemden, feinen Anzügen und kurzgeschnittenen Haaren, sondern langhaarige Jugendliche mit zerschlissener Kleidung und wild-ungezwungenen Verhaltensformen. Die Betonung „emanzipativer" Inhalte wie Selbstverwirklichung, Befreiung von Konventionen, Infragestellung von Autoritäten kollidiert mit den Wertvorstellungen der Eltern, bei denen Pünktlichkeit, Ordnung, Sauberkeit, Fleiß, Pflichtbewußtsein, Disziplin an vorderer Stelle rangieren.[11] Nach und nach erst dehnt der Sohn den Konflikt mit den Eltern auf die Gesellschaft aus. Unter dem Einfluß gleichaltriger Studenten wird er mit politischen Inhalten erfüllt. Wenn Baumann in seiner zweiten Erinnerungsschrift – im Gegensatz zur ersten – in stärkerem Maße auch gesellschaftliche und politische Faktoren nennt (die NS-Vergangenheit des Vaters, „Antifaschismus", „Auschwitz"[12]), die den Bruch mit dem Elternhaus und den Einstieg in die Subkultur herbeigeführt hätten, erscheint dies als Folge einer Rationalisierung ex post.

Michael Baumann war in der Berliner „Szene" von Anfang an eher eine Ausnahmeerscheinung. Mit seiner Herkunft aus einer „einfachen" Arbeiterfamilie, den wechselnden Jobs als Hilfsarbeiter auf dem „Bau", dem jedenfalls formal niedrigen Bildungsgrad unterschied er sich deutlich von der Mehrzahl seiner Kampfgefährten, die zu einem Gutteil aus „bürgerlichen" Familien stammten, vielfach über ein üppigeres „Taschengeld" verfügten und an der Universität immatrikuliert waren. Während Baumann den Studenten als Vorzeigeproletarier und Alibi für die mangelnde Tuchfühlung zum „revolutionären Potential" der Arbeiterschaft hochwillkommen war, bewunderte dieser die theoretische Versiertheit und Belesenheit seiner

11 Der von Ronald Inglehart in die Diskussion entlassenen und inzwischen vielfach modifizierten These vom „Wertewandel" kommt insbesondere bei der Entstehung der Studentenbewegung ein hoher Grad an Plausibilität zu. Vgl. Ronald Inglehart, The Silent Revolution. Changing Values and Political Styles Among Western Publics, Princeton 1977; Helmut Klages, Wertorientierungen im Wandel. Rückblick, Gegenwartsanalyse, Prognosen, Frankfurt a. M./New York 1984.

12 Vgl. Baumann (FN 8), S. 12-14.

neuen Freunde, versuchte die vorhandenen Bildungslücken durch eifrige Lektüre nachzuholen und bewährte sich im übrigen durch besonderen Einsatz bei politischen „Aktionen".

Unbefangener als viele seiner studentischen Mitstreiter bediente sich Baumann gewaltsamer Methoden der Auseinandersetzung: „Die Studenten hatten damals ziemliche Schwierigkeiten, sich gegen Bullen zu wehren, einfach von ihren Erziehungsgeschichten her. Die habe ich nicht gehabt, ich habe immer bei Demonstrationen zurückgehauen, wenn sie mich angefaßt haben, darum bin ich auch nie verhaftet worden auf 'ner Demo."[13] Freilich beließ es Baumann nicht beim „zurückhauen", sondern ergriff, wie er freimütig gesteht, häufig auch die Initiative. Im Gegensatz zu den Intellektuellen bedurfte der Einsatz von Gewalt bei ihm keiner tiefergehenden theoretischen Begründung: „Ein Intellektueller zieht den Moment, wo er Gewalt anwendet aus einer Abstraktion, weil er sagt, ich mache Revolution wegen des Imperialismus oder aus anderen theoretischen Beweggründen. Davon leitet er den Anspruch ab, daß er Gewalt einsetzen kann, den anderen gegenüber. [. . .] Wir haben mit der Gewalt von Kindesbeinen an gelebt, das hat eine materielle Wurzel. Wenn Zahltag ist, der Alte kommt besoffen nach Hause und verprügelt erst mal deine Alte, das sind doch die ganzen Geschichten. In der Schule, da keilst du dich, sich mit Fäusten durchzusetzen, das ist für dich eine ganz normale Sache, du keilst dich auf der Arbeitsstelle, du keilst dich in Kneipen, du hast dazu ein gesünderes Verhältnis. Für dich ist Gewalt eine ganz spontane Sache, die du ganz leicht abwickeln kannst."[14]

Spontane Aktionen, direkter Kontakt zu gesellschaftlichen Problemgruppen, geringere „Kopflastigkeit", weniger durchorganisierter Apparat: Darin sieht Baumann zentrale Unterschiede der von ihm mit ins Leben gerufenen „Bewegung 2. Juni" (und ihrer Vorläufergruppierungen) zur RAF. Auch „Autoritätsstrukturen"[15] seien bewußt vermieden worden. Stolz berichtet er, daß jeder der Aktivisten ein Allroundkönner habe sein müssen: „Du lernst natürlich bei den Sachen die gesamte Technologie, alle Arten von Pässen und Stempelchen zu fälschen, nachzudrucken, du wirst ein absoluter Fälscher. Du wirst ein Spezialist im Autoknacken, du kannst ein Auto heutzu-

[13] Baumann (FN 2), S. 25.
[14] Ebd., S. 108.
[15] Ebd., S. 123.

tage in einer halben Minute knacken. Du wirst ein sehr guter Waffenfachmann, du kannst wunderbar mit Waffen umgehen, zerlegen, auseinandernehmen, besser als jeder Soldat. Und du wirst ein guter Planer, wovon jeder Kriminelle im Film träumt. Bei einer Bank siehst du im Vorbeigehen, ob sie machbar ist oder nicht. Das heißt, kein Spezialistentum, jeder muß fähig sein, alles zu machen."[16]

Nicht zuletzt das anarchistische Temperament Baumanns stand einer Eingliederung in die rigide Organisationsstruktur der RAF im Wege. Das geringere Maß an Handlungseffizienz nahmen die „Haschrebellen" in Kauf, wohl wissend, daß die RAF mit ihren Aktionen die geballte Kraft des staatlichen Sicherheitsapparates herausforderte. Die „defensivere" Vorgehensweise lag aber wohl auch darin begründet, daß man vor der totalen Kampfansage an das „System" zurückschreckte. Mangelnde Ernsthaftigkeit und Konsequenz wurde Baumann und seinen Kampfgefährten denn auch von seiten der RAF zum Vorwurf gemacht. In der Tat ist insbesondere der Lebensweg Baumanns von Halbheiten, Konzessionen, Widersprüchen, Inkonsistenzen geprägt: ein hoher moralischer Anspruch und Spaß am Randalieren; Totalkritik am Bestehenden und Mangel an Selbstkritik; Ausstiegsgedanken und Mitwirkung bei kriminellen Aktionen; Auflehnung gegen den Status quo und Leben von der „Staatsknete". All dies hat jedoch auch seine positive Seite: Der unerbittlichen Logik des Terrors hat Baumann den Gehorsam verweigert. Etwas in ihm ließ ihn davor zurückschrecken, jemals seine Waffe gegen einen anderen zu richten. Dies hat ihm geholfen, den Weg aus der Sackgasse zu finden.

3. Literatur

Obgleich das Gegenbild eines Intellektuellen hat Michael Baumann seine Erlebnisse und Erfahrungen zu Papier gebracht. „Wie alles anfing" erschien erstmals 1975 im Trikont-Verlag.[17] Dieser Erstling, der freimütig über den Lebensweg von der Kindheit bis zum Ausstieg aus der Terrorszene (1972) erzählt, erregte in der Öffentlichkeit vor allem deshalb Aufsehen, weil er – vor dem Hintergrund der Lorenz-

[16] Ebd., S. 122 f.

[17] Siehe FN 2. Über das Buch: Uwe Backes/Eckhard Jesse, Politischer Extremismus in der Bundesrepublik Deutschland, Bd. I: Literatur, Köln 1989, S. 228 f.

Entführung und der Strafverfolgung des Autors – verboten und beschlagnahmt wurde, nachdem das Hamburger Nachrichtenmagazin „Der Spiegel" über seinen Inhalt berichtet hatte. Das Vorgehen der Staatsanwaltschaft stieß vielfach auf Unverständnis und Protest. Als 380 linke Verleger und Autoren die Schrift 1976 trotz unveränderter Rechtslage wieder auf den Markt brachten, wurde dies stillschweigend toleriert. Das Verbot des Buches wirkte sich verkaufsfördernd aus. 1982 konnte der Trikont-Verlag eine Neuausgabe herausbringen. Zur Verbreitung mag jedoch auch beigetragen haben, daß Baumann offenherzig schreibt, wie und was er tat und dachte. Auf diese Weise wurde das Buch nicht nur zur Pflichtlektüre in der „Szene", sondern auch bei professionellen Beobachtern.

Das zweite Erinnerungsbuch Baumanns[18] ist bislang weit weniger zur Kenntnis genommen worden als das erste – den Gefallen, das Buch zu verbieten, taten die Behörden dem Autor nicht. Hierzu bestand auch kein Grund, fällt doch die Absage an die Praxis der Gewalt in „Hi Ho" deutlich aus, während Baumann in „Wie alles anfing" noch das „Meisterstück der europäischen Stadtguerilla" (gemeint war die Lorenz-Entführung) gepriesen hatte. Nicht allein deswegen wäre dem neuen Buch eine weite Verbreitung zu wünschen: Es erzählt spannend und informativ zugleich über die Erlebnisse Baumanns seit 1972 – jene Zeit, die der Exterrorist überwiegend in Afghanistan, Indien, Italien und Großbritannien verbrachte, bis er 1981 in London verhaftet wurde.

[18] Siehe FN 8. Über das Buch: Backes/Jesse (FN 17), S. 254-256.

Literatur

Literaturbericht:

Der linke Terrorismus in Wissenschaft, Publizistik und Belletristik – Mehr Quantität als Qualität

Von Gerhard Hertel

1. Einleitung

Der Mangel an ausgereiften Studien empirischer wie normativer Ausrichtung ist in einer neueren Untersuchung als zentrales Desiderat der Terrorismusforschung benannt worden.[1] Unter „empirisch" sollen Arbeiten mit gesicherter methodischer Grundlage und ausreichend umfangreichem Datenset gefaßt werden, „normativ" bedeutet in diesem Zusammenhang die Fixierung der Wertungsebene terroristischer Phänomene auf Grundlinien der politischen Ordnung demokratischer Verfassungsstaaten.[2] Unter diesen Prämissen sei die Buchproduktion des Jahres 1988 einer Wertung unterzogen – nicht zuletzt auch in der Hoffnung auf Besserung der weitgehend festgefahrenen Situation der Terrorismusforschung.[3] Ein zweiter Schwerpunkt der Bestandsaufnahme wird auf neue Erkenntnisse zur Genese und Phänomenologie terroristischer Gewaltkriminalität gelegt. Neben wissenschaftlichen Darstellungen sind 1988 literarische Werke zum Thema erschienen, die weit eher als die aus dem Geist emsiger Gelehrsamkeit entstandenen wissenschaftlichen Werke ge-

[1] So u. a.: Uwe Backes/Eckhard Jesse, Extremismusforschung – ein Stiefkind der Politikwissenschaft, in: Wolfgang Michalka (Hrsg.), Extremismus und streitbare Demokratie, = NPL-Beiheft 4, Stuttgart 1987, S. 11 u. ö.; dies., Politischer Extremismus in der Bundesrepublik Deutschland, Bd. II: Analyse, Köln 1989, S. 15 u. ö. Den Mangel an empirisch verläßlicher Forschung auf diesem Sektor konstatiert u. a. auch: Wolf-Dieter Narr, Terror breitgewalzt – Kritischer Literaturbericht zum Abschluß einer Buchserie in Sachen Terrorismus in der Bundesrepublik Deutschland, in: Leviathan 17 (1989), S. 44 f. („Summa terroristica").

[2] Paradigmatisch für normative Grundlagen des demokratischen Verfassungsstaates in Deutschland: Karl Dietrich Bracher, Wertorientierung als Problem deutscher Demokratie, in: Wilhelm Bleek/Hans Maull (Hrsg.), Ein ganz normaler Staat? – Perspektiven nach 40 Jahren Bundesrepublik, München/Zürich 1989, S. 21-36.

[3] Vgl. dazu die Bemerkungen von Generalbundesanwalt Rebmann, in: Die Grünen (Hrsg.), Ende der bleiernen Zeit? Versuch eines Dialogs zwischen Gesellschaft und RAF, Bonn 1989, S. 33.

eignet waren, über Bewußtseinsstrukturen, subjektive Intentionen und generations- wie interessenspezifische Interpretationen politisch motivierter Gewalt Auskunft zu geben. Nicht wenige Publikationen bewegen sich in einer Grauzone zwischen wissenschaftlichem Anspruch, publizitätssüchtiger Marktorientierung und nicht selten egozentrischer Interpretation terroristischer Phänomene, so daß eine saubere Klassifizierung von Textsorten von vornherein aussichtslos erscheint.

2. Politikwissenschaft und Publizistik

Die von Henner Hess[4] und anderen publizierte, als Standardwerk zur Geschichte des Linksterrorismus vorgestellte Studie fand breiten Widerhall in der veröffentlichten Meinung[5], so daß sie Interesse beanspruchen kann. Im ersten Band dieser in zwei Teile konzipierten Darstellung sind Genese, Entwicklung und Verzweigungen des Linksterrorismus in der Bundesrepublik thematisiert. Der zweite Band bietet ausgewählte Länderstudien jenseits deutscher „Verhältnisse". Heinz Steinert beginnt das erste Buch mit einer zeitgeschichtlichen Orientierung des Protestes mit dem wehmütigen Titel „Erinnerung an den ‚linken' Terrorismus", wobei er von vornherein keinen Zweifel am eigenen Erkenntnisinteresse aufkommen läßt:
a) Die Annahme eines Konnexes zwischen Studentenbewegung und Linksterrorismus greift zu kurz (S. 19).
b) Politisch motivierte Gewalt ist der Endpunkt einer „moralischen Empörung", die bis zum Jahr 1945 zurückreicht (S. 21) und über Jugendprotest gegen Überkommenes, Beat, Provokation, begrenzte Regelverletzung in die Studentenbewegung mündete.

[4] Henner Hess/Martin Moerings/Dieter Paas/Sebastian Scheerer/Heinz Steinert, Angriff auf das Herz des Staates, 2 Bde., Frankfurt a. M. 1988 (*Suhrkamp Verlag*), 429 und 344 S. Alle Autoren von „Angriff auf das Herz des Staates" haben an den vom Bundesinnenministerium in Auftrag gegebenen „Analysen zum Terrorismus" mitgearbeitet. Vgl. Fritz Sack/Heinz Steinert, Protest und Reaktion, Opladen 1984 (Analysen zum Terrorismus, Bd. 4/2). Als Co-Autoren finden sich dort neben Sack und Steinert Henner Hess, Martin Moerings, Dieter Paas und Sebastian Scheerer.

[5] Unter anderen: Ulrich Enzensberger, Gewühle in Altpapier, „wir wollen gar nicht mehr genau wissen, wer wir damals waren", die 68er, in: Süddeutsche Zeitung vom 7. Juni 1989, S. 12; Hans-Gerd Jaschke, Terrorismus in Westeuropa: Ein soziales Phänomen, in: Das Parlament vom 23./30. Dezember 1988, S. 19; Wolf Dieter Narr, Terror breitgewalzt (FN 1), S. 38 ff.; Til Schulz, Terrorismus in Westeuropa, in: Politische Vierteljahresschrift 30 (1989), S. 122 ff.

c) Interaktionistische Erklärungsansätze werden favorisiert: „Provokation" und „autoritäre Reaktion" hätten sich in Zeiten starken Normwandels der Industrienationen gegenübergestanden und den Boden für spätere Konfrontationen abgegeben (S. 25).
d) Mit Herausbildung der Konsum- und Freizeitgesellschaft geht eine Abwertung staatlicher wie gesellschaftlicher Institutionen einher, die unter veränderten Normen als „repressiv" (S. 37) erscheinen. In etwa zeitgleich wird die Frage unterdrückter Minderheiten thematisiert und zu einem weiteren Punkt „moralischen Protestes" stilisiert. Dies erklärt Steinert zufolge das Paradox der „Revolte im Schlaraffenland".[6]
e) Der von Max Horkheimer am eindrücklichsten formulierte Zusammenhang von „Kapitalismus" und „Faschismus" wird von Steinert auf die Spitze getrieben: „Die Entwicklung der Judenverfolgung zur Vernichtung in Arbeitslagern entspricht der extremen Instrumentalisierung der Arbeitskraft, auf die als eine der Orientierungen des sozialen Ausschlusses in einem kapitalistischen System hingewiesen wurde, und ist insofern nur das Zu-Ende-Führen dieser kapitalistischen Logik des Ausschlusses" (S. 40). Selten sind komplexe Zusammenhänge so billig auf eine Kapitalismuskritik hin forciert worden! Entkleidet man diese Feststellung ihrer pseudowissenschaftlichen Verbrämung, wird durch sie nichts anderes ausgedrückt, als daß die weltweiten wirtschaftlichen Veränderungen der zwanziger Jahre aufgrund „kapitalistischer Logik" im Holocaust enden mußten. Von hier aus ist es nicht mehr weit zum generellen Faschismusverdacht westlicher politischer Systeme durch Linksterroristen.
f) Der „Ausschluß-Reflex" sei in der Nachkriegsära von Juden auf Kommunisten übertragen worden – in Deutschland kein Problem, da das Feindbild bereits in der Zeit des Nationalsozialismus eingeübt worden sei (vgl. S. 41).
g) Die derart fehlgeleitete Arbeiterklasse nahm von der Studentenbewegung kaum Notiz, so daß kleinere, aus ihr hervorgegangene Gruppen den „klandestinen Kampf als Möglichkeit oder Notwendigkeit betrachten mußten" (S. 48). Dies ist ein offensichtlicher Widerspruch zu bisher Ausgeführtem, wurde doch anfangs die Verbindung von Studentenbewegung und Linksterrorismus negiert.

[6] Um einen Buchtitel des Journalisten Matthias Horx leicht zu variieren. Vgl. Matthias Horx, Aufstand im Schlaraffenland – Selbsterkenntnisse einer rebellischen Generation, München/Wien 1989.

h) Nach der Festnahme des Kerns der Baader-Meinhof-Gruppe 1972 hätte sich bei besonnenerem staatlichen Handeln die Möglichkeit der Beendigung „revolutionärer Gewaltkriminalität" ergeben können: „Der Staat erschien als übermächtig und entschlossen, eine Minderheit mit allen Mitteln zum Schweigen zu bringen" (S. 49).[7]
i) Steinert schließt seine „Erinnerungen" mit der doch einigermaßen verblüffenden Frage: „Und wer von uns, wenn wir ehrlich sind, kann schon sagen, welche Kampfmittel einer solchen Situation [die durch die Bedrohung von seiten der NATO und der Atomindustrie definiert ist, d. Verf.] angemessen sind und welche nicht?" (S. 53). Der Weg der Linksterroristen erfährt (vorläufig noch?) eine Verurteilung, da dadurch lediglich die herrschenden Verhältnisse kopiert würden.

Entsprechend dieser Interpretation der Geschichte der Bundesrepublik Deutschland wird im folgenden Abschnitt („Terrorismus und Terrorismus-Diskurs" von Henner Hess) das Problem politischer Kriminalität als ein von Politik, Justiz und Massenmedien „gemachtes" (S. 55) vorgestellt. Der heutige Terrorismusbegriff sei zu einer Keule geworden, mit der man auf den politischen Gegner eindrischt. Es geht Hess um die Entlarvung eines „Alltagsmythos", der von den „Herrschenden" aus durchsichtigem Interesse in die Welt gesetzt worden sei.

Statt sich mit ihm zu beschäftigen, erscheine es sinnvoller, den „repressiven Terrorismus staatlicher Apparate" anzuprangern (S. 62 ff). Im Gegensatz dazu werde von offizieller Seite der „sozialrevolutionäre" (sic!) Terrorismus in der Bundesrepublik Deutschland und in Italien enorm aufgebläht, ganz so, als ob er eine Bedrohung für uns alle darstellte oder gar in der Lage wäre, das „Herz des Staates anzugreifen" (eine Parole der Roten Brigaden). Statt dessen habe der Linksterrorismus lediglich die Funktion, einen konservativen Massenkonsens herzustellen (S. 69).

Nach diesen höchst abstrakten Überlegungen zum Linksterroris-

[7] Ähnlich argumentierte Michael Horn in seiner Münchner Dissertation „Sozialpsychologie des Terrorismus": „So verstärkte sich mit der ab Mitte 73 zunehmend näherrückenden Wirtschaftskrise der die ‚Tendenzwende' charakterisierende Rechtsruck innerhalb der Staatsgewalt zusehends und leitete – trotz der damals nach der Verhaftung von Baader, Ensslin, Meinhof und Raspe zu vernachlässigenden terroristischen Aktivitäten (sic!) – Maßnahmen zur Unterdrückung bzw. Kriminalisierung systemkritischer Positionen ein, die in einer ‚innerstaatlichen Feinderklärung' (Brückner) gleichkamen und in der Folge des innenpolitische Klima nachhaltig veränderten." Michael Horn, Sozialpsychologie des Terrorismus, Frankfurt a. M. 1982, S. 67.

mus in der Bundesrepublik versucht sich der Frankfurter Soziologe Sebastian Scheerer am Entwurf eines „theoretischen Modells zur Klärung sozialrevolutionärer Gewalt". Er wendet sich zunächst gegen das in der Terrorismusforschung verbreitete Mißverständnis, die „Analyse von Terroristen mit Analyse des Terrorismus zu verwechseln" (S. 77) und schlägt nach einem lesenswerten Forschungsüberblick (der wieder einmal zeigt, wie sehr Terrorismusforschung von ungesicherten Hypothesen lebt) ein Mehrebenen-Prozeßmodell vor (S. 89), das sich trotz hochtrabender „wissenschaftlicher" Terminologie in Banalitäten und vagen Begrifflichkeiten verliert. Ein Beispiel: Kann man wirklich nach Schema F davon ausgehen, daß „bei Nichtbehebung klar umrissener Mißstände" (S. 101) „Protest" als allgemein gerechtfertigt angesehen und damit der „take off" einer sozialen Bewegung, der Übergang von der „Vorbewegung" zur „Bewegung" erreicht wird? Ist damit nicht die Grenze zur „sozialen Physik" Comtescher Prägung überschritten, die nun wirklich abgedankt haben sollte, auch und gerade wenn es um den theoretischen Nachvollzug komplexer Realitäten in modellhafter Darstellung geht?

In einem letzten Abschnitt versucht Scheerer sein „Modell" mit der erstaunlichen Konstruktion der „Institutionalisierung" von „Terrorismus" zu exemplifizieren. Erneut wird höchst langatmig mit der Erläuterung der Duchsetzungskompetenz „sozialer Bewegungen" begonnen, wonach nach Auffassung Scheerers ihrer anfänglich hohen „Thematisierungskapazität" eine geringe „Realisierungskapazität" gegenüberstehe (S. 156), um nur eine der wissenschaftlich aufgezäumten Banalitäten zu erwähnen.

Weiter: „Ihrem Wesen nach sind sie also selbst Vermittlungsphänomene gesellschaftlicher Widerspüche, die zur Herstellung von Folgen der institutionellen Umsetzer bedürfen. Zum Schluß kann dabei eine Häufung indirekter Wirkungen herauskommen, deren Verbindung mit dem früheren Gewollten nur noch ephemer ist. Oft laufen die indirekten, über viele Vermittlungsinstanzen transportierten Wirkungen dem Gewollten auch paradox zuwider" (S. 157). Ein Ergebnis also, das in seiner Allgemeinheit den von Scheerer zu Recht kritisierten Resultaten „gängiger" Terrorismusforschung in nichts nachsteht – und das trotz aufwendigster Modell-Bildungen.

Zuletzt bietet er sechs Punkte an, die paradigmatisch die Genese von „Terrorismus" zur „Institution" nachzeichnen sollen. Der Autor erscheint von deren papierener Qualität selbst nicht recht überzeugt, sonst hätte er sich wohl nicht zu dem abschließenden Urteil durchgerungen: „Modellkonstruktionen bleiben nun allerdings blaß" (S. 177). Um hier Abhilfe zu schaffen, läßt Scheerer eine diachrone Abhandlung mit dem Thema „Die ausgebürgerte Linke" folgen.[8] In einer langatmigen, weit ausholenden Beschreibung des Leidensweges der „Linken" wird zunächst die Frühgeschichte der Bundesrepublik bis zur „zweiten Umgründung" (dem Godesberger Programm der SPD, das aus dem Blickwinkel des Autors erst einen Massenkonsens entstehen ließ) nacherzählt. Konträr zu dieser Entwickung habe sich der SDS formiert, der wiederum auf der „Meso-Ebene" den Kern einer „linken Protestbewegung" abgegeben und schließlich zu einer von Scheerer in fünf essentielle Punkte gefaßten „Revolte" geführt habe.

Es folgen Exkurse zur antiautoritären Phase der Protestbewegung und eine breite Darstellung der Ereignisse vom 2. Juni 1967 in West-Berlin aus „linker" Sicht. Scheerer unterschlägt dabei nicht die Attitüde der Selbstüberschätzung der Protestierenden und ihre frühen Aufrufe zu gewaltsamem Widerstand. Der Schritt hin zum Terrorismus wird mit einer Zitatensammlung aus früheren Schriften der RAF nachvollzogen. Der Autor weist zurecht daraufhin, daß die RAF in der ersten Phase (1970-1972) mit ihrer Agitation einen wohlvorbereiteten Boden beackerte und bei „Antiautoritären" wie versprengten und APO-enttäuschten „Linken" auf Sympathien stoßen mußte, waren doch Theorien „revolutionärer" Gewalt in SDS-Zirkeln weit früher diskutiert und deren Realisierung in Aussicht genommen worden. Detailliert werden die Stationen, die der Linksterrorismus in der Bundesrepublik durchlief, bis zu dem Punkt nachgezeichnet, mit dem die RAF und ihre Nachahmer zu einer „Institution" geworden waren: „Sie [die RAF, der Verf.] war nie zuvor ein (negativer) politischer Bezugspunkt, ein ideologischer Kristallisationskern, der auf der Landkarte der politischen Orientierungspunkte eine vom realen Substrat weitgehend abstrahierte Existenz führte" (S. 370). Von der realen Bedrohung der Grundfesten der parlamentarischen Demokratie ist nicht die Rede, statt dessen werden Linksterroristen zu „Funktionsträgern" des „Systems" heruntergespielt. Von der RAF und ihrer gegenwärtigen Leistungsfähigkeit zeigt sich Scheerer jedoch enttäuscht, wenn er den Anschlag auf den Oberbefehlshaber der US-Landstreitkräfte in Europa, General Kroesen, am 15. September 1981 als „keine logistische Meisterleistung" (S. 371) abtut.

[8] Ähnlich in der Intention: Die Linke im Rechtsstaat, 2 Bde., Berlin 1976 und 1979.

Abschließend wird die einmal aufgestellte und gegen alle Widersprüche durchgehaltene These der „Institutionalisierung“ der RAF en détail durchgespielt. Das Ergebnis ist Ratlosigkeit, wie der Schlußsatz verrät: „Das Selbstverständliche wird wieder zum Problem. Die alten kognitiven und normativen Schemata für den Umgang mit dem Terrorismus werden – wie der Begriff selbst – dann plötzlich hohl, unplausibel, wirken künstlich und nutzlos. Gegenwärtig liegen Macht und Initiative allerdings über den Tag hinaus noch bei den Konstrukteuren und nicht bei den Dekonstrukteuren der politischen Mythologie“ (S. 403). In welcher Kategorie dabei Scheerer und die anderen Autoren von „Angriff auf das Herz des Staates“ einzuordnen sind, ist nicht ausgemacht, stricken sie doch selbst an der Fiktion berechtigter Gegengewalt gegen die „Strukturen“ des demokratischen Verfassungsstaates.

Fazit dieses ersten Bandes: einseitige Darstellung der Nachkriegsentwicklung als Voraussetzung des „Protestes“; überzogene, mit Ballast aufgeblähte sozial-„wissenschaftliche“ Begrifflichkeiten ohne wesentlichen Erkenntnisfortschritt. Manch interessantes oder bislang in der wissenschaftlichen Diskussion unterbewertetes Detail der Geschichte der Studentenbewegung und des Linksterrorismus mag die Lektüre dennoch stellenweise lohnen. Das im Klappentext vollmundig versprochene Ziel, den „Terrorismus-Diskurs“ von seinen ideologischen Implikationen zu befreien, wird keineswegs erreicht.

Band zwei enthält Studien über die „Revolte“ in Italien, Frankreich und den Niederlanden. Sie sind methodisch sehr ungleich angelegt, am ausführlichsten berichtet Henner Hess über Italien und ergänzt damit seinen entsprechenden Beitrag in den „Analysen zum Terrorismus“. Ein Minuspunkt: In Darstellung wie Bibliographie fehlen Standardwerke zum Thema.[9] Breite Berücksichtigung erfährt die spezielle Verbindung von volksnahem Banditentum[10] und Terrorismus: Die Brücken zwischen „gewöhnlicher“ Kriminalität und politisch motivierter Gewalt sind unverkennbar.[11] Auch die Rolle Giangiacomo

[9] Unter anderen: Peter Fritzsche, Die politische Kultur Italiens, Frankfurt a. M. 1987, besonders die Abschnitte „Die terrorisierte Demokratie“ (1970-1979) und „Die verwundbare und flexible Demokratie“ (1980-1985), S. 145-277; Theodor Wieser/Frederic Spotts, Der Fall Italien. Dauerkrise einer schwierigen Demokratie, Frankfurt a. M. 1983, S. 80 ff.

[10] Vgl. dazu: Eric J. Hobsbawn, Die Banditen, Frankfurt a. M. 1972.

[11] Symptomatisch dafür ist der Fall des Bankräubers Notarnicola, der seine Straftaten aus einer Mischung von politischer und krimineller Motivation begangen hat. Sein Schicksal wurde in Italien diskutiert. Vgl.: Gerd Stein, Lumpenproletarier – Bonze –

Feltrinellis als katalysatorischer Kraft des italienischen Terrorismus findet gemäß ihrer Bedeutung hier ausreichend Raum (S. 65 ff.). Gegenwärtig ist die Gefahr des Linksterrorismus für Italien nach Hess weitgehend gebannt, da die ihm zugrundeliegenden Theorien an Attraktivität verloren haben und die entsprechenden Gruppen an ihrer sozialen Basis erodiert sind. Freilich: Ähnlich wie die deutsche RAF haben auch italienische Linksterroristen ihre Verbindungen zu Gesinnungsgenossen in Europa intensiviert.

Dieter Paas, ebenfalls Autor der „Analysen", erzählt unprätentiös die Geschichte des Linksradikalismus in Frankreich nach dem Ende des Zweiten Weltkrieges. Plausibel wird „linke" Widersetzlichkeit gegen die „Herrschenden" aus dem Konflikt um den Algerienkrieg hergeleitet, wobei stets die besondere Rolle intellektueller Begleiter des Protests im Blick bleibt, die in Frankreich, im Gegensatz zu Deutschland, über hohes Renommee verfügen und als moralische Instanz nicht ins gesellschaftliche Abseits manövriert werden können. Integriert in gesamtgesellschaftliche Zusammenhänge blieben auch die Studenten während der Maiunruhen 1968, deren grundsätzlich politischer Charakter im Gegensatz zu anderen Ländern von der Polizei akzeptiert wurde. Den Studenten gelang es darüber hinaus zeitweise, relevante Teile der Belegschaften großer Werke zum Streik zu bewegen. Diese Orientierung auf die „Arbeiterklasse" hin hatte den Effekt, die Maibewegung vom Weg in den klandestinen individualistischen Terror zunächst abzuhalten.

Im „Nachmai" begann sich dann freilich eine Spielart maoistischer Revolutionstheorie durchzusetzen, die auf lange Sicht den revolutionären Bürgerkrieg anstrebte. Um die Stimmung in diese Richtung anzuheizen, wurden von den maoistischen Linken gezielte Provokationen unternommen: Körperverletzung an Werkmeistern, Einsperrung von Fabrikdirektionen und ähnliches mehr. Zwischen Juni 1969 und Mai 1970 stieg die Zahl und der Umfang dieser Aktionen erheblich an, am 17. Mai 1970 wurde die „Proletarische Linke" verboten, Jean-Paul Sartre übernahm die Leitung der Zeitung „Sache des Volkes". Nach deren Verbot wählte die „Proletarische Linke" immer massivere Mittel zur Fortführung ihres Kampfes und überschritt so die Grenze zu als terroristisch zu bezeichnenden Praktiken: Im November 1970 wurde ein gaullistischer Abgeordneter der Nationalver-

Held der Arbeit, Verrat der Solidarität. Kultfiguren und Sozialcharaktere des 19. und 20. Jahrhunderts, Bd. 5, Frankfurt a. M. 1985, S. 84-104.

sammlung entführt, ein Sprengstoffanschlag auf eine rechtsradikale Zeitung verübt. 1972 war nach einigen Turbulenzen die maoistische Bewegung am Ende, es begann nun der Weg in den systematischen Terrorismus einer „Action Directe".

"Action Directe" bildete sich Ende der siebziger Jahre aus versprengten Resten antifrancistischer spanischer Anarchisten, ehemaliger Maoisten und autonomer Spontaneisten.[12] 1980 wurden einige Sprengstoffattentate verübt, ohne daß dabei Menschen zu Tode kamen. Die Schonung des Lebens Unschuldiger und Wahlkampfabsprachen veranlaßten Kommunisten und Sozialisten zu einem Amnestiegesetz, das im Herbst 1981 zur Freilassung aller inhaftierten Mitglieder der „Action Directe" führte. Dieser Schritt zahlte sich jedoch nicht aus, da „Action Directe" auf Gewaltanwendungen nicht verzichten wollte, ja im Gegenteil die Verbindungen zu italienischen und deutschen Terroristen weiter ausbaute. Paas' Bericht ist mustergültig recherchiert, im Detail zuverlässig und – bei „Angriff auf das Herz des Staates" keine Selbstverständlichkeit – ausgezeichnet lesbar.

Martin Moerings bettet seinen Beitrag über die Niederlande in eine „Versäulungstheorie" ein, d. h. eine spezifische holländische Form der Aufteilung von Macht und Einfluß zwischen den Konfessionen unter der paternalistischen Kontrolle des Staates. Diese traditionelle Struktur zeigt seit Mitte der sechziger Jahre Verfallserscheinungen, so daß Gegenkräfte ihre Chance bekommen können. Moerings stellt in diesem Zusammenhang die „Provo-Bewegung", Studentenbewegung, Sozialistische Jugend mit streng marxistischer Ausrichtung, Rote Jugend, eine militante Organisation, verantwortlich für einige Bombenanschläge und schließlich die Bewegung der Hausbesetzer vor, die alle in größere und kleinere Konflikte mit der Staatsmacht gerieten, ohne daß eine Eskalationsspirale zu terroristischen Exzessen geführt hätte (unerwähnt bleibt dabei die Problematik der Südmolukker).

Abschließend stellt Moerings die im europäischen Kontext nicht unwesentliche Frage: „Warum gibt es in Niederlanden keinen sozialrevolutionären Terrorismus?". Einmal abgesehen davon, ob Terrorismus in den Nachbarstaaten als „sozialrevolutionär" eingestuft werden kann, diagnostiziert er eine relativ befriedete politische Kultur: Neben historischen Ursachen (fehlende Gewalttradition) glaubt

12 Über die Autonomen in Frankreich vgl. Paas (FN 4), S. 247 ff.

er in der Versäulung, die proportionale Partizipationsmöglichkeiten weiter Bevölkerungskreise ermöglicht, und in einem – im Vergleich zu andern Ländern – relativ maßvollen Auftreten der Polizei den Grund dafür gefunden zu haben.

Insgesamt hebt sich das zweite Buch von „Angriff auf das Herz des Staates" wohltuend vom ersten Band ab. Kenntnisreiche Analysen werden in klarer Sprache ohne gekünstelte Modellbildungen und hochgedrechselte Begrifflichkeiten angeboten. Die Wahrheit ist immer schon konkret, wie bereits Bert Brecht feststellte.

Hans-Josef Horchem, als profunder Sachkenner ausgewiesener Terrorismusexperte[13], legt mit seinem neuen Band eine systematische Darstellung der Genese und Entwicklung links- wie rechtsextremistisch motivierter politischer Gewaltkriminalität vor, deren erster Satz bereits den fundamentalen Unterschied zu Hess, Steinert und Scheerer deutlich hervortreten läßt: „Der deutsche Terrorismus kommt aus der studentischen Protestbewegung" (S. 7), formuliert Horchem lakonisch und sieht den Hauptgrund für die Entstehung des Linksterrorismus in der Bundesrepublik im Verlust einer allgemeinverbindlichen Ethik, der durch den Aufstieg der exakten Wissenschaften und des mit ihm verbundenen Effektivitätsdenken bedingt sei. Die Entwicklungen auf dem Feld des Linksterrorismus werden zuverlässig nachgezeichnet, ohne daß der Autor freilich größeren Wert auf sprachliche Brillanz legt.

Kurz gerät der Abschnitt zum Rechtsterrorismus. Die Prognose Horchems mag Widerspruch hervorrufen, wenn er lapidar prophezeit: „Vom rechtsextremistischen Terrorismus droht für die nächsten Jahre keine größere Gefahr" (S. 117). „Internationale Verbindungen" der Terroristen wie die „Rolle der Sympathisanten" sind spannend zu lesende Abschnitte, allerdings ohne neue Erkenntnisse. Sie finden sich im letzten Teil, dessen Überschrift nochmals den Titel des Buches aufgreift: „Die verlorene Revolution". In Anspielung auf die gegenwärtige Situation der Linksterroristen wird über die Möglichkeiten eines Dialogs mit der RAF nachgedacht – ein Vorhaben, das

[13] Hans Josef Horchem, Die verlorene Revolution. Terrorismus in Deutschland, Herford 1988 (*Busse und Seewald Verlag*), 237 S. - Letzte Veröffentlichungen: Fünfzehn Jahre Terrorismus in der Bundesrepublik Deutschland, in: Aus Politik und Zeitgeschichte. Beilage der Wochenzeitung „Das Parlament", B 5/1987, S. 3-15; Die „Rote Armee Fraktion": Agitation und Aktion ihrer Sympathisanten, in: Beiträge zur Konfliktforschung 17 (1987), H. 3, S. 61-81; Berlin-Kreuzberg und die Autonomen, in: Mut, 262/1989, S. 14-17.

von den Grünen bekanntlich seit einiger Zeit mit Eifer verfolgt wird.[14] Horchem gibt solchen Versuchen wegen der Kompromißlosigkeit der Linksterroristen nur geringe Erfolgschancen. Angebote des Verfassungsschutzes, austiegswilligen Linksterroristen Brücken zur Reintegration in die Gesellschaft zu bauen, werden von ihm vehement befürwortet. Dies könnte seiner Ansicht nach zu einer attraktiven Offerte werden, da Verfassungsschutzorgane im Gegensatz zu Polizei und Staatsanwaltschaft nicht an das Legalitätsgebot gebunden seien und erkannte Terroristen nicht der Strafverfolgung zuzuführen bräuchten.

Gesamteindruck: Eine sehr brauchbare Studie für einen ersten Einstieg in die behandelten Themenkreise, auch zur zuverlässigen Information über zeitgeschichtliche Zusammenhänge geeignet. Zu kurz gerät die theoretische Fundierung und methodische Reflexion, was allerdings der Lesbarkeit zugutekommt. Kein Zweifel kann bei der Position des Autors in Fragen normativer Bewertung terroristischer Gewaltkriminalität sein. Er ist engagierter Vertreter des Konzeptes der streitbaren Demokratie.

Ulrike Meinhofs Leben und Sterben beschäftigt noch gut ein Dutzend Jahre nach ihrem Tod eine breite Öffentlichkeit.[15] Eine Biographie findet daher ihre Abnehmer. Dies mag an der die Zeitgenossen wahrlich erstaunenden Wendung vom „Blockflötenmädchen" zu einer der maßgeblichen Terroristinnen der ersten RAF-„Generation" liegen, es kann aber auch seine Begründung in dem Bemühen finden, für „Autonome" und andere gewaltbereite Gruppen eine Identifikationsfigur zu kreieren. Der damalige Herausgeber der Taschenbuchreihe rororo-aktuell, der SPD-Bundestagsabgeordnete Freimut Duve, warnte seinen Autor vor einer Stilisierung Ulrike Meinhofs zum Vorbild[16] – freilich ohne Erfolg, wie der Grundton bei Krebs beweist. Sehr breit werden Kindheit und Jugend Ulrike Meinhofs geschildert: Ihr Hineinwachsen in die Antiatomtod-Bewegung der fünfziger Jahre, der Eintritt in die illegale KPD, schließlich die katalysatorische Rolle, die sie mit ihren Kolumnen in „Konkret" bei

[14] Vgl. FN 3.

[15] Mario Krebs, Ulrike Meinhof. Ein Leben im Widerspruch, Reinbeck/Hamburg 1988 (*Rowohlt Verlag*), 285 S. - Die Uraufführung einer Kammeroper „Theben oder Stammheim – Ulrike, eine Tragödie" ist u. a. ein Indiz für die Präsenz Ulrike Meinhofs. Vgl. Bericht in: Frankfurter Allgemeine Zeitung vom 8. Febr. 1989, S. 27.

[16] „Aber ich hätte mir eine größere Distanz gewünscht". Nachwort von Freimut Duve zur Biographie von Krebs (FN 15), S. 286 f.

der Entstehung der Studentenrevolte spielte. Ebenso anschaulich ins Bild gesetzt wird die private Seite ihres Lebens als Hausfrau und Mutter sowie die Trennung von ihrem Ehemann Klaus Rainer Röhl.

Der warme, verständnisvolle Ton wird spätestens dann zum Ärgernis, wenn der Autor so tut, als habe Meinhof eher zufällig als rational überlegt den Weg in den Linksterrorismus beschritten und geradezu mit einem „Schock" auf die massive Reaktion der „Gegenseite" (Fahndungsplakate mit Belohnung bei Ergreifen) reagiert: Der Aufbau der RAF erscheint hier als „Zufallsresultat" einer dilettantisch ausgeführten Befreiungsaktion, bei der doch immerhin ein Mensch lebensgefährlich verletzt wurde.

Ab und zu ringt sich der Verfasser eine vorsichtig distanzierende Bemerkung zur gewalttätigen politischen Praxis seiner Heldin ab. Doch bleibt er in dem Urteil über politisch motivierte Gewalt so rabulistisch wie bei seiner Stellungnahme zum Tod Ulrike Meinhofs: „Angenommen, Ulrike Meinhof sei am 9. 5. 1976 tatsächlich von eigener Hand zu Tode gekommen, wer könnte da angesichts der beschriebenen Haftbedingungen ernsthaft davon sprechen, sie habe in freier Entscheidung von ihrem Recht Gebrauch gemacht, sich das Leben zu nehmen? – Es gibt keine Freiheit hinter Gittern" (S. 267).

3. Bekundungen von Ex-Terroristen und Polemiken

Peter Jürgen Boocks Abwehr vom Linksterrorismus, sein Verfahren vor den Stammheimer Richtern und sein Gnadengesuch beim Bundespräsidenten waren häufig Thema von Presseberichten.[17] Sein in Stammheim verfaßter autobiographischer Roman „Abgang" stieß daher auf großes Interesse[18], das Boock durch öffentliche Lesungen (ermöglicht durch Hafturlaub) erheblich zu intensivieren verstand.

Der Inhalt: Geschult in PLO-Lagern kehrt ein Mann nach Deutschland zurück, um sich erneut der RAF anzuschließen. Es ist die Zeit, in der die Stammheimer Gefangenen von ihren auf freiem Fuß befindlichen Gesinnungsgenossen ihre Befreiung fordern. Sie soll durch die Entführung eines US-Generals erpreßt werden. Am Ende findet der Ich-Erzähler bei dieser Aktion den Tod. Eindrucksvoll (wie

[17] Siehe etwa: „Wir haben Schuld auf uns geladen". Der lebenslänglich inhaftierte Peter Jürgen Boock schildert im „Zeit"-Gespräch mit Michael Sontheimer seine Abkehr vom Terrorismus, in: Die Zeit vom 24. Juni 1988, S. 11-14.

[18] Peter Jürgen Boock, Abgang, Göttingen 1988 (*Lamuv Verlag*), 327 S.

sonst nur Christian Geissler in „kamalatta") versteht es Boock, das Innenleben linksterroristischer Gruppen als eine Folge dauernder heftiger Auseinandersetzungen darzustellen. Zweifel an der gemeinsamen Identität als Voraussetzung für Aktionsfähigkeit werden zunehmend dringlicher: „Ist es nur Sinnestäuschung, eine Art Rausch, wenn ich in der Gruppe glaube, nicht mehr allein zu sein? Ist man in Wahrheit vielleicht immer allein?" (S. 133).

Über Informationen zum Alltagsbewußtsein von Linksterroristen und ihres Sympathisantenumfeldes (instruktiv der Abschnitt über den „Professor"; S. 48-55) hinaus erlaubt der Roman kaum tiefschürfende Schlußfolgerungen. Vordergründige Spannung und actiongeladene Aufmöbelung tun ihr Übriges, um Boocks Geschichte eher in das Genre der Unterhaltungsliteratur einzureihen.

In einer anderen Publikation[19] illustriert Boock seine Forderung nach Aufhebung der „Isolationsfolter" mit eigenen Erfahrungen in Stammheim; zusätzlich wurde ein Text Ulrike Meinhofs zum Thema aufgenommen. Der Autor bemüht sich bisweilen erfolgreich um poetische Überhöhungen: „Die Wände haben sich mit der Zeit und der Stille verbündet. Vereint saugen sie dir das Gehirn aus dem Schädel" (S. 13). Fazit: Ein subjektiv gefärbter Bericht mit Agitationsabsicht.

Objektivität hingegen beansprucht der Band des Rechtsanwalts und Verteidigers des RAF-Terroristen Jan-Carl Raspe, Karl-Heinz Weidenhammer, der auf insgesamt 504 Seiten den Gerüchten um den Selbstmord der Stammheimer Gefangenen in den Morgenstunden des 18. Oktober 1977 neue Nahrung gibt.[20] Weidenhammer dokumentiert den umfangreichen Briefwechsel, den er in dieser Angelegenheit über Jahre hinweg mit der Staatsanwaltschaft geführt hat. Er scheut dabei weder vor längst widerlegter Legendenbildung[21]

[19] Peter Jürgen Boock, Schwarzes Loch. Im Hochsicherheitstrakt, Reinbek/Hamburg 1988 (*Rowohlt Verlag*), 120 S.

[20] Karl-Heinz Weidenhammer, Selbstmord oder Mord? Todesermittlungsverfahren Baader/Ensslin/Raspe, Kiel 1988 (*Neuer Malik Verlag*), 504 S. Bisher bereits in ähnlicher Form: Pieter Bakker Schut, Todesschüsse, Isolationshaft, Eingriffe ins Verteidigerrecht, Amsterdam 1983 (Neuauflage 1988). Zu Schut als Autor vgl: Backes/Jesse, Politischer Extremismus (FN 1), S. 250 f.

[21] Erneut wird von ihm das altbekannte Thema „Sand in Baaders Schuhen" angeschnitten. Es geht hier um das Gerücht, Baader sei nach Mogadischu gebracht worden und habe dort jenes Kennwort preisgegeben, das die Entführer von der Erfüllung ihrer Forderungen überzeugte. Danach habe die GSG 9 die Maschine gestürmt. Nach den Aussagen der Überlebenden des kollektiven Suizids, Irmgard Möller, stammte der Sand an Baaders Schuhen von der Inspektion der Umbauarbeiten in Hochsicherheitstrakt durch Baader. Vgl. zur ersten Version: Peter Schneider, „Sand an Baaders

zurück, noch befleißigt er sich bei der Übernahme von Presseartikeln der bei einer Dokumentation gebotenen Exaktheit.[22]

Gegen die von Weidenhammer vorgebrachte These der Ermordung der Stammheim-Häftlinge durch den israelischen Geheimdienst Mossad hier aus Raumgründen von vielen denkbaren lediglich ein Einwand: Wenn Baader, Ensslin und Raspe ermordet worden wären, warum hätte man eine Belastungszeugin (Irmgard Möller) am Leben lassen sollen? Die Vorgänge in der Zelle Möllers werden dementsprechend nur äußerst knapp aus der Sicht des Autors nachgezeichnet. Resümee: Geschickt aufgemachter Versuch, den Mythos Stammheim am Leben zu halten.

Klaus Jünschke zählte zur ersten „Generation" der RAF, wurde am 7. Juli 1972 in Offenbach verhaftet und im Juni 1977 unter anderem wegen gemeinschaftlich begangenen Mordes und Bankraubs zu lebenslanger Haft verurteilt. Im Juni 1988 kam er aufgrund der Begnadigung durch den damaligen rheinland-pfälzischen Ministerpräsidenten Bernhard Vogel (CDU) als erster „Lebenslänglicher" aus dem Terrorismusbereich frei.

Die Hafterfahrungen haben sich bei Jünschke tief eingeprägt[23]: Der erste Teil seines Buches[24] befaßt sich ausschließlich mit der Situation im „Knast". Auch der interessantere zweite Abschnitt mit dem Titel „Auseinandersetzungen mit der RAF" ist aus der Gefängnisperspektive verfaßt, wobei hier ein von der „taz" übernommenes Interview von Interesse sein kann. Er bestreitet dort nicht mehr den rechtsstaatlichen Charakter der Bundesrepublik „trotz aller Übergriffe und ungeklärten Todesfälle" (S. 47) und bekennt, in der Phase seiner Ra-

Schuhen", in: Kursbuch, 51/1978, S. 1 ff. Gegenargumente u. a. in: Stefan Aust, Der Baader-Meinhof-Komplex, Hamburg 1985, S. 588 f.

[22] Der Spiegel, 36/1987, S. 107) wird auf S. 132 mit der – angeblichen – Feststellung zitiert, Helmut Schmidt habe während der Entführung von Hans-Martin Schleyer geahnt, daß er als Regierungschef zugunsten der westlichen Führungsmacht USA abzudanken hätte. In der betreffenden „Spiegel"-Ausgabe findet es sich anders, dort heißt es, Helmut Schmidt habe zugunsten des damaligen BKA-Chefs Herold abgedankt.

[23] Vgl. die Beobachtungen des Göttinger Kriminologen Peter Alexis-Albrecht, die dieser in einer methodisch hervorragend angelegten empirischen Untersuchung über die Lage entlassener ehemaliger lebenslanger Strafhäftlinge der Öffentlichkeit zugänglich gemacht hat: Peter Alexis-Albrecht, Zur sozialen Situation entlassener Lebenslänglicher, Göttingen 1977. Siehe auch: „Heulen, wenn nur die Rede darauf kommt" – Entlassene Lebenslängliche werden nur selten rückfällig, in: Der Spiegel, 45/1977, S. 67 ff.

[24] Klaus Jünschke, Spätlese. Texte zu RAF und Knast, Frankfurt a. M. 1988 (*Verlag Neue Kritik*), 221 S.

dikalisierung Anfang der siebziger Jahre „sehr intolerant" geworden zu sein (S. 153): „Ich war zum Schluß gar nicht mehr offen. Alles war auf eine Weise politisiert, daß man menschlich Leuten gar nicht mehr begegnet ist, die einem mal etwas bedeutet haben, nur weil man sich selbst radikalisiert hat. [. . .] Eine Radikalisierung und Brutalisierung ist da abgelaufen" (S. 23).[25]

In einem „Offenen Brief an die Genossinnen und Genossen der RAF" übt Jünschke zuerst Kritik an der eigenen politischen Praxis der frühen siebziger Jahre („mit der Entscheidung, Menschen zu töten, war eine Grenzlinie überschritten worden, die uns und unsere Sympathisanten überforderte"; S. 162). Mögen solche Einwände gegen Verfahrensweisen der RAF rein taktischer Natur sein, so wird Jünschke mit der Schilderung der Verrohung der Umgangsformen unter den Genossen der RAF grundsätzlicher: „Bulle und Schwein neben Ratte und Votze [. . .] waren die markanten Schimpfwörter geworden, mit denen wir uns zuletzt gegenseitig und unsere Sympathisanten belegten" (S. 164). Die von Herbert Marcuse propagierte Terminologie für Feinde der Revolution[26] hatte Eingang in die eigenen Reihen gefunden – die Revolution fraß ihre Kinder.

Das Scheitern der RAF war nach Jünschkes Auffassung darin begründet, daß ihre Anschläge von den „Massen" nicht als „Befreiungsversuch", sondern als „Barbarei" interpretiert wurden. Der Aufruf an die ehemaligen Gesinnungsgenossen, nicht erneut zu morden, wird freilich noch mit der These belegt, man könne ein „großes Wahnsystem" nicht mit einem „kleinen bekämpfen" (S. 168). An sich bietet der offensichtlich hastig zusammengestellte Band „Spätlese" (der Deckname Jünschkes in der RAF) kaum Neues, zumal sich gegen Ende Nachdrucke häufen: Interviews, Leserbriefe und eine

25 Eine nachträgliche Bestätigung des Befundes, den die Terrorismusforscherin Wanda von Baeyer-Katte im Rahmen ihres Beitrags zu den „Analysen zum Terrorismus" über das „Sozialistische Patientenkollektiv", dem Jünschke angehörte, veröffentlichte: „Dieser Situationsdeutung [ungebremster Aggressivität, d. Verf.] enspricht die Technik der Schimpfreden, die ihrerseits Vorbereitung auf eine terroristische Mentalität sein kann. Gelernt wird dabei: Alle, auch die Wohlgesinnten, zu verachten, sobald sie dem eigenen Programm nicht völlig nachgeben. Die Zweiteilung der Welt in das SPK [= Sozialistisches Patientenkollektiv, d. Verf.] und in die ‚Schweine' muß offenbar zunächst verbal akzeptiert und im Kollektiv immer wieder formuliert werden, ehe die Rechtfertigung der Gewalt akzeptabel ist." Wanda von Baeyer-Katte, Das sozialistische Patientenkollektiv in Heidelberg (SPK), in: Dies./Dieter Claessens/Herbert Feger/Friedhelm Neidhardt, Gruppenprozesse, = Analysen zum Terrorismus, Bd. 3, Opladen 1982, S. 229.

26 Herbert Marcuse, Versuch über die Befreiung, Frankfurt a. M. 1969, S. 59.

Rezension, die teilweise schon vor Jahren in Tages- oder Wochenzeitungen erschienen sind. Dennoch: Jünschke zeigt mit „Spätlese" einen Weg, wie sich Linksterroristen ohne Gesichtsverlust von ihren Gesinnungsgenossen lösen könnten.

Als „Handbuch für den Widerstand" versteht sich der Band von Enno Brand.[27] „Für uns war dieses Buch von Anfang an ein Mußbuch [. . .] wir sind selbst Objekt staatlicher Begierde gewesen". So heißt es im Vorwort (S. 9); und schon ist man auf das Schlimmste gefaßt. Es kommt aber doch besser, als ursprünglich angenommen: Zwar werden Probleme der Gesetzgebung in Sachen Terrorismus einseitig aus „linker Sicht" abgehandelt (§ 129 a: „Ein Gesetz zur Bekämpfung der politischen Opposition", S. 26 ff.); aber wer wollte bestreiten, daß es in diesem Bereich des Strafrechts zu Unsicherheiten bei der Interpretation des Begriffs „terroristische Vereinigung" gekommen ist?[28] Der Begriff „Willkür" (S. 29) sollte man bei der Bewertung der Auslegungsmöglichkeiten freilich besser vermeiden.

Einschlägige Verfahren nach § 129 a StGB werden in aller Ausführlichkeit, vor allem im Hinblick auf negative Folgen für die Betroffenen dokumentiert, Kronzeugenregelung und die Frage einer Amnestie (nur für Linksterroristen?) – auf dem Stand des Jahres 1988 – einigermaßen sachlich diskutiert. Ein zweiter Abschnitt ist – gemäß der Terminologie der Autoren – dem Thema „Überwachungsstaat" mit seinen mehr oder weniger fein gesponnenen Mechanismen (etwa die Datennetze NADIS und INPOL) gewidmet.[29]

Obwohl der Autor sich über weite Strecken um einen sachlichen Ton bemüht, wird die Glaubwürdigkeit der Darstellung immer wieder durch überzogene Polemiken gemindert.[30] Vereinzelt bedient er sich gar der Argumentationsmuster von Linksterroristen. So „starb" für ihn der Berliner Kammergerichtspräsident Günter von Drenkmann als „Symbol einer inhumanen Behandlung der RAF-Gefange-

[27] Enno Brand, Staats-Gewalt. Politische Unterdrückung und Innere Sicherheit in der Bundesrepublik, Göttingen 1988 (*Verlag Die Werkstatt*), 367 S.

[28] Vgl. dazu sehr ausführlich: Uwe Berlit/Horst Dreier, Die legislative Auseinandersetzung mit dem Terrorismus, in: Fritz Sack/Heinz Steinert, Protest und Reaktion, = Analysen zum Terrorismus, Bd. 4/2, Opladen 1984, S. 227 ff.

[29] Vgl. auch den Band ähnlichen Inhalts und ähnlicher Tendenz: Roland Appel/Dieter Hummell/Wolfgang Hippe (Hrsg.), Die neue Sicherheit – Vom Notstand zur sozialen Kontrolle, Köln 1988.

[30] Bei der Schilderung über den Ausbau des Kriminalamtes und der Sicherungsgruppe Bonn in der siebziger Jahren heißt es beispielsweise: „Die Treffsicherheit soll sich nun endlich auszahlen: Es geht um die Hatz gegen die Staatsfeinde Nr. 1, um den Fahndungsauftrag Baader und andere" (S 117).

nen" (S. 123). Die Feststellung „700.000 Waffenträger stehen zur Disposition" (S. 139) und anderes mehr verrät, wie sehr der Autor der Fiktion eines ungezügelten Leviathan anhängt, statt der Realität des demokratischen Rechtsstaates gerecht zu werden. Enno Brand legt mit diesem Band zwar eine detaillierte Übersicht zu den Sicherheitsorganen der Bundesrepublik vor, aber das einseitige Vorverständnis des Verfassers verstellt ihm den Weg, auch berechtigte Erweiterungen staatlicher Möglichkeiten als Reaktion auf anschwellende politische Kriminalität angemessen zum Ausdruck zu bringen.

Die nicht näher vorgestellten Autoren folgenden Bandes[31] bewegen sich eigenen Aussagen nach „zwischen den Stühlen", fühlen sich also keinen Vordenkern verpflichtet. Der Leser findet eine wilde Mixtur unterschiedlichster Eindrücke, Stellungnahmen, Zitate im Sinne „Neuer Unübersichtlichkeit" vor: „Vom Chemiekonzern zur Staatstheorie, von Max und Moritz zum ‚Celler Loch', von Jesus Christus zum BKA, von Kaiser Nero zu den baden-württembergischen Grünen usw" (S. 10). Anything goes.

Inhaltliche Klammer dieser Anhäufung von Zufälligkeiten ist ein Briefwechsel zwischen dem Ex-Terroristen und nun wieder als Rechtsanwalt tätigen Horst Mahler und dem Philosophen Günther Anders. Anders (Hauptwerk: „Die Antiquiertheit des Menschen") hatte der Zeitschrift „Natur" im Rahmen eines Interviews erklärt, angesichts der Katastrophe von Tschernobyl müsse man zu der Überzeugung kommen, daß mit Gewaltlosigkeit nichts mehr zu erreichen sei. Es sollten Drohpotentiale erzeugt werden, um den Mächtigen zu imponieren und sie von ihrem fatalen Weg der Technikvergötzung abzubringen.[32] Ähnlichen Inhaltes ist ein „Offener Brief" von Anders an die „taz" (9. Mai 1987), in dem er die selbstgestellte Frage „Reicht der gewaltlose Protest?" dahingehend beantwortet, daß angesichts der globalen atomaren Bedrohung es an der Zeit sei, von bisherigen „Höflichkeitsregeln" abzurücken, den führenden Männern der westlichen Welt in einer Art „kollektiver Notwehr" den Krieg zu erklären und sie künftig als „Freiwild" anzusehen.

Zwei Monate später nannte Horst Mahler – ebenfalls in der „taz" – Anders deshalb einen „Schreibtischmörder" (S. 101), der viele Men-

[31] F. Amelie/Robert Halbach/Bernd Kramer, „Ich hasse zu hassen", Berlin 1988, (*Karin Kramer Verlag*), 165 S.

[32] Vgl. dazu: Günther Anders, Gewalt ja oder nein. Eine notwendige Diskussion, München 1987, S. 23 ff.

schen zu töten hätte, wenn sich „hier etwas ändern solle". Er berichtet bei dieser Gelegenheit von seinem schwindenden Tötungsdrang in der RAF, als dort über die Liquidierung eines abtrünnigen Genossen diskutiert wurde und einige der „Landsknechte" sich offensichtlich begierig zeigten, diese Aufgabe zu übernehmen. Anders' Legitimation des Mordens findet Mahler inzwischen unerträglich: „Kann das Wohl und Wehe der noch Ungeborenen die Rechtfertigung sein für den von dir propagierten Völkermord an den Phantasiearmen und Blödherzigen?" (S. 102). Der sich anschließende Faschismusvorwurf überrascht nicht weiter.

Diese Stellungnahme provozierte die Autoren von „Ich hasse zu hassen" zu einem 75 Seiten umfassenden Brief an Mahler. Die Quintessenz der langatmigen Abhandlung: Anders' Forderung „Die Drohenden bedrohen" sei als die Fortsetzung des abgestandenen APO-Spruchs „Macht kaputt, was euch kaputtmacht!" zu interpretieren. Nur ein Unterschied bestehe: Die Adressaten wurden bei Anders eindeutig identifiziert. Es seien „Politiker, Manager und Konzerne" (S. 25), denen die Schuld an der drohenden Apokalypse zugeschoben wird. In diesem Szenario werde das Parlament zum Käfig, der Rechtsstaat zum Galgen. Im Tonfall eines durch nichts und niemanden zu bremsenden Bekenntnisdrangs heißt es ein paar Seiten weiter: „Jeder politisch radikal Denkende von uns war innerlich bereit, zur RAF zu gehen. – Das Schweinesystem zu knacken, diese Wut war da" (S. 43).

Zur Entlarvung des „Verrats" kontrastierten die Autoren Reden Mahlers vor Gericht während seiner Zugehörigkeit zur RAF mit seiner heutigen Stellungnahme in Sachen Günther Anders. Während die damaligen Positionen offensichtlich goutiert werden, wirft man Mahler heute sklavische Demutsgesten vor dem Staat vor. So wird ein breites, oft abwegig und abstrus erscheinendes Panorama angeblich brutaler Gewalt und Erpressung durch „Staat" und „Wirtschaft" entworfen, ohne daß eine durchgängige Argumentationslinie zu erkennen wäre – das Gegenteil ist wohl intendiert: Eine phantasiereiche Assoziationskette mit dem Ziel, „Gegengewalt" zu legitimieren.

4. Belletristik

Heidelberg 1981: Am 15. September wird auf den Oberbefehlshaber der US-Landstreitkräfte in Europa, General Frederick James Kroesen, ein Anschlag verübt, bei dem der General und seine Frau leicht verletzt werden. Generalbundesanwalt Rebmann macht die Rote Armee Fraktion für das Attentat verantwortlich.[33] Eva Zeller, in Heidelberg lebend und arbeitend, nimmt dieses Ereignis zum Anlaß, den Zwiespalt zwischen der bürgerlichen Welt des schönen Scheins und der untergründig lauernden revolutionären Gewalt wieder einmal – Analogien zu Heinrich Bölls Kurzgeschichte „Du fährst zu oft nach Heidelberg" sind offenkundig – in ein literarisches Sujet zu bringen: Ein älteres Ehepaar hat seine „Traumwohnung" gefunden, ein Domizil mit malerischem Blick auf Neckar und Schloß. Die gerade zu Besuch weilende Nichte Regine kann sich anscheinend nicht an dem Panorama sattsehen. Eigentlich sollte sie Latein pauken, um ein Geschichtsstudium aufnehmen zu können, doch trifft man sie fast ständig am Fenster an. Das Zusammenleben der Generationen ist nicht ungetrübt: Tante Thea erscheint Regine wie eine „Marionette der Konvention" (S. 10), während die Nichte die Alte durch „Überlaunigkeit" und „Zugeknöpftsein" zu verärgern beginnt (S. 17). Die unterschiedlichsten Vermutungen über Regines Seelenzustand werden angestellt, bis sich schließlich ihre wahre Identität erweist: Sie ist als Helfershelferin der RAF beauftragt, den Ort des geplanten Anschlags auszukundschaften. Dies wird nach dem Attentat zur Gewißheit, als Beamte des Bundeskriminalamtes die Wohnung durchsuchen und Regine untergetaucht ist.

Ansätze einer subtileren Charakterisierung der Kundschafterin der RAF sind nicht zu leugnen, ihre Identität als Fremdkörper in der Behaglichkeit der Touristenstadt kommt gelegentlich plastisch ins Bild – Ideologiefragmente, Sprachfetzen aus den Schriften der RAF beleben den „Dialog zwischen den Generationen" –, mehr aber auch nicht. Die Novelle wirkt, vielleicht auch wegen der relativ strengen formalen Kriterien, der sie entsprechen muß, seltsam konstruiert, wenn nicht gar lebensfern.

Die „Geschichte" von Rainald Goetz[34] – des durch seinen Auftritt

[33] Vgl. Archiv der Gegenwart vom 15. Sept. 1981, S. 24907.

[34] Rainald Goetz, Kontrolliert, Frankfurt a. M. 1988 (*Suhrkamp Verlag*), 281 S.

bei den Klagenfurter Literaturtagen[35] und durch seinen Roman „Irre“ einem breiteren Publikum bekanntgewordenen Schriftstellers – handelt nicht eindeutig von Terrorismus, obwohl viel von „1977“, „Raspe“, von „Hungerstreik“, „Ulrike Meinhof“, „Buback“ die Rede ist[36] und der Autor sich für den Umschlag unter dem RAF-Signet ablichten ließ.

Die Egozentrik der Hauptfigur des Romans läßt die Vermutung nicht abwegig erscheinen, hier habe einer lediglich Seelenlagen ohne Beziehung zur Außenwelt zu Papier gebracht. Dennoch: Die Erzählstrategie „ich erzähle hier die Geschichte des Jahres neunzehnhundertsiebenundsiebzig“; „Der Staat ist ungeheuerlich, die Ungeheuerlichkeit, die einer, wie ich hier, nicht fassen kann“; S. 15) ist so eindeutig auf den „Deutschen Herbst“ ausgerichtet, daß Zweifel am politischen Bezug zunächst einmal zurückgestellt werden können.

Der erste Abschnitt der „Geschichte“ (so nennt der Autor „Kontrolliert“) trägt die Überschrift „Schwarze Zelle“ und beginnt nach der Verfluchung des Staates mit einem Identitätswechsel des fiktiven Ich: Es wird zu „Raspe“[37]: „Der Bau heißt Stammheim, ich bin Raspe“ (S. 16). Soweit, so gut. Doch wenig später heißt es: „Ich war der Baaderhaß. Da war die Grenze da. Ich war nicht Raspe. Was denkt der Raspe unvorstellbar“ (S. 16). Es folgt eine endlose Kette teilweise wirrer Halluzinationen, nicht zu den Geschehnissen des Herbstes 1977 an sich, sondern auf einer Art Meta-Ebene zu den Wirkungen dieser Ereignisse auf das isolierte Ich. Sie treffen auf ein Individuum, das in einer „Mescalero“-Position verharrt[38]: „Die Revolution kommt, das war das Gefühl“ (S. 40), so lautet der Schlüsselsatz, der den jeder rationalen Überlegung abholden Tiraden zugrundeliegt.

“Wir haben uns nur die Zeitungsmeldungen vorgelesen, automa-

[35] Rainald Goetz ritzte sich bei den Klagefurter Literaturtagen 1983 mit einer Rasierklinge die Stirn auf und fiel, ähnlich wie Peter Handke bei der Tagung der Gruppe 47 in Princeton, erstmals nicht durch eine literarische Großtat, sondern durch Provokation auf.

[36] Der „Zeit“-Kritker Willi Winkler vertrat die Auffassung, „Kontrolliert“ sei kein RAF-Buch, sondern ein „romantisches Gedicht“ (Die Zeit vom 7. Okt. 1988, Literaturbeilage, S. 4).

[37] Inwieweit dies mit den RAF-Terroristen Jan-Carl Raspe zu tun hat, mag dahingestellt sein. Bereits in „Irre“ trägt eine Figur den Namen „Raspe“.

[38] So u. a. auch: Helmuth Kiesel, Zwischen Opfergefühl und Täterdrang: Rainald Goetz' Roman über die RAF, in: Rheinischer Merkur/Christ und Welt vom 2. Dez. 1988, S. 37. In einem mit „Mescalero“ gezeichneten Artikel drückte ein Göttinger Student in einer Universitätszeitung 1977 seine „klammheimliche Freude“ über die Ermordung von Generalbundesanwalt Buback aus.

tisch triumphierend, als wären wir selbst die Täter, oder mindestens die Helfer mittels Sympathie" (S. 41). Von wem ist die Rede? Das erzählerische Ich (mit unverkennbar autobiographischen Zügen) ist ein Student der Medizin und Geschichte, der seine Studienstadt München in geradezu Thomas Mannscher Manier preist („München ist heuer ein Fest, das Licht kommt einem abends italienisch vor"; S. 155). Der Terrorismus beeinträchtigt als ständiger Denkanreiz das Wohlgefühl und zwingt dazu, Stellung zu beziehen. Nicht durchgängig wird dabei die Position der RAF geteilt („Die Täter, die gehandelt haben, gleich wie falsch, sind die Herausforderung für jedes Leben, das sich richtig leben will"; S. 248). Aber: Nach dem Rückzug in das „Ich" („daß auch der trotzigste Freiheitskämpfer am Schluß im Kerker seiner selbst sitzt, hilflos, ratlos, ohne Weg") wird die Gegenseite umso härter attackiert („Der Staatsnotstand braucht kein Gesetz, keine Ermächtigung, keine Änderung des Grundgesetzes, kein Gericht, keine Verfassung, kein [. . .] Der demokratische Staat organisiert die Diktatur der Demokratie im Fall des Staatsnotstandes demokratisch um zur Staatsdiktatur"; S. 249).

Das Ende der Entführung Hanns Martin Schleyers ist für Goetz ein Opfer auf dem von „Faschistenblut tropfenden Staatsaltar" in einer Einheit mit der im „Suizid endenden revolutionären Konsequenz" (S. 273). Schließlich hat die „Revolution das Urteil des Volkes angenommen" und an sich selbst vollstreckt (S. 280). Aus politikwissenschaftlicher Sicht könnte dieses Buch als Psychogramm eines Studenten interpretiert werden, der – angewidert von Staat und Gesellschaft – einen revolutionären Ausweg sucht, ohne deshalb die Theorie und Praxis der RAF kritiklos anzunehmen. Nur: Er steht ihr gefühlsmäßig näher als dem demokratischen Verfassungsstaat. Eine Disposition, die zeitweise unter Studierenden nicht selten anzutreffen war.[39]

Christian Geissler (Jahrgang 1928) hatte 1960 mit seinem Roman „Die Anfrage"[40] einen ersten größeren Erfolg. Es handelt sich um ein Werk, in dem er sich hyperkritisch mit Versuchen der „Bewältigung" deutscher Vergangenheit auseinandersetzt. Zu jener Zeit Mitglied

[39] Vgl. Der Spiegel, 41/1977, S. 54: „Jeder fünfte denkt etwa so wie Mescalero". Dem Artikel lag eine Umfrage unter Studenten zugrunde.

[40] Über die Zusammenhänge informiert: Hermann Glaser, Kulturgeschichte der Bundesrepublik Deutschland, Bd. II: Zwischen Grundgesetz und Großer Koalition (1949-1967), München/Wien 1986, S. 299; siehe auch: Dieter Lattmann, Die Antwort auf „Die Anfrage", in: Das Schönste 10/1960, S. 8.

der illegalen KPD, vertritt er deren Credo unverändert: „Unsre Geschichte ist, egal, wie wirs drehen, uns winden, klassenkriegsgeschichte."[41]

Obwohl von seinem Freund Heinrich Böll davor gewarnt[42], versteht sich Geissler als Anwalt der noch vorhandenen RAF-Reste, inner- wie außerhalb der Gefängnisse, und verteidigt mit gewissen Einwänden[43] die politische Linie der Linksterroristen. Er beteiligte sich daher im Frühjahr 1989 folgerichtig am Hungerstreik inhaftierter RAF-Terrorristen[44] und warb bei Lesungen für die Zusammenlegung „politischer Gefangener".

Der Klappentext von „kamalatta"[45] kündigt ein „romantisches fragment" an, eine „ästhetik des bewaffneten widerstandes nach der befreiung von andreas baader im mai 1970". Der Name „kamalatta" wird als Ort erklärt, an dem der Freiheitskampf der Griechen gegen die türkische Vorherrschaft begann, Hölderlin habe in seinem Turm „kamalattasprache – das versteh' ich nicht" geschrien, weil ihm jemand griechische Verse vorlas.

Die assoziationsreich und verschachtelt erzählte Handlung läßt sich in wenigen Sätzen nachzeichnen: Der Dokumentarfilmer Robert

[41] Nachwort zur Neuausgabe seines Romans „Brot mit Feile" (1973), Berlin 1986, S. 477.

[42] „Böll hat damals zu mir gesagt, in sorge um jedes leben, wir dürfen nichts schreiben, nichts, kein wort, das auch nur einen einzigen genossen noch künftig ermuntert, sich gegen das pack (böll kannte den feind) zu bewaffnen. dann dürften wir, hab ich geflucht und geschüttelt, gar nicht mehr genau schreiben [. . .] ich habe gesagt, jeder text, der sorgfältig leidenschaftlich von uns gearbeitet ist, begründet ist, ist aus sich selbst ein schritt zur bewaffnung der klasse." Nachwort zu „Das Brot mit der Feile" (FN 41), S. 480.

[43] Vom Mord an dem GI Pimental „distanzierte" sich Geissler auf folgende Weise: „Ich muß dazu noch was sagen. Das Erschießen von einem GI ist für mich nicht das Problem, so brutal das klingt. Jemand im Dienst der US-amerikanischen Armee steht gegen die Befreiung von Menschen – und da steht er gefährlich. Mein Problem ist die Relation – und das ist eine ganz eiskalte Mittel-Ziel-Frage: In einer Aktion der Befreiung US-amerikanische Soldaten zu töten, kann notwenig sein. Aber jemanden zu töten, um einen Ausweis zu bekommen – das drückt für mich so eine Leichtigkeit des Tötens, so eine Kälte aus. Die nenne ich feindlich. Es soll keinem Revolutionär jemals leicht werden zu töten." Konkret, 2/1989, S. 56.

[44] Vgl. Volkszeitung vom 21. April 1989, S. 5: „Der Schriftsteller Christian Geissler (letzter Roman ‚kamalatta') enthält sich seit dem 9. April der Nahrungsaufnahme, um den Hungerstreik der politischen Häftlinge zu unterstützen. In einer ‚mitteilung an die medien, freunde und genossen' schreibt er: ‚ja, das weiß ich, es ist die Ohnmacht. es ist nur noch mein geschrei: aus jahren und jahren reden und schreiben und reden und schreiben mach ich jetzt öffentlich den schrei meines körpers. mehr hab ich nicht!'"

[45] Christian Geissler, kamalatta, Berlin 1988 (*Rotbuch Verlag*), 545 S.

Koch, genannt Proff, ein Mitarbeiter des Norddeutschen Rundfunks mit dunklen Flecken in seiner Vergangenheit, soll für seinen Sender einen Beitrag über eine Spezialeinheit der US-Streitkräfte für die Terrorismusbekämpfung, die in einer ehemaligen SS-Schule untergebracht ist, drehen. Proff fühlt sich in seiner politischen Einstellung der RAF verbunden und verfügt über einige Kontakte dorthin. Er berichtet den Terroristen über sein Vorhaben und bringt sich damit in schwerste Loyalitätskonflikte: Einerseits hängt er an Familie und Beruf, andererseits glaubt er, die Aktionen der RAF unterstützen zu müssen. Proff zerbricht an diesem Gegensatz, verscherzt es sich mit den Terroristen und entfremdet sich seiner Familie. Am Ende ist Proff verschollen, möglicherweise tot. Der Anschlag wird aufgrund seiner Informationen von der RAF durchgeführt. Es kommt dabei zu zahlreichen Todesopfern.

Soweit das dürre Handlungsgerüst. Damit ist über „kamalatta" erst wenig gesagt. Wichtiger ist die meist brillante Wiedergabe von Bewußtseinsstrukturen verschiedener Strömungen des Linksterrorismus, die in Form von „kommandomitteilungen der raf" (in konsequenter Kleinschreibung, im sprachlichen Duktus oft regelabweichend) als „Kassiber Roman"[46] präsentiert werden. Die Montagetechnik erinnert an Döblins „Berlin Alexanderplatz". Hier wie dort dominiert ein gnadenloses Freund-Feind-Denken: „begreifen, daß krieg ist[47] und sich entscheiden, und die entscheidung sind wir" (S. 182), heißt es für Geissler. Alle gängigen Parolen der RAF werden in das Geschehen integriert („die trakte", S. 44 u. ö.; „auschwitz, buchenwald und stammheim", S. 53; „kollektiv als befreiung", S. 194; „freiheit für günter sonnenberg", S. 270; „hände weg von der hafenstraße, S. 351; „countre, salewsky, der psychokrieg", S. 379 und ähnliches mehr). Der Autor will beweisen, daß „es geht", daß der „bewaffnete Kampf" durchgehalten werden muß. Um dieser Zielrichtung willen werden Aussteiger gnadenlos denunziert: „zweitens einfach und klar dein nein zum bewaffneten kampf, offen, schriftlich, die taz hält dir zeilen frei, nach zweidrittel bist du raus, wohin, ich weiß das nicht [. . .] oder sie lassen haß auf uns los, haken ein bei spiegel und stern, obgleich sie mal ganz genau wußten, wer da blen-

46 Vgl. die Rezension von Klaus Jünschke, in: Der Spiegel, 12/1989, S. 238.

47 Diese Metapher wurde von „Spiegel"-Gerichtsreporter Gerhard Mauz anläßlich der Berichterstattung über den Göttinger Abtreibungsprozeß aufgegriffen: „Es ist Krieg. Und für jene, die das noch nicht begriffen haben, wurde in Memmingen die Kriegserklärung nachgeholt." Der Spiegel, 19/1989, S. 30.

det, zerrt und kaltmacht, was stumm macht und haß macht, das kann nicht der richtige weg sein für die menschen" (S. 484 f.). Dennoch: In der linken Publizistik wird diese Kriegserklärung an den Rechtsstaat als Text interepretiert, der „nicht zum Durchhalten auffordert, sondern zum Auseinandersetzen, zum Nachfragen."[48] Vielleicht fallen die Samenkörner des „Durchhaltepropagandisten aus dem sicheren Hinterland" (so Ex-Terrorist Christof Wackernagel über Geissler) gar nicht auf fruchtbaren Boden, und Geisslers offensichtliches Selbstporträt in „kamalatta"[49] kommt der Realität näher als die Botschaft seines Romans: „Trotz seines Alters, seiner alten Verbindungen zur verbotenen KPD, seines Familienstandes (vier Kinder!), seines Briefwechsels mit einsitzenden Terroristen galt er den Sicherheitskräften bisher eher als ein radikaler Schwätzer" (S. 534).

5. Resümee

Bilanz des Jahres 1988 für die Terrorismusforschung? Kaum neue Ergebnisse, statt dessen wenig Kommunikationswille unter den Forschern, statt dessen Begradigung alter Fronten. Ein Beispiel für den Befund: Die Autoren des ersten Bandes von „Angriff auf das Herz des Staates", des umfassendsten Versuches zum Thema, nehmen in ihrer Bibliographie nur Titel eigener Provenienz auf. Die „Revolte" wird hier zu einem ganz berechtigten moralischen Anliegen – zeitbezogen ohne tiefere ethische Reflexion. Auch das zweite Buch kann hier keine Abhilfe schaffen, doch werden wenigstens solide recherchierte Länderstudien in gut lesbarem Stil geboten.

Im Gegensatz dazu betont Horchem zwar den kriminellen Charakter politisch motivierter Gewalt. Die ätiologische Dimension bleibt dagegen unterbelichtet. Ansonsten: Eine idealisierende Biographie, die Perpetuierung des „Mythos" von Stammheim, Lebensberichte und Hafterfahrungen ausgestiegener Linksterroristen keineswegs in einer intellektuellen Qualität und Präzision, die biographisch orientierter Forschung Auftrieb verschaffen könnte. Daneben wirre Legitimationen von „Gegengewalt". Von neuen empirischen Erkenntnissen oder gar durchdachter Wertung terroristischer Phänomene in

[48] Oliver Tolmein, Ästhetik des Kampfes, in: Konkret, 12/1988, S. 15.

[49] Fiktive Pressemeldung über den Tölzer Anschlag mit persönlichen Eigenheiten des Proff, mitgeteilt zu Fahndungszwecken.

westlichen Industriestaaten im Sinne demokratischer Verfassungsnormen kann keine Rede sein.

Ähnlich das Resümee der literarischen Versuche zum Thema: „Während die RAF in der Realität sich nur noch lächerlich macht, ist sie in der Literatur in Hochform"[50], schreibt der ehemalige Terrorist Christof Wackernagel in seiner Rezension zu Christian Geisslers „kamalatta". Es fehlt hier – ähnlich wie in den Nachbarländern[51] – nicht an Autoren, die namentlich den Linksterrorismus zum Faszinosum für ihre Leser machen. Aber Egozentrismus, politischer Fanatismus oder oberflächliche Sensationshascherei sind für einen angemessenen Zugang so hinderlich, daß nahezu nur von einseitigen Interessen bestimmte Versuche entstehen können. Geht man davon aus, daß eine wache, ethisch gefestigte Öffentlichkeit zu rechtsstaatlich organisierten Institutionen treten muß, um den demokratischen Verfassungsstaat funktionsfähig zu halten, so ergibt dies ein Bild der Trostlosigkeit.

[50] Zit. nach: Volker Hage, Rückblick auf die deutsche Literatur des Jahres 1988: über die RAF, über Ovid, Orpheus und andere Ruhestörer – reizvoller, reizbarer Stoff für die Leser, in: Zeit-Magazin, 11/1989, S. 46.

[51] Vgl. den großen Erfolg von Bernard-Henri Levys Roman „Der Teufel im Kopf" (1984) in Frankreich. Zu den Hintergründen das Interview des Autors mit dem Titel „Der Terrorismus ist die verrückteste Form des philosophischen Deliriums", in: Theo Faulhaber/Adelbert Reif, An den Grenzen der Ratio – Conturengespräche, München 1988, S. 79-94.

Sammelrezension:

Die Politik der MLPD – Programm, Polemik und Parolen

Von Eckhard Jesse

Willi Dickhut, Die Restauration des Kapitalismus in der Sowjetunion, überarbeitete und erweiterte Neuauflage, Düsseldorf 1988 (*Verlag Neuer Weg*), 565 S.
Willi Dickhut, Gewerkschaften und Klassenkampf, überarbeitete und erweiterte Neuauflage, Düsseldorf 1988 (*Verlag Neuer Weg*), 375 S.
Willi Dickhut, Die dialektische Einheit von Theorie und Praxis, Düsseldorf 1988 (*Verlag Neuer Weg*), 363 S.
Zentralkomitee der Marxistisch-Leninistischen Partei Deutschlands (Hrsg.): Die Arbeiterpartei der Zukunft, Düsseldorf 1988 (*Verlag Neuer Weg*), 254 S.
Peter Borgwardt, Abschied von den Grünen, Düsseldorf 1988 (*Verlag Neuer Weg*), 162 S.
Peter Schwarz, Marxismus gegen Maoismus. Die Politik der MLPD, Essen 1988 (*Arbeiterpresse Verlag*), 126 S.

Die 1982 gegründete Marxistisch-Leninistische Partei Deutschlands, die im Juni 1988 ihren dritten Parteitag abgehalten hat, ist die größte der K-Gruppen. Aber der Superlativ will nicht viel heißen. Die etwa 1.300 Mitglieder umfassende Partei erhielt bei den Bundestagswahlen 1987 ganze 13.422 Stimmen (0,0 Prozent), obwohl sie überall Landeslisten aufgestellt hatte. Gleichwohl ist sie äußerst rührig, zumal ihr Chefideologe, der 1904 geborene Willi Dickhut. Der dem Arbeitermilieu entstammende Dickhut war seit den zwanziger Jahren Aktivist in der KPD[1], aus der er in den sechziger Jahren wegen maoistischer Tendenzen ausgeschlossen wurde. Später engagierte er sich – kurzfristig – in der KPD/ML von Ernst Aust und war dann im KABD aktiv, einer Vorläuferorganisation der MLPD.[2] Von ihm, der

[1] Vgl. die autobiographische Schilderung von Willi Dickhut, So war's damals ... Tatsachenbericht eines Solinger Arbeiters 1926-1948, Stuttgart 1979. Siehe auch die Kurzbiographie bei: Uwe Backes/Eckhard Jesse, Politischer Extremismus in der Bundesrepublik Deutschland, Bd. III: Dokumentation, Köln 1989, S. 283 f.

[2] Vgl. folgende Selbstdarstellung: Zentralkomitee der Marxistisch-Leninistischen Partei Deutschlands (Hrsg.), Geschichte der Marxistisch-Leninistischen Partei

lange das theoretische Organ „Revolutionärer Weg" geleitet hatte, ist im Jahre 1988 eine Reihe von Schriften in erweiterter Form neuaufgelegt worden, nicht jedoch sein bekanntestes Werk über den „staatsmonopolistischen Kapitalismus".[3]

Die Neuausgabe der erstmals 1971/72 im „Revolutionären Weg" erschienenen „Restauration des Kapitalismus in der Sowjetunion" ist um einige, bereits zuvor im „Revolutionären Weg" veröffentlichte Abschnitte ergänzt worden: „Der Sozialimperialismus – ein staatsmonopolkapitalistischer Kapitalismus neuen Typs" (S. 349-476), „Die Sowjetunion – die sozialimperialistische Supermacht" (S. 477-544) sowie „Neue Erscheinungen in den internationalen Beziehungen" (S. 545-565). Es ist die These Dickhuts (und der MLPD), daß die Sowjetunion nicht erst seit Gorbatschow die Prinzipien des Sozialismus verraten, sondern bereits mit Chruschtschow, dessen Stalin-Kritik eine Verunglimpfung gewesen sei, einen gefährlichen Irrweg eingeschlagen hat. Die Sowjetunion gilt als Ausgeburt des „Sozialimperialismus", des „Opportunismus" und des „Revisionismus". Sie habe der bürgerlichen Ideologie, angefangen mit Chruschtschow und fortgesetzt mit Breschnew, den Weg geebnet.

Hingegen weiß sich Dickhut den Lehren Stalins und Maos verpflichtet, deren Millionen Opfer er verschweigt. „Es gibt nur eine Alternative: entweder Proletarische Kulturrevolution oder – Restauration des Kapitalismus!" (S. 476). Für Dickhut sind Gorbatschows Reformen „eine Vertiefung der kapitalistischen Restauration" (S. 561). Zwecks Änderung fordert der Revolutionär die Herstellung der „dialektische[n] Einheit von Theorie und Praxis" (S. 565).

Was darunter zu verstehen ist, erläutert Dickhut in seiner gleichnamigen Schrift, deren letzter Teil bereits in die Neuausgabe der „Restauration des Kapitalismus in der Sowjetunion" Eingang gefunden hat. Zunächst wird die Dialektik als Theorie und Methode bei den „Klassikern" vorgestellt, dann die dialektische Methode in der Praxis erörtert, ehe es um den Zusammenhang von Theorie und Praxis geht. Theorie und Praxis müßten eine Einheit bilden. Jene Intellektuellen der Studentenbewegung aber scheiterten nach Dickhut zwangsläufig, da sie sich auf die Theorie kaprizierten und der Arbeiterklasse kein revolutionäres Bewußtsein zutrauten. Der Verfas-

Deutschlands, I. Teil: Entstehung, Entwicklung und Ende der „marxistisch-leninistischen Bewegung", II. Teil: Parteiaufbau vom KABD zur MLPD, Düsseldorf 1986.

[3] Vgl. Willi Dickhut, Der staatsmonopolistische Kapitalismus in der BRD, 2 Bde., Stuttgart 1979.

ser spricht in diesem Zusammenhang von „Liquidatoren", deren „notwendiger Ausschluß" aus der Partei Rechtfertigungsschriften hervorriefen, die mit „theoretischen Absonderlichkeiten gespickt war[en], von deren Wert nur sie selbst überzeugt waren" (S. 270). Wie wahr! Aber das Urteil gilt nicht nur für die von ihm abgekanzelten Richtungen.

In „Gewerkschaften und Klassenkampf", einer gegenüber der Erstfassung um ein Schlußkapitel „Vier Jahrzehnte Gewerkschaftskampf und Klassenkampf" (S. 283-353) ergänzten Schrift, gibt Dickhut einerseits eine historische Übersicht zur Gewerkschaftsbewegung, anderseits eine Anleitung für den Klassenkampf der Kommunisten in den Gewerkschaften. „Jeder Kommunist, der die Möglichkeit dazu hat, ist verpflichtet, sich der für ihn zuständigen Gewerkschaft anzuschließen und darin politisch zu arbeiten" (S. 275). Die RGO-Politik der zwanziger und frühen dreißiger Jahre wird also verworfen (vgl. S. 48-60). Dickhut setzt sich damit einerseits von „Ultra-Linken", wie sie in der KPD/ML von Ernst Aust zu finden waren, andererseits auch von der DKP ab, die längst die Interessen des Proletariats verraten und „ihren Kampf auf die Durchsetzung von Reformen" (S. 178) beschränkt habe. Die DKP agiere „auf dem Boden des Grundgesetzes" (S. 187), was als schwerer Vorwurf gemeint ist. Sie gilt „als Agentur der Bourgeoisie im Lager der Arbeiterklasse" (S. 192). Dickhut gibt keine klare Antwort auf die Frage, wie man sich als Kommunist gegenüber der Strategie der Gewerkschaften verhalten soll. Ein offenes Bekenntnis für die MLPD dulden diese nämlich nicht. So wurde der Vorsitzende der MLPD, Stefan Engel, im Jahre 1987 aus der IG Metall ausgeschlossen.

In allen drei Bänden spart Dickhut nicht mit völlig unkritisch verwendeten Zitaten aus den „Klassikern" (neben Stalin und Mao: Marx, Engels, Lenin). Er spricht von sich in der dritten Person, als gehöre er ebenfalls zu den „Klassikern". Man kommt nicht um das Urteil herum, daß sich Dickhuts intellektuell nicht sonderlich anspruchsvolle Schriften im Vergleich zu denen der anderen K-Gruppen durch eine besonders grobkörnige und -schlächtige Argumentationsweise auszeichnen.

In der Propagandaschrift „Die Arbeiterpartei der Zukunft" stammen vom Parteivorsitzenden Engel gleich fünf der abgedruckten neun Veranstaltungsreden. „Die Reden vermitteln einen lebendigen Eindruck von der politischen Aktivität und Initiative dieser Partei, die im Gegensatz zu dem Niedergang der kleinbürgerlichen Parteien, wie der Grünen und der moskauhörigen DKP, seit ihrer Gründung 1982 ständig gewachsen ist" (S. 8). Doch dürfte es auch Leser geben, die einen anderen Eindruck von den Reden mit ihren Stereotypen gewinnen und das „Wachsen" der MLPD nicht erkennen. Man spart nicht mit Eigenlob. Die MLPD werde „zum Anziehungspunkt aller klassenbewußten und fortschrittlichen Menschen" (S. 228), und zwar deshalb, so lautet der Zirkelschluß, weil die MLPD „eine *revolutionäre Arbeiterpartei neuen Typs* ist" (S. 228, Hervorhebung im Original). Die Reden ziehen nicht nur gegen die Bourgeoisie zu Felde, sondern auch gegen die DKP, die den „Revisionismus" verkörpere.[4] Wurde früher der Vorwurf erhoben, daß „die DKP den sowjetischen bürokratischen Kapitalisten hündisch die Stange" (S. 24) gehalten habe, so firmieren heute Auseinandersetzungen zwischen den Flügeln der DKP als Zeichen der Schwäche. DKP-Mitglieder kämen bei einem Parteiwechsel vom Regen in die Traufe.

Die Argumentation der MLPD ist nicht frei von Widersprüchlichkeiten. „Es ist schon eigenartig: jahrelang hatten die DKP-Funktionäre die MLPD als Agenten des CIA diffamiert, als sie die bürokratisch-kapitalistischen Zustände in der Sowjetunion anprangerten. Heute beten sie geradezu Gorbatschow an, der im Rahmen seiner Glasnost-Kampagne all die konkreten Erscheinungen bestätigte, die die MLPD seit Jahren als Auswüchse der bürokratisch-kapitalistischen Verhältnisse darstellte" (S. 169). Eigenartig mutet vielmehr an, daß sich die MLPD in diesem Punkt ausgerechnet auf Gorbatschow beruft, dessen Politik ansonsten noch stärker abgelehnt wird als die seiner Vorgänger. Der sowjetische Parteichef gilt als die Personifizierung des bürokratischen Kapitalismus schlechthin.

Aber nicht nur die DKP, sondern auch die Partei der Grünen wird attackiert. Deren „Parteikrise" sei Ausdruck der „kleinbürgerlichen Denkweise" (S. 25). „Wir haben kein Erbarmen mit einer Partei, die sich mit Speichellecken bei der SPD und an den Futtertrögen der parlamentarischen Pöstchen und Diäten den Magen verstimmt hat!" (S. 165). Dies ist auch die Tendenz in dem Büchlein „Abschied von den Grünen". Peter Borgwardt, Redakteur bei der „Roten Fahne", sieht eine Krise der Grünen, die einer illusionären Politik im Hinblick

[4] Vgl. auch: Zentralkomitee der Marxistisch-Lenistischen Partei Deutschlands (Hrsg.), Angeklagt: 30 Jahre Verrat am Sozialismus. Dokumentation des Internationalen Tribunals der Marxistisch-Leninistischen Partei Deutschlands gegen den sowjetischen Sozialimperialismus und modernen Revisionismus am 15. 3. 1986 in Hamburg, Düsseldorf 1986.

auf Parlamentarismus und Kapitalismus huldigten. Der Kapitalismus könne nicht „umgebaut", müsse vielmehr gestürzt werden, und der Parlamentarismus diene bloß der Verschleierung kapitalistischer Herrschaft.

Die Repräsentanten der Grünen zeichneten sich durch Karrieristentum aus. „Die Arbeiterklasse und die werktätigen Zwischenschichten brauchen weder ‚andere' noch ‚neue' Grüne. Sie brauchen eine proletarische, revolutionäre Führung und deren entschiedene Stärkung" (S. 146) – gemeint ist natürlich die MLPD, deren Wahlergebnis bei der Bundestagswahl 1987 den – offenbar nicht hohen – „Erwartungen" (S. 58) entsprochen habe, was in offenkundigem Widerspruch zur These steht, die MLPD repräsentiere das Proletariertum. Sarkastisch werden die „absonderlichen Fehlentwicklungen" (S. 151) auf der politischen Linken seit 1968 kommentiert, wovon der Autor nur die eigene Richtung ausnimmt.

Unter dem vollmundigen Titel „Marxismus gegen Maoismus" bezieht der Trotzkist Peter Schwarz – er gehört dem „Bund Sozialistischer Arbeiter" (BSA) an, der die deutsche Sektion des Internationalen Komitees der Vierten Internationale ist[5] – gegen die MLPD Stellung. Wie die MLPD den Grünen kleinbürgerliche Verhaltensweisen vorwirft, so tut das Schwarz gegenüber der MLPD, die „den extremsten [!] Flügel des kleinbürgerlichen Radikalismus" (S. 5) repräsentiert. Der Autor befaßt sich mit den theoretischen Vorstellungen der MLPD sowie mit deren Geschichte.

Gewiß ist die MLPD in der Arbeiterschaft völlig isoliert, aber das gilt in gleichem Ausmaß für die trotzkistische Position. Von den 21 Parteien, die bei den Wahlen zum Europäischen Parlament 1989 kandidierten, schnitten die MLPD (10.162 Stimmen) und der BSA (7.813 Stimmen) am schlechtesten ab. Sektierer kritisieren Sektierer – unter dieser Überschrift könnte man den Inhalt des Bändchens resümieren. (Zugleich bekämpft der BSA die SPD, die Grünen, die DKP sowie den Trotzkismus in der Prägung von Ernest Mandel). Die „öffentliche Abrechnung mit dem Maoismus" (S. 5) ist eine Auseinandersetzung innerhalb extremistischer Positionen. Der Trotzkismus gilt als internationalistisch, die MLPD als extrem nationalistisch. Im Gegensatz zur MLPD will die trotzkistische Strömung die Führung der Gewerkschaften übernehmen, wendet sich also gegen den Attentis-

[5] Vgl. zum Selbstverständnis: David North, Das Erbe, das wir verteidigen. Ein Beitrag zur Geschichte der Vierten Internationale, Essen 1988.

mus der MLPD. Der wird – ohne einen Beleg zu präsentieren – gar vorgeworfen, daß sie eine „Rückeroberung der dem direkten Zugriff des imperialistischen Kapitals entzogenen Gebiete in der Sowjetunion und Osteuropa" (S. 109) anstrebe. Die MLPD sei aus einer „Todeskrise" des Kapitalismus erwachsen. Der „entfaltet alle möglichen politischen Mechanismen, um die Arbeiterklasse an der Ausführung ihrer historischen Mission als sein Totengräber zu hindern. Zu diesen Mechanismen gehört auch die MLPD" (S. 113). Was für eine groteske Überschätzung dieser Partei!

Beide Broschüren richten sich zwar gegen eine bestimmte Position; gleichwohl geht es jeweils darum, Werbung für die eigene Richtung zu betreiben. Im Vergleich zur MLPD-Schrift argumentiert Schwarz – was nicht viel heißen will – differenzierter, wenn er etwa auf die Mystifizierung der Kulturrevolution durch Teile der westdeutschen Studentenschaft verweist. Der unbefangene Leser stellt sich nach dem Studium solcher Arbeiten unweigerlich die Frage: Soll man mehr die naive Gläubigkeit gegenüber den Lehren Lenins und anderer „Klassiker" bewundern oder die kritiklose Übernahme antidemokratischer Theorien anprangern? Offenkundig ist die Selbstzerfleischung kleiner extremistischer Organisationen; dies dürfte nicht zuletzt ein Ausfluß des bei ihnen vorhandenen Doktrinarismus sein.

Länderbericht:

Die Diskussion um Rassismus und Rechtsextremismus in Frankreich

Von Jean-Yves Camus

Ariane Chebel d'Appollonia, L'extrême-droite en France. De Maurras à Le Pen, Brüssel 1988 (*Editions Complexe*), 447 S.
Laurent Beccaria, Hélie de Saint-Marc, Paris 1988 (*Librairie académique Perrin*), 316 S.
Paul Sérant, Les grands déchirements des catholiques français, Paris 1988 (*Librairie académique Perrin*), 283 S.
Bertrand de Margerie, Ecône. Comment dénouer la tragédie?, Paris 1988 (*Pierre Téqui*), 109 S.
Alain de Penanster, Un papiste contre les Papes, Paris 1988 (*Editions la Table Ronde*), 229 S.
Marc Flichy, L'intégrisme, Paris 1988 (*Edité par l'auteur: Père Flichy, Curé de Chevreuse, F-78 Chevreuse*), 60 S.
Philippe Charpentier de Beauville u. a., Port Marly. Pour comprendre, Versailles 1988 (*Editions de l'Evéché de Versailles*), 111 S.
Pierre-André Taguieff, La force du préjugé. Essai sur le racisme et ses doubles, Paris 1988 (*Editions La Découverte*), 643 S.
Chapour Haghighat, Racisme scientifique. Offensive contre l'égalité sociale, Paris 1988 (*L'Harmattan*), 263 S.
Anne-Marie Duranton-Crabol, Visages de la Nouvelle Droite. Le GRECE et son histoire, Paris 1988 (*Presses de la Fondation Nationale des Sciences Politiques*), 267 S.
Pierre Jouve/Ali Magoudi, Les dits et les non-dits de Jean-Marie Le Pen, Paris 1988 (*Editions La Dévouverte*), 182 S.
Anne Tristan, Von innen, Köln 1988 (*Kiepenheuer & Witsch*), 190 S.
Olivier Milza, Les français devant l'immigration, Brüssel 1988 (*Editions Complexe*), 217 S.
Cathérine Wihtol de Wenden, Les immigrés et la politique. Cent cinquante ans d'évolution, Paris 1988 (*Presses de la Fondation Nationale de Science Politique*), 393 S.
Yves Chevalier, L'Antisémitisme, Paris 1988 (*Editions du Cerf*), 464 S.
Etienne Balibar/Immanuel Wallerstein, Race, Nation, Classe. Les identités ambigues, Paris 1988 (*Editions la Découverte*), 308 S.

Die Konjunktur der extremen Rechten in Frankreich hat seit einigen Jahren das einschlägige Schrifttum anschwellen lassen.[1] Geschichte und Aktualität der extremen Rechten und des Rassismus waren auch im Jahr 1988 Gegenstand einer stattlichen Anzahl von Neuerscheinungen.

Wurde das Thema lange Zeit als akademisches Studienobjekt vernachlässigt, so hat Ariane Chebel d'Appollonia dem französischen Rechtsextremismus und seiner Entwicklung „von Maurras bis Le Pen" eine Studie gewidmet. Es handelt sich um das Paradebeispiel eines von den Umständen diktierten Werkes, einer flüchtigen und dennoch mit wissenschaftlichem Anspruch auftretenden Synthese, deren zuweilen gute Einsichten durch eine unglaubliche Menge an Irrtümern (besonders im Hinblick auf Namen und Daten), Entstellungen und Verkürzungen überdeckt werden.

Die zentrale These erscheint einleuchtend: Die extreme Rechte in Frankreich sei eine über lange Traditionen verfügende, heterogene Ideengemeinschaft, die in ökonomischen und sozialen Krisenperioden als Katalysator der Unzufriedenheit und des Widerstandes gegen Veränderungen Auftrieb erhalte. Es ist gut, daran zu erinnern, daß die Tradition des Rechtsextremismus von den Konterrevolutionären begründet und im 19. Jahrhundert von Kräften wie dem Boulangismus, den Gegnern Dreyfus' und der von Sternhell erforschten „revolutionären Rechten"[2] fortgesetzt wurde. Aber darf man sich für die Gegenwart auf eine Chronologie und einen Katalog nationalistischer Gruppierungen beschränken? Die Säuberungswelle nach 1944 („épuration") und ihre Folgen werden fast ganz vernachlässigt, obgleich die intellektuelle Rechte gerade hierdurch ihre Hegemonie einbüßte; die über royalistische Zirkel hinausreichende Erbschaft der Action française[3] findet keine Beachtung; und der katholische Integrismus, vor allem „Cité catholique" und Zeitschriften wie „Pensée catholique" oder „Itinéraires", kommt nur am Rande vor. Die Autorin übersieht bei der Darstellung zur „Algérie française"-Bewegung, daß dort die extreme Rechte nicht ausschließlich

[1] Über Neuerscheinungen aus den Jahren 1984 bis 1986 informiert: Uwe Backes, Rechtsextremismus in westlichen Demokratien. Bundesrepublik Deutschland, Frankreich, Großbritannien, Italien, vergleichende Länderstudien, in: Wolfgang Michalka (Hrsg.), Extremismus und streitbare Demokratie = NPL-Beiheft 4, Stuttgart 1987, S. 71-128.

[2] Vgl. Zeev Sternhell, La droite révolutionnaire 1885-1914. Les origines françaises du fascisme, Paris 1978.

[3] Vgl. hierzu besonders: Raoul Girardet, L'héritage de l'„Action Française", in: Revue Française de Science Politique 7 (1957), S. 765-792.

vertreten war, wirkte doch in der OAS eine ganze Anzahl republikanisch gesinnter Offiziere mit.[4] Bei den Gruppen der sechziger Jahre wiederum ignoriert sie die Integrismus und Aktivismus miteinander verbindenden Solidaristen ebenso wie die in „Proisraeliten" und „Antizionisten" gespaltenen Nationalrevolutionäre. Sie übersieht die wichtige Rolle als Kaderschmieden, die Gruppen wie „Occident" und „Ordre Nouveau" für die nicht-gaullistische Rechte spielten. Im übrigen ist die Behauptung, der Front National habe bei seiner Gründung keine Vereinigung der diversen extremistischen Gruppierungen erreicht, schlicht falsch, da eine erhebliche Zahl der Aktivisten bis 1981 Gruppen wie „Militant" oder selbst der neonazistischen „Fédération d'action nationale européenne" (FANE) angehörten. Die Bewertung der neu-rechten Organisation GRECE ist zu modifizieren; sie nimmt keine Wiederbelebung des „Pränazismus" vor, was immer dies auch heißen mag, sondern betreibt eine kritische Neuverwertung faschistischer und nationalsozialistischer Ideen. Die „Nouvelle Droite" ist – entgegen der Behauptung der Autorin – weder „antifaschistisch" noch „antirassistisch"; sie ist aber auch nicht neofaschistisch, sondern entwickelt aus der Verabsolutierung ethnischer Differenzen ihre eigene Form des Antirassismus. Leider arbeitet die Autorin die Geschichte der Genozidverleugnung (im Hinblick auf die Shoa) seit 1945 nicht auf. Die Entwicklung der extremen Rechten zu rekonstruieren, sollte nicht den Nationalisten selbst überlassen bleiben, wenngleich parteiische Werke sich wenigstens um Faktengenauigkeit bemühen.[5]

Das von dem französischen Bischof Marcel Lefebvre und seiner katholisch-integristischen Bewegung im Juni 1988 hervorgerufene Schisma hat das Interesse einiger Autoren auf die Verbindungen dieser Strömung zur extremen Rechten gelenkt. Für Paul Sérant ist der Streit zwischen den Integristen und Rom ausschließlich theologischer Natur, auch wenn er in der Oppositionshaltung wurzele, die in Frankreich die Kräfte der Konterrevolution (gegen „1789") zum Liberalismus einnehmen. Diese Deutung scheint die Tatsache zu vernachlässigen, daß der Integrismus seiner Natur nach ein theologisch-politisches Phänomen darstellt, da dem Christkönig ein spirituelles *und* soziales Herrschaftsrecht zugemessen wird.

[4] Vgl. dazu folgende Biographie: Laurent Beccaria, Hélie de Saint-Marc, Paris 1988.

[5] Siehe zum Beispiel: Francis Bergeron/Philippe Vilgier, De Le Pen à Le Pen, Paris 1986.

Der Geistliche und thomistische Theologe Bertrand de Margerie hat unter dem Titel „Ecône. Comment dénouer la tragédie?" („Ecône[6]. Wie die Tragödie abwenden?") bei einem traditionalistischen Verlag eine meisterhafte Streitschrift gegen die integristische Abspaltung publiziert. Er beweist hier, daß das Konzil, dem sich Lefebvre entgegenstellt, die wahre Tradition fortsetzte, während der abtrünnige Bischof dem Antimodernismus des Syllabus huldigt, in dessen Geist er als Schüler eines von einem Maurrassisten[7] geleiteten französischen Seminars in Rom erzogen worden ist. Bei Bertrand de Margerie wird der Begriff der integristischen Ideologie wenig spezifiziert gebraucht, allenfalls im Sinne einer Ablehnung von Begriffen wie „liturgische Reform", „Ökumene", „religiöse Freiheit"; aber aufs Ganze gesehen vermittelt seine Studie eine hervorragende Zusammenfassung der gemäßigt-traditionalistischen, an Rom orientierten Positionen.

Der Journalist Alain de Penanster („Un papiste contre les Papes") erklärt die Entwicklung des Integrismus teilweise mit den auf das Konzil folgenden Übertreibungen. Er räumt ein, daß der Integrismus über eine politische Vision verfügt und nimmt sogar an, Lefebvre sei von einigen, der extremen Rechten nahestehenden Eiferern zur Abspaltung von Rom gedrängt worden. Penanster, dem in diesem Punkt beizupflichten ist, hält die Unstimmigkeit der Haltung Lefebvres für offenkundig, weil dieser Ultramontane sich aufführt wie ein Gallikaner und trotz seiner Feindschaft gegenüber dem Protestantismus den calvinistischen Begriff der Gewissensprüfung („libre-examen") benutzt, um sich als Herr über den Inhalt der Tradition gegen den legitimen Inhaber der pontifikalen Autorität entscheiden zu können. Penanster sieht in Lefebvre einen Konterrevolutionär und überschätzt das Gewicht des Unverständnisses und der persönlichen Konflikte in der Entwicklung, die zum Bruch zwischen Rom und den Integristen führte. Er erwähnt abschließend, daß einige in Ecône ausgebildete Priester Rom Gehorsam bezeugt und sich dafür entschieden hätten, ihre Sache „im Inneren" weiterzuverfolgen.

Zwei Studien katholischer Geistlicher haben das Verdienst, die politischen und ideologischen Bezüge des Integrismus von den Theokraten des 17. und des 19. Jahrhunderts (Maistre, Bonald, Veuillot) über die Action française bis zu den heutigen Gruppen (Lefebvre,

6 Ort in der Schweiz, Zentrum der Lefebvre-Anhänger.
7 Anhänger von Charles Maurras, dem Spiritus rector der Action française.

der Abt von Nantes) klar offenzulegen. Die erste Arbeit stammt von dem Pater Marc Flichy, der auf einem ideologischen Grundgerüst des Integrismus seit den Anti-Freimaurer-Schriften von Barruel und den Konterrevolutionären besteht. Er arbeitet die Konstanten des Integrismus heraus: Antifreimaurertum, ökonomischer und politischer Antiliberalismus, Festhalten an einer hierarchisch-feudalen Gesellschaft jenseits des technischen und industriellen Fortschritts, Antijudaismus.

Der Abt Philippe Charpentier de Beauville berichtet eingangs von der Besetzung einer Kirche durch von seiten des Front National unterstützte Integristen, um das gegenwärtige Zusammentreffen der religiösen Herausforderung und der Erneuerung des „National-Populismus" zu unterstreichen. Nach seiner Auffassung wohnen wir der Bildung einer national-katholischen Strömung bei – ganz nach dem Muster der Vereinigung von Integrismus und Action française im Jahre 1910. Die Kritik an der Liturgie sei lediglich ein Vorwand. Die wahre Ursache des Schismas bestehe darin, daß die Kirche Begriffe wie „Kreuzzug für das Evangelium" und „christliches Abendland" ebenso aufgegeben habe wie ihre bedingungslose Unterstützung einer konservativen Gesellschaftsordnung. Der Autor sieht einen ersten Bruch während des Algerienkrieges, als Integristen die rebellierenden Offiziere der OAS unterstützten. Die Integristen nach „1968" hätten die politische Programmatik der Rechten im Hinblick auf moralische Fragen geteilt. Ihr 1975 durch die Annahme des Gesetzes über die Ehescheidung („Loi Veil") besiegeltes Scheitern habe sie zu einem Rückzug auf rein spirituelle Vorhaben im Inneren der Kirche (Wiedereinführung der traditionellen Messe und des traditionellen Katechismus) veranlaßt und erst das Scheitern auch dieser Bemühungen zu einer strategischen Kurskorrektur geführt: Die einen bildeten eine auf ihren angestammten Rechten pochende Parallel-Kirche, die anderen flüchteten sich in den Millenarismus. Eine Minderheit blieb dem Papst treu verbunden und suchte die Politik im Sinne des Front National zu beeinflussen – unter der Ägide der von Romain Marie geleiteten „Comités Chrétienté-Solidarité".

Der französischen „Nouvelle Droite", bislang vornehmlich Gegenstand polemischer Auseinandersetzungen, sind drei der 1988 erschienenen Publikationen zur extremen Rechten gewidmet. Diejenige aus der Feder Pierre-André Taguieffs ist bezeichnenderweise untertitelt: „Essay über den Rassismus und seine Dubletten". Der Autor, Philosoph und Lexikologe, will sowohl einen Beitrag zur Entlarvung des Rassismus als auch zur Aufdeckung intellektueller Mängel gängiger „anti-rassistischer" Argumentationen und Praktiken leisten. Pierre-André Taguieff demontiert die Mechanismen einer in den sechziger Jahren entstandenen und von der „Nouvelle Droite" geistig geformten Variante der Legitimation des Rassismus: der differentialistische Rassismus. Dieser zeichnet sich durch die Aneignung und Verdrehung der Werte des Gegners aus. Er stützt sich auf das von der Linken häufig geforderte „Recht auf den Unterschied", um die individuellen und kollektiven Differenzen absolut zu setzen. Der differentialistische Rassist hält jede Kreuzung verschiedener Kulturen für eine Verarmung, und der Wunsch nach identischer Reproduktion, die Furcht vor Vermischung ist die Grundlage seines Vorurteils. Der Integrismus der Unterscheidung ist nach Taguieff subtiler als der für den Nazismus typische „biologische Rassismus". Und dennoch haben die sogenannten „antirassistischen" Organisationen – ebenso wie die Linke – ihm wenig Kohärentes entgegenzusetzen. Sei es, daß sie selbst zu einer Mythologisierung und „Rassisierung" des Gegners Zuflucht nehmen und sich als „Dublette" oder Gegenstück des Rassismus verstehen, sei es, daß sie leichtsinnigerweise auf das Konzept des „Rechtes auf den Unterschied" zurückgreifen, ohne dasjenige des Universalismus zu erwähnen, was auf eine Ausradierung nationaler und ethnischer Identitäten hinausläuft. Als Philosoph schlägt Taguieff eine vom radikalen Pessimismus (wonach der Rassismus ewig und unausrottbar ist) und vom utopischen Optimismus (wonach die Waffe der Vernunft den Rassismus, diese Form der Ignoranz, ein für allemal zerstören könne) gleich weit entfernte Lösung vor. Die von ihm favorisierte „Philanthropie trotz des Menschen" („philanthropie malgré l'homme") ist der kantischen Ethik ebenso verpflichtet wie der Philosophie der „Rechte des Nächsten" bei Levinas. Seine herbe Kritik der Unstimmigkeiten des Antirassismus hat bei einigen humanitären Organisationen eine so notwendige wie lebhafte Debatte ausgelöst, jedoch, was das differenzierte und stimulierende Werk implizit wohl auch beabsichtigt, die Gewißheiten einer Organisation wie „SOS-Racisme" nicht erschüttern können.

Im Gegensatz zur Studie Taguieffs ist die Publikation Chapour Haghighats durch eine entschieden militante, auf einer marxistischen Analyse der Beziehungen zwischen Rassismus und Kapitalismus fußende Sichtweise gekennzeichnet. Für den Autor ist der in den siebziger Jahren aufgekommene differentialistische Rassismus der

Nouvelle Droite wie des Front National ein Ergebnis der ökonomischen Krise und des Versuches der konservativen und liberalen Rechten, die restriktiven Staatsinterventionen oder die Einschränkung sozialer Rechte durch eine wissenschaftlich fundierte Theorie über die Ungleichheit der Individuen und Völker zu rechtfertigen. Soziobiologie und Ethnologie legitimierten Antiegalitarismus und Nationalismus mittels der Ideen von der Prädominanz des Angeborenen und der natürlichen Aggressivität. Chapour Haghighat unterstreicht mit vollem Recht die Wechselwirkung der Konjunkturen von Neokonservativismus und Soziobiologie in den Vereinigten Staaten, aber er unterschätzt – als Folge seiner ideologischen Prämissen – die Unterschiede zwischen neoliberalen und neokonservativen Strömungen und übersieht, daß letzte den neu-rechten Ideen gegenüber weit empfänglicher sind. Auch die historischen Rahmenbedingungen, unter denen die Nouvelle Droite in Frankreich aufkommen konnte, wären in Rechnung zu ziehen.

Die geistigen Quellen dieser Strömung werden in dem Werk von Anne-Marie Duranton-Crabol näher bestimmt. Der „Groupement d'Etudes et de Recherches pour la Civilisation Européenne" (GRECE) wurde unter maßgeblicher Beteiligung Alain de Benoists nach den Ereignissen vom Mai 1968 gegründet. Die der historischen Zunft angehörende Autorin rekonstruiert Entstehung, Entwicklung, Binnenstruktur und Außenbeziehungen (zur extremen Rechten seit 1960) der Organisation. GRECE entstand in einer Situation, als junge Nationalisten die Wirkungslosigkeit ihres Aktivismus erkannten und einsahen, daß es keinen Sinn hatte, der kolonialen Vergangenheit weiter nachzutrauern. Sie verfochten von nun an einen europäischen, organizistischen, auf die Idee der Rassenhierarchie und der sozialen Elite gegründeten Nationalismus, der sich von seiner konterrevolutionären Variante ebenso abhob wie vom Populismus. Anne-Marie Duranton-Crabol sieht die historischen Bezugspunkte dieser extremen Rechten in strategischer Hinsicht bei der Action française, in ideeller Hinsicht bei der deutschen „Konservativen Revolution" wie auch der französischen revolutionären Rechten.

Wie aber erklärt sie die öffentliche Resonanz der Nouvelle Droite nach 1979? Die Autorin nennt drei Ursachen: Das Verblassen der gaullistischen Tradition, die es der Rechten erschwerte, ihr politisches Potential an den Rändern auszuschöpfen; das Schwinden der Erinnerung an die NS-Besatzungsherrschaft; ein unbeweglich gewordenes liberales Denken, das sich als unfähig erwies, vom Nachlassen der intellektuellen Hegemonie des Marxismus zu profitieren. Die Linke reagierte nicht und ebnete auf diese Weise dem Antiegalitarismus den Boden – dem Club de l'Horloge, dem GRECE und schließlich dem Front National. Die Autorin kritisiert besonders die Gedankenlosigkeit derjenigen liberalen Intellektuellen, die hinter der antimarxistischen Oberfläche der neu-rechten Strömung deren eigentliche Themen nicht wahrnahmen: den Antichristianismus (Neopaganismus), den Antiamerikanismus (und folglich Neutralismus), den indoeuropäischen Mythos. Anne-Marie Duranton-Crabol kommt zu dem Schluß, daß der Abstieg von GRECE nach 1981 die Organisation zwang, sich revolutionär-nationalistischen Gruppierungen anzunähern, während die wesentlichen Ideen von der Rechten und dem Front National verwertet wurden.

Der 1972 gegründete Front National etablierte sich dauerhaft in der politischen Landschaft Frankreichs. Zwei journalistische Publikationen verdeutlichen vor allem die Notwendigkeit einer wissenschaftlichen Aufarbeitung des „Phänomens Le Pen". Pierre Jouve und Ali Magoudi wenden eine besondere Methode an, indem beide Autoren, der eine als Psychoanalytiker, der andere als Journalist, in Interviews gesammelte Wahlkampf-Äußerungen Le Pens entschlüsseln. Erhellt das Unterbewußte dieses Politikers den Gehalt der Front National-Ideologie? Jouve und Magoudi erklären den Nationalismus Le Pens mit seiner bretonischen Herkunft. Der Führer des Front National wird als Repräsentant der keltischen Rasse vorgestellt – das gemeinsame Substrat aller „wahren Franzosen". Er gefalle sich in der Rolle eines über absolute Macht verfügenden Idols, eines Mannes ohne Fehl und Tadel, für den der Einwanderer oder der Angehörige einer sozialen Randgruppe Vertreter eines als Zielscheibe individueller und kollektiver Ängste dienenden Untermenschentums sind. Als Verkörperung einer reinen Rasse befindet sich Le Pen zugleich in der Rolle dessen, der das grundlegende Gesetz des Inzestverbots übertritt, indem er den Franzosen die absolute Endogamie als Ideal verkündet. Dies ist gut so, denn es verunglimpft die Grundlagen der Gesellschaftsordnung, wenn Le Pen die Juden attackiert, die doch dieses Gesetz erfunden und darüber verfügt haben. Le Pen erweist sich als Tabubrecher: das sexuelle Tabu (sein Vokabular enthält viele Andeutungen in diese Richtung), aber auch Werte wie Vaterland, Nation, Staat, die er auf dem Weg der Zerstörung durch unbekannte, verschwörerische Mächte sieht. Das historische Tabu wird durch die Uminterpretation der Geschichte des Algerienkrieges und der Shoa wie auch durch die Infragestellung der Französischen Revolution gebrochen. Das Ziel, gesetzlicher Verfolgung zu entgehen, läßt den Führer des Front National vieles nur zwischen den Zeilen andeuten.

Die Ergebnisse der Autoren, wie anregend sie auch sein mögen, bleiben bruchstückhaft: Die auf Theorien von Freud und Lacan gestützte Analyse konzentriert sich auf Rassismus und Antisemitismus, vernachlässigt den Sozialdarwinismus und jene kuriose Mischung liberaler und korporatistischer Elemente, wie sie das Wirtschaftsprogramm des Front National aufweist. Die Autoren scheinen auch zu übersehen, daß eine Betrachtung der Person Le Pens nicht ausreicht, um den Charakter der von ihm maßgeblich gestalteten, heterogene Elemente umfassenden Sammlungsbewegung zu erfassen.

Das Buch von Anne Tristan ist der Erlebnisbericht einer Journalistin, die dem Front National in Marseille beitrat, um die Motivationen der Aktivisten in dieser Hochburg (25 Prozent der Stimmen) zu ergründen. Das Werk besteht aus einer Folge von Situationsschilderungen, verzichtet dabei auf einen kritischen Apparat, leistet aber dennoch einen wichtigen Beitrag zur Erforschung der Mentalität und Denkweise der „Lepenisten". Ihr Rassismus ist das Produkt ihrer Frustrationen, der Arbeitslosigkeit und der Kriminalität, eines schlecht gemeisterten Urbanismus, manchmal auch Ausfluß persönlichen Grolls ohne jeglichen politischen Bezug. Der irrationale Haß gegen die Araber ist bei vielen aus der Niederlage in Algerien entstanden. Für andere, etwa Söhne italienischer und spanischer Einwanderer, ist der Nationalismus ein Integrationsbeweis, zumal in einer Stadt, in der das spannungsreiche Nebeneinander verschiedener Volksgruppen eine lange Tradition hat.

Anne Tristan berichtet von Ausbrüchen eines an Besessenheit grenzenden Antisemitismus, von der Faszinationskraft des Nazismus, von der ständigen Versuchung zu physischer Gewaltsamkeit, die sich hinter der politischen Phraseologie des Front National verberge. Wenn sie auch feststellt, die Mitglieder der rechtsextremen Organisation seien von verschiedenen politischen Traditionen geprägt, konzentriert sie ihr Augenmerk doch auf Aktivisten aus eher gemäßigten sozialen Gruppen (Arbeiter, kleine Angestellte, Arbeitslose), die keineswegs für alle lokalen Hochburgen des Front National repräsentativ sind.

Olivier Milza untersucht den Zusammenhang zwischen dem Aufstieg der extremen Rechten und dem Verhältnis zwischen Franzosen und Ausländern. Es handelt sich um eine hervorragende Synthese der politischen Entwicklung auf diesem Gebiet seit Ende des 19. Jahrhunderts. Die Geschichte der Fremdenfeindlichkeit seit dem Beginn der Einwanderung ausländischer, mehrheitlich europäischer Arbeiter liefert interessante Analogien zwischen dem heutigen antimaghrebinischen Rassismus und jenen Vorurteilen, denen sich Italiener und Spanier zu Beginn dieses Jahrhunderts gegenüber sahen. Nach Auffassung des Autors besteht das Problem der Einwanderung in Frankreich, einem lange Zeit bäuerlich geprägten Land, in der Anfechtung der als unsicher empfundenen nationalen Identität. In Krisenzeiten – wie 1930 und zwischen 1975 und1980 – führe das verbreitete Bewußtsein des Abstiegs und des Niedergangs zur Übertragung kollektiver Ängste auf „die Ausländer", die als Bedrohung der nationalen Substanz empfunden würden. Nach Olivier Milza basierte die Einwanderungspolitik der wechselnden Regierungen seit den sechziger Jahren vor allem auf dem Wunsch nach Assimilation, weniger auf dem Respekt vor dem Andersartigen. Der Autor ruft die Zwiespältigkeit der sozialistischen Linken und insbesondere der vor dem Zweiten Weltkrieg von Fremdenfeindlichkeit nicht freien Kommunisten in Erinnerung und betont, daß der Antisemitismus zu jener Zeit weit verbreitet war, so daß die Rassenpolitik des Vichy-Regimes mehr als konsequente Verwirklichung kollektiver Wünsche denn als Unfall der Geschichte erscheine. Dennoch sei das Aufkommen des antiarabischen Rassismus im Zuge der zur dominierenden Strömung werdenden nordafrikanischen Einwanderung vor allem eine Folge der Entkolonialisierung und des verlorenen Algerienkrieges.

Der französische Rassismus, von paternalistischen Stereotypen kolonialistischer Provenienz geprägt, läßt plumpe Vorurteile über „unterlegene" Kulturen – wie etwa den Islam – entstehen. Die von seiten des Front National propagierte Gleichung „Einwanderung = Arbeitslosigkeit" kommt in dem von der Ölkrise geprägten Jahr 1973 auf, zu einem Zeitpunkt also, da die Einwanderungsrate sinkt. Die heutigen Diskussionen drehen sich um die Anwesenheit einer arabisch-muselmanischen Bevölkerung, deren Fähigkeit und Wille zur Integration – nicht zuletzt im Hinblick auf deren Religion – in Zweifel gezogen werden. Die von jungen Arabern der „zweiten Generation" häufig erhobene Forderung nach einer multikulturellen Gesellschaft wird sowohl von einer Mehrheit der konservativen Rechten als auch von einem Teil der jakobinischen und laizistischen Linken zurückgewiesen. Olivier Milza fordert vor diesem Hintergrund die Intensivierung sozialer Bemühungen, um das Zusammenleben von Alteingesessenen und Einwanderern zu verbessern und die Flut der Gewalt einzudämmen, die sich nicht selten über ausländische Arbeiter ergießt.

Nach Cathérine Wihtol de Wenden verbindet sich der Aufstieg des Front National mit einer verbreiteten Ablehnung des repräsentativen Systems und der alten Parteien, die ihrerseits den Begriff der „nationalen Identität" in die eigene Terminologie übernahmen, um den Einfluß des Front National zurückzudrängen. Die Autorin versichert mit vollem Recht, daß das Einwanderungsthema vielfach mehr die Phantasie als die Lebenswelt der Bürger beherrscht. Als Beweis führt sie die fehlende Korrelation von Ausländeranteil und Stimmabgabe für den Front National in einigen Pariser Wahlbezirken an. Spannungen zwischen Franzosen und Ausländern entstünden häufig aus Angst vor politisch gefährlichen Implikationen des Islam, aus der Ablehnung einer Assimilation von seiten mancher junger Einwanderer und – vor allem in Südfrankreich – aus dem hohen Anteil von „pieds noirs" (ehemaligen Algerienfranzosen).

Über die Migrationsproblematik hinaus beschäftigen sich einige der neuen Studien mit rassistischen und antisemitischen Äußerungen, wie sie in der rechtsextremen Presse und in manchen Verlautbarungen des Front National-Führers vorkommen. Der Soziologe Yves Chevalier versucht sich in seinem Buch über den „Antisemitismus" an der Formulierung einer Theorie zur Erklärung antijüdischer Vorurteile seit der Antike und macht dabei den Zusammenhang zwischen Krisen und Pogromen plausibel. Wenn die Legitimität der sozialen Strukturen verblaßt, wird die Ursache des Übels häufig auf einen leicht zu bestimmenden Sündenbock geschoben. Die Juden eignen sich hervorragend zu diesem Zweck, weil ihr Unterscheidungsmerkmal eben im Judaismus besteht und der Antisemit den Unterschied als Weigerung zur Integration oder auch als Verachtung des Nicht-Jüdischen deutet. Die katholische Kirche förderte durch den Antijudaismus und den Begriff des „verus Israel" den vulgären Antisemitismus, weil sie rein theologisch lediglich dem Alten den Neuen Bund entgegenzusetzen vermag. Chevalier sieht im katholischen Antijudaismus ein Mittel zur Sicherung der Vorherrschaft über die Gesellschaft und im Antisemitismus im allgemeinen eine Form der „sozialen Regulierung". Nach seiner Auffassung entstand der Antisemitismus im eigentlichen Sinne mit dem Aufkommen des Nationalismus und der Entstehung von Nationalstaaten. Solange die antisemitische Bewegung staatlicherseits eingedämmt wird, verharrt das Vorurteil im Stadium einer Idee; kommen die Träger der Bewegung jedoch an die Macht, setzt die Verfolgung ein: Das ist das nationalsozialistische Modell. Chevalier plädiert für eine gründliche Aufarbeitung der Problematik innerhalb der nicht-jüdischen Gesellschaftsgruppen, um dem Rückgriff auf Sündenbock-Strategien nachhaltig vorzubeugen. Der Autor äußert sich jedoch skeptisch gegenüber dem Mittel der Integration als Zügel des Antisemitismus, verschwand dieser doch weder durch Assimilation noch durch die Gründung eines jüdischen Staates.

Dem gleichen Thema wie die Analyse Chevaliers ist ein Buch gewidmet, das der marxistische Philosoph Etienne Balibar zusammen mit Immanuel Wallerstein verfaßt hat. Die Autoren erklären das Aufleben des Rassismus im Weltmaßstab als Folge des bürgerlichen Universalismus und der Arbeitsteilung zwischen sozialen Klassen sowie zwischen kapitalistischem Zentrum und Peripherie.

Insgesamt zeigt die Sichtung der 1988er Buchproduktion, daß die Geschichte der extremen Rechten aufgehört hat, eine Domäne journalistischer Arbeiten zu sein, sie vielmehr in zunehmendem Maße zum Gegenstand wissenschaftlicher Studien geworden ist, wenngleich gerade die Politikwissenschaftler merkwürdigerweise ein geringeres Interesse an der Geschichte der nationalistischen Strömungen und Ideen zeigen als die Soziologen und Philosophen an deren sozialen Konsequenzen. *(Aus dem Französischen übersetzt von Uwe Bakkes.)*

Rezensionsessay:

Erosion der Abgrenzung und Abgrenzung der Erosion

Von Eckhard Jesse

Wolfgang Rudzio, Die Erosion der Abgrenzung. Zum Verhältnis zwischen der demokratischen Linken und Kommunisten in der Bundesrepublik Deutschland, Opladen 1988 (*Westdeutscher Verlag*), 322 S.

In der Bundesrepublik Deutschland gab es in den fünfziger und sechziger Jahren zwischen Sozialdemokraten und Kommunisten nicht die geringste Zusammenarbeit. Hat sich das heute geändert? Vollzieht sich ein Wandel? Sind die einstigen Abgrenzungsbemühungen[1] der SPD-Spitze aufgegeben? Mit diesen Fragen, die auch das Verhältnis zwischen Demokratie und Extremismus betreffen, beschäftigt sich Wolfgang Rudzios aufschlußreiches Buch. Um das Urteil vorwegzunehmen: Bei dieser Studie handelt es sich um eine der wichtigsten Neuerscheinungen im Bereich der Extremismusforschung. Der Autor hat einen vernachlässigten Bereich empirisch und systematisch ausgeleuchtet.

Der Oldenburger Politikwissenschaftler, bereits Mitautor an einem einschlägigen Band[2], holt in seinen insgesamt neun Kapiteln weit aus. Zunächst geht es ihm darum, die kommunistische Bündnisstrategie plausibel zu machen. Im eigenen Herrschaftsbereich schalteten Kommunisten alle Andersdenkenden rigoros aus, auch und gerade Sozialdemokraten. Dagegen inszenieren sie dort, wo sie nicht an den Schalthebeln der Macht sitzen, eine Politik der „Einheitsfront" – sei es von „oben" (in Form von Angeboten an die sozialdemokratische Führung), sei es von „unten" (Kooperation mit der sozialdemokratischen Parteibasis gegen den erklärten Willen der Führungsspitze).

Die DKP unterscheidet bei ihrem Bündniskonzept zwischen der „Aktionseinheit der Arbeiterklasse" und dem „antimonopolistischen

[1] Vgl. etwa den Unvereinbarkeitsbeschluß vom 6. Nov. 1961 im Hinblick auf den SDS: Tilman Fichter, Parteilichkeit jenseits der Partei, Opladen 1988, S. 336-354; siehe jetzt: „Aufhebung des SDS-Beschlusses". Der SPD-Parteivorstand am 31. Mai 1988, in: Die Neue Gesellschaft/Frankfurter Hefte 35 (1988), S. 599.

[2] Vgl. Ossip K. Flechtheim/Wolfgang Rudzio/Fritz Vilmar/Manfred Wilke, Der Marsch der DKP durch die Institutionen, Frankfurt a. M. 1980.

Bündnis", das nicht nur Sozialdemokraten umfaßt. Dabei bedient sie sich verschiedener Neben- und Vorfeldorganisationen, um auf diese Weise leichter Vorbehalte gegenüber der schnöden Praxis des Marxismus-Leninismus abzubauen. Angesichts des Einflusses der Sozialdemokratie bei der Arbeiterschaft geht es der DKP insbesondere um eine Zusammenarbeit mit der Sozialdemokratie. „Die Vorstellung drängt sich auf, daß die SPD als Roß zu dienen habe, dem der kommunistische Reiter den rechten Weg zeige, um das Ganze ‚Aktionseinheit' zu nennen" (S. 31).

Die kommunistische Bündnispolitik kontrastiert Rudzio mit der älteren Abgrenzungspolitik der Sozialdemokratie. Diese wollte kein „Blutspender" der Kommunisten sein, wie es Kurt Schumacher ausdrückte. Der Systemgegensatz wurde im Zuge der Entspannungspolitik anfänglich stark herausgestellt. So verabschiedete die Sozialdemokratie am 26. Februar 1971 ein Grundsatzpapier[3] zur Abgrenzung vom Kommunismus und zeigte damit „Flagge".

Bald bekam diese Strategie erste Risse, wie Rudzio im Kapitel über den kommunistischen Einfluß im Jugendbereich in den siebziger Jahren verdeutlicht, zum Beispiel anhand des Erfolgs der Stamokap-Theorie, an Veränderungen im gewerkschaftlichen Milieu oder der Entwicklung des SHB, der immer mehr in kommunistisches Fahrwasser trudelte. Zwar wurde die gerichtliche Aberkennung des Namens „sozialdemokratisch" beim SHB durchgesetzt, doch ansonsten geriet die SPD-Führung allmählich in die Defensive, und die Hinnahme von Aktionseinheiten insbesondere im Bereich der Jugend gehörte fortan ebenso zum Alltag wie der Verzicht auf administrative Maßnahmen. „Dieser stille Wandel – und nicht die formell fortbestehenden Abgrenzungsbeschlüsse von 1970/71 – bestimmt im wesentlichen die Ausgangslage für die im folgenden betrachteten politischen Bündniskampagnen der siebziger und achtziger Jahre: die Kampagne gegen die ‚Berufsverbote', den ‚antifaschistischen' Kampf und die ‚Friedensbewegung'" (S. 85).

Mit diesen Initiativen beschäftigen sich die nächsten drei Kapitel, insbesondere für den Untersuchungszeitraum zwischen 1979 und 1986. Rudzio zeigt – empirisch fundiert und keineswegs spekulativ argumentierend – beträchtliche Terraingewinne der DKP auf – beim Komplex der sogenannten „Berufsverbote" (S. 87-110), die eine „psy-

[3] Es ist abgedruckt bei: Uwe Backes/Eckhard Jesse, Politischer Extremismus in der Bundesrepublik Deutschland, Bd. III: Dokumentation, Köln 1989, S. 198-205.

chopolitische Schlüsselrolle" (S. 87) für das Verhältnis von Sozialdemokraten und Kommunisten spielten; bei der „Antifaschismus"-Agitation (S. 111-142), wo es zu mannigfachen Bündnissen zwischen Kommunisten und Sozialdemokraten kam, so daß die Abgrenzungspostulate als „Lebenslüge" (S. 142) der SPD erscheinen; bei der stark von Kommunisten durchsetzten Friedensbewegung (S. 143-178), wie das etwa für den „Krefelder Appell" des „alterfahrenen Bündnisfuchses Josef Weber" (S. 149) gilt, wenngleich Kommunisten keine so dominierende Rolle spielten wie bei den beiden anderen Kampagnen. Man hätte auch die Juso-Hochschulgruppen nennen können, die in aller Regel lieber mit marxistisch-leninistischen Gruppierungen als mit dem RCDS kooperieren.

In einem weiteren Kapitel geht der Autor auf die Position der SPD, des DGB und der demokratischen Linken gegenüber der kommunistisch infizierten Anti-Nachrüstungsbewegung ein, wo „die sozialdemokratische Abgrenzung Schritt um Schritt zusammenbrach" (S. 199). Nach dem Ende der sozial-liberalen Koalition wirkte sie in dieser bald abebbenden Bewegung sogar mit. Rudzios Befund ist eindeutig: Es gibt bei weiten Teilen der SPD ein offenkundiges Bedürfnis, sich kommunistischen Anbiederungsbemühungen anzupassen. Sie hat sich jedenfalls im außerparlamentarischen Bereich nicht als standfest genug erwiesen und damit Positionen geräumt. Zwar wurde der Abgrenzungsbeschluß von 1971 keineswegs aufgehoben, doch „faktisch außer Kraft gesetzt" (S. 201), wie das DKP-Organ, die UZ, nicht ohne Genugtuung vermerkte. Das Argument, Kommunisten spielten in den Friedensinitiativen nur eine marginale Rolle, findet Rudzio keineswegs überzeugend, da die Sozialdemokratie die Vetoposition der DKP nicht aufbrechen konnte. So trugen Teile der SPD zur Salonfähigkeit der DKP bei. „Der Schulterschluß von 1983 zwischen Sozialdemokraten, Kommunisten und anderen in Sachen ‚Frieden' muß als ein historischer Wendepunkt im Verhältnis der demokratischen Linken zu den Kommunisten gewertet werden" (S. 202).

Einen wesentlichen Faktor der Erosion sieht Rudzio in der neuen Entspannungspolitik, würden doch gravierende Konflikte in der Vergangenheit zwischen Kommunisten und Sozialdemokraten in weiten Teilen der Partei eher verdrängt. Die Verschiebung der Koordinaten zeige sich in folgenden Argumentationsmustern: Die sowjetische Rüstung diene nicht offensiven Zwecken, das kommunistische System könne sich nur von innen wandeln, die USA verschärften zum Teil die internationalen Konflikte. Offenkundig spielte die SPD manche Vorgänge wie die Verhängung des Kriegsrechts in Polen im Jahre 1981 herunter. Der Ost-West-Konflikt werde wesentlich machtpolitisch, weniger ideologisch interpretiert, Frieden zum absoluten Wert stilisiert, das Prinzip der Menschenrechte aufgeweicht. Übrigens hätte Rudzio viele seiner Behauptungen mit dem SPD/SED-Papier[4] von 1987 untermauern können – und manchen Reaktionen auf dieses. Nach Erhard Eppler bedingt der Wandel zwischen SPD und SED im Umgang auch einen Wandel der SPD zur DKP. Man könne die DKP nicht „aus dem inneren Dialog" ausklammern. Schließlich werde der SED seitens der SPD vorgehalten, „wo bleibt eigentlich bei euch der innere Dialog, in der DDR etwa mit den Kräften, die sich nicht zur SED bekennen"[5]. Der Vergleich Epplers liegt auf der schiefen Ebene, denn es wäre bereits viel gewonnen, wenn die oppositionellen Kräfte in der DDR auch nur annähernd den Status der DKP in der Bundesrepublik erreichen könnten.

So scharfsichtig Rudzio vieles beobachtet hat, stellt sich doch die Frage, ob er den Faktor der neuen Entspannungspolitik für die ideologische Erosion nicht überschätzt. Schließlich wurde ursprünglich die Entspannungspolitik gen Osten gerade mit einer Abgrenzung nach innen gerechtfertigt. Der Verfasser will offenbar darauf hinaus, daß sich zwischen der *alten* und der *neuen* Entspannungspolitik eine Divergenz auftut. Aber ist die weitere Entwicklung im Bereich der Entspannungspolitik nicht mehr eine Folge der Veränderungen im kulturellen Milieu? Vielleicht berücksichtigt Rudzio zu wenig den Wandel der politischen Kultur, der erst die Erosion ermöglicht und zugleich auch forciert hat. Immerhin erörtert er im letzten Kapitel als verursachende Faktoren ebenso die Studentenbewegung von 1967/68 wie „eine entspannungsgetönte Weltsicht" (S. 227).

In der Tat hat die Studentenbewegung (neben vielen positiven Faktoren) auch zu einer „Delegitimierung westlicher Demokratie" (S. 227) beigetragen, durch die Einebnung des Systemgegensatzes, durch die Radikalität politischer Ansätze, denen kein politisches Sy-

[4] Vgl. Wolfgang Brinkel/Jo Rodejohann (Hrsg.), Das SPD/SED-Papier. Der Streit der Ideologien und die gemeinsame Sicherheit, Freiburg im Brsg. 1988; Kultur des Streits. Die gemeinsame Erklärung von SPD und SED. Stellungnahmen und Dokumente, Köln 1988; Erhard Eppler, Wie Feuer und Wasser. Sind Ost und West friedensfähig?, Reinbek bei Hamburg 1988.

[5] So Erhard Eppler, Beziehungen zwischen SPD und SED. Interview mit Erhard Eppler, in: Deutschland Archiv 21 (1988), S. 1127.

stem genügen kann. Wie Rudzio nachweist, ist besonders die nach 1945 geborene Generation für eine Zusammenarbeit auch mit Kommunisten anfällig, da ihr die leidvollen Erfahrungen der Älteren fehlen und die Mechanismen der parlamentarischen Demokratie als selbstverständlich gelten. Vor allem richten sich die Vorbehalte gegen einen häufig mit den Epitheta „primitiv" und „blind" versehenen Antikommunismus. „Mit der Verfemung von Antikommunismus wendet man sich faktisch gegen prinzipielle Kritik am Kommunismus, ohne sich andererseits für ihn festzulegen. Anti-Antikommunismus wird so zur idealen Schaukelposition des Fellow Travellers oder Bündnispartners" (S. 239).

Rudzio ist bloß der Seismograph, der das ideologische Beben registriert, nicht der Verursacher. Insofern trifft ihn kein Vorwurf. Aber beruht die These von der „Erosion der Abgrenzung" nicht vielleicht auch auf einer unzureichenden „Abgrenzung der Erosion"? Was bei Rudzio als Erosion firmiert, muß nicht unbedingt als solche aufgefaßt werden, denkt man an die prinzipielle Abwehrhaltung jedenfalls der sozialdemokratischen Führungsspitze gegenüber kommunistischen Lockungen. Außerdem ist die Sozialdemokratie, wie die Wahlergebnisse zeigen, ein Rocher de bronze gegenüber dem Kommunismus. Sind die von ihm zusammengetragenen Äußerungen überhaupt repräsentativ für das Bild der SPD? Man könnte manche Bekundung auch in dem Sinne interpretieren, als diene sie insbesondere der Beschwichtigung des linken Flügels. In der Tat – aber auch dann muß man die Frage stellen, wieso solche verbalen Konzessionen als nötig empfunden werden. Insgesamt dürfte Rudzio die Tendenzen angemessen geortet haben, wenngleich er zur Herausstreichung seiner Thesen natürlich eine – vielleicht pointierte – Selektion vornimmt.

Möglicherweise trägt Rudzios harsche Diagnose zu einer Therapie bei, für die der Autor im letzten Abschnitt manches Argument beisteuert. Er nennt die Notwendigkeit der historisch-politischen Information, um einer Entmythologisierung des kommunistischen Systems entgegenzuwirken, die geistige Auseinandersetzung um Begriffe etwa und die „Sensibilisierung für sowjetkommunistisches Vokabular" (S. 244) sowie das Erfordernis einer stärkeren Abgrenzung zwischen sozialdemokratischen (d. h. demokratischen) und kommunistischen (d. h. extremistischen) Positionen. An kommunistischen Mesalliancen kann keinem Demokraten gelegen sein, auch nicht Repräsentanten der Union, die diese mitunter gegen die SPD propagandistisch ins Feld führen.

Vielleicht hätte Rudzio noch die Kehrseite der Medaille stärker verdeutlichen können. Denn nicht nur die DKP wirkt – mit unterschiedlichem Erfolg – auf die Sozialdemokratie ein; dies gilt umgekehrt ebenfalls. So sehr sich die DKP vor ideologischer Diversion abzuschotten sucht, muß sie gleichwohl Unzufriedenheit ihrer Mitglieder gewärtigen. Ihre jetzige Krise, wie sie sich drastisch auf dem Parteitag im Januar 1989 manifestierte, hat sicherlich viele Ursachen; sie dürfte aber auch durch die Unzufriedenheit von DKP-Mitgliedern aufgrund der Interaktion mit anderen politischen Gruppierungen gefördert worden sein. Die Liberalität des politischen Systems muß Zweifel bei manchen Kommunisten am eigenen Programm hervorrufen. Insofern gibt es neben der „Erosion der Abgrenzung" auf Seiten der Sozialdemokratie auch ein (gewiß kleineres) „Risiko der Zusammenarbeit" für Kommunisten.

Im übrigen ist die DKP gegenwärtig dort, wo sie bereits 1969 war. Kandidierte sie damals mit anderen – befreundeten – Gruppen als „Aktion Demokratischer Fortschritt", so stellte sie zur Bundestagswahl 1987 für das von ihr initiierte Bündnis der „Friedensliste" Wahlkreiskandidaten auf. Der wesentliche Unterschied zu früher: Sie verzichtete auf die Einreichung von Landeslisten, weil sie die Blamage fürchtete. Trotz nicht bestreitbarer „Erosion der Abgrenzung" bei der SPD erfolgte eine „Erosion der Anhängerschaft" in den Reihen der DKP. Der eine Sachverhalt muß den anderen nicht ausschließen, obwohl manchem das als Paradoxie vorkommen mag. Natürlich vermag die Lockerung der Abgrenzung unter anderen Konstellationen zu einem verstärkten Zulauf für die DKP zu führen. Vielleicht erntet sie erst später, was sie jetzt gesät hat. „Düngung" in Form massiver Einwirkung auf die Mitgliederschaft der SPD ist nicht versäumt worden.[6] Gleichwohl besteht für die DKP ein Dilemma: Sie ist umso erfolgreicher, je vorsichtiger und zurückhaltender die Parolen gefaßt sind. Mit profilloser Verwaschenheit kann ihr aber nicht immer gedient sein, da dadurch eine „Zerbröselung" genuin kommunistischer Elemente einsetzt. Vielleicht untersucht Rudzio in einer weiteren Arbeit diese Problematik.

Seine Studie zur „Erosion der Abgrenzung" ist empirisch gesättigt,

[6] Rudzio geht praktisch nicht auf die wie immer zu bewertende neue Strategie des Sowjetmarxismus ein, daß die „Logik des Nuklearzeitalters" ein „neues politisches Denken" gebiete. Auch von da aus gesehen wird die Sozialdemokratie besonders umworben. Vgl. etwa aus marxistisch-leninistischer Perspektive Jürgen Reusch, Neue Sicherheitspolitik im Nuklearzeitalter, Köln 1988.

argumentativ fundiert. Mit ihrer Kritik an der teilweise lavierenden und finassierenden Haltung der SPD-Führung steht sie in der Tradition der „rechten“ Sozialdemokratie, wie sie seit einigen Jahren nicht nur vereinzelt anklingt.[7] Die Reaktion auf dieses Buch dürfte aufschlußreich sein. Rudzios Kernthese, daß sich mit der Erosion der Abgrenzung gegenüber sowjetkommunistischen Herausforderungen „ein wichtiges stabilisierendes Element der politischen Kultur der Bundesrepublik“ (S. 252) aufzulösen scheint, wohnt insofern eine Paradoxie inne, als erst jener Klimawandel, der die SPD und mit ihr die parlamentarische Demokratie gegenwärtig vor gravierende Probleme stellt, die politische Kultur in der Bundesrepublik durch Zunahme der Liberalität gekräftigt hat.

[7] Vgl. Jürgen Maruhn/Manfred Wilke (Hrsg.), Wohin treibt die SPD?, München 1984; Manfred Wilke, Einheitsgewerkschaft zwischen Demokratie und antifaschistischem Bündnis. Die Diskussion über die Einheitsgewerkschaft im DGB seit 1971, Melle 1985.

„Wieder gelesen“:

Ein vergessenes Werk über vergessene Größen von – fast – vergessenen rechten Bewegungen

Von Hans-Helmuth Knütter

Kurt P. Tauber, Beyond Eagle and Swastika. German Nationalism since 1945, 2 Bde., Middletown/Conn. 1967 (*Wesleyan University Press*), 1598 S.

Der Rechtsextremismus hat sich nach 1945 in Deutschland nicht kontinuierlich entwickelt, sondern ist wellenförmig aufgetreten. Die erste Welle dauerte von 1948 bis 1952 und endete mit dem Verbot der Sozialistischen Reichspartei (SRP) 1952 und ihrer Nachfolgeorganisationen. Nach mehr als zehn Jahren Pause kam die zweite Welle zwischen 1964 und 1969 auf, die sich vor allem in den Wahlerfolgen der Nationaldemokratischen Partei Deutschlands (NPD) manifestierte. Wiederum spielte ungefähr ein Jahrzehnt der Rechtsextremismus keine Rolle, bis ungefähr ab 1978 erneut nationale und national-neutralistische Tendenzen aufkamen, die seither in unterschiedlicher Ausprägung auftreten.

Das Wort, wonach Bücher ihre Schicksale haben, bewahrheitet sich an der monumentalen Untersuchung des Rechtsextremismus, die Kurt P. Tauber 1967 vorgelegt hat. Das Manuskript des 1967 erschienenen Buches wurde 1963 abgeschlossen, in einigen Randbemerkungen noch die Entwicklung bis 1964 (Gründung der NPD) behandelt. Sonst aber finden hier nur die erste Welle des deutschen Nachkriegsrechtsextremismus und die historischen Grundlagen Berücksichtigung. Was kann uns das Buch heute, mehr als zwei Jahrzehnte nach seinem Erscheinen, noch sagen? Die Bundesrepublik Deutschland hat sich seit ihrer Gründung in fast jeder Hinsicht – was die Grundlagen und die Erscheinungsformen betrifft – gewandelt, der Rechtsextremismus als Teil ihrer politischen Kultur ebenfalls. Gerade weil es viele antifaschistische Propagandisten gibt, die so tun, als habe sich seit den Zeiten der nationalsozialistischen Herrschaft nichts geändert, ist es nützlich, die 22 Jahre alte Schrift wieder zur Kenntnis zu nehmen, um sich die Veränderungen und Wandlungen zu vergegenwärtigen.

Kennzeichen der gewandelten Selbsteinschätzung sind die Feiern zum 40jährigen Bestehen der Bundesrepublik. Noch 1959 wurden sie abgelehnt, und die DDR zog sich von westdeutscher Seite wegen ihrer Jubiläumsveranstaltungen Kritik zu. Die Bundesrepublik sei ein Provisorium, zu feiern sei die dermaleinstige Wiedervereinigung. Wenn das heute anders gesehen wird, zeigt sich, daß die Bundesrepublik kein Provisorium mehr ist. Sie stellt ein Transitorium dar, ein Gebilde ohne eigene, originale Wertgrundlagen. Wir haben heute in der Tat eine *andere* Republik als in den Gründerjahren. Daß die Bundesrepublik wie die DDR, beide Systeme, die *so* von niemanden gewollt waren, sich stabilisiert haben, lenkt den Blick auf die Kräfte, die dieser Stabilisierung entgegenwirken – hier handelt es sich um die extreme Rechte. Wenn es stimmt, daß die Bundesrepublik heute auf einem anderen Selbstverständnis und anderen Wertvorstellungen beruht als 1949, muß das auch für die extreme Rechte gelten.

Da die NS-Herrschaft eine rechtsextreme Diktatur war, verstand sich die Bundesrepublik (wie auch die DDR) als Gegengründung gegen das überwundene System. Deshalb hatte es die extreme Rechte besonders schwer, sie stand unter einem dauernden Rechtfertigungszwang. Sie mußte eine eindeutige Stellung sowohl zur nationalsozialistischen Vergangenheit als auch zur demokratischen Gegenwart gewinnen. Diese Stellung war keineswegs so eindeutig, wie antifaschistisch-propagandistische Schlagworte vom „Neonazismus", „Neofaschismus" und der „Restauration" suggerieren. Diese Schlagworte in ihrer Einseitigkeit zu korrigieren, dafür ist das Buch von Kurt P. Tauber gut geeignet. Unter den Schriften, die sich in den ersten zwanzig Jahren der bundesrepublikanischen Geschichte mit dem Rechtsextremismus befaßten, ist sie die gründlichste, materialreichste, umfangreichste[1], aber auch paradoxerweise die unbekannteste.

Kurt P. Tauber, geboren 1922 in Wien, emigrierte während der nationalsozialistischen Herrschaft in die USA, wo er seit 1960 am Williams College, Williamstown, Mass. Professor für Politische Wissenschaft ist. Vertrautheit mit deutscher Sprache und Kultur, das persönliche Schicksal und die fachliche Kompetenz legten eine Beschäftigung mit den Nachwirkungen des Nationalsozialismus nahe.

[1] Der zweite Band enthält (S. 999-1376) ein Verzeichnis von Parteien, Organisationen, Jugendgruppen und Publikationen (S. 1381-1402), eine Bibliographie (S. 1405-1491) mit der Angabe vieler unveröffentlichter Quellen und je ein Namens-, Sach- und Ortsregister (S. 1493-1598).

Tauber hat sich in verschiedenen Aufsätzen mit Teilaspekten der nationalen und extremen Rechten in Deutschland beschäftigt und ab 1956 mehrere Studienaufenthalte in der Bundesrepublik verbracht, um das Material für seine große Studie zu sammeln. Er hat nicht nur mit zahlreichen westdeutschen Wissenschaftlern im Erfahrungsaustausch gestanden, sondern auch die Sammlung zum politischen Extremismus ausgewertet, die beim DGB in Hannover angelegt und jahrelang vorbildlich von Eduard Wald in einem keineswegs einseitig antifaschistischen Sinne betreut wurde. Tauber kannte auch – im Gegensatz zu vielen bundesrepublikanischen Betrachtern der rechtsextremen Szene – keine Berührungsangst gegenüber dem Objekt seiner Studien: Mit zahlreichen Politikern der extremen Rechten hat er Gespräche geführt, ein Versuch, die Funktionäre der damaligen „Deutschen Reichspartei", die später in der NPD aufging, durch eine Fragebogenaktion politikwissenschaftlich zu durchleuchten, scheiterte allerdings. Obwohl Tauber die Zusage der Parteileitung erlangt hatte, erhielt er keinen der rund 1.200 Fragebögen zurück. Die Basis seiner Untersuchung bilden deshalb hauptsächlich Eigenveröffentlichungen der Rechten, ergänzt durch einige unpublizierte Texte sowie eine Reihe von ergänzenden Interviews. Was allerdings die Menge an verwerteten Schriften betrifft, so hat Tauber mit überwältigendem Sammeleifer das zwischen 1945 und 1963 vorhandene einschlägige Material zusammengetragen.

Tauber schildert die historischen Voraussetzungen des deutschen Nationalismus, die Lage nach 1945, die Fülle rechtsextremer Organisationen unter Einbeziehung solcher, die eigentlich nicht zum rechtsextremen Spektrum gehören, wie studentische Verbindungen und Heimatvertriebenenverbände. Die literarischen Äußerungen, Verlage, die Stellung zum Parlamentarismus werden ebenso behandelt, wie zum Schluß ein Überblick auf Zukunftserwartungen geboten wird. Da es unmöglich ist, dieses 1.600 Seiten umfassende Werk in allen Einzelheiten hier zu referieren, müssen einige für die Gegenwart wichtige Gesichtspunkte ausgewählt werden. Fairerweise betonte Tauber in der Einleitung, daß nicht alles Nationale und Rechte extremistisch sei. Ziel seiner Untersuchung ist die Antwort auf die Frage, wie lebendig die deutsche Nachkriegsdemokratie sei, oder anders: ob der antidemokratische Nationalismus überwunden wurde. Das Kapitel über die antiliberalen Traditionen enthält keine eigenen Forschungen, läßt aber die Position des Autors, der sich als einen liberalen Demokraten im amerikanischen Sinne vorstellt, erkennen.

Hier wird die liberale Geschichtsinterpretation wiedergegeben, die eine Frontstellung zwischen dem Gedankengut der Aufklärung, des Liberalismus, des Sozialismus, der Demokratie, des Fortschritts auf der einen Seite und Irrationalismus, autoritärer politischer Haltung, Konservativismus, Nationalismus bis hin zum Nationalsozialismus auf der anderen Seite sieht. Allerdings differenziert Tauber insofern, als er keineswegs eine Identität von Konservativismus und Nationalsozialismus behauptet, sondern auf deren ambivalentes Verhältnis hinweist. Die Konservativen, insbesondere Vertreter der sogenannten „Konservativen Revolution", also vor allem konservative Intellektuelle, haben zwar dem Nationalsozialismus Vorschub geleistet, andererseits aber vor 1933 bereits in vielen Punkten nicht mit ihm übereingestimmt und nach 1933 – häufig – dem Widerstand angehört. Wenige Konservative emigrierten, zahlreiche Widerstandskämpfer wurden Opfer des 20. Juli 1944.

Dieses ambivalente Verhältnis kam auch im frühen Nachkriegsrechtsextremismus zum Ausdruck, der keineswegs ein bloßer „Neonazismus" und schon gar kein „Neofaschismus" gewesen ist. Vielmehr waren die Rechtsextremen der ersten Stunde nicht selten ehemalige Deutschnationale und Konservative, die gegen Hitler gestanden hatten. Längst vergessene Namen wie Reinhold Wulle und Joachim von Ostau, kaum mehr bekannte Organisationen wie die „Schwarze Front" tauchen in diesem Zusammenhang auf. Daneben gab es Angehörige der „Hitlerjugendgeneration", die schon eher vom Nationalsozialismus geprägt waren. Nach 1948 kamen bisher abseits stehende hinzu: Entnazifizierte, aus der Kriegsgefangenschaft und der Haft entlassene ehemalige hohe Offiziere, auch konservative Intellektuelle, die gegen eine vermeintliche bloße Restauration der Weimarer Demokratie waren. Die internationale Lage – der beginnende und sich verschärfende Kalte Krieg – haben die unabhängig hiervon vorhandenen nationalistisch-rechtsextremen Tendenzen begünstigt. Obwohl die 1949 gegründete und 1952 verbotene Sozialistische Reichspartei die in personeller und geistiger Hinsicht eindeutig eine an das NS-Vorbild anknüpfende Erscheinung des deutschen Nachkriegsrechtsextremismus gewesen ist, schildert Tauber überparteiliche Organisationen wie die „Bruderschaft" und die „Deutsche Union" sehr ausführlich (S. 122 ff.).

Bei den Organisationen hat es sich um elitäre Zirkel gehandelt, die Überparteilichkeit beanspruchten und in alle Parteien hineinwirken wollten. Neben Anhängern gab es durchaus auch Gegner des Nationalsozialismus in führenden Positionen dieser Zirkel. In den Augen Taubers sind diese heute kaum mehr bekannten Gruppen wichtig wegen ihrer Verbindungen, die bis in das Evangelische Hilfswerk, die große Presse, ja bis in die politischen Parteien der bürgerlichen Mitte und der demokratischen Rechten (CDU/CSU, FDP, Deutsche Partei, BHE) hineinreichten. In diesen Zusammenhang gehört auch der Kreis um den ehemaligen Staatssekretär im Propagandaministerium, Werner Naumann, dessen Anhänger 1953 von der britischen Besatzungsmacht unter dem Vorwurf verhaftet wurden, sie hätten versucht, die FDP ihren Zwecken dienstbar zu machen. Obwohl auch Tauber zur Aufhellung der Motive der britischen Besatzungsmacht und der insgesamt bis heute einigermaßen mysteriösen Naumann-Affäre nichts wesentlich Neues beitragen kann, so will er doch deutlich machen, daß es bis zur Mitte der fünfziger Jahre ein ziemlich breites intellektuelles Potential auf der Rechten gegeben hat, das keineswegs einheitlich und durchaus nicht eindeutig rechtsextrem gewesen ist. Die Verhältnisse im ersten Nachkriegsjahrzehnt waren noch fließend, die Verhältnisse nicht so verfestigt, als daß nicht Veränderungen in die eine oder andere Richtung möglich gewesen wären. In der Rückschau muß man allerdings feststellen, daß die Schwäche des damaligen Rechtsextremismus in seiner Heterogenität bestand. Westlich Orientierte, östlich Orientierte, Befürworter und Verteidiger des Nationalsozialismus neben Opfern und Gegnern des NS, die gleichwohl Nationalisten waren, Gegner der Wiederbewaffnung und Befürworter, Neutralisten und Pazifisten – dieses ganze geistige Konglomerat wurde nur durch den einen Gedanken geeint: So wie die Verhältnisse sind, können sie nicht bleiben und müssen im nationalen Interesse der Deutschen verändert werden. Diese Basis war aber zu schmal, um eine schlagkräftige und durchsetzungsfähige Politik zu entwickeln, die ohnehin immer unter dem Rechtfertigungszwang gegenüber der nationalsozialistischen Vergangenheit stand.

Von aktuellem Interesse ist das Kapitel über den nationalistischen Neutralismus und die Sowjetpolitik. Der heutige Leser stellt mit Interesse Ähnlichkeiten und Unterschiede zwischen dem damaligen und dem heutigen Neutralismus fest. Damals ging es um Wiederbewaffnung und Wiedervereinigung. Heute wird das Problem in globalem Maßstab gesehen: Es geht um Raketen, Atomwaffen und die Herstellung einer europäischen Ordnung. Die damals übliche nationalstaatliche Sicht ist – wenn noch vorhanden – an den Rand gerückt. Damals wie heute betont(e) die neutralistische Propaganda die Stellung Deutschlands zwischen Ost und West und versucht(e) eine Mobilisierung mit Fragen, die der Bevölkerung auf den Nägeln brannten/brennen. Damals die Wiederbewaffnung, in den achtziger Jahren Raketen und Atomwaffenstationierung. Damals wie heute erreichte diese Propaganda allerdings zahlenmäßig begrenzte Teile der Bevölkerung. An beiden Kapiteln wird deutlich, daß die Nachkriegsdemokratie im ersten Jahrzehnt ihres Bestehens noch formbar war. Auch die außenpolitische Orientierung der Bundesrepublik erschien noch offen für Optionen. Es gab Hoffnungen und Erwartungen, was von den aus der nationalen Tradition stammenden Elementen in die neue Ordnung übernommen werden könnte. Diese Elemente sollten durchaus sowohl aus dem Kaiserreich, aus der NS-Zeit, als auch aus dem konservativen Widerstand entnommen werden. Die diffusen Vorstellungen liefen auf eine Versöhnung der Vergangenheit mit der Gegenwart, ebenso auf eine Versöhnung mit dem Ausland hinaus. Das Ergebnis wäre eine Demokratie gewesen, die sich durch stärker autoritäre Züge von der existierenden unterschieden hätte.

Kritisch muß gegen die Darstellung von Tauber eingewendet werden, daß seine Darstellung das Bild insofern verzerrt, als diese Kräfte wie Rauch im Winde zerflatterten. Ihre innere Widersprüchlichkeit schwächten sie nebem administrativen Maßnahmen wie dem SRP-Verbot und der Verhaftung des Naumann-Kreises. Hinzu kommt, daß das sich entfaltende Wirtschaftswunder den Hedonismus als Wertgrundlage der Bundesrepublik förderte: Rückzug in den Privatbereich, Pflege des Wohllebens, Ablehnung jeglichen Risikos („keine Experimente"), Neigung zum Pazifizismus, der feste Wille, nach den Jahren der Anspannung, der Opfer, des Verzichts nun das Leben zu genießen – das waren Widerstände gegen die der Rechtsextremismus mit seinen auf Opfer, Verzicht, Hingabe, beruhenden Werten nicht bestehen konnte. Heute, in der Rückschau, erscheint Taubers Schilderung der Bruderschaft, der Deutschen Union und ihres angeblichen Einflusses als nicht von dieser Welt. Wohlgemerkt: Alles, was Tauber berichtet, stimmt, das hat es gegeben, aber es ist spur- , wirkungs- und erfolgslos verschwunden. Die Lehre, die wir daraus ziehen, lautet: Der Schlag von 1945 ist als militärischer und politischer Zusammenbruch sofort sichtbar und erkennbar gewesen, Daß es auch ein geistiger und kultureller Zusammenbruch war, ist erst erheblich später klar geworden, erst um 1968. Das Vierteljahrhundert zwischen 1945 und 1970 ist eine Inkubationszeit neuer, hedonistischer Werte geworden. Die Orientierung an nationalstaatlichen traditionalen Werten ging zunehmend verloren, und das Schicksal des Rechtsextremismus beweist das. Dies erklärt den scheinbaren Widerspruch zwischen dem, was Tauber konstatiert, und dem Mißerfolg des Rechtsextremismus.

Interessante Eindrücke vermittelt auch das Kapitel über die rechten Jugendorganisationen. Zeitweilig hat es abenteuerliche Vorstellungen über deren Stärke gegeben. Die Zahl von 70.000 spukte in der Öffentlichkeit, eine Zahl, die tatsächlich nie erreicht worden ist. Wenn man heute Namen, die in Taubers akribischer Beschreibung auftauchen, ansieht, stellt man fest, daß 25 Jahre danach kein einziger der damaligen Jugendführer im organisierten Rechtsextremismus „Karriere" gemacht hat. Was ist daraus zu folgern? Die rechtsextremen Jugendgruppen waren offenbar kein Reservoir, aus dem die Erwachsenenorganisationen schöpfen konnten. Alle führenden Persönlichkeiten, die heute in der extremen – wie demokratischen – Rechten wirken, sind Seiteneinsteiger, d. h. sie sind nicht aus den Jugendorganisationen erwachsen. Dies mag als ein zusätzliches Indiz für die Labilität der rechtsextremen Anhängerschaft gelten. Zu welchem Fazit kommt nun Tauber selbst? Die Erfolge der deutschen Nachkriegsdemokratie seien Ergebnis des erfolgreichen autoritären Führungsstils Adenauers (S. 981 ff). Die Deutschen seien immer Mitläufer gewesen (im „Dritten Reich" wie heute), die rechtsextremen Gruppen erfolglos geblieben, weil die Regierung erfolgreich war. Tauber erwartete, daß bei eine wirtschaftlichen oder politischen Krise die rechtsextremen Parteien wieder Zulauf erzielen könnten. Die ersten Erfolge der NPD nach 1964 haben seine Erwartung, allerdings nur teilweise, bestätigt. Alles in allem entwickelt er ein eher skeptisches Zukunftsbild. Die Demokratie stehe in Deutschland auf wackligen Beinen, es sei nicht sicher, ob sie von Dauer sein werde.

Welche Wirkung hat das Buch gehabt? Obwohl es sich um eine der fundiertesten Darstellungen des Rechtsextremismus handelt – es ist sicher die materialreichste –, gibt es keine deutsche Übersetzung, und nur wenige deutsche Autoren haben das Buch verwendet. Der Hauptgrund für die relative Nichtbeachtung dürfte in dem ungeheuren Umfang liegen. Eine deutsche Übersetzung hätte die Grenze von 2000 Seiten überschritten. Ein solches Buch wäre nicht abzusetzen gewesen, da zahlreiche deutsche Darstellungen des Rechtsextremismus auf dem Markt waren und sind. Allerdings ist es nicht ganz verständlich, daß manche Untersuchungen (wie z. B. die von Dudek/

Jaschke) Tauber überhaupt nicht berücksichtigen. Andere hingegen, so das Parteienhandbuch von Stöss, haben durchaus Gewinn aus dem Buch gezogen.[2]

Es wird wohl kaum einen Leser geben, der das Mammutwerk von vorne bis hinten durchliest. Als Materialfundgrube ist es aber nach wie vor unentbehrlich. Darauf hinzuweisen, sollte gerade eine Aufgabe dieser Besprechung sein, die in einer politisch bewegten Zeit auf dieses Buch aufmerksam machen möchte. Für die ersten zwei Nachkriegsjahrzehnte hat Tauber den Rechtsextremismus erschöpfend (für das Thema und den Leser) behandelt. Die aktuelle Bedeutung der Untersuchung liegt darin, daß der heutige Rechtsextremismus trotz aller Wandlungen im damaligen wurzelt. Es gibt heute kaum mehr eine personelle Identität. Damals waren aber Mitglieder und Führer in Anhängerschaft oder (seltener) Gegnerschaft zum Nationalsozialismus geprägt. Alle waren vor 1945, zum Teil vor 1933 in der nationalen Bewegung tätig gewesen. Heute sind nahezu alle, Führer und Mitglieder, vom Nationalsozialismus unberührt, und wenn einzelne doch noch dazugehört haben, waren es ganz junge Mitglieder, keine Funktionäre. Während die rechtsextreme Führergeneration in der von Tauber untersuchten Zeit vom Nationalsozialismus geprägt war, ist die heutige Generation von der Nachkriegszeit beeinflußt worden. Erfahrungen mit gegenwärtigen politischen Problemen haben sie nach rechts geführt, nicht Erinnerungen an eine „große Zeit“ vor 1945, die sie zum größten Teil gar nicht gekannt haben.

Was folgt daraus? Wer heute über den Rechtsextremismus arbeitet, muß Taubers Buch zur Kenntnis nehmen, aber mit Distanz und im Bewußtsein, daß der heutige Rechtsextremismus zwar ähnlich, aber doch erheblich anders ist als das, was Tauber beobachtete. Der Leser sollte deswegen vor allem die Kapitel VI über den Neutralismus, VII

[2] Zur Rezeption des Buches siehe Uwe Backes/Eckhard Jesse, Politischer Extremismus in der Bundesrepublik Deutschland, Bd. I: Literatur, Köln 1989, S. 70 f.; Peter Dudek/Hans-Gerd Jaschke: Entstehung und Entwicklung des Rechtsextremismus in der Bundesrepublik Deutschland, 2. Bde., Opladen 1984; Richard Stöss (Hrsg.), Parteien-Handbuch. Die Parteien der Bundesrepublik Deutschland 1945-1980, 2 Bde., Opladen 1983/84. – Zur Rezeption seiner Ergebnisse in den USA gibt der Autor einen interessanten Hinweis: „Die American Political Science Review“ habe seine Abhandlung über neutralistische Tendenzen und Ostverbindungen der Rechtsextremen mit der Begründung abgelehnt, Tauber habe nicht bewiesen, daß diese Tendenzen politische Bedeutung haben, und Extremisten gäbe es überall (briefliche Mitteilung vom 18. Juli 1958).

über die Internationale der Nationalisten, X über die Jugendbewegung, XVII und XVIII, die sich beide mit den Zukunftsaussichten der Rechtsextremisten vom damaligen Standpunkte aus beschäftigen, zur Kenntnis nehmen. Für eine eventuelle Übersetzung kämen insbesondere diese Kapitel in Frage.

Taubers Frage, ob der Rechtsextremismus noch eine Chance habe, die er zu bejahen geneigt ist, wäre unter dem Eindruck der Entwicklung der politischen Kultur der letzten 25 Jahre heute eher zu verneinen. Diese Antwort sei mit der Vorsicht gegeben, die sozialwissenschaftlichen Prognosen wegen zahlreicher Blamagen zukommt. Die hedonistische Lebenseinstellung der Bevölkerung der Bundesrepublik ist aber zur Zeit ein zuverlässiges Hindernis für einen Erfolg des Rechtsextremismus. Die Einwohner der Bundesrepublik sind nur an einem interessiert: Das soziale Netz und die Bequemlichkeit der Existenz unter keinen Umständen zu gefährden. Das schließt nicht aus, daß es trotz aller (scheinbaren) Sicherheiten Unzufriedenheit gibt. Das sind aber Redensarten, denen keine Taten folgen, denn eine rechtsextreme Orientierung brächte zu viel Risiken mit sich. Insofern hat Tauber durchaus recht: Die Deutschen sind prinzipienlose Mitläufer, die in diesem Falle mit dem wirtschaftlichen Erfolg laufen, solange er anhält.

Gewiß stellen auch die Einwohner der Bundesrepublik heute ein anderes Volk dar als die Deutschen vor 1945. Die Integration der Flüchtlinge in den fünfziger Jahren, die Zuwanderung der Gastarbeiter und kulturrevolutionäre Wandlungen der sechziger Jahre haben Veränderungen bewirkt. Wenn heute rechte Parteien Erfolge haben und eine unklare Unzufriedenheit ihnen Wähler zuführt, dann sind das eher hilflose Versuche, an Traditionen anzuknüpfen, deren Wurzeln verdorrt sind. Solange das soziale Netz hält und der Napf gefüllt ist, wird kein Extremismus Erfolg haben. Sollten sich die politischen und sozialen Verhältnisse zum Negativen ändern und extremistische Kräfte erstarken, dann ist es noch lange nicht sicher, daß es ein rechter, harter, opferbereiter Extremismus sein wird und nicht viel eher ein anarchistisch-libertärer linker.

Literatur aus der „Szene“:

Erinnerungen hinter Gefängnismauern

Von Uwe Backes

Karl Heinz Hoffmann, Verrat und Treue. Ein an Tatsachen orientierter Roman, Neunkirchen 1988 (*Themis Verlag*), 796 S.

Karl Heinz Hoffmann (Jahrgang 1937) wurde am 16. Juni 1981 von der Polizei verhaftet und nach einem Mammutprozeß Ende Juni 1986 zu einer Freiheitsstrafe von neun Jahren und sechs Monaten verurteilt.[1]. Einer breiteren Öffentlichkeit war Hoffmann durch die von ihm 1974 gegründete „Wehrsportgruppe“ bekannt geworden, die im Laufe der Jahre immer wieder für Schlagzeilen gesorgt hatte.[2] Einem Wanderer durch die Fränkische Schweiz konnte sich schon einmal ein verblüffendes Schauspiel darbieten, wenn er in dieser malerisch-verträumten Landschaft unverhofft auf eine Truppe volluniformierter junger Kämpfer stieß, die von ihrem „Hauptquartier“ in Ermreuth bei Forchheim (seit 1978) mit ausrangierten Bundeswehrfahrzeugen ins Gelände ausgerückt waren, um sich in Guerillakrieg-Techniken zu üben. Mochten viele von Hoffmanns Gefolgsleuten auch aus purer Begeisterung für alles Militärische (Waffen, Uniformen, Ränge und Abzeichen) und auf der Suche nach dem großen Abenteuer zur „Wehrsportgruppe“ gestoßen sein, konnten politische Implikationen doch nicht ganz verborgen bleiben. So hielt der „Chef“, wie Hoffmann von seinen Leuten genannt wurde, mit seiner Abneigung gegen den Parlamentarismus nicht hinterm Berg, gab sich statt dessen als Bewunderer militärischer Organisationsprinzipien zu erkennen und plädierte für die Herrschaft einer rotierenden Führungselite.[3]

[1] Vgl. den Prozeßbericht von: Roswin Finkenzeller, Für Mord fand man bei Hoffmann kein Tatmotiv, in: FAZ vom 1. Juli 1986, S. 7. Zur Person siehe die biographische Skizze bei: Uwe Backes/Eckhard Jesse, Politischer Extremismus in der Bundesrepublik Deutschland, Bd. III: Dokumentation, Köln 1989, S. 295–297.

[2] Vgl. zur „Wehrsportgruppe Hoffmann“ ausführlich: Rudolf Müller, Schule des Terrorismus. Die Wehrsportgruppe Hoffmann und andere militante Neonazis, in: Wolfgang Benz (Hrsg.), Rechtsextremismus in der Bundesrepublik. Voraussetzungen, Zusammenhänge, Wirkungen, Frankfurt a. M. 1984, S. 238-254.

[3] Siehe das Interview mit Karl Heinz Hoffmann bei: Karl-Klaus Rabe (Hrsg.), Rechtsextreme Jugendliche. Gespräche mit Verführern und Verführten, Bornheim-

Am 30. Januar 1980 wurde die nach Schätzung der Sicherheitsbehörden ca. 400 Personen umfassende „Wehrsportgruppe" – nicht zuletzt wegen der befürchteten (negativen) Vorbildwirkung auf Jugendliche – durch den Bundesminister des Innern verboten.[4] An diesem Tag setzt die Handlung des Romans ein, den Karl Heinz Hoffmann in der Haft verfaßt hat und der interessierten Öffentlichkeit in einer stattlichen Buchausgabe des eigens gegründeten „Themis"-Verlages vorlegt. Die Präsentation als „Roman" ist mit Bedacht gewählt. Hoffmann schlägt so mehrere Fliegen mit einer Klappe: Zum einen kann er nun Begebenheiten in die Erzählung einflechten, die nur seiner Phantasie entsprungen sind, beispielsweise die verschwörungstheoretischen Spekulationen über die Existenz jüdischer Agenten und Terrorgruppen in der Bundesrepublik. Zum anderen ist ein Roman für den Staatsanwalt zwar reizvoll, jedoch letztlich unbefriedigend. Indem der Autor die Tatsachenorientierung seines „Romans" herausstellt, wird zugleich der – wenngleich geschickt relativierte – Anspruch erhoben, über wirkliche Begebenheiten zu berichten. Ein reines Phantasieprodukt hätte auf die Schar der Hoffmann-Verehrer wohl keine Faszinationskraft ausgeübt. Der dokumentarische Charakter ist schließlich auch deshalb notwendig, weil der ehemalige Wehrsportgruppen-Chef von dem Bedürfnis nach Rechtfertigung getrieben wird. Zwar lastet der Vorwurf des Mordes, begangen an dem jüdischen Verleger Lewin und seiner Lebensgefährtin Frida Poeschke, seit der Urteilsverkündung (1986) nicht mehr auf ihm. Immerhin jedoch wurde Hoffmann im Verlaufe des Prozesses gravierender Delikte überführt, die auch in Sympathisantenkreisen gemischte Gefühle erzeugt haben mögen: unter anderem Freiheitsberaubung und schwere Mißhandlungen von Mitgliedern der „Wehrsportgruppe Ausland".

Das Motiv der Rechtfertigung wird freilich von einem anderen, dominierenden überlagert: dem der Selbstdarstellung. Von den eigenen Fähigkeiten, der eigenen Mission schien Hoffmann immer restlos überzeugt. Von Jugend an rang der Sohn eines früh verstorbenen Facharztes um gesellschaftliche Anerkennung und Bestätigung. 1953 aus der DDR, wohin die Familie während des Krieges evakuiert worden war, in die Geburtsstadt Nürnberg zurückgekehrt, begann er

Merten 1980, S. 197-215; „Ihnen wäre das Lachen vergangen". Karl Heinz Hoffmann über seine Wehrsportgruppe und die Neonazis in der Bundesrepublik, in: Der Spiegel vom 24. Nov. 1980, S. 76-96.

[4] Vgl. Verfassungsschutzbericht 1980, Bonn 1981, S. 26.

eine Ausbildung als Kunstmaler und Graphiker, studierte einige Semester „bildende Künste" in München und Nürnberg. Dies füllte den unsteten und nach Erfolg dürstenden jungen Mann jedoch nicht aus. Früh schon geriet der Waffennarr mit den Behörden in Konflikt. 1963 wurde er in der Türkei wegen Waffenschmuggels verhaftet. Stolz berichtet Hoffmann im Verlagsprospekt von „Reisen in den Orient, über Persien bis nach Indien", seinen beachtlichen Sprachkenntnissen („Später studierte er autodidaktisch mehrere orientalische Sprachen. Er spricht fließend persisch und türkisch, beherrscht die arabische Schrift und liest althebräisch."), und von einem „Kulturfilm über soziale und religiöse Themen", der von Radio Bremen 1961 angekauft worden sei. Seit Anfang der sechziger Jahre „Inhaber eines renommierten Werbeateliers", schockierte Hoffmann die Nürnberger Partywelt schon einmal mit ungewöhnlichen Ideen. So veranstaltete er „einen Faschingsball mit Stahlhelm-Soldaten, BdM-Mädchen, SS-Offizieren und MG-Geknatter sowie Granatengeheul als Begleitmusik".[5] Die Gründung der „Wehrsportgruppe" im Jahre 1974 erfolgte auch in dem Bestreben, das eigene Bedürfnis nach unbeschränkter Anerkennung und Bestätigung zu befriedigen. Bei aller Geheimniskrämerei der Hoffmann-Truppe kam die Boulevard-Presse in den siebziger Jahren immer wieder auf ihre Kosten, gab der „Chef" bereitwillig Interviews und posierte vor Kameras in voller (Phantasie-)Uniform und mit stolz gezwirbeltem Schnurrbart.

Zurückhaltung und Bescheidenheit sind Tugenden, die Hoffmann auch in seinem Tatsachen-Roman nicht an den Tag legt. Der Verfasser fühlt die Augen der Öffentlichkeit auf sich gerichtet und neigt nicht selten zu pathetischer Selbststilisierung. Im Verlagsprospekt heißt es rückblickend: „Es ist, als ob meine Person die Gefahr angezogen hätte, wie das Licht die Motten. Nur wenige sind vom Schicksal dazu bestimmt, so hautnah mit den schrecklichsten Ereignissen, die ein Mensch erleben kann, in Berührung zu kommen, wie es mir passiert ist." Immerhin ist soviel richtig, daß das Leben des Wehrsportführers in den Monaten zwischen Ende Januar 1980 und seiner Verhaftung vom Juni 1981 ungewöhnlich turbulent verlief: Die „Wehrsportgruppe" (30. Januar 1980) wurde verboten, Hoffmann der Beteiligung an zwei Schwerstverbrechen (Oktoberfestattentat vom 26. September 1980 und Mordfall Lewin/Poeschke vom 19. Dezember 1980) beschuldigt. Im nachhinein ist festzustellen, daß Hoffmann

[5] Rabe (FN 3), S. 195.

eine Mitverantwortung an beiden Delikten nicht nachgewiesen werden konnte, wenngleich das Gericht bei Urteilsverkündung nach wie vor einen „erheblichen Tatverdacht"[6] (im Hinblick auf den Mordfall Lewin/Poeschke) konstatierte.

Zwar dreht sich ein Teil des Romans auch um die drei genannten Ereignisse; im Zentrum der Handlung steht jedoch das Unternehmen „Wehrsportgruppe Ausland". Nach dem Verbot der Inlandsorganisation, war die Idee aufgekeimt, eine außerhalb des Geltungsbereichs deutscher Strafgesetze wirkende paramilitärische Truppe aufzubauen. Durch die Vermittlung des über ausgezeichnete Kontakte zu palästinensischen Gruppen im Libanon verfügenden Rechtsextremisten Udo Albrecht (im Roman: Bodo Rupprecht) rückte die Realisation dieses Plans in greifbare Nähe.

Ende März 1980 ist es soweit: Hoffmann reist zusammen mit Albrecht zu einem Informationsbesuch in den Libanon. Nach anfänglichen Schwierigkeiten führen die Gespräche mit Vertretern der Fatah zum Erfolg: Hoffmann erhält die Erlaubnis zum Aufbau einer deutschen Miliz im Libanon, die zwar nicht direkt einem palästinensischen Kommando unterstehen, im Falle eines Angriffs jedoch auf deren Seite kämpfen soll. Neben logistischer Unterstützung durch die Palästinenser soll das Unternehmen insbesondere durch die Überführung ausrangierter Militärfahrzeuge von der Bundesrepublik in den Libanon finanziert werden. Im Mai 1980 trifft eine erste, sechsköpfige Gruppe ehemaliger „Wehrsportler" in dem vorgesehenen Lager in der Nähe Beiruts ein: „Zwei große Zelte, die schon länger dort stehen, sind für die Deutschen bereitgehalten worden. In einem dieser Zelte hatte Hoffmann bereits während seines ersten Aufenthaltes zusammen mit Rupprecht [Albrecht] gehaust. [. . .] Die übrigen sechs Kameraden beziehen gemeinsam das zweite Zelt. Dort liegt bereits auf jedem Bett eine russische Kalaschnikow samt Munition und einigen Reservemagazinen. Wenn auch sonst noch nichts im Einzelnen organisatorisch vorgeplant ist, so ist doch klar, daß vom ersten Moment an, wenigstens zur Nachtzeit, Wache geschoben werden muß." (S. 120)

Doch der großartige Plan, die „Wehrsportgruppe" im Ausland neu

[6] Vgl. Finkenzeller (FN 1). Beim Oktoberfestattentat konnten Hintermänner nicht nachgewiesen werden. Der Journalist Ulrich Chaussy unterzog die polizeilichen Ermittlungsergebnisse einer argwöhnischen Prüfung, konnte jedoch auch keine konkreten Beweise für eine Beteiligung unbekannter Personen zu Tage fördern: Ulrich Chaussy, Oktoberfest. Ein Attentat, Darmstadt/Neuwied 1985.

zu gründen, bleibt in Ansätzen stecken. Was sich in den nächsten Wochen und Monaten abspielt, ist nichts weiter als eine Farce: Albrecht intrigiert gegen die lästig gewordene Konkurrenz nach Kräften; das Lagerleben in ständiger Alarmbereitschaft und die für verwöhnte Wohlstandskinder ungewohnte palästinensisch-frugale Büchsenverpflegung dämpfen die anfängliche Begeisterung; mehrmals kehren die von Hoffmann im Libanon allein gelassenen Kämpfer Hals über Kopf in die Heimat zurück; trotz vielfältiger Bemühungen bleibt die Truppenstärke mehr als kläglich; zudem bahnen sich schwere Konflikte innerhalb der Gruppe an, die in rohe Gewaltakte gegen Aufmüpfige münden.

Über diese Vorgänge berichtet Hoffmann zumeist mit erstaunlicher Offenherzigkeit. Daß vieles dem unbeteiligten Beobachter lächerlich und grotesk erscheinen muß, ist dem Autor offenkundig nicht bewußt. Mit ungeschmälerter Begeisterung breitet er Detailwissen über die militärischen Kräfteverhältnisse im Libanon, die Funktionsweise bestimmter Waffen, die Gepflogenheiten der Araber oder sein als betont herzlich geschildertes Verhältnis zu den Palästinensern aus. Dabei ist Hoffmann allerdings auch bemüht, die eigene Person in ein möglichst günstiges Licht zu rücken. So erweckt er den Eindruck, als sei er für Gewalttätigkeiten und Grausamkeiten, die von Mitgliedern der „Wehrsportgruppe Ausland" an ihresgleichen begangen wurden, nicht verantwortlich gewesen.

Dies gilt etwa für den Fall des Wehrsportgruppen-Mitglieds Kay-Uwe Bergmann (im Roman: Kai Beckmann), der nach schweren Mißhandlungen spurlos verschwand. Odfried Hepp (im Roman: Gottfried Keppler) – er hatte sich im Sommer 1980 mit einigen Begleitern der Libanon-Gruppe angeschlossen – berichtete über die Bestrafung des Kay-Uwe Bergmann, der immer wieder gegen das von Hoffmann erlassene Rauchverbot verstoßen hatte, später glaubwürdig folgendermaßen: „Als es Hoffmann zu bunt wurde, beauftragte er zwei seiner Unterführer, Bergmann eine gehörige Abreibung zu verpassen. Diese nahmen sich Bergmann des Nachts vor, gingen aber in Hoffmanns Abwesenheit zu weit, so daß Bergmann mit einem ausgekugelten Arm ins Krankenhaus gebracht werden mußte. Nach drei Tagen schickte der Arzt ihn nach Hause, was Bergmann jedoch zu einem Fluchtversuch nutzte. Er suchte die auf dem Weg liegende Beiruter UNESCO-Vertretung auf und wollte von dort aus wohl mit der deutschen Botschaft Kontakt aufnehmen. Da er sich aber nicht richtig verständlich machen konnte, benachrichtigte die Vertretung das Fatah-Büro, das Leute schickte, die Bergmann ins Lager zurückbrachten. [. . .] Als Hoffmann am Abend ins Lager kam, erfuhr er zufällig von einem Araber, wo man Bergmann aufgelesen hatte. Ihm war natürlich sofort klar, daß Bergmann einen Fluchtversuch unternommen hatte. Er geriet dermaßen in Rage, daß er Bergmann erstmal windelweich schlug. Jener wurde ab sofort zum Gefangenen erklärt. [. . .] Nun hatte Hoffmann die Befürchtung, daß Bergmann schon mit der Botschaft Kontakt aufgenommen und dieser Informationen übermittelt haben könnte, die für Hoffmann nach seiner Rückkehr nach Deutschland hätten gefährlich werden können. Deshalb beauftragte er wieder seine zwei Unterführer, Bergmann hochnotpeinlich zu befragen, um die genaue Wahrheit herauszubekommen. In einem zwischenzeitlich fertiggestellten Bunker nahmen sie ihn sich vor. Ich selbst war in jener Nacht nicht im Lager, da ich in Hoffmanns Wohnung Dienst hatte, wo jeder sich einmal in der Woche aufhalten durfte, um sich richtig baden zu können. Ich bekam aber mit, wie Hoffmann mitten in der Nacht von seinen Unterführern gerufen wurde, damit er sich im Lager selbst ein Bild von der Sache machen könne, da Bergmann völlig widersprüchliche Angaben mache. Was danach weiter vor sich ging, erfuhr ich erst am nächsten Tag bruchstückhaft von den anderen Kameraden, die aber, kurze Zeit nachdem Hoffmann ins Lager gekommen war, in die Zelte geschickt wurden. Zunächst sahen sie aber, wie Hoffmann sich den Bergmann selbst vornahm. Am nächsten Tag hieß es, daß Bergmann in ein zentrales PLO-Gefängnis gebracht worden sei, was jedoch keiner von uns glaubte. Jedenfalls ist Bergmann seither nicht mehr aufgetaucht."[7] Odfried Hepp gelang 1981 nach längerer Inhaftierung und Mißhandlungen durch Mitglieder der „Wehrsportgruppe Ausland" die Flucht. Der überzeugte Neo-Nationalsozialist gründete später eine terroristische Vereinigung und wurde 1987 in der Bundesrepublik zu einer langjährigen Freiheitsstrafe verurteilt. Inzwischen hat Hepp einen Gesinnungswandel vollzogen und sich von seinen früheren Aktivitäten distanziert.[8]

Im Hinblick auf die politischen Überzeugungen Hoffmanns interessant ist seine Auseinandersetzung mit dem (damaligen) Neo-Nationalsozialisten Hepp. Dessen Versuche, die „Wehrsportgruppe

[7] Der Verfasser dankt Herrn Odfried Hepp für die Zurverfügungstellung der vor Gericht abgegebenen Erklärung.

[8] Vgl. zur Person: Backes/Jesse (FN 1), S. 293 f.

Ausland" während der Abwesenheit Hoffmanns im eigenen Sinne zu indoktrinieren, waren restlos gescheitert. Es wird deutlich, daß Abenteuerlust und das Vergnügen am Soldatspielen das Engagement der Hoffmann-Truppe viel stärker beflügelten als etwaige politische Ambitionen. Die Passagen des Romans, in denen Hoffmann sich mit dem dogmatischen Ideologiegebräu Hepps und seiner Gefolgsleute auseinandersetzt, klingen glaubwürdig: „Es ist ja durchaus nicht so, daß jeder nationale Mann nun gleich auch ein überzeugter Nationalsozialist sein muß." (S. 16)

Die über den Roman verstreuten politischen Äußerungen Hoffmanns lassen ihn in der Tat als einen Nationalisten eigenwilliger Prägung erscheinen. Wie häufig bei rechtsextremen Aktivisten tritt dabei deutlicher hervor, wogegen sich Hoffmann ausspricht als wofür: „Die wirklichen Feinde des deutschen Volkes sind für uns leider unangreifbar, weil sie nicht offen in Erscheinung treten. Unser Unglück kommt von Übersee. Wir sind auch heute noch ein besetztes Land und völlig in der Hand der Vereinigten Staaten von Amerika. Wenigstens soweit es die Bundesrepublik Deutschland betrifft. Im anderen Teil unseres Vaterlandes gilt das Gleiche für die Sowjetunion." (S. 101) Aus der These vom besetzten Land wird auf die Illegitimität der Herrschaft in der Bundesrepublik geschlossen: „Ich lehne die deutsche Marionettenregierung ab, diese amerikanisch gesteuerten ‚Quislinge'" (S. 98).

Die Wiedererrichtung eines mächtigen deutschen Nationalstaates erscheint als eines der vorrangigen politischen Ziele Hoffmanns. In Nürnberg geboren, in Thüringen aufgewachsen, von dort in das westliche Deutschland übergewechselt, aber stets politisch heimatlos geblieben, ist die Überwindung der deutschen Teilung ein Angelpunkt seines politischen Ideengebäudes. Über sich selbst schreibt er: „Der Gedanke an die Teilung Deutschlands und die anhaltende Besetzung mit all ihren daraus ergebenden Folgerungen, erschüttern ihn immer wieder, sobald er sich mit dieser Problematik befaßt." (S. 408) Freilich sieht Hoffmann wenig Sinn, gegen die bestehenden Verhältnisse anzurennen. Hinter dem westdeutschen Staat stünden die Amerikaner, und diese zu bekämpfen bedeute politischer Selbstmord. Die Verlagerung der Aktivitäten ins Ausland erscheint ihm als ein Gebot politischer Klugheit. Zu Hepp (Keppler) gewandt, heißt es: „Streichen Sie die romantische Vorstellung, in Deutschland einen Volkskrieg entfesseln zu können, ersatzlos aus Ihrem Kopf, wenn Sie nicht das gleiche Schicksal erleiden wollen, wie die Linksterroristen."

(S. 541) Allerdings bekundet Hoffmann seine grundsätzliche Sympathie für junge Aktivisten, „die ihrem jugendlichen Leichtsinn entsprechend, gegen die Vernunft und die Gesetze der Logik, diesen selbstmörderischen Kampf aufgenommen haben. Für diese Leute könnte die MSO-Ausland ein Auffangbecken sein." (S. 543) Der politische Terrorismus wird mithin keineswegs prinzipiell, sondern allein aus strategischen Gründen abgelehnt.

Es fällt auf, daß Hoffmann insbesondere in seiner Auseinandersetzung mit dem hochgradig politisierten Hepp (Keppler) auf Überlegungen und Argumente dieser Art zurückgreift. Wie bei den meisten der Wehrsportgruppen-Mitglieder scheinen auch bei ihm weit „profanere" Ziele im Vordergrund zu stehen. Wenn er über lange Absätze hinweg die Funktionsweise von Schußwaffen erklärt (angeblich sollte er für die Palästinenser Waffen produzieren, tatsächlich betätigte er sich als Geldfälscher), über die Konstruktionsmöglichkeiten von Schalldämpfern fachsimpelt, militärische Gepflogenheiten und Verhaltensformen beschreibt, verrät dies mehr über die wahren Leidenschaften des Karl Heinz Hoffmann als all' seine politischen Bekenntnisse. Die enthüllendste Aussage des „Romans" lautet: „Erstens bin ich gerne Soldat. Das steht bei mir vornean." (S. 106)

Hauptbesprechungen

1968 – der Mythos eines Jahres

Von Uwe Backes

Dany Cohn-Bendit/Reinhard Mohr, 1968. Die letzte Revolution, die noch nichts vom Ozonloch wußte, Berlin 1988 (*Wagenbach Verlag*), 178 S.

Auch die politische Linke, die während der Studentenbewegung den „Konsumterror" verspottete, zollt den Marktmechanismen offenkundig Tribut: Zwei Jahrzehnte nach dem Scharnierjahr „1968" ist eine Reihe von Rückblicken erschienen, nicht selten aus der Perspektive der Protestler.[1] Zu diesem Genre gehört der vorliegende Band, der schon wegen der Co-Autorschaft Cohn-Bendits Interesse verdient. Man legt ihn jedoch mit ziemlicher Enttäuschung aus der Hand.

In späterer Zeit dürfte das Jahr 1968 als ein markanter Einschnitt gelten. Wer die nachhaltigen Wirkungen dieser Zeit hervorhebt, muß deswegen keinem „68er"-Mythos huldigen. Aber die mit diesem Jahr direkt oder indirekt verbundenen Wandlungen sind für die politische Kultur ganz wesentlich. Leider kommt das in dem Buch nur undeutlich zum Ausdruck, da es ziemlich abrupt abbricht und größtenteils phänomenologisch vorgeht. Seine Fähigkeit zur Selbstkritik hat Cohn-Bendit mehrfach unter Beweis gestellt.[2] Auch in diesem Band ist davon einiges zu spüren (wenn etwa die Übergänge zwischen Demonstrationen und gewalttätigen Aktionen zur Sprache kommen), nichts mehr hingegen von einem Plädoyer für den „Linksradikalismus", den Cohn-Bendit zwei Jahrzehnte zuvor als „Gewaltkur gegen

[1] Vgl. insbesondere: Rainer Bieling, Die Tränen der Revolution. Die 68er zwanzig Jahre danach, Berlin 1988; Volkhard Brandes, Wie der Stein ins Rollen kam. Vom Aufbruch in die Revolte der sechziger Jahre, Frankfurt a. M. 1988; Tobias Mündemann, Die 68er ... und was aus ihnen geworden ist, München 1988; Carsten Seibold (Hrsg.), Die 68er. Das Fest der Rebellion, München 1988. „Verspätet" auf den Markt gekommen ist die Dokumentation von: Karl. A. Otto, Die außerparlamentarische Opposition in Quellen und Dokumenten (1960–1970), Köln 1989. Siehe auch die Bibliographie von Dirk Böcker/Johannes Schillo, Zwanzig Jahre nach '68. Eine Literaturauswahl, in: Materialien zur Politischen Bildung 16 (1988), Heft 1, S. 67–70.

[2] Vgl. beispielsweise Daniel Cohn-Bendit (Hrsg.), Wir haben sie so geliebt, die Revolution, Frankfurt a. M. 1987.

die Alterskrankheit des Kommunismus"[3] empfohlen hatte. Es wäre übrigens interessant, zu erfahren, welche Passagen der frühere Studentenführer eigentlich beigesteuert hat. Die „second hand"-Informationen überwiegen nämlich, brav zusammengestellt aus bekannten Büchern. Von Cohn-Bendit wäre mehr zu erwarten gewesen. Der Mini-Abschnitt über den Pariser Mai 1968 (S. 134 f.) wirkt eingeschoben, ohne rechte Verbindung zum übrigen Text.

Die fünf chronologisch gegliederten Kapitel des Bandes befassen sich zunächst mit der ersten Hälfte der sechziger Jahre, die als Zeit der Anpassung firmiert. Dann schildern die Autoren in den Kapiteln zwei bis vier insbesondere den Berliner Studentenprotest (mit einem Schwerpunkt bei der Person Dutschkes, wie überhaupt die personalistische Sichtweise auffällt). Abschließend geht es vornehmlich um den „Zerfall der antiautoritären Revolte" (S. 170), der nur angedeutet, nicht analysiert wird. Die antiautoritäre Bewegung brachte paradoxerweise Kaderorganisationen hervor. Die Autoren liefern keinen überzeugenden Erklärungsversuch für die Vielzahl kommunistischer Parteien, die Ende der sechziger, Anfang der siebziger Jahre aus dem Boden sprossen. Der Bogen zur Gegenwart wird nicht geschlagen. Gewiß hat sich durch die mit dem Jahr 1968 verbundenen Entwicklungen vieles geändert, aber manches an der Bewegung mutet heute fremd an. Von der gegenwärtig verbreiteten Sorge um das ökologische Gleichgewicht war seinerzeit nichts zu spüren. Und auch die gegenwärtig grassierenden apokalyptischen Tendenzen fehlten „1968". Cohn-Bendit, in der damaligen und der heutigen Protestbewegung zu Hause, wäre prädestiniert gewesen, Kontinuitäten und Brüche aufzuzeigen.

Die Autoren des Frankfurter Szeneorgans „Pflasterstrand" haben naturgemäß keine ambitiöse wissenschaftliche Analyse der Ursachen und Folgen der 68er-Bewegung geliefert. Gleichwohl ist eine wenigstens in manchen Teilen aufschlußreiche und keineswegs dröge Darstellung von Insidern entstanden. Vor allem fangen Cohn-Bendit und Mohr immer wieder die damalige Atmosphäre der Protestbewegung ein, deren Protagonisten eine merkwürdige Mischung aus Optimismus und Aggressivität an den Tag legten. Einerseits sind manche Lücken offenkundig, andererseits viele Dinge bereits bis zum Überdruß beschrieben worden. So bleibt die Frage unbeantwor-

[3] Vgl. Daniel und Gabriel Cohn-Bendit, Linksradikalismus. Gewaltkur gegen die Alterskrankheit des Kommunismus, Reinbek bei Hamburg 1968.

tet, was den spezifisch deutschen Beitrag am kulturrevolutionären Wandel Ende der sechziger Jahre ausmachte. Über längst Bekanntes nicht hinaus geht die Schilderung der Anfänge von Dutschkes politischem Engagement oder der „Kommune 1". Wie die ellenlangen und vielfach ausgeschlachteten Zitate aus anderen Werken[4] vermuten lassen, dürfte der Band mit heißer Nadel genäht worden sein.

Daß die Autoren bei aller Kritik an bestimmten Vorgängen den Begriff des „Extremismus" vermeiden, muß nicht verwundern. So weit reicht die Enttabuisierung von Enttabuisierern denn doch nicht, wiewohl es treffende und ehrliche Passagen gibt, die manche Lebenslügen der 68er-Bewegung desavouieren. Beispielsweise: „Nicht Vietnam, Griechenland, Spanien oder Springer trieben viele zu den Demonstrationen, es war ein physisch spürbares Bedürfnis nach Aufruhr, das sich Bahn brechen wollte" (S. 109). Auch die aggressive Auseinanderetzung mit der Polizei im November 1968 kommt zur Sprache: Sie „markierte einen historischen Punkt der Revolte" (S. 156).

Heute sind nicht nur die betulichen fünfziger Jahre vielen fremd geworden, sondern auch die hektischen sechziger, wenngleich manche „Errungenschaften" dieser Zeit der Mehrheit als selbstverständlich gelten. Insofern kommt dem Buch das Verdienst zu, diese Atmosphäre anschaulich beschrieben zu haben. Allzu viele Aspekte werden in dem Band freilich nicht ausgelotet. War die Studentenbewegung nur ein „Strohfeuer", oder ist der „Marsch durch die Institutionen" erfolgreich gewesen? Wie stark fiel seinerzeit die Politisierung überhaupt aus? Gab es einen Linkskonformismus, der „Abweichler" in die Isolation führte? Antworten auf diese Fragen sucht man im Band vergebens, eine Einordnung der Studentenbewegung – ihrer Stärken, ihrer Schwächen – ebenfalls. Eine Chance ist vertan worden.

[4] Besonders intensiv verwertet wurden: Bommi Baumann, Wie alles anfing, München 1982; Jürgen Miermeister, Rudi Dutschke, Reinbek bei Hamburg 1986; Peter Mosler, Was wir wollten, was wir wurden. Studentenrevolte – zehn Jahre danach, Reinbek bei Hamburg 1977; Eberhard Windaus/Frank Wolff, Studentenbewegung 67-69, Frankfurt a. M. 1977.

Kulturrevolution von rechts

Von Uwe Backes

Siegfried Jäger (Hrsg.), Rechtsdruck. Die Presse der Neuen Rechten, Berlin/Bonn 1988 (*Verlag J. H. W. Dietz Nachf.*), 272 S.

Bücher über den Rechtsextremismus sind mittlerweile alles andere als Mangelware. Zahlreiche Publikationen beschäftigen sich mit dem politischen Reizthema – nicht immer mit der nötigen Distanz und Differenzierung. Viele Texte wären besser ungeschrieben geblieben. Dies gilt leider auch für die hier anzuzeigende Sammlung, die unter der Leitung des in Duisburg lehrenden Germanisten Siegfried Jäger entstanden ist. Sie hebt sich nur in wenigen Punkten positiv vom Gros politisch-polemischer Pamphletschriften ab.[1]

Schon der Titel ist in hohem Maße irreführend: Unter „Neue Rechte" wird in der seriösen Literatur eine Strömung des Gegenwartsrechtsextremismus verstanden, die – anknüpfend insbesondere an die „konservative Revolution" der Weimarer Zeit – auf eine geistige Revitalisierung und Aktualisierung des überkommenen Ideenvorrats zielt. Bei der Auswahl ihrer Untersuchungsgegenstände halten sich Jäger und seine Koautoren jedoch nicht an diese Kriterien, sondern präsentieren eine bunte Mischung rechter und rechtsextremer Periodika. Weder die Zeitschrift „Mut", die in den letzten Jahren renommierte Autoren auch des liberal-konservativen Spektrums gewinnen konnte, ohne daß sich die Redaktion von der ehemals deutlich rechtsextremen Tendenz distanziert hätte, noch die Parteizeitung der „Republikaner" können sinnvollerweise zur „Neuen Rechten" gezählt werden. Die in Bielefeld gegründete „Nationalistische Front" mit ihrem für jugendliches Publikum bestimmten Organ „Klartext" gehört wohl eher der militanten rechtsextremen „Szene" an, mag sie programmatisch auch von neu-rechten Vordenkern profitieren. Und die in Coburg erscheinende Monatszeitschrift „Nation Europa" ver-

[1] Wer sich über die „Neue Rechte" informieren möchte, greife lieber auf folgende Werke zurück: Günter Bartsch, Revolution von rechts? Ideologie und Organisationen der Neuen Rechten, Freiburg 1975; Peter Dudek/Hans-Gerd Jaschke, Revolte von rechts. Anatomie einer neuen Jugendpresse, Frankfurt a. M. 1981; Patrick Moreau, Die neue Religion der Rasse. Der Biologismus und die kollektive Ethik der Neuen Rechten in Frankreich und Deutschland, in: Iring Fetscher (Hrsg.), Neokonservative und „Neue Rechte". Der Angriff gegen Sozialstaat und liberale Demokratie in den Vereinigten Staaten, Westeuropa und der Bundesrepublik, München 1983, S. 117-162.

steht sich als ein Forum für verschiedene Strömungen und Gruppierungen der (extremen) Rechten, wenngleich neu-rechte Autoren zugegebenermaßen in ihr bereits Ende der sechziger Jahre programmatische Artikel veröffentlichten.

Als Zeitschriften der „Neuen Rechten" können im engeren Sinne daher nur gelten: „Elemente", das publizistische Produkt des in Kassel ansässigen „Thule-Seminars" und bundesdeutsches Pendant des Pariser Nouvelle Droite-Organs „Éléments" sowie die in Westberlin erscheinende, „nationalrevolutionär" ausgerichtete „Neue Zeit". Bei den Einzelanalysen zeigt sich die Stärke der germanistisch gebildeten Autoren vor allem in der direkten Textanalyse: Rhetorische Figuren, assoziationsreiche Metaphern und ihre Bedeutung werden mit sicherem Blick entschlüsselt. Dagegen offenbaren sich überall dort, wo politische Aussagen einzuordnen und (demokratietheoretisch) zu bewerten sind, mehr oder weniger gravierende Schwächen. So wird – um nur ein Beispiel zu nennen – dem „sozialistischen" Anspruch der „Nationalrevolutionäre" mit einiger Hilflosigkeit entgegengehalten, deren Konzeption liefe aber letztlich doch auf eine „Verteidigung kapitalistischer Gesellschaftsordnung" hinaus, wobei die Autoren (in diesem Falle Birgit Rother und Helmut Kellershohn) gar nicht bemerken, wie subjektiv ihr Urteil ausfällt, da sie sich weder um eine möglichst authentische Rekonstruktion des Selbstverständnisses der betreffenden Gruppierung noch um eine Klarlegung der eigenen Wertmaßstäbe bemühen.

Das Buch wird vollends zum Ärgernis, wo Pauschalurteile und eigene politische Auffassungen als wissenschaftliche „Erkenntnisse" verkauft werden. Es geht den Autoren wohl auch gar nicht so sehr um differenzierte Feststellungen, als vielmehr darum, den „Faschismus", wie sie ihn verstehen, aufzuspüren und zu bekämpfen. Mit inquisitorischem Eifer durchkämmen sie die hintersten Winkel der politischen Szenerie und zerren jeden ans Tageslicht, der sich in irgendeiner Form „verdächtig" macht. Und „verdächtig" scheint den Autoren all das zu sein, was nicht in das eigene Weltbild paßt, jedenfalls machen sie bei ihren Bemühungen wenig Federlesens und packen die ungeliebten Unionsparteien immer wieder zusammen mit Rechtsextremisten in einen Sack, um anschließend kräftig draufzuhauen. Da firmiert die Union als Sammelbecken alter Nazis, hält es Siegfried Jäger für geboten, einen (inhaltlich keineswegs anstößigen) Brief Bundeskanzler Helmut Kohls an den „Mut"-Autor Gerd-Klaus Kaltenbrunner in herabsetzender Weise zu kommentieren, wird der

„halbherzige Rassismus der Union" (gemeint ist deren Ausländerpolitik) an den Pranger gestellt. Was dies alles noch mit wissenschaftlicher Analyse zu tun hat, mag der Leser entscheiden.

Kommunismus in Westeuropa – mehr Beschreibung als Analyse

Von Adolf Kimmel

Klaus Kellmann, Die kommunistischen Parteien in Westeuropa. Entwicklung zur Sozialdemokratie oder Sekte? Stuttgart 1988 (*Verlag Klett-Cotta*), 284 S.

In der zweiten Hälfte der siebziger Jahre war der „Eurokommunismus" in aller Munde. Der Begriff gehörte zum festen Repertoire der Journalisten, und er zierte auch nahezu alle Titel der zahlreichen Bücher, die damals zu diesem neuartigen Phänomen erschienen.[1] Zehn Jahre später ist der Begriff aus der öffentlichen wie wissenschaftlichen Diskussion ebenso schnell wieder verschwunden, wie er plötzlich aufgetaucht war und eine rasche Karriere gemacht hatte. Zwei Gründe dürften für dieses diskrete Verschwinden verantwortlich sein: Einmal hat sich gezeigt, daß es *den* Eurokommunismus gar nicht gibt, daß die unter diesem Begriff zusammengefaßten kommunistischen Parteien in Westeuropa mehr Unterschiede als Gemeinsamkeiten aufweisen. Zum anderen haben diese Parteien in den letzten Jahren so stark an Bedeutung verloren, daß sie viel weniger Aufmerksamkeit finden. Schienen einige von ihnen vor zehn oder zwölf Jahren „vor den Toren der Macht" zu stehen, so hat zur Zeit keine KP in Westeuropa noch einen nennenswerten Einfluß auf die Politik „ihres" Staates; viele sind sogar auf eine nur noch marginale Rolle reduziert.

Auch die neueste deutschsprachige Veröffentlichung zum Thema, das hier anzuzeigende Buch von Klaus Kellmann, vermeidet im Titel das nicht mehr zeitgemäße Wort und spricht stattdessen neutral-zurückhaltend einfach von den kommunistischen Parteien in Westeuropa. Der Autor ist durch seine 1984 erschienene Dissertation bereits als ein Kenner der Materie hervorgetreten.[2] Sein neues Werk ver-

[1] Vgl. beispielsweise Manfred Steinkühler, Eurokommunismus im Widerspruch, Köln 1977; Helmut Richter/Günter Trautmann (Hrsg.), Eurokommunismus. Ein dritter Weg für Europa?, Hamburg 1977; Wolfgang Leonhard, Eurokommunismus: Herausforderung für Ost und West, München 1978.

[2] Vgl. Klaus Kellmann, Pluralistischer Kommunismus? Wandlungstendenzen eurokommunistischer Parteien in Westeuropa und ihre Reaktion auf die Erneuerung in Polen, Stuttgart 1984.

steht er als „Fortsetzung, Aktualisierung und thematische Verbreiterung" (S. 13). Tatsächlich handelt es sich keineswegs um eine einfache Fortschreibung, sondern um ein ganz neues Buch. Untersuchte Kellmann in seiner Dissertation im Detail, wenn auch in weitgehender, problematischer Beschränkung auf den ideologischen Aspekt, nur drei Parteien – KPI, KPS und KPF –, so gibt er nun einen Überblick über die KPen aller 20 Staaten des nichtkommunistischen Europa (nur die Kleinstaaten bleiben unberücksichtigt).

Kellmann nimmt dabei eine Dreiteilung vor, der geographische wie inhaltliche Kriterien zugrundeliegen. Die Parteien der nordeuropäischen Staaten einschließlich Großbritanniens und Irlands sind „fast durchweg zweigeteilt [. . .], wobei die eurokommunistische Partei die orthodoxe grundsätzlich majorisiert" (S. 235). Hinsichtlich ihrer Bedeutung befinden sie sich „zwischen Machtfaktor und Sekte". „Die kommunistischen Parteien in der kontinentalen Mitte, dem höchstindustrialisierten Teil Europas [. . .] sind [. . .] sektenhaft, ideologisch starr und unbedeutend". Im südeuropäischen Raum stellen die KPen einen Machtfaktor dar, doch kann von „einem homogenen und in sich abgeschlossenen mediterranen oder lateineuropäischen Kommunismus [. . .] nicht die Rede sein" (S. 236), denn zu verschieden voneinander sind z. B. die italienische und die portugiesische Partei. Diese Dreiteilung ist gewiß etwas schematisch und die Zuordnung mancher Partei mag problematisch erscheinen, aber heuristisch hilfreich ist diese Klassifikation durchaus. Im Rahmen einer Besprechung läßt sich natürlich nicht auf diese 20 Parteiporträts im einzelnen eingehen. Es sollen lediglich einige allgemeine Gesichtspunkte und Thesen knapp diskutiert werden. Außerdem bedarf es des Hinweises auf einige Mängel und Lücken.

Kellmanns sehr nützlicher Versuch ist grundsätzlich zu begrüßen, denn einen vergleichbaren Überblick zu dieser wichtigen Problematik gab es bislang in deutscher Sprache nicht. Eine rasche Basisinformation über jede westeuropäische KP ist nun bequem möglich. Freilich muß hier auch schon die Kritik ansetzen, denn die zusammengetragenen Informationen sind recht lückenhaft – sie beruhen oft auf einer schmalen Literaturbasis – und sie werden nicht in systematisch vergleichbarer Form präsentiert. Für ein Buch, das auch als Nachschlagewerk verwendet werden soll, hätte sich eine übersichtliche Zusammenstellung der wichtigsten Daten in einem Anhang empfohlen. Bei Kellmann finden sich lediglich die Namen der Parteivorsitzenden und die Mitgliederzahlen (von wann?, welche Zahlen sind Parteiangaben, welche beruhen auf Berechnungen/Schätzungen von – welchen? – Wissenschaftlern?). Man vermißt Wahlergebnisse, Regierungsbeteiligungen, Gewerkschaftsorganisationen, eine vergleichende Chronologie etc.

Die einzelnen Beiträge sind in ihrer Ausführlichkeit, aber auch in ihrer Qualität recht unterschiedlich. Für die sieben südeuropäisch-romanischen Parteien steht mehr Platz zur Verfügung als für die 13 anderen Parteien. Erscheint diese Proportion durchaus vertretbar, so fragt man sich doch, ob für die DKP und die K-Gruppen 21 Seiten nötig waren, wobei lediglich allgemein Bekanntes referiert wird, während die Parteien der Schweiz und der Beneluxstaaten zusammen auf nur gut sieben Seiten abgehandelt werden! Eine selbst kleine Partei auf ein bis zwei Seiten auch nur in den Grundlinien zu skizzieren, erscheint sinnlos. Hier hätte sich der Autor entscheiden müssen: Verzicht auf Vollständigkeit oder mehr Umfang!

Wurden in der Phase des Eurokommunismus die Gemeinsamkeiten oft überbetont, so übertreibt Kellmann auf der anderen Seite, wenn er einen Vergleich überhaupt nicht anstrebt. Gewiß sind einerseits die einzelnen KPen in erheblichem Maße durch das jeweilige soziokulturelle und ökonomische Umfeld und die unterschiedlich verlaufenen Nationalgeschichten geprägt, und sie weisen folglich große Unterschiede auf, aber andererseits gibt es auch Ähnlichkeiten und Parallelen, die ermöglicht, ja verlangt hätten, an sie so etwas wie einen – natürlich flexibel zu handhabenden – gemeinsamen Analyseraster anzulegen, um dadurch wenigstens teilweise zu vergleichbaren Ergebnissen zu kommen. So bleibt es bei einer bloßen Aneinanderreihung von Klein-Monographien.

Die Parteiporträts sind, wie der Autor selbst einräumt, weitgehend narrativ-deskriptiv gehalten; hinsichtlich der systematisch vertiefenden Analyse bleiben viele Wünsche offen. Selbst wenn oft (noch) keine befriedigenden oder gar definitiven Antworten möglich erscheinen, so könnten doch wenigstens die weiterführenden Fragen gestellt und die Fakten interpretierenden Arbeitshypothesen entwikkelt und – teilweise – getestet werden. Kellmanns Darlegungen verbleiben jedoch allzusehr im Vordergründig-Oberflächlichen.

So geht er kaum der doch entscheidenden Frage nach, worin die – gemeinsamen oder/und spezifischen – Ursachen nicht nur für die unterschiedliche Ausprägung und den unterschiedlichen Erfolg des Kommunismus in den drei geographischen Regionen Europas zu suchen sind, sondern eben auch für gewisse Ähnlichkeiten innerhalb dieser Zonen. Hier hätte der Verfasser in einem der drei Teile jeweils voranzustellenden Übersichtskapitel die von ihm nahezu völlig vernachlässigten historischen, ökonomischen, soziokulturellen, konfessionellen Faktoren in die Analyse in einem unverzichtbaren Mindestmaß einbeziehen müssen.

Die Geschichte der kommunistischen Parteien in Westeuropa während der 80er Jahre ist durch Krisen und Verfall gekennzeichnet. Die unübersehbaren Indizien dieser krisenhaften Entwicklung, von der die Parteien alle, wenn auch in sehr unterschiedlichem Ausmaß erfaßt werden, kommen zwar bei Kellmann zur Sprache, aber er unterschätzt offenbar diese Krise. Man hat sogar den Eindruck, er weigere sich mitunter, sie zur Kenntnis zu nehmen (z. B. bei der KPI). Jedenfalls geht er ihren Ursachen nicht intensiv nach, und so kann er auch nicht zur kritischen Frage vorstoßen, ob in einer demokratisch verfaßten, hochentwickelten Gesellschaft überhaupt noch Platz ist für eine Kommunistische Partei.

Kellmann ist sich freilich bewußt, daß die Zukunft für die westeuropäischen KPen wenig hoffnungsvoll aussieht. Der Untertitel seines Buches bringt zum Ausdruck, daß er ihnen als kommunistische Parteien leninistisch-bolschewistischen Typs keine Chance mehr gibt. Wollen sie ein politischer Faktor von einigem Gewicht bleiben bzw. wieder werden, so müssen sie sich zur Sozialdemokratie „mausern". Der „Eurokommunismus", dessen Merkmale einleitend etwas pauschal umrissen werden, ist keine eigenständige politische Position, sondern nur ein Zwischenstadium. Diese – nicht neue – These ist durchaus plausibel, doch sollten die Probleme einer Sozialdemokratisierung der KPen schärfer herausgestellt werden, Probleme, die die KPen zögern lassen, diesen Kurs einzuschlagen. Geben sie nicht, wenn sie sich auf diesen Weg machen – Kellmann sieht die KPI, die dänische SF und die interne griechische KP bereits im Vorhof der Sozialdemokratie –, ihre in einer jahrzehntelangen Geschichte erworbene Identität und Legitimität auf? Wie können sie eine solche Zerreißprobe bestehen? Ist diese Strategie sinnvoll, wenn die sozialdemokratische Position im Parteienspektrum schon fest besetzt ist, wie es in den allermeisten Demokratien der Fall ist? (Selbst die Ausnahme Italien beginnt sich – zum Leidwesen der KPI – zu „normalisieren", wiewohl Kellmann Craxis Politik ziemlich voreilig als gescheitert betrachtet). Schließlich ist es nicht ausgemacht, daß orthodoxe Parteien unvermeidlich zur „Sekte" verkümmern müssen. In einem Vielparteiensystem hat eine KP auch mit zehn bis zwölf

Prozent der Wählerstimmen und einer Verankerung in der Gewerkschaftsbewegung noch keineswegs eine zu vernachlässigende Bedeutung. Die kommunistische Form des politischen Extremismus dürfte dem Jahrbuch noch einige Zeit als Gegenstand erhalten bleiben.

Antisemitismus in der Bundesrepublik?

Von Eckhard Jesse

Renate Köcher, Ausmaß und Formen des heutigen Antisemitismus in der Bundesrepublik Deutschland, Allensbach, o. J. (1988) (*Institut für Demoskopie Allensbach*), 69 S. + Anhangtabellen.

Renate Köcher beschäftigt sich mit einem Thema, das aus verständlichen Gründen in der Bundesrepublik einen beträchtlichen Grad an Aufmerksamkeit findet. (Tatsächlicher oder vermeintlicher) Antisemitismus schlägt hohe Wellen, wie es nicht nur die in mancher Hinsicht verquere Diskussion um Fassbinders Theaterstück gezeigt hat.[1] Die Autorin knüpft in ihrer in Zusammenarbeit mit dem Zentrum für Antisemitismusforschung der Technischen Universität Berlin durchgeführten empirischen Studie – die über 2. 000 Interviews fanden im September und Oktober 1987 statt – an eine Repräsentativbefragung zwei Jahre zuvor an.[2] Die im Auftrag der New Yorker „Anti Defamation League" erstellte Untersuchung analysiert das Ausmaß und die Formen heutigen Antisemitismus, die emotionale Ablehnung und Ausgrenzung von Juden, die Verbreitung negativer jüdischer Stereotype, die Übertragung dieser Stereotype auf die Haltung zu Israel, die Unterstützungs- und Diskriminierungsbereitschaft sowie die Verbreitung und Struktur antisemitischer Einstellungen. Richtig ist die Annahme, daß es zur Erfassung antisemitischer Ressentiments nicht ausreicht, ausschließlich auf antijüdische Stereotype abzustellen.[3] „Eine Messung ihrer Verbreitung allein trägt jedoch nicht der Tatsache Rechnung, daß Antisemitismus nach 1945 nicht eine bloße Fortsetzung früherer antisemitischer Tendenzen ist" (S. 3). Das Argument, Juden wollten am Holocaust verdienen, konnte vor dem Zweiten Weltkrieg keine Rolle spielen.

[1] Vgl. beispielsweise: Heiner Lichtenstein (Hrsg.), Die Fassbinder-Kontroverse oder Das Ende der Schonzeit, Königstein/Ts. 1986.

[2] Vgl. Renate Köcher, Deutsche und Juden vier Jahrzehnte danach. Eine Repräsentativbefragung im Auftrag des Stern, Allensbach 1986.

[3] Vgl. zum „traditionellen" Antisemitismus im Kaiserreich und zum rassistischen Antisemitismus des Nationalsozialismus: Helmut Berding, Moderner Antisemitismus in Deutschland, Frankfurt a. M. 1988.

Angesichts der öffentlichen „Tabuisierung des Antisemitismus" (S. 6) wird es der Meinungsforschung erschwert, dem Phänomen auf die Schliche zu kommen. Immerhin geben sechs Prozent der Bundebürger zu erkennen, daß sie „keine Juden mögen" (S. 6), während die Zahl derer, die als antisemitisch gesinnt gelten, mehr als doppelt so groß ist. Auf die Frage, mit wem man nicht so gerne zu tun haben wolle, nannten aufgrund einer Liste 13 Prozent Juden (und „nur" acht Prozent „deutsche Juden"). Immerhin lag die Quote bei Arabern (30 Prozent), Negern (21 Prozent) und Kindern von Verbrechern (15 Prozent) weit höher (vgl. S. 12).

Köcher stellt fest, durch die soziale Ächtung des Antisemitismus seien antijüdische Ressentiments nicht verschwunden, im Vergleich zu früher jedoch keineswegs gestiegen. Man sollte auch daran erinnern, daß nach der Nachmann-Affäre in der Öffentlichkeit keine antisemitischen Ressentiments ruchbar geworden sind. Insofern könnte man insgesamt zu einem eher optimistischen Fazit kommen. Nicht alle Fragen zeichnen sich durch Trennschärfe aus. Wer etwa (wie 24 Prozent) die Frage danach bejaht, ob sich der jüdische Weltkongreß in die Auseinandersetzung um Waldheim zuviel eingemischt habe, muß noch keine „Ressentiments gegen jüdische Einflußnahme" (S. 24) an den Tag legen.

Nach Köcher sind die religiösen Ressentiments gegenüber den Juden als Mörder von Christus schwächer geworden, was nicht zuletzt mit der gestiegenen Säkularisierung zusammenhängen dürfte.[4] Aus den Einzelbefunden ermittelt die Autorin sieben Dimensionen des antisemitischen Ressentiments – die emotionale Ablehnung und Ausgrenzung (z. B. die Tendenz, Juden von hohen Staatsämtern auszuschließen), die aggressive Ablehnung (z. B. ein Einwanderungsverbot für Juden), antiisraelische Stereotype (z. B. die Auffassung von Israel als einem auf Krieg erpichten Land), das antijüdische Stereotyp vom machthungrigen Juden, religiöse Ressentiments (z. B. die These, auf dem israelischen Volk laste ein Fluch), das antijüdische Stereotyp vom geldgierigen Juden sowie Ressentiments gegen jüdischen Einfluß (z. B. die Behauptung, Israel hätte zu viel Einfluß auf der Welt). Für alle Dimensionen wurde eine Gesamtskala von null bis vierzehn Bedingungen erstellt. Zehn und mehr Bedingungen er-

[4] Vgl. Renate Köcher, Religiös in einer säkularisierten Welt, in: Elisabeth Noelle-Neumann/Renate Köcher, Die verletzte Nation. Über den Versuch der Deutschen, ihren Charakter zu ändern, Stuttgart 1987, S. 164-281.

füllten insgesamt acht Prozent der Bevölkerung. Sie gelten als „vehement antijüdisch eingestellt", weiter sieben Prozent erfüllten acht und neun Bedingungen der Antisemitismus-Skala. Dieser Personenkreis firmiert als „klar antijüdisch eingestellt" (S. 51). Man könne „den Personenkreis mit ausgeprägt jüdischem Vorurteil insgesamt auf 15 Prozent der Bevölkerung veranschlagen" (S. 51). Nun läßt sich natürlich fragen, wieso man für die Einstufung gerade acht Bedingungen zugrundelegt. Eine Begründung fehlt. Bei neun Bedingungen reduzierte sich das Potential auf zwölf Prozent, bei sieben Bedingungen erhöhte es sich auf zwanzig Prozent. Hier haftet der Studie eine gewisse Beliebigkeit oder Willkür an.

Männer, ältere Menschen sowie auf dem Land Lebende sind bei dem antisemitisch gesinnten Personenkreis deutlich überrepräsentiert, ebenso auch Volksschüler, wobei sie im Gegensatz zu Abiturienten freilich zumeist nicht wissen, welche Antwort als antisemitisch ausgelegt werden könnte. Antisemitisch Gesinnte zeichnen sich gemäß Selbsteinstufung im Vergleich zur Bevölkerung durch eine geringeres Maß an Toleranz aus, durch mindere Liberalität, empfinden sich stärker als Benachteiligte und sehen sich mit einem höheren Sinn für Gerechtigkeit ausgestattet (vgl. Tabelle 19, S. 56). Interessant ist der Hinweis, daß dieser Personenkreis über weniger persönliche Erfahrungen mit Juden verfügt als die übrige Bevölkerung. Schade, daß keine parteipolitische Zuordnung der antijüdisch Gesinnten vorgenommen wird. Es heißt nur, sie rekrutierten sich insbesondere „aus dem rechten Flügel des politischen Spektrums, teilweise durch die Altersstruktur bedingt" (S. 55).

Aufschlußreich dürfte sein, daß zwanzig Prozent der Bundesbürger bei Gesprächen über Juden Vorsicht walten lassen, aus Angst, man könne sich die Finger verbrennen; und gar vierzig Prozent der Bevölkerung meinen, daß viele sich nicht trauen, ihre wirkliche Meinung über Juden zu sagen. Offenbar ist nicht nur der Antisemitismus ein Tabu, sondern auch die Angst übermächtig, man könne als antisemitisch eingestuft und damit sozial geächtet werden. Dieses Thema der „Kommunikationslatenz" wäre ausführlicher Erörterung wert gewesen.[5] Die Studie enthält eine Fülle von interessanten und interpretationsbedürftigen Daten. Im Vergleich zu der Arbeit von Al-

[5] Vgl. dazu Werner Bergmann/Rainer Erb, Kommunikationslatenz, Moral und öffentliche Meinung. Theoretische Überlegungen zum Antisemitismus in der Bundesrepublik Deutschland, in: Kölner Zeitschrift für Soziologie und Sozialpsychologie 38 (1986), S. 223-246.

phons Silbermann ist diese empirisch solider abgesichert und in der Interpretation weitaus behutsamer.[6] Man hätte sich vielleicht sogar eine umfassendere Deutung dieser oder jener Tabelle gewünscht.

Die in den Medien verstärkt thematisierte „Vergangenheitsbewältigung" sei mehrheitlich nicht durch die Bevölkerung inspiriert. Auf die Frage, ob man der Ansicht zustimmen sollte: „Heute, 40 Jahre nach Kriegsende, sollten wir nicht mehr so viel über die Judenverfolgung reden, sondern einen Schlußstrich ziehen" (Tabelle A 1 im Anhang), äußerten 67 Prozent ihre Zustimmung und nur 21 Prozent widersprachen ihr (bei einer Enthaltungsquote von 12 Prozent). Das ist ein Beispiel für die enorme Kluft von öffentlicher und veröffentlicher Meinung, wie sie sich auch bei anderen Bereichen zum Thema Antisemitismus zeigt.

[6] Vgl. Alphons Silbermann, Sind wir Antisemiten? Ausmaß und Wirkung eines sozialen Vorurteils in der Bundesrepublik Deutschland, Köln 1982.

Im Osten nichts Neues

Von Siegfried Jenkner

Konrad Löw (Hrsg.), Totalitarismus, Berlin 1988 (*Verlag Dunker & Humblot*), 239 S.

Die Fachgruppe Politikwissenschaft der Gesellschaft für Deutschlandforschung hatte 1985 und 1987 zu Tagungen über das Thema „Totalitarismus" in die Universität Bayreuth geladen; die überarbeiteten Fassungen der Referate liegen nun in diesem Sammelband vor.

Nach den großen internationalen Totalitarismustagungen in der ersten Hälfte der achtziger Jahre[1] boten die beiden Veranstaltungen für diesen umstrittenen Forschungsbereich die große Chance zur zusammenfassenden Präsentation neuerer Entwicklungen und Ergebnisse, zur Behandlung aktueller Probleme und zur Formulierung künftiger Aufgaben. An spannenden Themen mangelt es ja nicht: Die Überprüfung und Präzisierung der These von einer „Renaissance" der Totalitarismuskonzeption, insbesondere die Darstellung der in der Bundesrepublik wenig rezipierten Entwicklung in Frankreich; die Anwendung des Totalitarismusbegriffs bei der neueren Kritik der stalinistischen Vergangenheit in den Ländern des real-existierenden Sozialismus selbst; die wichtige Frage der weiteren Verwendbarkeit der Konzeption angesichts der gesellschaftlichen und politischen Wandlungen im Ostblock und schließlich die vielfach beschworenen totalitären Versuchungen und Gefährdungen durch die technisch-ökonomische und politische Entwicklung auch in liberal-demokratischen Systemen.

Wer jedoch den Band ergreift in der Hoffnung, zu diesen Themen neue Informationen und Anregungen zu erhalten, wird enttäuscht. Die Beiträge beschränken sich – von wenigen Ausnahmen abgesehen – im wesentlichen auf die Wiederholung alter Sachverhalte und bekannter Positionen. Der Verzicht auf die detailliertere Behandlung der neueren Entwicklungen ist umso weniger verständlich, als es die erklärte Absicht der Veranstalter war, die fortdauernde Nützlichkeit der Totalitarismuskonzeption zu dokumentieren.

In seinem Vorwort hält es der Direktor der Bayerischen Landes-

[1] Vgl. Ernest A. Menze (Hrsg.), Totalitarianism Reconsidered, Port Washington/London 1981; Totalitarian Democracy and After, Jerusalem 1984.

zentrale für politische Bildungsarbeit für sinnvoll, „auch innerhalb der freiheitlichen und der kommunistischen Welt Abstufungen und Wandlungsprozesse zu registrieren" (S. 7); der Herausgeber fragt im Geleitwort nach einem den neuesten Erkenntnissen angemessenen Untersuchungsraster für Spezialstudien (S. 11). In den Referaten der Tagung finden diese Wünsche aber keinen Widerhall; auch das von Löw erwähnte analytische Instrumentarium, das Juan J. Linz bereits Mitte der siebziger Jahre entwickelt hat, wurde nicht für neue Analysen verwendet. In seinem zusätzlich in den Band aufgenommen Beitrag „Die Aktualität des Totalitarismusbegriffs" weist Karl Dietrich Bracher darauf hin, daß die weitere Technisierung unseres Lebens auch die Fähigkeit zur Überwachung und Manipulierung perfektioniert und damit eine totalitäre Versuchung darstellt.[2] Auf die besonders im Orwell-Jahr heftig und kontrovers geführte Diskussion über die totalitäre Gefahr und ihre Abwehr in unserer freiheitlichen Ordnung wird aber weder in diesem Beitrag noch in den Referaten der beiden Tagungen näher eingegangen.

Was also bietet der Band seinen Lesern? Die Beiträge sind in drei Gruppen gegliedert. Im ersten Teil „Zum Totalitarismusbegriff" resümiert Manfred Funke „Erfahrung und Aktualität des Totalitarismus" anhand einer Begriffsgenese und der Darstellung der totalitären Qualität des NS-Regimes und des bolschewistischen Herrrschaftsbereichs in vertrauter Weise. Er plädiert für eine weitere „ebenso entschiedene wie behutsame" Anwendung der Totalitarismuskonzeption, weil mit ihrer Aufgabe „auf das entscheidende Instrument zur Kenntlichmachung der Gefährdungen und Selbstgefährdungen unserer Demokratie verzichtet würde" (S. 58 f.). Hans-Helmuth Knütter prüft die Berücksichtigung des „Totalitarismus in der schulischen und außerschulischen politischen Bildung" mit dem Ergebnis, daß sie quantitativ angemessen, aber qualitativ unzureichend ist: Insbesondere kommen „neototalitäre" Gefährdungen des Rechtsstaats durch Irrationalität und Reideologisierung zu kurz. Besonders hervorzuheben ist der Beitrag von Eckhard Jesse: „Die ‚Totalitarismus-Doktrin' aus DDR-Sicht" – die erste Studie, die sich mit der marxistisch-leninistischen Totalitarismuskritik aus westlich-demokratischer Sicht befaßt. Der Autor registriert einen gewissen Wandel von der zunächst undifferenzierten Pauschalverdammung der „antikommunistischen Totalitarismus-Doktrin" zu differenzierter Beurteilung, die sogar einräumt,

[2] Vgl. zuletzt auch: Karl Dietrich Bracher, Die totalitäre Erfahrung, München 1987.

„daß sich nicht alle Anhänger der Totalitarismus-Doktrin gegen die Entspannung richten" (S. 81). Insgesamt ist die Kritik an der Totalitarismus-Doktrin die Raison d'être des real-existierenden Sozialismus; sie dient letztlich „der Diffamierung aller Gegner des Marxismus-Leninismus, wo immer sie stehen mögen" (S. 72).

Der zweite Teil des Bandes ist „Totalitären Systemen" gewidmet, wobei es die Gesellschaft für Deutschlandforschung nahelegt, sich primär mit der DDR zu beschäftigen. Ihr sind die Beiträge von Karl Wilhelm Fricke zum „Einfluß der Staatssicherheit auf die politische Strafjustiz der DDR als Beispiel totalitärer Herrschaftspraxis" und von Bernhard Marquard zur Frage „Die DDR auf dem Weg vom totalitären zum autoritären Staat?" gewidmet. Beide Autoren kommen zu dem Ergebnis, daß die DDR weiterhin dem Typus der totalitären Diktatur zuzurechnen ist. Leider wird die inzwischen vorhandene Spannweite von Herrschaftslegitimation und -praxis im Ostblock nicht durch Beispiele reformsozialistischer Ansätze verdeutlicht; der dritte Beitrag dieses Teils (ein Nachdruck aus einer bereits 1986 erschienenen Publikation von Martin Kriele[3]) ist statt dessen dem „Totalitarismus in Nicaragua" als Verbindung von faschistischen Herrschaftsformen mit sowjetorientierter Ideologie und Politik gewidmet.

Im dritten Teil „Weltanschauungen und Totalitarismus" hebt Alexander Schwan in einem historischen Abriß von Thomas Morus bis Herbert Marcuse den „Totalitären Geist der Utopie" hervor. Anton Rauscher wiederholt in seinem Beitrag „Katholische Kirche und Katholizismus" die Kritik an dem alten Vorwurf der Anfälligkeit der katholischen Kirche für autoritäre und totalitäre Machtstrukturen. Im Parallelartikel „Evangelische Kirche und politischer Totalitarismus" kritisiert Klaus Motschmann insbesondere die von Klaus Barth in der Nachkriegszeit geäußerte Aufgeschlossenheit und Verständniswilligkeit gegenüber dem Kommunismus und ihre Konsequenzen für die Auseinandersetzung mit dem Totalitarismus in der evangelischen Kirche. Gregor M. Manousakis bejaht die Frage: „Der Islam – eine totaliäre Gefahr?", uneingeschränkt.

Der Herausgeber des Bandes ist in diesem Teil mit zwei Beiträgen vertreten. Mit einer umfangreichen Zitatensammlung aus der klassischen marxistischen Literatur und der kritischen Sekundärliteratur

[3] Vgl. Martin Kriele, Nachwort, in: Ders. (Hrsg.), Befreiung und politische Aufklärung. Plädoyer für die Würde des Menschen, 2. Aufl., Freiburg/Brsg. 1986.

weist er auf „Totalitäre Elemente im originären Marxismus" hin und will damit zeigen, „daß der genuine Marx im 19. Jh. theoretisch vorwegnimmt, was in politischen Systemen des 20. Jh. als Totalitarismus im Sinne C. J. Friedrichs Wirklichkeit geworden ist" (S. 181). Die Schlußfolgerung, daß sich damit auch gegenüber reformsozialistischen Versuchen auf marxistischer Basis das Totalitarismus-Verdikt aufrecht erhalten läßt, wird in diesem Beitrag zwar nicht ausgesprochen, aber dem Leser nahegelegt. In seinem zweiten Beitrag („Die ‚Weltanschauung des Grundgesetzes' und der Totalitarismus") wendet sich Löw gegen die herrschende Lehre von der weltanschaulichen Neutralität des Grundgesetzes, indem er auf die aus der Entstehungsgeschichte des Grundgesetzes abgeleitete antitotalitäre Wertbindung der freiheitlichen demokratischen Grundordnung verweist: „Daher erscheint es nicht abwegig, von einer ‚Weltanschauung des Grundgesetzes' als Inbegriff der ausformulierten Annahmen, Werte und Ziele zu sprechen" (S. 195). Doch ist diese Ausweitung des Weltanschauungsbegriffs problematisch und findet im übrigen auch keine Stütze im Grundgesetz selbst, das an zwei Stellen von Weltanschauung spricht (bei den Genehmigungsbedingungen für private Weltanschauungsschulen im Art. 7 Abs. 5 und bei der in Art. 140 geregelten Fortgeltung des Art. 137 der Weimarer Reichsverfassung zur Stellung von Weltanschauungsgemeinschaften) – in beiden Fällen im üblichen, sehr viel engeren Sinne. Die Stilisierung der grundgesetzlichen Wertordnung zur „Weltanschauung" wäre zudem kontraproduktiv: Sie ist kein geeigneter Weg zur Verteidigung der liberalen Demokratie gegen autoritäre und totalitäre Gefährdungen.

Neofaschismus als Funktion (und Fiktion)

Von Eike Hennig

Reinhard Opitz, Faschismus und Neofaschismus, Bd. 1: Der deutsche Faschismus bis 1945, Bd. 2: Neofaschismus in der Bundesrepublik, Köln 1988 (*Pahl-Rugenstein Verlag*), 362 + 212 S.

1966 wird Reinhard Opitz (1934-1986) mit seinen „Elf Feststellungen zur Formierten Gesellschaft" allgemeiner bekannt, nachdem er als Redakteur von „Konkret", Autor der „Blätter für deutsche und internationale Politik" und SDS-Mitglied in Berlin schon eine lokale Größe ist. Später als Mitglied der DFU und des Bundes demokratischer Wissenschaft erscheint Opitz wie die „Konkret"-Gruppe aus Sicht einer autonomen Linken als „Vorhut der SED"[1], denn die politische Kritik beschränkt sich weitgehend auf den Westen. Erst 1974, im Rahmen einer DKP-nahen Phase, wird Opitz ständiger Mitarbeiter der Zeitschrift „Das Argument". Aus Anlaß des Todes von Opitz stellt Frigga Haug fest[2], Opitz habe sich vom „Argument" wieder entfernt, als man stärker über eine Autonomie des Politischen und rechten Populismus nachdachte: „Er hatte so lange über die Schuldigen geforscht", so Haug, „daß ihm unsere Fragestellungen nach der Reproduktion von Herrschaft auch über die Beherrschten wie eine Art Freispruch gegen jene und eine Ausweichung erschien, die zu bekämpfen sind."

Opitz war zuletzt ein Fossil, der gegen jeden Subkultur-, Entfremdungs-, Deprivations- und Politikformen-Ansatz auf die funktionalistisch zu interpretierende „Umlenkung der Hoffnung der Krisengeschädigten" verweist. Alle Strömungen einer an Subjekten, Formen und Deutungsmustern orientierten empirisch-sozialwissenschaftlichen Rechtsextremismusforschung werden negiert. Für eine „Genetische Faschismus-Theorie" sind dies alles nur insofern Themen, wie sie zur Erhellung der „bündnisstrategischen Konsequenz" des Faschismus als „monopolkapitalistische Herrschaftsform" beitragen.

Der Verlag stilisiert Opitz zu einem „der profiliertesten marxistischen Faschismusforscher in der Bundesrepublik" und stellt die zwei Bände von „Faschismus und Neofaschismus" als „eine Summe sei-

[1] Das Argument, 9/1959, S. 4.
[2] Das Argument, 157/1986, S. 323.

nes Lebenswerkes" vor. Dies dürfte ein zutreffendes Urteil sein, denn die Bände dokumentieren tatsächlich den für den bundesrepublikanischen Sowjetmarxismus typischen funktionalistisch-rigiden Ansatz und dessen zwanghafte Suche nach empirischen Details für die Thesen des faschistischen Netzwerks und der kapitalistischen Interessenlenkung. Gegen jede Autonomiethese insistiert Opitz auf dem Begriff der „Funktion" von Faschismus und Neofaschismus. Lenker ist das „Großkapitel", auch wenn dieses durch „Interessengegensätze" zerstritten sein kann. Faschismus ist Produkt eines kapitalistischen „Ideologiebedarfs" und entsprechender Integrationsdefizite. Diesen Bezug zu „Kapitalinteressen" gibt Opitz nie auf, wenngleich sich besonders der breite Anmerkungsapparat oft in personalisierenden Exkursen zu verlieren droht. Selbst den faschistischen Antisemitismus reduziert er vollständig auf diese „Funktion" und nimmt ihn nur wahr als „mobilisierungsbedingte(n) Zwang zu demonstrativen Aktionen" (Bd. 1, S. 185).[3]

Besonders die Ausführungen zum Neofaschismus (im 2. Band) zeigen, wie dominant diese Sichtweise ist und selbst die materialistischen Fragen nach praktischen Möglichkeiten, Usprüngen und situativen Kontexten dieser politischen Option verdrängt. Opitz fragt nie danach, wie und warum Einzelne und Gruppen (neo)faschistische Orientierungen vortragen; empirische Elitestudien und Meinungsforschungen werden souverän negiert. Mechanisch wird eine faschistische Möglichkeit in „allen parlamentarisch regierten monopolkapitalistischen Demokratien" (Bd. 2, S. 15) als Eventualität für eine gestörte „Volksintegration" unterstellt. Neofaschismus wird in dieser „Theorie des Neofaschismus" (Bd. 2, S. 12) zum Beispiel als „Auffangfunktion", „Barometerfunktion", „Antreiberfunktion", „Umorientierungsfunktion" bezeichnet (Bd. 2, S. 14 ff.).

So wie es die Interessenkonflikte des Kapitals gibt, so gibt es „ein objektives Zieladressatendilemma für den BRD-Faschismus" (Bd. 2, S. 69). Dem entspricht die Differenzierung von NPD, „Nationalrevolutionären" und „Neuen Rechten", die sich für Opitz alle in der „nationalen Welle" treffen. Die „Palette" von Kräften innerhalb des Neofaschismus-Spektrums (Bd. 2, S. 67) ist notwendig, um arbeitsteilig alle oppositionellen Tendenzen in entsprechende faschistische „Hauptlager" zu (Bd. 2, S. 68) überführen.

Alle Katzen werden grau, und eine fixe Idee – garniert mit 1.305

[3] Vgl. besonders auch S. 202 f. über die „Synagogenbrandtage" von 1938.

Anmerkungen – setzt sich rigoros durch. Die erste Auflage der beiden Bände ist 1984 im Frankfurter Verlag Marxistische Blätter erschienen. Dies vermerkt die Neuauflage. Sie verschweigt aber die Herkunft der Bände aus der bundesrepublikanischen sowjetmarxistischen Selbstintegration. 1984 folgte nämlich der Kurztitelaufnahme der Hinweis: „Diesem Buch liegt eine Vortragreihe zugrunde, die der Verfasser 1982 bei der Marx-Engels-Stiftung e. V. (Wuppertal) gehalten hat."

Zwischen Selbstbespiegelung und Traumtänzerei

Von Wilfried von Bredow

Wolf Schenke, Siegerwille und Unterwerfung. Auf dem Irrweg zur Teilung – Erinnerungen 1945-1955, München 1988 (*Herbig Verlag*), 432 S.

Die Schwierigkeit mit den neuerdings so genannten Zeitzeugen besteht hauptsächlich darin, daß sie immer in eigener Sache aussagen. Im Panorama subjektiver Geschichte sind es immer nur die anderen, die dumm oder böse sind. Wenn alle Menschen, einschließlich der dummen und bösen, ihre Zeitzeugenschaft zu Papier brächten, erschienen Politik und Geschichte als Paradies, in dem rätselhafterweise alles schief geht. Melancholische Überlegungen dieser Art provozieren die Erinnerungen von Wolf Schenke, über 400 Seiten für ein Jahrzehnt (allerdings durch ein paar unsystematische Rückblicke angereichert); der Verlag preist seinen Autor als einen „handelnden Zeitzeugen", der viel Verborgenes aus der Nachkriegsgeschichte enthüllt.

Schenke – geboren 1914, gestorben 1989 – hat in den dreißiger Jahren eine tiefe Sympathie für China entwickelt. Nach einigem Hin und Her, das für den Leser ein wenig undurchsichtig bleibt, wird er 1937 Kriegsberichterstatter für den japanisch-chinesischen Krieg, zugleich auch Spion für das Amt Abwehr des OKW. Bis 1946 bleibt er in China. Im April 1946 werden er und einige andere deutsche Diplomaten sowie offizielle und inoffizielle Repräsentanten Deutschlands von den Amerikanern verhaftet und im Anschluß daran in einem Gerichtsverfahren angeklagt. Einige, darunter Schenke, werden freigesprochen, andere zu längeren Haftstrafen verurteilt. Der „Shanghai-Prozeß" erregt ein wenig Aufsehen.

Von diesem Erlebnis traumatisiert, entwickelt Schenke einen wilden und zu größten Teilen völlig irrationalen Anti-Amerikanismus. Nach Deutschland zurückgebracht (von den Amerikanern), bemüht er sich mit publizistischem Geschick, die echten und die eingebildeten Untaten der Amerikaner anzuprangern. Sein Haß erstreckt sich auch bald auf die deutschen Politiker, die einen Neuaufbau Deutschlands mit den Westmächten anstreben. Zwei Themen sind es, die Schenke fürderhin beschäftigen: der publizistische und politisch-organisatorische Kampf gegen die Westintegration der 1949 gegründeten Bundesrepublik Deutschland und die wohlwollende Beobachtung und Kommentierung der Vorgänge in der ebenfalls 1949 zustande gekommenen Volksrepublik China.

Die „Erinnerungen" Schenkes ergeben ein eigentümliches, subjektiv verzerrtes Bild der deutschen Nachkriegspolitik, und zwar deshalb, weil hier eine politische Marginalposition so dargestellt wird, als hätte sie im Mittelpunkt der Ereignisse gestanden. Das recht burschikose Selbstvertrauen des Autors, eine Mischung aus Pfiffigkeit, Tatendrang und politischer Unbedarftheit (sehr gut erkennbar am freundlich-großohrigen Porträt nach S. 64), suggeriert dem Leser, daß die Gedanken und Veröffentlichungen, die politischen Verbindungen des Autors und seine Versuche, politische Sammlungsbewegungen zu gründen, die große politische Öffentlichkeit oder den kleinen Kreis der politischen Führungsfiguren nachhaltig beschäftigt hätten. Davon kann aber keine Rede sein. Schenke, der sich selbst als einen der „meistgelesenen deutschen Journalisten" um 1950 bezeichnet (S. 258), war mit seinem Pressedienst „Realpolitik" (der adäquate Name wäre sicher „Wunschtraumpolitik" gewesen) und mit seiner Sammlungsbewegung Dritte Front ein politischer Außenseiter.

Welches Programm verfochten Schenke und seine Mitstreiter? Seinen innersten Kern bildete ein unreflektierter Nationalismus, um den sich die Hoffnung rankte, eine Vereinigung Deutschlands als eines neutralen, gegen die Weltmächte USA und UdSSR und ihre aufeinander bezogenen Kriegsstrategien gerichteten Landes herzustellen, das wiederum Kern eines europäischen Bündnisses von neutralen Staaten sein und im übrigen zum natürlichen Verbündeten aller sich aus der Kolonialherrschaft befreienden Völker werden könnte.

Vor dem Hintergrund des Ost-West-Konflikts wirkte ein solches Programm wie Traumtänzerei. Eine marginale Attraktivität konnte es allenfalls in Zusammenhängen wie der Wiederbewaffnung gewinnen, die ja in den frühen fünfziger Jahren wahrlich sehr unbeliebt war. Und natürlich vermochten Schenke und seine politischen Freunde immer darauf hinzuweisen, daß die von Adenauer repräsentierte Politik als Wiedervereinigungspolitik erfolglos bleiben würde. Diese Diagnose stimmte. Die statt der Westintegration vorgeschlagene politische Richtung hingegen erschien den meisten Zeitgenossen als ins Ortlose führend.

Der Zeitpunkt der Veröffentlichung von Schenkes Erinnerungen ist nicht schlecht gewählt, gibt es doch eine kleine Konjunktur dieses ortlosen Nationalismus. Damals wie heute werden die gleichen Argumente ins Feld geführt, um die transatlantischen Verbindungen mit den USA zu diffamieren. Der Anti-Amerikanismus Schenkes wird sicher dem einen oder anderen bei den Republikanern oder den Grün-Alternativen prächtig munden.

Schenke ist ein erfahrener Journalist gewesen. Deshalb hat er auch keine Mühe gehabt, sein Buch so zu schreiben, daß es sich spannend liest. In 22 Kapitel eingeteilt, vermittelt es einen guten Einblick in das leicht hektische Herummachen eines journalistisch handelnden Zeitzeugen am Rande des politischen Spektrums. Zwei Chancen hat der Autor allerdings ausgelassen. Zum einen bleiben die Charakterisierungen von Personen des damaligen Zeitgeschehens (zum Beispiel Robert Kempner) fast ganz konturlos. Und zweitens fehlen im Buch jegliche Ansätze zur vertieften politischen Reflexion. Paradigmatisch kommt das in der Reaktion Schenkes auf die Ergebnisse der Bundestagswahl 1953 zum Ausdruck. Die Wähler, die Adenauer bestätigten, waren eben blöd: „Bauchwähler“. Bücher wie dieses brauchen zur Selbstbestätigung ein ausführliches Personenregister. Das fehlt hier nicht.

Extremismus in Daten und Trends

Von Franz Greß

Verfassungsschutzbericht 1987, hrsg. vom Bundesminister des Innern, Bonn 1988 (*Bezugsadresse: Bundesministerium des Innern, Graurheindorfer Str. 198, 5300 Bonn 1*), 197 S.

Seit nunmehr über 25 Jahren veröffentlicht der Bundesminister des Innern den jährlichen Verfassungsschutzbericht (VSB). Er erschien zunächst als Beilage zur Wochenzeitung „Das Parlament" (1961-1968), ab 1969 als eigenständige Publikation unter wechselnden Titeln („Zum Thema, hier: Verfassungsschutz"; „betrifft: verfassungsschutz"), bis schließlich 1984 für das Berichtsjahr 1983 erstmalig der jetzige Titel gewählt wurde.

Die VSBe des Bundes und der Länder – soweit diese regelmäßig Berichte vorlegen – sind Bestandteil der 1974 von der Konferenz der Innenminister verabschiedeten Konzeption „Verfassungsschutz durch Aufklärung". Durch ihre Informationen sollen die Berichte der „gewollten Einbeziehung des Bürgers in die Auseinandersetzung mit dem politischen Extremismus"[1] die notwendige sachliche Grundlage geben. In einem weiteren Sinne sind VSBe also Teil der permanenten politischen Bildungsarbeit an der idealen Figur des aktiv die Verfassungsordnung bewahrenden und gestaltenden Bürgers. Der „Verfassungspatriotismus" (Dolf Sternberger) ist Angelegenheit aller Bürger und nicht allein ausgewählter staatlicher Organe.

Freilich treffen in diesem Bereich eine Reihe von unaufhebbaren Spannungen des freiheitssichernden Verfassungsstaates zusammen:[2] Angefangen bei dem strukturellen Dilemma, das sich aus der spezifischen Wechselwirkung des institutionalisierten Verfassungsschutzes mit dem Beobachtungsfeld ergibt, weil Arbeitsweise wie Ergebnisse nur begrenzt offengelegt werden können und damit spezifische Probleme der öffentlichen wie parlamentarischen Kontrolle verbunden sind, bis hin zu der Frage nach der Zulässigkeit und den Grenzen der

1 VSB 1987, S. 4 (Vorwort des Bundesministers des Innern).

2 In Anlehnung an: Dolf Sternberger, Verfassungspatriotismus, hrsg. von der Niedersächsischen Landeszentrale für Politische Bildung, Hannover 1982, S. 16: „Das Wesen und Bestreben des Verfassungsstaates ist die Sicherung der Freiheit. Nicht die Freiheit allein, gleichsam die nackte Freiheit macht es aus, sondern die Sicherung der Freiheit, die gesicherte Freiheit, gleichsam die gepanzerte Freiheit."

politischen Würdigung, die immer auch Definitionsmacht enthält, im Rahmen der Öffentlichkeitsarbeit der Regierung in diesem Bereich.

Rechtlich sind wichtige Fragen entschieden. Die Grenzen politischer Würdigung im Rahmen der VSBe wurden vom Bundesverfassungsgericht ebenso bestimmt wie die weiterreichenden Fragen des legitimen Orts staatlicher Öffentlichkeitsarbeit.[3] Doch die politische Entscheidung ist damit nicht getroffen, diese muß jeweils neu verantwortet werden, denn die Arbeit des Verfassungsschutzes stattet diesen „unweigerlich mit einer Definitionsmacht aus, die darin zum Ausdruck kommt, daß Organisationen und Einzelpersonen in administrative Raster eingeordnet werden".[4] Die Spannung zwischen Sicherheit und Freiheit, zwischen Information und Präokkupation ist eine ständige Herausforderung der Funktionsfähigkeit der freiheitlichen Demokratie. Außer der Bundesrepublik Deutschland wagt kein anderer Staat den Balanceakt in dieser Form.[5]

Der VSB 1987, den der damalige Bundesminister des Innern, Dr. Friedrich Zimmermann, im Juni 1988 in einer Druckfassung von knapp 200 Seiten der Öffentlichkeit vorlegte, unterscheidet sich von seinen Vorgängern durch eine neue Form der Datendarbietung. Die tabellarischen Übersichten „über die wichtigsten linksextremistischen und linksextremistisch beeinflußten Organisationen sowie deren we-

[3] BVerfGE 40, 287 ff. und 57, 1 ff., in denen das Bundesverfassungsgericht den staatlichen Organen die verfassungsrechtliche Pflicht zuweist, zum Schutze der freiheitlichen demokratischen Grundordnung Werturteile gegenüber verfassungsfeindlichen Gruppen und Aktivitäten abzugeben, die freilich weder die Qualität administrativen Einschreitens haben, noch mit rechtlichen Auswirkungen verknüpft sind und nicht auf sachfremden Erwägungen beruhen dürfen. Zur Öffentlichkeitsarbeit von Regierung und gesetzgebender Körperschaft im Zusammenhangmit der Bildung und Bewahrung des Grundkonsenses mit der vom Grundgesetz geschaffenen Staatsordnung siehe BVerfGE 44, 125 ff., insbesondere S. 147.

[4] Franz Greß/Hans-Gerd Jaschke, Rechtsextremismus in der Bundesrepublik nach 1960. Dokumentation und Analyse von Verfassungsschutzberichten, = PDI-Sonderheft 18, München 1982, S. 65. Die Diskussion um die Einordnung der „Republikaner" belegt dies erneut. Siehe hierzu die Darlegungen des Staatssekretärs im Bundesministerium des Innern vor dem Innenausschuß des Deutschen Bundestages über die „Prinzipien der Tätigkeit des Verfassungsschutzes gegenüber radikalen Parteien", in: Frankfurter Allgemeine Zeitung vom 10. Juni 1989, S. 4.

[5] Vgl. Gregor Paul Boventer, Grenzen politischer Freiheit im demokratischen Staat. Das Konzept der streitbaren Demokratie in einem internationalen Vergleich, Berlin 1985. Siehe zur Begriffsklärung auch: Uwe Backes/Eckhard Jesse, Politischer Extremismus in der Bundesrepublik Deutschland, Bd. I: Literatur, Köln 1989. Zur Information über den Gedanken des Verfassungsschutzes und seine institutionelle Ausformung sei verwiesen auf: Bundesministerium des Innern (Hrsg.), Verfassungsschutz und Rechtsstaat. Beiträge aus Wissenschaft und Praxis, Bonn 1982; H. Joachim Schwagerl, Verfassungsschutz in der Bundesrepublik Deutschland, Heidelberg 1985.

sentliche Presseerzeugnisse" (S. 89 ff.), „über erwähnenswerte rechtsextremistische Organisationen und Verlage sowie deren wesentliche Presseerzeugnisse" (S. 131 ff.) und „über erwähnenswerte extremistische Organisationen von Ausländern, deren Neben- und beeinflußte Organisationen sowie deren wesentliche Presseerzeugnisse" (S. 156 ff.) kombinieren bisher getrennte Angaben. Die Information wird so anschaulicher. Was durch diese Darbietungsform an Plastizität gewonnen wird, geht freilich an anderer Stelle verloren. Es ist nicht verständlich, warum diese Überblicke, deren chronologische Dimension schon aus Gründen der Übersichtlichkeit auf den Vergleich mit dem Vorjahr begrenzt ist, nicht durch die Beibehaltung der bislang üblichen Längsschnittdarstellungen ergänzt werden. Solche diachronen Überblicke sind unersetzlich für die schnelle Orientierung über die Dynamik des Extremismus und zur korrekten Einschätzung der aktuellen Zahlen. Auch daß die in früheren Berichten – zuletzt im VSB 1985 – aufgeführten „soziologischen Daten" nun gänzlich in Wegfall gekommen sind, ist zu bedauern. Die jetzt erstmalig farbigen Abbildungen extremistischen Propagandamaterials können solche Lücken nicht schließen.

Was ist dem Bericht im Hinblick auf die Entwicklung des Extremismus zu entnehmen? Im Bereich des Terrorismus und der Gewaltkriminalität zeigt sich ein leichter Rückgang bei weiterhin hoher Aktivität. Der starke Rückgang des rechtsextremen Terrorismus hat sich seit der Zerschlagung der Hepp/Kexel-Gruppe fortgesetzt.[6] Der erstmalig als eigener Berichtspunkt hervorgehobene Aspekt „Gewalt zwischen Links- und Rechtsextremisten" (S. 127) deutet eine weitere gefährliche Entwicklung an, die aufmerksam zu beobachten ist.[7] Im Bereich der Organisation und Mitgliedschaft sind die wichtigsten Informationen: Die für Ende 1987 angegebene Zahl von rund 25.200 Mitgliedern in rechtsextremen Organisationen bestätigt die langsame, aber stetige Zunahme seit dem Tiefstand von 1979, als 17.300

[6] Hierzu VSB 1983, S. 158. Die Kategorie „terroristische Aktivitäten, Gewalttaten und andere Gesetzesverstöße mit rechtsextremistischem Hintergrund" wurde erstmalig im VSB 1980 ausgewiesen. Im Hinblick auf die jüngste Entwicklung kommt der VSB Bayern 1987 (hrsg. vom Bayerischen Staatsministerium des Innern, München 1988, S. 161) zu dem Ergebnis: „Für die Existenz einer rechtsterroristichen Vereinigung im Bundesgebiet gab es auch 1987 keine Hinweise."

[7] Eigenartigerweise wird dieser Sachverhalt dem Abschnitt „deutscher rechtsextremistischer Terrorismus" zugeordnet, obwohl der Bericht feststellt: „In den meisten dieser Fälle gingen die Gewalthandlungen von Linksextremisten aus" (S. 127, siehe auch S. 7).

Personen in diese Kategorie fielen. Der größte Teil des Zuwachses entfällt dabei auf die sogenannten „national-freiheitlichen" Organisationen – eine vom VSB immer noch beibehaltene Selbstbezeichnung dieser Gruppierungen, die einen 25prozentigen Mitgliederzuwachs auf über 15.000 Personen zu verzeichnen haben – und, in weit geringerem Maße, auf die neonazistischen Gruppen, die ihre Mitgliedschaft von rund 1.300 Personen (1982) auf 1.520 Personen erhöhen konnten.

Die Mitgliedschaft im organisierten Linksextremismus stagniert auf hohem Niveau (rund 62.000 Personen), die Anzahl der Mitglieder in beeinflußten Organisationen dagegen ist deutlich gefallen. Freilich zeigen die Zahlen nicht die ganze Dynamik. Zur ohnehin steigenden Zahl von Mitgliedern in Organisationen der „Neuen Linken", d. h. insbesondere anarchistischer und sozialrevolutionärer Gruppen (1985 ca. 9.200 Personen; 1987 ca. 10.900 Personen) sind die rund 6.000 Personen aus den „losen, statistisch nicht berücksichtigten Zusammenschlüssen dieser Szene" (S. 20) ebenso hinzuzuzählen wie die „zahlenmäßig nicht überschaubaren Sekundärorganisationen und nur örtlich tätigen Kleingruppen" (S. 20), die im Bericht ebenfalls nicht berücksichtigt werden. Dies zeigt wiederum, daß die Zahlen in den VSBen nur begrenzte Verobjektivierungen sind, trotzdem müssen sie die Grundlage jeder systematischen Arbeit im Bereich des Extremismus sein, da sie durch keine andere offizielle und öffentlich zugängliche Quelle ersetzt werden können.

Und schließlich ist noch auf einen Aspekt hinzuweisen, der ebenfalls in eine „Gefährdungsanalyse"[8] einbezogen werden muß: das dauerhaft hohe Niveau von „sicherheitsgefährdenden extremistischen Bestrebungen von Ausländern", wobei weniger die mit knapp über 3 Prozent liegende Mitgliedschaft der über 16 Jahre alten Ausländer im Bundesgebiet in extremistischen Organisationen von Bedeutung ist, als die Zunahme schwerer, politisch motivierter Gewalttaten vor dem Hintergrund von tiefgreifenden Krisen im nahöstlichen Konfliktbereich.

VSBe sind „als Orientierungshilfe für die politische Auseinandersetzung, nicht als eine abschließende juristische Würdigung" (S. 4) zu verstehen, die zugleich nur „wesentliche Erkenntnisse" (S. 4) publizieren. Es stellt sich allerdings die Frage, ob nicht für die geistig-

[8] Bundesminister des Innern Dr. Wolfgang Schäuble in der Aktuellen Stunde im Deutschen Bundestag am 10. Mai 1989, zitiert nach: Innere Sicherheit, 2/1989, S. 1.

politische Auseinandersetzung mit dem Extremismus mehr analytische Elemente inkorporiert werden sollten. Ein Blick auf den abschließenden Teil des VSBes, der der „Spionageabwehr" gewidmet ist, könnte dabei ebenso hilfreich sein wie das Vorbild einiger Länder-VSBe, in denen zumindest Ansätze in diese Richtung versucht werden.[9][10]

[9] Beispielhaft sichtbar in der Behandlung der „Jugendlichen Randgruppen" im Bereich des Rechtsextremismus durch den VSB 1987, S. 120 im Vergleich zur Bearbeitung dieser Thematik in den VSBen für Baden-Württemberg (VSB Baden-Württemberg 1987, hrsg. vom Innenministerium Baden-Württemberg, Stuttgart 1988, S. 80 ff.) und Niedersachsen (VSB 1987, hrsg. vom Niedersächsischen Minister des Innern, Hannover 1988, S. 88 ff.).

Dokumentation ohne Authentizität

Von Emil-Peter Müller

Manfred Wilke/Marion Brabant, Totalitäre Träumer. Die Politik der SDAJ und die Wirklichkeit des realen Sozialismus, München 1988 (*Olzog Verlag*), 125 S.

„Über Rechtsextremisten gibt es Dutzende von Büchern – über die linksextremistische SDAJ bislang keines. [. . .] Die Aktivitäten der SDAJ in den Schulen, Betrieben und Gewerkschaften ist [!] inzwischen so unübersehbar groß, daß wir dachten: Jetzt wird es Zeit, über die SDAJ zu schreiben." (S. 7) Dieser Anspruch von Manfred Wilke und Marion Brabant auf das Erstgeburtsrecht im Vorwort ihres Taschenbuchs erscheint ein wenig überzogen. 1978 veröffentlichte der Rezensent eine Darstellung der Jugendorganisationen SPD, CDU/CSU, FDP, DKP, in deren Verlauf der SDAJ hinreichend Raum gewidmet wurde. Zugegeben: Das war kein „eigenes Buch", tatsächlich ist es verdienstvoll und legitim, den theoretischen Anspruch dieser orthodox-kommunistischen Jugendorganisation mit den Verhältnissen des realen Sozialismus, wie sie von der SDAJ in der DDR und bis vor kurzem in der Sowjetunion als beispielhaft vorgestellt werden, zu konfrontieren.

Diese Gegenüberstellung von Ideologie und Empirie muß jedoch durch ihr spätes Erscheinen an Wirkung verlieren: Im Zeichen von Glasnost und Perestrojka wollen die Verhältnisse in der Sowjetunion ungeachtet der unveränderten Restriktionen des gesellschaftlichen Lebens nicht jedem Leser mehr als die notwendige Folge des Totalitätsanspruchs der Partei erscheinen. Die Verbreitung der Publikation wird kaum durch die Erfahrung gefördert, daß totalitäre Organisationen respektive der Geist, der ihnen zu Grunde liegt, ungeheuer langlebig sind, und ihre Veränderung nicht bereits ihre Auflösung bedeutet.

Auch in einem anderen Punkt befinden sich die Autoren in einem Dilemma: Ihre flapsige, auf Jugendliche, vorwiegend Schüler der Sekundarstufe II orientierte Sprache raubt der Gegenüberstellung jeden Eindruck von Authentizität, der eine Dokumentation ausmacht. So verrät die Darstellung eines SDAJ-Pfingstcamps beispielsweise zu leicht ihre politische Absicht: „Wenig später. Fetenstimmung total: Links am Rondell zieht ein feucht-fröhliches Grüppchen sich die Biere rein, rechts vor dem Festzelt ein paar Rocker, die grinsend das Treiben beobachten. Mittendrin: tobende Kinder, Mädchen, die Gymnastik machen, ein Schülercafe, in dem es jede Menge Kuchen gibt, wie auch einladende Sprüche à la ‚Nieder mit dem Männlichkeitswahn', und nur wenige Schritte davon entfernt das Zelt der DKP. Kein Wunder, daß dort ein Sammelpunkt ist. Frischer Kaffee, duftende Waffeln mit heißen Kirschen, dabei gemütlich auf den Holzbänken herumflezen, noch dösen oder sich wachlesen, zum Beispiel mit der neuesten ‚UZ' vor der Nase, übrigens die Tageszeitung der DKP. Auf all den Tischen liegen Broschüren: Was ist Kommunismus?" (S. 11).

Demgegenüber wirkt das Büchlein in seinem mittleren Teil vergleichsweise überzeugend. Hier wird es dem selbstgestellten Anspruch am ehesten gerecht. An Hand von acht exemplarischen Themenbereichen wird die Diskrepanz zwischen „Der versprochenen Zukunft und dem realen Sozialismus" aufgezeigt: Der Traum vom Sozialismus; Die Macht des Volkes; Sozialismus ist Frieden; Bildung für alle!; Sozialismus ist Mitbestimmung; Erfüllte Freizeit; Die Kulturgesellschaft; Sozialismus und Freiheit.

Es ist bedauerlich und der Wirkung der Gegenüberstellung abträglich, daß die Autoren die Behauptungen der SDAJ vom besseren Deutschland bzw. von der idealen Sowjetunion zwar in Anführungszeichen gesetzt haben und damit das dokumentarische zum Ausdruck bringen, daß sie jedoch regelmäßig auf Quellenangaben verzichten. Dieses ist umso bedauerlicher, weil um so wirkungsmindernder, je abstruser die jeweilige Preisung des Sozialismus im O-Ton klingt: „Im Sozialismus bestimmen die arbeitenden Menschen. Ihnen gehören die entscheidenden Produktionsmittel, also die Fabriken, Rohstoffe, Grund und Boden und auch die Banken. Sie gestalten die Entwicklung nach ihrem eigenen zielbewußten Plan." (S. 27) Oder: „Im Sozialismus hat die Jugend das Recht, in Frieden zu leben und zu arbeiten, ohne Militarismus und Neonazismus. Im Sozialismus wird die Jugend im Geiste des Friedens erzogen." (S. 35)

Der Leser mag durch einige Ungenauigkeiten im Text irritiert werden. So beispielsweise, wenn er in der durchweg stimmigen Darstellung kommunistischer Ideologie liest: „Ihr [der DKP] Chef Herbert Mies hat schon 1976 erklärt, daß das politische Gewicht der DKP sich nicht wie bei SPD, CDU/CSU, FDP und Grünen daraus ergibt, wieviele Mitglieder die Partei hat oder wieviele Stimmen sie bei den Wahlen bekommt" (S. 79). Die Tatsache, daß die alternative Partei

Die Grünen erst 1980 gegründet wurde, macht das Zitat unglaubwürdig, obwohl es inhaltlich kommmunistischer Strategie entspricht.

Sieht man von der Häufung von grammatikalischen und Druckfehlern ab, fällt vereinzelt die argumentative Schwäche der Darstellung auf. So wird wohl eingeräumt, daß Unternehmen von der Größenordnung der Firma Siemens AG wirtschaftliche und gesellschaftliche Macht ausüben, jedoch die Tatsache bagatellisiert, daß die Firma Siemens auch militärische Objekte produziert. Eben die Produktion militärischer Güter dient der SDAJ und und vergleichbaren Organisationen zum Vorwurf des „Rüstungskonzerns". Unter Berücksichtigung ihrer jungen, kritischen, aber uninformierten Zielgruppe machen die Autoren es sich zu leicht, diesem Vorwurf mit dem Argument entgegenzutreten, so sei es nicht.

Kurzbesprechungen

Arnulf Baring, in Zusammenarbeit mit Volker Zastrow, Unser neuer Größenwahn. Deutschland zwischen Ost und West, Stuttgart 1988 *(Deutsche Verlags-Anstalt)*, 336 S.

Der bekannte Berliner Historiker hat ein provokatives Buch verfaßt. Der flüssig geschriebene Band hält das, was der etwas reißerische Titel verspricht. Seine Grundthese ist die, daß die Bundesrepublik, weniger stabil als gemeinhin angenommen, sich weit überschätzt, wenn sie eine eigenständige Rolle in der Weltpolitik übernehmen wollte. Dadurch könnte die Westbindung in Gefahr geraten. Schon jetzt bröckelten die Fundamente der Adenauer-Republik. Die Mittellage ist für Baring mithin weniger eine Chance, mehr eine Gefährdung.

Barings zugespitzter Analyse, offenkundig in vielem von den Ängsten des westlichen Auslandes geprägt, läßt sich in zahlreichen Punkten zustimmen. Ein Abkopplung von den USA kann man wahrlich nicht wünschen. Und manche Formen der „deutschen Unruhe" wie friedensbewegter Missionseifer, grün gewandeter Romantizismus, der Hang zum Absoluten, chiliastische Zeitströmungen sind in der Tat ein so merkwürdiges wie kritikbedürftiges Zeitsymptom. Auch die künstliche Aufregung über den Überwachungsstaat ist ein Beleg für mangelnden Common sense. Baring hätte noch stärker auf das rechte Spektrum eingehen können, wo sich ebenfalls nationalneutralistische Stimmungen regen und sich mit antiamerikanischen Ressentiments mischen. Die Behauptungen vom „besetzten Land" kreuzen sich ja bekanntlich.

Manches ist freilich offenkundig einseitig. So soll im Laufe der achtziger Jahre ein „kollektive[r] Stimmungsumschwung" (S. 12) in Richtung auf antiamerikanische Tendenzen eingetreten sein. Gewiß grassieren in Teilen der öffentlichen Meinung antiamerikanische Tendenzen, und zwar aus ganz unterschiedlichen Motiven. Aber nicht jede Kritik an der amerikanischen Politik ist schon Antiamerikanismus. Zudem vollzieht sich im Osten augenscheinlich ein Wandel, der natürlich auch auf den Westen zurückwirken muß, zumal auf die Bundesrepublik. Der Autor ignoriert ebenfalls den Wandel von meinungsbildenden Teilen der politischen Linken in den letzten Jahren. Die etwa von Habermas befürwortete „Öffnung nach Westen" war vor einem Jahrzehnt bei der Linken keineswegs verbreitet. Man muß

manchmal den Eindruck gewinnen, als wollte der Verfasser seine Kernthese um jeden Preis verteidigen. Insofern handelt es sich mehr um eine Streitschrift als um eine sine ira et studio verfaßte Analyse, auch wenn sich im Anhang ein gelehrter Anmerkungsapparat findet. Vielleicht hat der Autor seinen Blick insgesamt zu sehr auf das intellektuelle Meinungsbild fixiert und zu wenig auf die praktische Politik. – Mutmaßlich soll die anregende Provokation von Baring, der sich durch manch euphorische Reaktion auf den Gorbatschow-Besuch bestätigt sehen mag, den hintergründigen Sinn haben, daß seine Befürchtungen gegenüber tagträumerischen Bewegungen und Stimmungen diesen das Wasser abgraben. Aber es gibt bekanntlich nicht nur eine selfdestroying, sondern auch eine selffulfilling prophecy.
Eckhard Jesse

José Maria Beneyto, Apokalypse der Moderne. Die Diktaturtheorie von Donoso Cortés, Stuttgart 1988 (*Verlag Klett-Cotta*), 222 S.

Donoso Cortés ist hierzulande vor allem durch Carl Schmitt bekannt geworden; eine deutlich über den Kreis der „Schmittianer" hinausgehende Auseinandersetzung mit dem spanischen politischen Theoretiker der ersten Hälfte des 19. Jahrhunderts hat nicht stattgefunden. Daß diese Auseinandersetzung jedoch an der Zeit wäre, sucht José Maria Beneyto in seiner Donoso-Monographie zu zeigen, indem er Donosos unter dem Eindruck der europäischen Revolutionen von 1848 entwickelte Geschichtsphilosophie mitsamt der daraus abgeleiteten Forderung nach Errichtung einer die Grenzen legitimer Herrschaft überschreitenden Diktatur zum Zwecke der Neukonstitution von Ordnung in den Termini der gegenwärtigen philosophischen und geschichtstheoretischen Diskussion von Blumenberg bis Marquard, Koselleck bis Bohrer zu reformulieren versucht. Um das Urteil des Rezensenten vorwegzunehmen: Dort, wo Beneyto Donosos Theorie darstellt und diskutiert, ist sein Buch anregend und lesenswert; dort dagegen, wo er den philosophischen Diskurs der Moderne in den Spanier mehr hineinliest als an ihm erprobt, wirken seine Überlegungen angestrengt, überfrachtet und sind auch in ihrer Begrifflichkeit mitunter nur schwer nachzuvollziehen.

Der erste Teil des Buches behandelt gründlich und solide Donosos politische Philosophie im Kontext, die liberalen Ursprünge, die zunehmend konservativen Züge, schließlich die offene Propagierung

der Diktatur und die Erwartung, allein der Katholizismus könne Europa vor dem Untergang retten. Der zweite Teil begreift die Diktatur – in den Bahnen Carl Schmitts – als vollendete Aufklärung. Der dritte Teil geht Donosos Vorschlägen nach, wie der Weg zur Diktatur vermieden werden könne: durch Selbstbegrenzung der Aufklärung, durch Akzeptanz des Mythos, durch Verzicht des Menschen auf seine Selbstvergottung. Der vierte Teil schließlich setzt sich mit Donosos geschichtstheoretischer Behandlung dieses Prozesses auseinander – einerseits in der Form einer pragmatischen Historik, andererseits in der Gestalt einer negativen Eschatologie, derzufolge der Fortschritt in Umkehrung des liberalen Credos einer in den Abgrund ist. Natürlich bietet es sich an, Donosos Theorie mit der Nietzsches, Benjamins oder auch der Foucaults in Beziehung zu setzen. Es wäre der Arbeit gut bekommen, wenn diese Auseinandersetzung weniger im Anmerkungsteil stattgefunden hätte. Dafür wären einige Verbeugungen vor den gegenwärtigen Teilnehmern des philosophischen Diskurses leicht verzichtbar gewesen.
Herfried Münkler

Wolfgang Benz (Hrsg.), Die Juden in Deutschland 1933-1945. Leben unter nationalsozialistischer Herrschaft, München 1988 (*Verlag C. H. Beck*), 779 S.

Wieder einmal hat sich Wolfgang Benz vom Institut für Zeitgeschichte (München) als vorzüglicher Herausgeber und Mitautor bewährt. Mit Volker Dahm, Günter Plum, Clemens Vollnhals und Juliane Wetzel standen ihm kompetente Mitarbeiter desselben Instituts zur Seite. Derzeit wird man vergeblich nach einer Veröffentlichung suchen, die ähnlich breit und tief das Problem der deutschen Juden während der nationalsozialistischen Schreckensherrschaft behandelt.

Benz selber schildert sachlich und kenntnisreich die Situation der Juden in der Frühphase der NS-Zeit, ihr Leben im Untergrund in den Jahren 1943 bis 1945 sowie das „Novemberprogrom 1938". Warum vermeidet auch Benz den Begriff der „Reichskristallnacht", obwohl er doch die Entstehungsgeschichte des Wortes kennt? Nicht Mitläufertum oder gar Begeisterung, sondern Widerwillen über die Untaten der Nationalsozialisten kennzeichnete der Ausdruck. Nein, Widerstand war es nicht. Leider fehlte es oft an bekundetem Widerwillen.

Günter Plum skizziert die Vielfalt der deutsch-jüdischen Selbstbilder und stellt das Wirtschafts- und Erwerbsleben der Juden jener Jahre dar. Volker Dahm geht auf das kulturelle Leben ein und zeigt sozusagen die Wiederentdeckung des Judentums durch die in ihrer überwiegenden Mehrheit durch und durch ihrem Judentum entfremdeten deutschen Juden. Clemens Vollnhals beschreibt die jüdische Selbsthilfe im Schulwesen, im Sozialbereich und in der Wirtschaft. Juliane Wetzel analysiert die Auswanderung der deutschen Juden, die geographischen, politischen und nicht zuletzt psychologischen Aspekte der Flucht – und das war ja die Auswanderung schließlich. Konrad Kwiet von der University of New South Wales in Australien schildert den Weg in den tausendfachen Tod, von der „Reichskristallnacht" bis zum massenhaften Judenmord. Das allerdings ist bei Hermann Graml (Reichskristallnacht, München 1988) mindestens ebenso präzise zu lesen.

Die sorgfältig dokumentierten Aufsätze sind nicht nur für den allgemein interessierten Leser, sondern auch für denjenigen aufschlußreich und hilfreich, der die Themen weiter erforschen möchte. Über wie viele Bücher kann man das sagen?

Michael Wolffsohn

Noberto Bobbio, Die Zukunft der Demokratie, Berlin 1988 (*Rotbuch Verlag*), 184 S.

Der Titelaufsatz des hier besprochenen Bandes geht zurück auf den Text einer Rede, die Noberto Bobbio 1983 vor den Spanischen Cortes hielt. Der Autor definiert die repräsentative Demokratie als eine Regierungsform, die zustande kommt durch allgemeines Wahlrecht im Rahmen eines Staates, der seine Gewalt nur bedingt und innerhalb verfassungsmäßig anerkannter Grenzen ausübt. Diese Selbstbeschränkung der staatlichen Gewalt ermöglicht die Entfaltung der individuellen Freiheit. Politischer Liberalismus und Demokratie gehen Hand in Hand.

Aber die Demokratie, so Bobbio, hat mehr versprochen als sie einhalten konnte. Das freie Mandat als einstmaliger Ausdruck der Souveränität der vom Volke gewählten Versammlung sei nur noch ein frommer Wunschtraum. Dies zeigt sich bei der Vertretung von Sonderinteressen in den Parlamenten, über die Fraktionsdisziplin bis zur Entmächtigung des Staates zum bloßen Vermittler und Schiedsrichter zwischen den gesellschaftlichen Gruppen und Korporationen. Auch das Versprechen, der oligarchischen Macht ein Ende zu bereiten, ist nur teilweise eingehalten worden, aber der Unterschied zwischen der Elite, die sich mit Gewalt aufdrängt, und Eliten, die zur Wahl stehen, bleibt von Gewicht.

Bobbio betont die Notwendigkeit der Durchschaubarkeit der Macht im Rechtsstaat und erinnnert dabei an Kants Prinzip, demzufolge alle auf das Recht anderer Menschen bezogenen Handlungen, deren Maxime sich nicht mit der Öffentlichkeit verträgt, Unrecht sind, und an Carl Schmitts These über die Unvereinbarkeit von Repräsentation und Geheimhaltung. Fragwürdig ist Bobbios These der geringen Leistungsfähigkeit der Demokratie. Es ist zwar richtig, daß die Demokratie die gesellschaftliche Nachfrage erleichtert und die Antwort erschwert, während die Autokratie umgekehrt die Nachfrage erschwert und weniger Mühe hat, Antworten zu geben. Letztes tut die Autokratie jedoch vor allem mühelos auf gesellschaftlich nicht gestellte Fragen!

Zurecht erinnert der Autor an Poppers Diktum, wonach nur in der Demokratie die Bürger ihre Regierenden ohne Blutvergießen loswerden können. Nur dort ist der politische Gegner kein Feind, der entweder vernichtet oder umerzogen werden soll. Nur dort bekämpft man in der Regel die Ideen seiner Gegner und nicht ihre Person. Charakteristisch für die Demokratie ist daher der Konsens über das Recht auf Dissens.

Bobbio ist ein sozialdemokratischer Autor, der die sogenannten formalen Freiheitsrechte und die Traditionen liberaler politischer Kultur voll bejaht. Sein Pragmatismus und seine vorzüglichen Kenntnisse der realistischen politischen Philosophie sowie der rechtsphilosophischen Grundlagen der modernen Demokratie bewahren ihn davor, politischem Romantizismus und radikaldemokratischen Wunschträumen auf den Leim zu gehen. So zeigt er, daß die Forderung nach „direkter" Demokratie meistens auf die Institutionalisierung des imperativen Mandats (wie in den Volksdemokratien) oder auf einen autoritären Korporatismus (wie im Italien Mussolinis) hinausläuft.

In Sachen neoliberaler Kritik am Sozialstaat nimmt der Autor eine vermittelnde Position ein, indem er belegt, daß die Entstehung des Sozialstaates engstens mit der Demokratie zusammenhängt. Die neoliberale Theorie des Minimalstaates (der Staat als Nachtwächter) ist undemokratisch, weil sie vergißt, daß der Staat in der Demokratie nicht nur die legitime Gewalt ausübt, sondern auch Repräsentant der Allgemeinheit und Garant bestimmter Prinzipien der Verteilungsge-

rechtigkeit ist. Bobbio beweist, daß eine vernünftige, das heißt eine gemäßigte politische Position, argumentativ überzeugend verteidigt werden kann und das Argument zugunsten der Demokratie als des kleineren Übels in der Politik eine ungleich schärfere Analyse unserer komplexen modernen Gesellschaften beinhaltet als die Gebildeten unter den Verächtern dieses Regimes wahrhaben möchten.
Jean-Marc Piret

Wolfgang Brinkel/Jo Rodejohann (Hrsg.), Das SPD:SED-Papier. Der Streit der Ideologien und die gemeinsame Sicherheit, Freiburg/Brsg. 1988 (*Dreisam-Verlag*), 159 S.
Kultur des Streits. Die gemeinsame Erklärung von SPD und SED. Stellungnahmen und Dokumente, Köln 1988 (*Pahl-Rugenstein Verlag*), 161 S.
Erhard Eppler, Wie Feuer und Wasser. Sind Ost und West friedensfähig?, Reinbek bei Hamburg 1988 (*Rowohlt Verlag*), 144 S.

Im Jahre 1987 kam es zu einem gemeinsamen Papier von SPD und SED, betitelt „Der Streit der Ideologien und die gemeinsame Sicherheit". Es löste eine Reihe von Kontroversen aus. Der SPD wurde (zum Teil auch aus den eigenen Reihen) vorgehalten, sie werte durch dieses Dokument ungleicher Partner die Staatspartei in der DDR auf, während Befürworter argumentierten, die SPD habe keine Grundsatzpositionen aufgegeben. Das Papier halte sowohl den Konsens als auch den Dissens aufrecht. Es bedürfe nun einmal einer Streitkultur auch und gerade zwischen gegensätzlichen Standpunkten. Das Dokument enthält neben einer Reihe von Trivialitäten bemerkenswerte Ansätze wie etwa die Feststellung, daß die offene Diskussion über den Wettbewerb der Systeme innerhalb jedes politischen Lagers möglich sein muß.

Die beiden ersten Schriften sind ganz ähnlich angelegt. Sie geben den Text des Papiers wieder sowie eine Reihe von einschlägigen Stellungnahmen aus Ost und West. Während in dem von Brinkel und Rodejohann, Geschäftsführern der „Aktion Sühnezeichen", herausgegebenen Band am Rande auch negative (Gerd Bucerius) und eher kritische Stimmen (Helga Grebing) Aufnahme finden, ist das in der anderen Schrift nicht der Fall. Die führenden Autoritäten auf beiden Seiten kommen jeweils zu Wort (Otto Reinhold und Erich Hahn auf der einen, Erhard Eppler und Thomas Meyer auf der anderen Seite), wie es überhaupt zahlreiche Überschneidungen zwischen den Dokumentationen gibt, die wenig mehr als „Schnellschüsse" sind.

In den jeweils mit kurzen Einleitungen versehenen Editionen fehlt der Bezug zur Praxis fast völlig. Hat sich durch das Papier etwas geändert? Oder war die Annahme eines möglichen Wandels in der DDR überhaupt realistisch? Erhard Eppler, der Protagonist auf sozialdemokratischer Seite, geht in seiner Abhandlung auf solche Fragen ein. Der Tenor zielt in die Richtung, daß Eppler den Systemkonflikt herunterspielt. Was er über die Totalitarismustheorie zum besten gibt, ist einigermaßen grobschlächtig (S. 57-72), anderes dagegen informativer (etwa die Bemerkungen über die mögliche Friedensfähigkeit von Ideologien). Insgesamt dürfte bei dem Gesinnungspolitiker Eppler ein gewisses Maß an Naivität anzutreffen sein, wie das folgendes Zitat belegt: „Was nach dem 17. Januar 1988 in der DDR an Fehlentscheidungen getroffen und an Verwirrung angerichtet wurde, hat damit zu tun, daß eine politische Führung sich rascher auf Öffnung verständigen kann, als die selbstbewußten Organe der Staatssicherheit dies nachzuvollziehen bereit sind" (S. 133).
Eckhard Jesse

Heiner Busch/Albrecht Funk/Udo Kauß/Wolf-Dieter Narr/Falco Werkentin, Die Polizei in der Bundesrepublik, Frankfurt a. M./New York 1988 (*Campus Verlag*), 508 S.

Das aus einem Forschungsprojekt „Polizei" der Berghof-Stiftung Berlin hervorgegangene Buch ist eine sozialwissenschaftliche Arbeit. Sie äußert sich vielfach zu den rechtlichen Vorgaben der Polizei und muß sich schon deshalb auch der Kritik aus rechtlicher Sicht stellen. Das Buch behandelt einleitend die Polizei als Teil des staatlichen Gewaltmonopols; in zwei anschließenden materialreichen Teilen werden Strukturänderungen und Tätigkeit der Polizei analysiert, wobei man den Verfassern besonders im Teil B – Strukturanalyse – objektives Herangehen und Einfühlungsvermögen bescheinigen kann; abschließend werden Kontinuität und Wandel des staatlichen Gewaltmonopols aus der Sicht der Verfasser dargestellt.

Die Verfasser sind im Schrifttum mit kritischen Beiträgen zum Sicherheitsbereich ausgewiesen. Auch der Leser des vorliegenden Buches wird in dieser Hinsicht nicht enttäuscht. Sie sehen den Staat (und stellen ihn so dar) als eine dem Bürger gegenüberstehende, auf seine totale Erfassung begierige unheimliche Machtorganisation, der gegenüber äußerste Vorsicht geboten ist. Daß das Gewaltmonopol auch segensreiche Wirkung hat, wird eingangs der Studie zwar nicht unterschlagen (S. 26), spielt aber danach keine Rolle mehr. Das Grundgesetz setzt die Akzente anders: Der Mensch im Mittelpunkt (nicht umsonst an der Spitze der Verfassung!), der Staat als Gemeinwesen, in dem alle Gewalt vom Volke ausgeht und das die Rechte des einzelnen nicht nur durch Abwehr von Angriffen zu schützen, sondern auch aktiv zu fördern hat. Wie immer das in früheren Geschichtsepochen gewesen sein mag: Maßgebend ist heute, was das Grundgesetz vorgibt. Und danach ist es eine unzulässige Verkürzung, die Polizei, eine wesentliche Einrichtung des Staates, nahezu ausschließlich als Instrument zur Geltendmachung des physischen Gewaltmonopols darzustellen. Der polizeiliche Zugriff auf den Störer ist vielmehr zugleich Schutz und aktive Förderung der Grundrechte des Gestörten.

Das hat noch nichts mit der derzeit wohl weniger aktuellen Diskussion um den Polizisten als „Sozialingenieur" zu tun, sondern ist schlicht die Folge eines Rechts des Gestörten, des Rechts nämlich, daß der Staat seine Sicherheit gewährleistet. Die Polizei ist deshalb nicht nur Teil des Gewaltmonopols, sondern auch Instrument des Staates, die Grundrechte zu schützen. Dies ist nicht nur Theorie, sondern auch soziale Wirklichkeit, und die daraus folgenden Spannungen, das rechte Maß zu finden zwischen dem Eingriff in die Belange des Störers und der Erfüllung der Staatsaufgabe, die Belange von Gemeinschaft und Gestörten zu wahren, hätten dargestellt und nicht nur angedeutet werden sollen. Dies wäre sinnvoller gewesen, als den Popanz eines Überwachungsstaates/Polizeistaates, eines auf Datenerfassung erpichten Polizeimolochs aufzubauen und gar mit Ratschlägen zu schließen, wie man sich dieser unheimlichen Macht widersetzen und entziehen könnte (S. 474). Die Mehrheit der Bürger (und auf sie kommt es an) empfindet unseren Staat nicht als gefährliches Gegenüber, das Sicherheitsängste schafft, sondern fühlt sich in ihm, insgesamt gesehen, ganz gut aufgehoben.

Die Verfasser beklagen sich darüber, daß ihnen die Sicherheitsbehörden Informationen vorenthalten hätten. Sie zitieren eine ihnen durch Indiskretion bekannt gewordene Äußerung einer Sicherheitsbehörde, in der diese der Befürchtung Ausdruck gibt, die Studie werde nicht objektiv sein (S. 479). Andererseits qualifizieren sie Angaben, die aus dem polizeilichen Bereich stammen, als gegenüber „unabhängigen" Zeugen und Presseberichten zumindest zweifelhaft (S. 333). Ob die zitierte Befürchtung der Behörde wirklich so unbegründet war?

Nicht ausreichend erscheint das 13. Kapitel über die Kontrolle von Polizei und Sicherheitsbehörden. Zum Beispiel: Nicht mangelnder Wille oder Mut oder etwa Unvermögen der Parlamente zur Kontrolle haben zu der derzeitigen Rechtslage geführt, sondern die Achtung vor einem tragenden Grundsatz unserer Staatsordnung, der Gewaltenteilung, und der darin verankerten eigenständigen Position, der Exekutive. Ein wenig mehr Ausgewogenheit und Bedenken von Gesichtspunkten, die nicht ins (vorgefaßte?) Konzept passen, wären auch hier zu wünschen gewesen. Das Gleiche gilt für die Abhandlung der polizeilichen Analyse sozialer Wirklichkeit (10. Kapitel), das besser hieße: „Was sich die Verfasser unter polizeilicher und verfassungsschutzmäßiger Analyse der sozialen Wirklichkeit vorstellen". Etwas kühn erscheint die Behauptung, daß „Mitte der 80er Jahre die ‚RAF' und die ‚Bewegung 2. Juni' nur noch als dubiose Konstrukte justitieller Vergangenheitsbewältigung lebendig sind" (S. 230); schwer zu begreifen ist auch die Behandlung der polizeilichen Kriminalstatistik (S. 270 ff.: Nichtanzeige von Delikten geringener Bedeutung, wozu die Verfasser mittelbar aufrufen, beseitigt schließlich diese Delikte als Teil der sozialen Wirklichkeit nicht und verfälscht die Statistik) und der angeblichen „Berufsverbote" in unserem Staat (S. 278 ff.). – Aber trotz allem: Eine sehr übersichtliche, sehr flüssig und verständlich geschriebene, zum Nachdenken anregende und auch erfrischende Studie!

Gerd-Dieter Schoen

Robert Conquest, Ernte des Todes. Stalins Holocaust in der Ukraine 1929-1933, München 1988 (*Verlag Langen Müller*), 464 S.

Robert Conquest, bekannt geworden durch seine Arbeiten zu den stalinistischen Säuberungen, hat mit „The Harvest of Sorrow: Soviet Collectivization and the Terror-Famine" (1986) eine neue Form des revolutionären Terrors beschrieben, die Terror-Hungersnot, die in der bisherigen Totalitarismusdiskussion keine Rolle gespielt hat. Mit der Terror-Hungersnot beschreibt Conquest jene bewußt herbeigeführte und mit staatlichen Zwangsmaßnahmen aufrechterhaltene Hungersnot in der Ukraine von 1930 bis 1933, die unter dem Vorwand der Liquidierung des kulakischen Klassenfeindes fünf Millionen Hungertote in der ukrainischen Bauernschaft forderte.

Der Hungertod als terroristische Waffe im Klassenkampf gegen die Kulaken bedeutete sicherlich eine qualitative Änderung der schon seit Juli 1918 praktizierten leninistischen Klassenkampfdoktrin, welche den Bauern insgesamt das Recht verwehren sollte, ihr Getreide zu Marktpreisen zu verkaufen. Getreide-Requisitionen, von Parteiaktivisten und GPU als Plünderungsfeldzüge durchgeführt, waren keine Notmaßnahmen des Kriegskommunismus, sondern sollten die Bauernschaft als unabhängigen Machtfaktor ausschalten und die Realisierung der kommunistischen Utopie vorantreiben. Nur vor diesem ideologischen Hintergrund, den Conquest detailliert darstellt, ist es verständlich, weshalb die stalinistische Führungsschicht seit 1927 versuchte, die Zwangskollektivierung der gesamten sowjetischen Bauernschaft mit dem Klassenkampf gegen die angeblich gefährliche Kulakenschicht zu verbinden.

Conquest gelingt es, den politischen Charakter der Kulakendefinition, dem keine wirtschaftliche Realität entsprach, herauszuarbeiten. Als Kulake konnte jeder Bauer bezeichnet werden, der im Vergleich zu den Dorfarmen relativ erfolgreich war. Es liegt auf der Hand, daß mit diesem Klassenkampfbegriff die ideologische Rechtfertigung für die Vernichtungswellen gefunden worden war, die die Kulaken und die nicht kollektivierungswilligen Bauern traf. Die physische Eliminierung des kulakischen Klassenfeindes erreichte mit der Terror-Hungersnot in der Ukraine eine Steigerung, die durch die nationale, kulturelle und politische Eigenständigkeit dieser Nation bedingt und verstärkt wurde. Mit der Terror-Hungersnot sollte nicht nur die ukrainische Bauernschaft, sondern auch die Kirche, die Intelligenz und die regionale kommunistische Führungsschicht der stalinistischen Despotie unterworfen werden.

Conquest beschränkt sich nicht auf die Anklagen dieser stalinistischen Despotie, sondern sammelt sorgfältig alle Dokumente, die von dem unbeschreiblichen Elend der als Klassenfeinde zur Deportation, zur Ermordung und zum Hungerstod verurteilten Millionen von Kulaken und Bauern Zeugnis ablegen. Mit dieser sachlichen, verläßlich informierenden Chronik über die stalinistischen Vernichtungsfeldzüge gegen die Bauernschaft hat Conquest die Grundlage für eine realistische Einschätzung des Stalinismus, seiner ideologischen Voraussetzungen und barbarischen Konsequenzen geschaffen. Es ist aber auch eine Chronik, die an die Leiden der Opfer des revolutionären Terrors der KPdSU erinnert und sie dem Vergessen und dem Verschweigen zu entreißen versucht.

Klaus-Georg Riegel

Joachim Detjen, Neopluralismus und Naturrecht. Zur politischen Philosophie der Pluralismustheorie, Paderborn u. a. 1988 (*Schöningh Verlag*), 728 S.
Heinrich Erdmann, Neopluralismus und institutionelle Gewaltenteilung. Ernst Fraenkels pluralistische Parteienstaatstheorie als Theorie parlamentarisch-pluralistischer Demokratie, Opladen 1988 (*Verlag Leske + Budrich*), 378 S.

In beiden Fällen handelt es sich um Dissertationen zur Pluralismustheorie aus der Schule von Winfried Steffani. Beide wollen diese für westliche Demokratien konstitutive Theorie vertiefen. Gleichwohl gibt es im Ansatz und in der Vorgehensweise beträchtliche Unterschiede. Während sich die Studie von Heinrich Erdmann der Theorie des kritischen Rationalismus verpflichtet weiß, erweist sich Joachim Detjen als Anhänger der Naturrechtsphilosophie. So will Detjen zeigen, daß die gängige Differenzierung zwischen dem „a posteriori-Gemeinwohl" und dem „a priori-Gemeinwohl" insofern schief ist, als auch die Pluralismustheorie in der Version Fraenkels ein „a-priori-Gemeinwohl" kennt. Detjen wendet sich gegen relativistische Ansätze, die eine freiheitliche Demokratie nicht begründen könnten.

Aber es liegen auch beträchtliche Gemeinsamkeiten vor. Die Verfasser verstehen sich als engagierte Anhänger des Pluralismuskonzepts und stellen Ernst Fraenkel, den Begründer des Neopluralismus, in den Mittelpunkt. Detjen geht es insbesondere um die politisch-philosophische Fundierung der Pluralismustheorie, während Erdmann vor allem den Parteienstaat und die parlamentarisch-pluralistische Demokratie berücksichtigt. Es ist die interessante These Erdmanns, daß Fraenkel nach 1945 Carl Schmitts Pluralismuskritik insofern Rechnung getragen hat, als er einen unverbrüchlich geltenden – und nicht taktisch bedingten – Verfassungskonsens für unerläßlich ansieht. Die Entwicklung von Fraenkels Paläopluralismus (in der Weimarer Zeit) zu seinem Neopluralismus ist recht überzeugend nachgezeichnet, wiewohl man darüber streiten mag, ob in Fraenkels Konzeption nicht doch ein Bruch vorliegt.

Ein Vergleich der beiden aufschlußreichen Studien führt zu dem Ergebnis, daß Detjen, wie immer man zu seinem Ansatz stehen mag, die Pluralismusforschung nicht zuletzt durch seine scharfsichtig-tiefschürfende Kritik anderer Ansätze wohl mehr gefördert hat als Erdmann, der sich vielleicht allzu sehr auf Fraenkel kapriziert, wiewohl auch dessen Arbeit manch nützliche Anregung zu vermitteln vermag.
Eckhard Jesse

Detlef Felken, Oswald Spengler. Konservativer Denker zwischen Kaiserreich und Diktatur, München 1988 (*Verlag C. H. Beck*), 304 S.

Als Ernst Jünger 1932 ein Exemplar seines Buches „Der Arbeiter" an Oswald Spengler schickt, findet sich darin die Widmung: „Für Oswald Spengler, der nach Deutschlands Entwaffnung die ersten neuen Waffen schmiedete." Mit dem intellektuellen Waffenschmied Spengler setzt sich intensiv und gelungen das aus einer Dissertation bei Karl Georg Faber und Klaus Hildebrand entstandene Buch auseinander. Die zentrale Stellung, die Spengler in der Geistesgeschichte des ersten Drittels dieses Jahrhunderts einnimmt, wird vom Verfasser anschaulich verdeutlicht.

Vom rechten, antidemokratischen Denken in der Weimarer Republik zu reden, ohne Spengler zu erwähnen, ist nicht möglich. Wenn man heute die drei wichtigsten Werke – "Der Untergang des Abendlandes", „Preußentum und Sozialismus", „Jahre der Entscheidung" – vielleicht nur noch dem Titel nach kennt, so darf man die zeitgenössische Wirkung nicht unterschätzen. Der Verfasser nennt Spengler den „intellektuellen Star des Jahres 1919" (S. 114). Wie war er dazu geworden? Im München der Jahre 1911 bis 1917 hatte er am ersten Band seines geschichtsphilosophischen Hauptwerks „Der Untergang des Abendlandes. Umrisse einer Morphologie der Weltgeschichte" gearbeitet. Geht er in diesem ersten Band seines Werkes noch von einem deutschen Sieg im Weltkrieg aus, so ändert sich das nach der Revolution und der Ausrufung der Republik. Voller Ekel vor den neuen demokratischen Verhältnissen schreibt er in kurzer Zeit unter dem direkten Eindruck von Revolution und Gegenrevolution seine eigentliche politische Programmschrift „Preußentum und Sozialismus". Nur noch Arthur Moeller van den Brucks „Das Dritte Reich" kann in seiner intellektuellen Dimension und Wirksamkeit damit verglichen werden. „In der ideologischen Auseinandersetzung der Nachkriegsjahre kreierte sein Buch die Idee eines preußischen Gegenweimar" (S. 107).

Spengler wird einer der Leitfiguren der jungkonservativen Strömung in der konservativen Revolution, jener Bewegung zwischen restaurativen Konservativen und Nationalsozialisten, die sich auf die Suche nach einer autoritären Ersatzlösung für die überlebte Monarchie macht. In diese ersten Krisenjahre der Republik fällt auch Spenglers politische Aktivität. Nie wieder sollte er sich später so engagieren – nicht zuletzt deshalb, weil alle seine Pläne, die er besonders in Vorträgen vor der Elite verbreitet, scheitern. Er steht zwischen den putschistischen und den gemäßigten Kräften in Bayern 1923 und erlebt den dilettantischen 9. November als Niederlage für die gesamte Rechte. Über diese nicht-nationalsozialistische deutsche Rechte macht er sich keine Illusionen mehr, wenn er sich bereits im Juli 1930 in einem Brief davon überzeugt zeigt, daß die Führer der nationalen Rechten „alle ohne Ausnahme politisch unbegabt sind bis zum Schwachsinn". Er wählt zwar 1932 bei der Reichspräsidentenwahl Hitler, ohne aber je völkisch-antisemitisch argumentiert zu haben. Die nach dem 30. Januar 1933 von der NSDAP gemachten Versuche einer Einbindung lehnt er entschieden ab. Auf seine in kurze Zeit in Riesenauflagen erscheinende kritische Schrift „Jahre der Entscheidung" wird vom Regime energisch reagiert. In einer NS-Presseanweisung vom Dezember 1933 heißt es: „Die Regierung bittet, von diesem Mann keinerlei Notiz zu nehmen". Spengler, nun völlig desillusioniert, resümiert verbittert: „Wir wollten die Parteien los sein. Die schlimmste blieb."

Spengler stirbt, erst Mitte fünfzig, 1936 in München. Das Buch bezieht seine Spannung aus einer geglückten Mischung aus biografischen, zeitgeschichtlichen und philosophischen Abschnitten, wobei die letzten den breitesten Raum einnehmen. Die Teilidentität seiner Ziele mit denen der NSDAP wird deutlich, ohne daß sie im ganzen deckungsgleich wären. Zu Recht heißt es an dieser Stelle: „Aus der Sicht Spenglers hatte die Demokratie nicht nur keine Chance, sie hatte auch keine verdient" (S. 131).

Klaus Reimus

Tilman Fichter, SDS und SPD. Parteilichkeit jenseits der Partei, Opladen 1988 (*Westdeutscher Verlag*), 426 S.

Der Autor, einst als Berliner APO-Aktivist bekanntgeworden und seit einigen Jahren Referent für politische Bildung beim Parteivorstand der SPD, legt mit dieser Arbeit seine bei Wolf-Dieter Narr und Theo Pirker eingereichte Dissertation vor. Die Studie behandelt die Zeit von der Gründung des SDS bis zum – im Mai 1988 aufgehobenen – Unvereinbarkeitsbeschluß des Jahres 1961. Die Beziehungen zwischen der SPD und ihrer studentischen Organisation waren niemals spannungsfrei. Zum endgültigen Bruch kam es jedoch Anfang der sechziger Jahre, als sich SPD und SDS kraß auseinanderentwikkelt hatten – die SPD warf marxistisches Gedankengut ab, der SDS nahm es verstärkt auf. Zwar meint Theo Pirker im Vorwort, Fichter sei keiner teleologischen Sichtweise erlegen, doch wie soll man die Behauptung interpretieren, die „Ausgrenzung der Nonkonformisten" habe sich „fast folgerichtig" (S. 368) zehn Jahre später mit dem „Radikalenerlaß" wiederholt? Theoretischer Bezugsrahmen ist die Kategorie der Generationen: Fichter unterscheidet drei SDS-Generationen, wobei er die Prägekraft generationsspezifischer Erlebnisse wohl überschätzt: Die erste Generation (zum Beispiel Helmut Schmidt) sei durch den Krieg geprägt gewesen, die zweite (zum Beispiel Ulrich Lohmar) durch die Erziehungsmethoden des Nationalsozialismus, die dritte (zum Beispiel Oskar Negt) durch antimilitaristische Aktivitäten.

Es ist zweifelsohne eine materialreiche Studie entstanden, die manche interessante Neuigkeiten bietet – etwa über die Konflikte im SDS, über die Geschichte der Delegiertenkonferenzen, zur Haltung des SDS gegenüber Strömungen in der SPD. Viele Quellen sind erschlossen und umfassend interpretiert worden. Besonders instruktiv ist auch die Verquickung der SDS-Aktivitäten mit der jeweiligen politischen Entwicklung. Die Parteilichkeit der Arbeit trübt etwas den Gesamteindruck. Der Autor sympathisiert mit der aus der SPD herausgedrängten „Fraktion", um dessen für demokratische Gruppierungen ungewöhnliche Terminologie aufzugreifen. Das ist legitim, doch wieso hat Fichter nicht die Gegner des SDS befragt? Warum spielt er – beispielsweise – die Rolle der von der SED zeitweise finanzierten „Konkret"-Gruppe stark herunter? War denn der etwa von Helmut Schmidt und Herbert Wehner erhobene Vorwurf der Infiltration nicht richtig? „Die Tendenz zur Ausgrenzung, die in eine versuchte Kriminalisierung der undogmatischen ‚neuen Linken' mündete, war die Konsequenz einer oligarchischen Abkapselung der operativen SPD-Parteiführung am Ende der fünfziger Jahre" (S. 17). Aber kapselten sich denn die Kritiker der SPD-Parteiführung nicht erst recht von der Willensbildung innerhalb der SPD ab? So manches Urteil muß verwundern. Ein Detail: Fichter wirft Kurt Klotzbach eine „weitgehend unkritische, pro-westliche Position" (S. 257, Anm. 45) zur Frage der Westintegration vor. Und wieso stellt er eigens heraus, Klotzbach stimme mit der Argumentation von „Hans-Peter Schwarz [CDU]" (ebd.) hinsichtlich des Illusionismus eines dritten Weges überein? Werden hier Kämpfe unter Wissenschaftlern (SPD) ausgetragen? – Der Autor kündigt an, daß sich diese Arbeit als erster Band einer dreiteiligen Gesamtdarstellung versteht. Gedacht ist an eine vergleichende Studie über die SDS-Hochschulgruppen sowie an eine

Analyse des SDS zur Zeit der Studentenbewegung in der zweiten Hälfte der sechziger Jahre.
Uwe Backes

Klaus Jürgen Gantzel (Hrsg.), Kriege in der Dritten Welt. Theoretische und methodische Probleme der Kriegsursachenforschung. Fallstudien, Baden-Baden 1988 (*Nomos Verlagsgesellschaft*), 508 S.

Der Titel des Sammelbandes ist irreführend. Lediglich die Fallstudien (S. 293-488) über Kriege in El Salvador, im Tschad, zwischen Israel und der PLO, zwischen dem Irak und dem Iran, sowie in Afghanistan und in Vietnam behandeln die annoncierte Problemstellung in der Form von Übersichtsartikeln, die eine erste Einführung in die Chronologie von Kriegsursachen und -verläufen vermitteln sollen. Die theoretischen Beiträge streifen nur selten die Kriegsproblematik in der Dritten Welt. Der Beitrag über das „Verhältnis von Geschichtswissenschaft und Kriegsursachenforschung" (S. 139-174) beispielsweise behandelt die Fischer-Kontroverse zum Ausbruch des 1. Weltkrieges. Der Literaturbericht „Auf dem Weg zu einer allgemeinen Theorie der Kriegsursachen?" (S. 199-292) geht auf Kriege in der Dritten Welt nicht ein. Ulrich Albrecht („Militärische Faktoren als Kriegsursachen?", S. 123-137) beschäftigt sich immerhin mit den eigenen Prognosen über Beginn und Verlauf des Krieges zwischen dem Iran und dem Irak, während die Reflexionen von Klaus Horn („Zur Bedeutung sozialpsychologischer, kultureller und ideologischer Aspekte für die Kriegsursachenforschung", S. 175-197) den Umkreis der angesprochenen Themenvorschläge nicht verlassen. Die bemühte Einleitung von Gantzel („Krieg in der Dritten Welt als Forschungsgegenstand. Eine Einführung", S. 25-81) zeigt das Ausmaß der Verlegenheiten an, in denen eine friedenswillige Krisenursachenforschung sich befindet. Besonders deutlich markiert Ekkehart Krippendorff („Krieg und Staat in der Dritten Welt", S. 83-122) die Kluft zwischen Friedenssehnsucht und wissenschaftlicher Analyse von Kriegsursachen in der Dritten Welt. Seine These, daß der „Territorialstaat und seine Militärstruktur [. . .] die eigentlichen Kriegsursachen" (S. 117) seien, trifft zwar vortrefflich die Friedensutopie eines nichtstaatlichen Paradieses, hält aber einer kritischen Prüfung nicht stand. Von der Ethnologie hätte Krippendorff erfahren können, daß der permanente Kriegszustand von segmentär organisierten, also nichtstaatlich verfaßten Gesellschaften durchaus nicht gewaltfrei beschaf-

fen war. Ebenso offenkundig ist, daß die Staatenbildung auch befriedete Räume geschaffen hat, indem sie den permanenten Krieg zwischen gleichstarken Konkurrenten zugunsten des Siegers beendete. Bedenkenswert dürfte ferner sein, daß die Kolonialmächte sich auch deshalb relativ leicht durchsetzen konnten, weil sie oft Verbündete („Kollaborateure") fanden, die aus ihrer Unterjochung, Ausbeutung und Versklavung durch endogene Herrschaftsmächte ausbrechen wollten. Wichtig ist außerdem die Einsicht, daß oft gerade die Verfechter der militanten Aufklärung die effizientesten staatlichen Repressionssysteme ins Werk gesetzt haben.
Klaus-Georg Riegel

Imanuel Geiss, Die Habermas-Kontroverse. Ein deutscher Streit, Berlin 1988 (*Siedler Verlag*), 207 S.

Unter den Publikationen zum sogenannten „Historikerstreit" verdient der vorliegende Band eine besondere Beachtung. Der Autor versteht sich selbst als eher „linker" Historiker, aber vor allem ist er ein Nonkonformist. Dies bewies er schon einmal – in den sechziger Jahren –, als er die Thesen Fritz Fischers gegen die damals vorherrschende (eher „konservative") Lehrmeinung verteidigte. Inzwischen habe sich jedoch, eine neue, „linke Orthodoxie" in den Geschichts- und Sozialwissenschaften herausgebildet. Der „Historikerstreit" sei vor allem als Versuch der Vertreter dieser neuen „linken Orthodoxie" zu deuten, ihre inzwischen etablierte Vorherrschaft zu verteidigen. Die einstmals „kritische" Richtung in der Geschichtswissenschaft sei selbst dogmatisch erstarrt. Es sei ein Meinungsklima entstanden, das Konformismus und Opportunismus erzeuge:

Der Autor teilt nicht die Position von Nolte, Hillgruber, Hildebrand oder Stürmer. Aber er wendet sich entschieden dagegen, diese als „Apologeten" zu denunzieren. Eine Stärke des vorliegenden Büchleins: Geiss weist sehr detailliert und überzeugend nach, daß nur mit gefälschten und aus dem Kontext gerissenen Zitaten der „angeklagten" Historiker die absurde Unterstellung einer von ihnen beabsichtigten „Apologie" belegt werden konnte. Mangels wirklicher Beweise mußte man solche konstruieren. Es geht Geiss aber nicht nur um gefälschte Zitate, sondern auch um Denkverbote und Sprachregelungen, die sich nicht zuletzt in der (Ab-)Wertung bestimmter Begriffe widerspiegeln. Von der „Totalitarismustheorie" beispielsweise werde vielfach so abfällig gesprochen, „als sei es ein intellektuelles Verbrechen oder ein moralischer Defekt, sie noch zu vertreten" (S. 129), während man sich über den „Antikommunismus" in einer Art und Weise ereifere, die den Eindruck entstehen lasse, als gäbe es nur einen „moralisch unerlaubten" Antikommunismus (S. 115). Besonders interessant für die Leser des Jahrbuches dürften die Ausführungen über Massenmorde in der Weltgeschichte sowie den säkularisierten Fundamentalismus von rechts und links sein. Des öfteren verweist Geiss auf gemeinsame Denkstrukturen der beiden Extreme.

Weniger ergiebig erscheinen die Betrachtungen des Autors über Gegenwart und Zukunft „der Deutschen". Manchmal schon lästig ist die häufige Verwendung von Formulierungen wie: „die Deutschen" „dürfen", „dürfen nicht", „müssen", „müßten", „hätten" (noch dies und jenes zu lernen), „haben" (diese oder jene Pflicht) usw.

Auch wenn man dem Autor in manchen Punkten nicht beipflichten kann: Es ist erfreulich, daß sich angesichts des von Unterstellungen, inquisitorischer Motivforschung und persönlicher Polemik geprägten Disputs auch noch Mahner finden, die eine Rückkehr zur Vernunft einklagen. Geiss' Diskussionsbeitrag ist ein überzeugendes Plädoyer für mehr Offenheit, Sachlichkeit, Fairneß und Toleranz in der wissenschaftlichen Diskussion.

Rainer Zitelmann

Imanuel Geiss, Geschichte des Rassismus, Frankfurt a. M. 1988 (*Suhrkamp Verlag*), 375 S.

Der Verfasser, Professor für Neuere Geschichte an der Universität Bremen, stellt Entstehungsbedingungen und Konsequenzen des Rassismus nicht nur für die Moderne dar, sondern macht, über sein engeres Fachgebiet hinausgreifend, den Versuch, rassistische „Politik" universalhistorisch zu beschreiben und zu deuten, ausgehend vom Beginn des indischen Kastenwesens bis hin zu den Rassenkonflikten der Gegenwart, eine kritische Auseinandersetzung mit dem Begriff der „Rasse" einschließend. Geiss untersucht die verschiedenen Ausformungen von Rassismus und unterscheidet „Rassenhaß" und „Rassendiskriminierung", als deren äußerste Wirkung er Auschwitz und die Apartheid begreift. Antijüdisch-antisemitische und antinegroide Verhaltensweisen, historisch sich äußernd in der Ghettoisierung und in der Sklaverei, werden bei Geiss als epochenübergreifende Kontinuitäten sichtbar, gegen die sich der weltgeschichtliche Prozeß der Emanzipation mühsam und schrittweise durchsetzt, der selbst aber wiederum rassistische Reaktionen hervorruft, auf „unterschiedlichem Niveau der Gewaltanwendung".

Geiss bezieht ideologische und theoretische Elemente rassistischer Politik in seine Analyse ein, setzt sich im Schwerpunkt aber mit den realgeschichtlichen Vorgängen und nicht zuletzt den Hintergründen auseinander, die rassistische politische Entwürfe und Praktiken in den jeweiligen sozialstrukturellen und ökonomischen Problemlagen hatten. Wertungen werden erfreulicherweise nicht versteckt; Geiss weist seine Position aus: „Das Recht des Anderen auf Leben zu grundsätzlich den gleichen Bedingungen, die man selbst beansprucht." Insgesamt ist der Anspruch, den Rassismus als ein Kernübel der Menschheit nicht nur im Hinblick auf das gegenwärtige und das vorhergehende Jahrhundert darzustellen, überzeugend eingelöst. Was die Sichtweisen angeht, so hätten vielleicht sozialpsychologische Aspekte zumindest knapp berücksichtigt werden können.

Für den wissenschaftlichen und politischen oder pädagogisch-praktischen Umgang mit extremistischen Politikauffassungen heute – die mit rassistischen Konzepten nicht einfach identisch sind, aber vielfach Schnittmengen mit ihnen aufweisen – hat die Studie von Geiss ihren besonderen Wert durch ihre universalgeschichtliche Perspektive; es geht dabei nicht um ausweichende „Relativierung", sondern um die Einsicht in die menschheitsgeschichtliche Tragweite des Problems Rassismus.

Arno Klönne

Gert-Joachim Glaeßner (Hrsg.), Die DDR in der Ära Honecker. Politik – Kultur – Gesellschaft, Opladen 1988 (*Westdeutscher Verlag*), 689 S.

Dieser voluminös angelegte Band ist sicherlich einer der wichtigsten Reader zum anderen deutschen Staat. DDR-Experten (u. a. Irma Hanke, Hermann Weber, Dietrich Staritz, Gisela Helwig, Rüdiger Thomas, Ralf Rytlewski) – mit einem gewissen Übergewicht auf Berliner Autoren – geben einen Abriß von der Entwicklung in den siebziger und achtziger Jahren. Die Bestandsaufnahme kann insgesamt als geglückt bezeichnet werden, mag man auch den Tenor aller Beiträge nicht teilen. Manchmal werden krisenhafte Erscheinungen eher heruntergespielt.

Die Sammlung mit 38 Beiträgen ist umfassend konzipiert. Die sieben Kapitel reichen vom Komplex der deutschen Frage über Entwicklungstendenzen des politischen, wirtschaftlichen und sozialen Systems bis zur Bildungs- und Kulturpolitik. Ein eigener Abschnitt über die DDR als Gegenstand sozialwissenschaftlicher Forschung taucht ebenfalls auf. Es handelt sich um einen materialreichen Band, der die Veränderungen in der DDR gut einfängt, insbesondere im Bereich der Wirtschafts-, Sozial- und Bildungs- und Kulturpolitik. Nicht nur aufgrund seines Umfangs ist die bereits einem englischen Publikum dargebotene Abhandlung über „Machtverteilung und Partizipationschancen" (S. 186-213) von Hartmut Zimmermann, dem dieser Band zum 60. Geburtstag zugedacht ist, ein Fundament des Werkes. Besonders aufschlußreich dürften auch die Thesen von Rudolf H. Brocke und Clemens Burrichter zum „neuen Denken" sein. Es gilt einerseits als neue Offensive im Rahmen der Systemauseinandersetzung, andererseits als Möglichkeit der Dämpfung des Ost-West-Konflikts. Interessant ist ferner Katharina Belwes Kernthese, daß der gestiegene ökonomische Wohlstand die sozialen Kontakte reduziert. Die Abhandlungen zum Alltag in der DDR zieren ohnehin den Band.

In manchen etwas schönfärberischen Beiträgen kommt das diktatorische Element des politischen Systems nicht oder nur unzureichend zum Ausdruck. Das Bemühen um Sachlichkeit und der Verzicht auf eine affektbesetzte Sprache ist sicher begrüßenswert. Gegen eine „Entdämonisierung" (S. 118) der DDR bestehen keine Bedenken, aber das darf nicht zur Bagatellisierung gravierender Systemschwächen führen. Dieser Anspruch ist nicht mit einer Reaktivierung eines Feindbildes verbunden, jedoch mit dem Verzicht auf Blickverengung. In vieler Hinsicht hinkt die DDR in puncto Liberalität anderen Ländern im Ostblock nach. Insofern hätte man der hegemonialen Rolle der SED ebenso ein größeres Gewicht beimessen können, wie es angezeigt gewesen wäre, die oppositionellen Tendenzen, die sich etwa in der Vielzahl der Ausreiseanträge zeigen, angemessen zu erörtern und zu gewichten.

Eckhard Jesse

Hermann Graml, Reichskristallnacht. Antisemitismus und Judenverfolgung im Dritten Reich, München 1988 (*Deutscher Taschenbuch Verlag*), 292 S.

Walter H. Pehle (Hrsg.), Der Judenpogrom 1938. Von der „Reichskristallnacht" zum Völkermord, Frankfurt a. M. 1988 (*Fischer Taschenbuch Verlag*), 246 S.

Hans-Jürgen Döscher, „Reichskristallnacht". Die Novemberpogrome 1938, Frankfurt a. M./Berlin 1988 (*Ullstein Verlag*), 198 S.

Reichskristallnacht, Judenpogrom, „Reichskristallnacht" – die variierenden Titel belegen die Verlegenheit, wie man den Brand der Synagogen im November 1938 zu charakterisieren hat. An der Einzelgängerschaft des jungen Juden Herschel Grünspan gibt es heute keine Zweifel mehr. Sowohl die These einer nationalsozialistischen Provokation, wie sie etwa Edouard Calic vertritt, als auch die Auffassung von einer jüdischen Verschwörung ist bar jeden empirischen Belegs. Ebenso geklärt ist die nationalsozialistische Inszenierung der „Reichskristallnacht" als Reaktion auf den Mordanschlag in Paris. Als strittig hingegen muß nach wie vor der Stellenwert dieser Aktionen gelten. Waren Sie eine Vorstufe zum Holocaust, oder stand die Aktion mit den späteren Verbrechen nicht ursächlich in Verbindung?

Entgegen dem Titel bietet Graml praktisch eine systematische Studie der Judenverfolgung im „Dritten Reich". Der „Reichskristallnacht" sind nur etwa vierzig Seiten gewidmet. Der Münchner Zeithistoriker repräsentiert jene Richtung der „Planer" in der Forschung, die die „Kristallnacht" als Etappe in der „Endlösung" interpretiert. Aber gerade nach der „Kristallnacht", das läßt sich gegen Graml einwenden, wurde die Auswanderung der Juden zu forcieren gesucht.

Der Sammelband von Walter H. Pehle, der in den meisten Beiträgen auch über die „Kristallnacht" hinausgeht, stellt im Untertitel einen Zusammenhang zwischen der „Reichskristallnacht" und dem Holocaust her. Der Herausgeber behauptet, daß die „Ausschreitungen auf ein Ziel hinausliefen: auf die Vernichtung der Juden in Deutschland und später in ganz Europa" (S. 10). Leider bringt er die Frage, ob es einen Befehl Hitlers zum Judenmord gibt, mit der (längst geklärten) Frage nach der moralischen Qualifikation Hitlers in Verbindung. Ein Beitrag wie der von Uwe Dietrich Adam, einem Repräsentanten der Theorie vom „Kompetenz-Chaos", ist demgegenüber weitaus überzeugender, wenngleich diese Position – gegenwärtig – noch mit dem Minderheitenstatus vorliebnehmen muß.

Döscher, der durch seine Arbeit über „Das Auswärtige Amt im Dritten Reich" Aufsehen erregt hat, zweifelt ebenfalls nicht an der Einzelgängerschaft Grünspans. Er bietet jedoch eine interessante Variante insofern, als er die (umstrittene) These vertritt, das Tatmotiv liege im homosexuellen Milieu und habe mit Erpressung zu tun. (Grünspan dürfte den Legationssekretär vom Rath aber gar nicht gekannt haben.) Auch sonst setzt Döscher manche Akzente anders:

Antijüdische Pogrome hätten als Ventilfunktion der antisemitisch gestimmten Parteibasis gedient. Viele Details der Forschung zum „Dritten Reich" scheinen also noch nicht geklärt zu sein. Das gilt zum Teil auch für die „Reichskristallnacht".
Eckhard Jesse

Hans Ulrich Helfer, Politisch motivierte Anschläge in der Schweiz 1987, Zürich 1988 (*Presdok AG*), 107 S.

Seit 1984 dokumentiert der frühere Staatsschutzbeamte in Zürich, Hans Ulrich Helfer, „Politisch motivierte Anschläge in der Schweiz". Die Jahresübersicht von 1987 ist sorgfältig gearbeitet, klar und übersichtlich gegliedert, von gut lesbarer Diktion.

Die Analyse Helfers basiert vorwiegend auf einer Sammlung von Presseausschnitten. Dadurch ergibt sich ein facettenreiches Bild extremistischer Anschläge in der Schweiz. Während der erste Teil der Broschüre der Analyse dient, finden sich im zweiten Teil die jeweils zu den entsprechenden Anschlägen passenden Zeitungsmeldungen. 1987, so verzeichnet Helfer, gab es 89 politisch motivierte Aktionen in der Schweiz.

Der Analyseblock ist unterteilt in die zeitlichen Schwerpunkte der Aktionen sowie in ihre Ziele, Objekte, Zielgruppen und Anschlagsformen. Auflistung der Schadenssummen sowie die Täterzuordnung folgen. Eine knappe Zusammenfassung und Anmerkungen zur Bedrohungslage schließen die Analyse ab.

Wenn Helfer für seine 87er Analyse einen Rückgang der „Vehemenz und Durchschlagskraft" im internationalen Terrorismus sieht und eine ansteigende Bedeutung des nationalen Terrorismus (Befreiungsbewegungen etc.) konstatiert, so mag diese Bewertung für den untersuchten Zeitraum wohl richtig gewesen sein – inzwischen ist diese Schlußfolgerung doch überholt und durch blutige Fakten im Jahre 1988 widerlegt. Die Kraft des internationalen Terrorismus ist nach wie vor ungebrochen.

Als Ganzes bietet Helfers Broschüre einen sinnvoll aufgebauten und mit Akribie verfaßten Überblick über den Schweizer Raum im Kontext politisch motivierter Anschläge. Ein empfehlenswertes Nachschlagebuch, das Terrorismusexperten, Polizeien und Wissenschaftlern einen schnellen Zugriff auf die Ereignisse in dem jeweils untersuchten Jahr erlaubt.
Rolf Tophoven

Edmund Jacoby (Hrsg,), Lexikon linker Leitfiguren. 200 Kurzbiographien, Frankfurt a. M./Olten/Wien 1988 (*Büchergilde Gutenberg*), 422 S.

Die 103 Autoren der 200 Kurzbiographien von Wolfgang Abendroth bis Arnold Zweig werden in der Vorbemerkung summarisch wie folgt vorgestellt: „Sozialdemokrat(inn)en verschiedenster Couleur, Gewerkschafter(inn)en, Sympathisant(inn)en einer Neuen Linken, die größtenteils in der Partei der Grünen ein (vorläufiges?) politisches Kristallisationszentrum gefunden hat; Journalist(inn)en, Schriftsteller(innen), Wissenschaftler(innen)" (S. 8).

Das „Lexikon linker Leitfiguren" bietet manche Überraschungen, so wenn wir dort nicht nur Oswald von Nell-Breuning, Mitglied der Gesellschaft Jesu, und Papst Johannes XXIII., Ludwig van Beethoven und Immanuel Kant begegnen, sondern auch Franz von Assisi und sogar Jesus Christus. Man scheut nicht davor zurück, auch Terroristen wie Gracchus Babeuf und Ulrike Meinhof aufzunehmen.

Der Herausgeber räumt ein: „Auch die Linke hat sich zur Heldenverehrung hinreißen lassen; dort wo sie Marx-Engels-Lenin-Stalin-Mao Tse-tung zu Kultfiguren machte, hatte sie ihre Kraft als kritisch erneuernde Bewegung schon verloren." (S. 7) Aber sie alle, nur Stalin ausgenommen, begegnen uns in dieser Ruhmeshalle. Dabei wird nicht in Abrede gestellt, daß auch Stalin „für Millionen klassenbewußter Arbeiter und revolutionärer Intellektueller" ein Leitstern war. „Dennoch darf man ihn heute als ‚toten Hund' behandeln, der – Gott sei Dank – keine Rolle als Leitfigur mehr spielt. Ein Artikel über ihn wäre ein Fremdkörper in einer Sammlung von Biographien gewesen, deren Autorinnen und Autoren – bei aller Kritik - stets doch zumindest mit Respekt von ‚ihrer' Leitfigur schreiben." (S. 8) Genau hier beginnt das Dilemma. Wie kann jemand, der auf dem Boden des Grundgesetzes steht, zu einem Leitbild aufschauen, das der rechtsstaatlichen Demokratie den Kampf angesagt hat? An drei dieser Irrlichter soll die Frage veranschaulicht werden.

Der erste Satz der ersten Besprechung lautet: „Wolfgang Abendroth verkörperte die vielfach besiegte, aber nicht untergegangene Tradition eines Deutschland sozialistischer Demokratie, das weder im Westen noch im Osten politische Realität geworden ist." (S. 11) Was ist das für eine „Demokratie", die Abendroth nach seinem Ausschluß aus der SPD, 1961, zu verwirklichen trachtete? Immer eindeutiger stellte er sich in den Dienst der DKP. Doch davon keine Silbe in der Biographie.

Die Lenin-Kurzbiographie stammt aus der Feder von Hermann

Weber, der sich durch seine so gediegenen Arbeiten über die Geschichte der DDR einen geachteten Namen gemacht hat. Sein Lenin-Bild kontrastiert jedoch an vielen wichtigen Punkten mit der Wirklichkeit. Die Oktober-Revolution nennt er Lenins „überragende Tat [...] Das Niederreißen der alten russischen Gesellschaft und die ersten Schritte des Neuaufbaus sind für immer mit Lenins Namen verbunden." (S. 227) Aber das alte Rußland wurde doch schon im Februar 1917 gestürzt, als sich Lenin noch in der Schweiz aufhielt! Er hat die junge Pflanze der Demokratie mit skrupelloser Gewalt zertreten.

Wenn schon Lenin so sehr verklärt wird, liegt die Befürchtung nahe, daß Marx über jede Kritik erhaben ist. Diesen Beitrag leistet Iring Fetscher. Kein Wort über die schwerwiegenden Gründe, die dazu führten, daß die SPD 1959 mit dem Godesberger Programm Marx fallen ließ. Sie hatte erkannt: Der Jude Marx war ein Antisemit, ein Hasser der slawischen Völker, ein Vorkämpfer des Totalitarismus, jener Geißel der Menschheit, die im 20. Jahrhundert Millionen und Abermillionen ins Verderben stürzen sollte. Während dies verschwiegen wird, werden Ammenmärchen aufgetischt. Da heißt es beispielsweise: „Die Verbreitung des Manifestes [der Kommunistischen Partei] wurde von den Behörden gewaltsam unterdrückt." (S. 267 f.) Tatsache ist, daß Marx 1848 als Herausgeber der Neuen Rheinischen Zeitung über Monate hinweg Gelegenheit gehabt hätte, den Inhalt des Manifestes allgemein bekannt zu machen. Doch es erschien ihm nicht ratsam, sich als Kommunist zu decouvrieren. Er wählte die Kriegslist, Absichten durch ein demokratisches Mäntelchen zu kaschieren.

Wenn diese Biographien für das Ganze stehen, der Rezensent kann viele der anderen Biographien nicht sachkundig würdigen, dann ist das Lexikon eine pseudowissenschaftliche Sammlung von Heiligenlegenden, wie sie, der Art nach, in der vorkonziliaren katholischen Erbauungsliteratur häufig anzutreffen waren. Während jedoch die religiösen Legenden als relativ harmlos zu bezeichnen sind, wird hier manchen Feinden der rechtsstaatlichen Demokratie ein Heiligenschein verpaßt, der die Berufung auf sie und ihre Lehre von vornherein exkulpiert.

Konrad Löw

Ian Kershaw, Der NS-Staat. Geschichtsinterpretationen und Kontroversen im Überblick, Reinbek bei Hamburg 1988 (*Rowohlt Verlag*), 352 S.

Der britische Historiker Ian Kershaw, namhafter NS-Experte und in der Bundesrepublik durch sein Buch „Der Hitler-Mythos. Volksmeinung und Propaganda im Dritten Reich" bekannt geworden, legt eine Überblicksdarstellung wichtiger Interpretationen der Geschichte des Nationalsozialismus vor. Diskutiert werden u. a. die Situation des Historikers angesichts des Nationalsozialismus, der grundsätzliche Charakter dieser Diktatur, das Verhältnis von Politik und Wirtschaft und in verschiedenen Zusammenhängen die Frage, ob Hitler „Herr und Meister" oder „schwacher Diktator" gewesen sei. Abschließend wendet sich Kershaw der von Martin Broszat eröffneten Debatte über die „Historisierung" des Nationalsozialismus und dem „Historikerstreit" zu. Die komplexe „Sonderweg"-Debatte, soziale Zusammensetzung der NS-Bewegung, Verbindung der NS-Bewegung mit dem „Großkapital" vor 1933, aber auch die Widerstandsproblematik hat der Autor – "wenngleich widerstrebend" – ausgespart.

Kershaw zeigt jeweils die Relevanz einer Fragestellung, zeichnet die Konturen der Diskussion nach und versucht eine Auswertung, die aber nicht das letzte Wort sein will; denn mehrfach weist er auf die Grenzen der Erklärbarkeit des Nationalsozialismus hin. Indem Kershaw die gesellschaftliche Vernetzung geschichtswissenschaftlicher Positionen herausarbeitet, ist die Untersuchung auch eine aufschlußreiche politische Wissenschaftsgeschichte.

Der Nationalsozialismus, diese „parasitäre Wucherung auf der alten Gesellschaftsordung", war ein Werk der Zerstörung in jeder Hinsicht. Die Diskussion darüber, ob diese Zerstörung und Vernichtung von Anfang an festgeschrieben war oder sich durch die Struktur des NS-Regimes ergab, füllt breiten Raum in Kershaws Buch. Der Autor nimmt eine vermittelnde Position ein. So habe Hitlers Rolle bei der Herausbildung der „Endlösung" darin bestanden, „für das brutale Klima zu sorgen [. . .] und Initiativen, die hauptsächlich von anderen kamen, zu sanktionieren und zu legitimieren. Mehr war nicht erforderlich." Einen konkreten Plan, die jüdischen Menschen zu vernichten, habe es im Jahre 1933 nicht gegeben. Die konkrete Gestalt der Judenvernichtung entstand durch die Dynamik der vom Regime geschaffenen Zug- und Druckkräfte. Mit dieser gut belegten Position entgeht Kershaw der Gefahr, mit dem „intentionalistischen" Konzept den Komplex der Mitmacher und Mitläufer in Bevölkerung und Herrschaftsapparat zu entschuldigen oder mit dem „strukturalistischen" Konzept quasi eine Entschuldigung Hitlers vorzunehmen.

Kershaw fordert eine umfassende historische Darstellung des Nationalsozialismus, worin die bisher von verschiedenen Richtungen erbrachten Forschungsergebnisse zu einer Synthese zusammengefaßt werden. Auf dem Gebiet der Interpretationen des Nationalsozialismus hat Kershaws profunde Arbeit eine solche Synthese über weite Strecken erreicht.

Bernd-A. Rusinek

Peter Graf Kielmansegg, Das Experiment der Freiheit. Zur gegenwärtigen Lage des demokratischen Verfassungsstaates, Stuttgart 1988 (*Verlag Klett-Cotta*), 202 S.

Geredet, geschrieben und theoretisiert wird viel über den demokratischen Verfassungsstaat, seine Politiker und Bürger, seine Strukturen und Handlungsspielräume. Wenig, zu wenig aber wird auf eine Weise hinter den Erscheinungen, nach den Ursachen und Bedingungen verfassungsstaatlicher Ordnung gefragt, die zur Tiefenschärfe und Präzision bei der Annäherung an und Auseinandersetzung mit dieser politischen Lebensordnung beitragen würde. Gewissenhaft und logisch streng, essayistisch brillant und wissenschaftlich differenziert, politisch sensibel und sub specie einer breit ausgeleuchteten historischen Perspektive legt Peter Graf Kielmansegg einen Befund der gegenwärtigen Lage des demokratischen Verfassungsstaates vor, der ein wahrhaftes Kabinettstück bester politischer Wissenschaft zu nennen ist. Entstanden aus Einzelstudien, ist ein Buch gegossen worden, das besticht und inspiriert, das Partei nimmt, ohne parteiisch zu sein, das der civitas gewidmet ist und ihrer Selbstvergewisserung dient.

Kielmansegg beschreibt die entscheidenden Spannungsbögen und Konfliktfelder, die sich bei gewissenhafter theoretischer und praktischer Annäherung an den Verfassungsstaat auftun, den zwischen demokratischer Selbstregulierung und rechtsstaatlicher Beschränkung oszillierenden Sonderfall gesicherter und gebändigter Freiheitlichkeit. Überzeugend plädiert er für die Mehrheitsregel und dafür, den Streit über die Sache nicht zu einer Kontroverse über die Austragungsmodalitäten umzuformen. Freiheit bleibe existentiell gefährdet – durch sich selbst, durch neue Ansprüche im Sinne der Interessensicherungspolitik, durch neue Konflikte im Zeichen einer Besitzstandswahrungswirklichkeit, durch neue Aufgaben geprägter Herausforderung. Abgewogen, mit der Souveränität eines erfahrenen Schachspielers setzt Kielmansegg Argument vor Argument, Stein um Stein. Unter dem „Dauerdruck einer permanenten Überforderung" (S. 29) müsse der Verfassungsstaat zerbrechen, wenn die Politik einen stets weiter expandierenden Zuständigkeitsbereich für sich akklamiere, der kaum noch bewältigt werden kann und der „Vorherrschaft der Gegenwart" (S. 31) immer weiteren Vorschub leistet, dem Denken in Wahlkämpfen, Status quo-Sicherungen und Zielkonflikten.

Bestechend wirkt seine Darlegung des Demokratie- und Repräsentativgedankens. Kielmansegg weist nach, daß das Repräsentativprinzip älteren Ursprungs ist – zumal in der englischen Verfassungsentwicklung – und ihm im Rahmen des neuzeitlichen Verfassungsstaates gewissermaßen das Demokratieprinzip aufgesetzt wurde. In Anlehnung an Wilhelm Hennis widmet er die Scharfsicht seiner Analyse der Rehabilitation des Amtsgedankens, der als Pendant zum Demokratieprinzip Träger verfassungsmäßiger Bändigung und Bindung des Politischen sei. Eine Synthese von Demokratie- und Amtsprinzip müsse stets neu versucht werden, und dieser Ansatz greife tiefer als die Dichotomie von Demokratie und Repräsentation. Der Amtsgedanke schwört den Amtsinhaber unmißverständlich auf das Gemeinwohlprinzip ein, was für die Repräsentationsformel nicht unbedingt gegeben ist, wie die Erfahrungen in der zeitgenössischen Parteiendemokratie nachhaltig beweisen. Allein aus der Zuordnung von Demokratie- und Amtsprinzip erwachse „die einzig annehmbare Lösung des Problems der Institutionalisierung politischer Freiheit, die wir kennen" (S. 64).

So unzweideutig klar sein Standpunkt, so wenig selbstkritiklos ist seine Position. Kielmansegg weist darauf hin, daß der demokratische Verfassungsstaat mit einem bestimmten Grad an Spannung zwischen den beiden Prinzipien Demokratie und Repräsentation leben müsse. Damit dies Experiment der Freiheit sich stets neu bewähren möge, bedarf es der soliden Selbstvergewisserung seiner geistigen, logisch-stringent untersuchten Grundlagen. Dazu hat Peter Graf Kielmansegg einen wertvollen Beitrag vorgelegt, der über eine rein analytische Bestandsaufnahme hinausgeht: Es ist ein überzeugendes Plädoyer für eine Staatsordnung, die mehr wird als nur die zweitbeste, wo wie hier mit den Kategorien strenger Rationalität ihr inneres, dem Menschen dienendes Wesen erschlossen wird.

Ludger Kühnhardt

Ulrich Klug/Martin Kriele (Hrsg.), Menschen- und Bürgerrechte. Vorträge auf der Tagung der deutschen Sektion der Internationalen Vereinigung für Rechts- und Sozialphilosophie (IVR) in der Bundesrepublik Deutschland vom 9.-12. Oktober 1986 in Köln, Stuttgart 1988 (*Carl Heymanns Verlag*), 152 S.

An vorderster Stelle heißt es im Grundgesetz (Art. 1 Abs. 2): „Das deutsche Volk bekennt sich darum zu unverletzlichen und unveräußerlichen Menschenrechten". Wer als Glied des deutschen Volkes das Grundgesetz nicht Lügen strafen will, wer sich zu den Menschenrechten bewußt bekennt, tut gut daran, nach Ursprung, Inhalt, Zweck der Menschenrechte zu fragen. Die hier abgedruckten Aufsätze geben darauf von verschiedenen Blickwinkeln aus eine solide, wenngleich nicht erschöpfende Antwort.

Ulrich Klug unternimmt den „Versuch einer philosophischen Begründung der Menschenrechte". Untertitel: „Mögliche und nichtmögliche Eingangspositionen für eine Rechtsmetaphysik". Er bestätigt, was der Text des Grundgesetzes schon vermuten läßt: Die Menschenrechte sind Axiome. Kein naturwissenschaftlicher Beweis zwingt die reine Vernunft zu ihrer Annahme. Wer sich aber zur Menschenwürde bekennt, bekennt sich damit auch zu den Menschenrechten. Krieles hochbedeutsamer Beitrag „Menschenrechte und Gewaltenteilung" fand Eingang in sein Buch „Die demokratische Weltrevolution – warum sich die Freiheit durchsetzen wird". Martin Heckel bietet die Kurzfassung seiner Monographie „Die Menschenrechte im Spiegel der reformatorischen Theologie". Jeder Satz ist inhaltsschwer, jeder Absatz entspricht einem Kapitel. Trotzdem bleibt das Ganze allgemeinverständlich. Der Leser fühlt sich solide informiert. Gleiches gilt für Josef Isensees Beitrag „Wahrheit und Freiheit – Die Position der katholischen Kirche des 19. Jahrhunderts zur menschenrechtlichen Freiheitsidee als staatsphilosophisches Paradigma". Auch dabei handelt es sich um eine Kurzfassung, auch dabei wird ein ganz wesentlicher Beitrag zur Geschichte der Menschenrechte geleistet: das Christentum als Wegbereiter der Menschenrechtsidee und zugleich als Gegner, insbesondere der Glaubens- und Meinungsfreiheit. „Menschenrechte, politisches Denken und politische Systeme" ist Ludger Kühnhardts Ausarbeitung überschrieben. Hier steht, seiner Habilitationsschrift korrespondierend, die Frage nach der Universalität der Menschenrechtsidee in den einzelnen Kulturkreisen und Erdteilen im Vordergrund. Ein enger, wenngleich wichtiger Ausschnitt wird von Gerald Grünwald abge-

handelt: „Menschenrechte im Strafprozeß". Seinem eher pessimistischen Resümee wird nur der folgen, der sich seine Axiome zu eigen macht. Noch enger ist der Bereich der beiden letzten Aufsätze, die sich neuen Schwerpunktthemen zuwenden: Gerhard Struck „Die ‚Würde des Menschen' als Argument und Tabu in der Debatte zur Fertilisations- und Gentechnologie"; Wolfgang Graf Vizthum „Gentechnologie und Menschenwürde-Argument".
Konrad Löw

Hans-Helmuth Knütter, Hat der Rechtsextremismus in der Bundesrepublik Deutschland eine Chance?, Bonn 1988 (*Osang Verlag*), 107 S.

Als Hans-Helmuth Knütter die derzeitigen Chancen des Rechtsextremismus in der Bundesrepublik untersuchte, waren ihm die Erfolge der NPD und der Republikaner von 1989 noch nicht bekannt. Er konnte diese Entwicklung nicht voraussehen. Sonst hätte er sich sicher ausführlicher mit dem Problem des Protestwählers befaßt, der – ohne ideologische Bindung an Programm und Ziele – der NPD schon von 1966 bis 1968 zu überraschend hohen Wahlergebnissen verhalf. Wahrscheinlich wäre Knütter auch unter Berücksichtigung dieser Faktoren zu demselben Ergebnis wie jetzt gekommen, nämlich zu der Feststellung, daß der Rechtsextremismus von linker Seite in vielen Fällen nicht bekämpft wird, um die freiheitlich-demokratische Grundordnung zu verteidigen, sondern um die parlamentarische rechtsstaatliche Demokratie im linksextremen Sinn zu verändern.

Diese These belegt der Autor mit einer Darstellung des Antifaschismus, die sich eingehend mit den Auswirkungen der Antifaschismus-Theorie in den verschiedenen politischen Facetten befaßt, die Entstehung der Theorie aus der Auflösung der Totalitarismus-Diskussion aber leider nur streift. Die Behauptung, der „Wandel der politischen Kultur in der Bundesrepublik" könne an den Veränderungen der Antifaschismus-Argumentation der SPD abgelesen werden, hätte durch Beispiele gestützt werden können. Die Kriterien zur Unterscheidung des Rechtsextremismus vom linken Extremismus sind treffend. Ob allerdings die „direkte oder indirekte Bejahung von Gewalt und Terror im weitesten Sinne" zum Rechtsextremismus gehört, d. h. ob man ohne ein solches Merkmal von Rechtsextremismus nicht sprechen kann, ist zweifelhaft.

Es ist sicher richtig, daß die Entwicklung des Neonazismus von linksextremer Propaganda begünstigt worden ist. Zuzustimmen ist dem Verfasser auch, wenn er feststellt, der Umgang mit rechtsextremen Gedankengut sei u. a. dadurch gefördert worden, daß die Linke Anfang der achtziger Jahre Interesse an nationalen Fragen gewann. Die Chancen des Rechtsextremismus in der Bundesrepublik werden trotzdem zu Recht als nahezu aussichtslos bewertet. Die intellektuelle Verarmung ideologischer Begründungsversuche ist nicht zu verkennen. Das hat sich seit 1945 nicht geändert.

Bemerkenswert ist dann doch die Besorgnis, der Rechtsextremismus könne die politische Situation in der Bundesrepublik deshalb negativ beeinflussen, weil die von der extremen Linken vorgetragene Agitation gegen die an sich chancenlosen verfassungsfeindlichen Extremisten der Rechten in Wahrheit nicht gegen deren Organisation ziele, sondern die Bundesrepublik und ihre politische Ordnung treffen wolle.
Hans Josef Horchem

Curzio Malaparte, Technik des Staatsstreiches, Berlin 1988 (*Edition Tiamat*), 195 S.

Die „Technica del colpo di Stato" von Malaparte gehört zu den klassischen Schriften der Soziologie der Revolution. Sie erschien 1931 als „Technique du coup d'état" bei Grasset (Paris). Das Interesse an diesem scharfsinnigen und provozierenden Essay des Journalisten, Schriftstellers und Zeitzeugen Malaparte hat nicht nachgelassen, sondern sich noch eher verstärkt. Der Grund für dieses Interesse liegt darin, daß die überraschenden Einsichten des Essays im eklatanten Widerspruch zu den Axiomen der neuzeitlichen Revolutionssoziologie liegen. Diese geht nämlich immer noch von der Annahme aus, daß Revolutionen durch die Strukturdefizite der jeweiligen Gesellschaftsordnung bedingt seien, eine Annahme, die den historischen Ursachenkonstellationen von Revolutionen nicht gerecht wird. Malaparte hingegen stützt sich auf seine historischen Kenntnisse und zieht daraus den Schluß: Revolutionen werden von geschichtsmächtigen Akteuren inzeniert, die die Kunst des Staatsstreiches erlernt haben. Der Staatsstreich darf nicht mit dem Putsch, der Palastrevolte, der Rebellion und der Massenerhebung verwechselt werden. Der moderne Staatsstreich, so Malaparte, ist eng mit den technischen Sonderbedingungen von modernen Industriegesellschaften verbunden. Er ist daher „ein Problem technischer Ordnung [. . .] Der Aufstand wird nicht mit Massen gemacht, sondern mit einer Handvoll Männer, die [. . .] in der Aufstandstaktik ausgebildet sind und trainiert, gegen die Lebenszentren der technischen Organisation des Staates schnell und hart zuzuschlagen. Diese Stoßtruppe muß aus Gruppen von Facharbeitern, Mechanikern, Elektrikern, Telegraphisten und Radiotelegraphisten gebildet werden und dem Befehl von Ingenieuren, Technikern unterstehen, die das technische Funktionieren des Staates kennen" (S. 67). Wer die Staatsmacht erobern will, so könnte man hinzufügen, muß über technischen Sachverstand verfügen, während revolutionärer Enthusiasmus und Massenerhebung nur als Staffage für die effektvolle Inszenierung von Staatsstreichen fungieren.

Mit dieser Betonung einer voluntaristischen, auf die technischen Nervenzentren moderner Gesellschaften zielenden Bestimmung revolutionärer Aktivität stemmte sich Malaparte gleichermaßen gegen marxistische und faschistische Revolutionsmythologien, die sich als berufene Sachwalter ihrer Klassen und Völker zu verstehen pflegten. Als Kronzeugen für seine mythenzerstörende Interpretation nennt Malaparte ausgerechnet Trotzki, Stalin, Mussolini und Hitler. Es war vor allem Trotzki, der mit seinem Staatsstreich von 1917 nicht nur die strategischen Überlegungen Lenins Makulatur werden ließ, sondern darüberhinaus bewies, daß eine Regierung dem modernen Staatsstreich mit dem Einsatz von Polizeimethoden nicht gewachsen war. Stalin hatte diese Lektion begriffen, als er den Machtkonkurrenten Trotzki mit dessen eigenen Mitteln schlug, indem er die modernen Techniken der GPU benutzte, um den drohenden Staatsstreich von Trotzki schon im Keime zu ersticken. Überhaupt gehören diese Partien des Essays zu den auch heute noch interessanten Ausführungen, da sie hinter den Ideen, Gruppen und Mächten des revolutionären Geschehens die technischen Möglichkeiten der Massenkommunikation hervorheben, die dem bedrohten Staat wie den Verschwörern gleichermaßen zur Verfügung stehen. Wichtig sind auch die Ausführungen zu den legalen Staatsstreichstrategien von Mussolini und Hitler, die beide revolutionäre Gewalt und parlamentarische Legalität zu verbinden und ihre „faschistische Aufstandsmaschine" (S. 146) erfolgreich gegenüber ihren marxistischen Gegnern einzusetzen wußten.

Wem die sterilen Aufgeregtheiten des heutigen „Historikerstreites" zum historischen Geschehen der dreißiger Jahre langweilen, der greife zu Malapartes Essay, der historisches Wissen, unkonventionelle Perspektiven, kritisches Urteilsvermögen und den Mut zur schonungslosen Offenheit dem Leser zu bieten hat.

Klaus-Georg Riegel

Werner Müller, Lohnkampf, Massenstreik, Sowjetmacht. Ziele und Grenzen der „Revolutionären Gewerkschafts-Opposition" (RGO) in Deutschland 1928-1933, Köln 1988 (*Bund Verlag*), 433 S.

Der Versuch der KPD in der Endphase der Weimarer Republik, die Freien Gewerkschaften zu spalten und konkurrierende eigene aufzubauen, war Teil des ultralinken Kurses der Komintern ab 1928, der das seine zum Untergang der Weimarer Demokratie beitrug. Bis in die Gegenwart reichen traumatische Erinnerungen an jene Politik der kommunistischen „Revolutionären Gewerkschafts-Opposition" und nähren Zweifel an einer prinzipiellen Gewerkschaftsloyalität von Kommunisten. Es ist daher zu begrüßen, daß der Mannheimer Historiker Werner Müller nun erstmals die Geschichte der RGO-Politik detailliert, auf der Grundlage eines breiten Quellenmaterials und mit kühler Kritik dargestellt hat.

Seine Arbeit zeichnet zunächst chronologisch die Etappen der RGO-Politik nach: die innergewerkschaftliche Fraktionsbildung bis Juni 1929, den Aufbau eines eigenen organisatorischen Netzwerks bis Mai 1930, das Hervortreten selbständiger RGO-Gewerkschaften bis Mitte 1931 und schließlich die doppelgleisige Aktivität in RGO- wie Freien Gewerkschaften. Bereits hier, vor allem aber in dem folgenden, systematisch angelegten Teil des Buches wird eine tiefe Kluft zwischen deklamatorischem Anspruch und schnöder Realität der RGO deutlich. Die RGO stieß mit ihren Betriebsratslisten, Betriebsrätekonferenzen und separaten Streikaktionen immer wieder auf enge Grenzen: „Einzelne spektakuläre Aktionen standen einem Fehlschlag auf breiter Front gegenüber", resümiert Müller beispielsweise zur Streikpolitik (S. 120). Selbst die übertriebenen offiziellen RGO-Mitgliederzahlen mit einem Maximum von 374.000 im Januar 1932 lassen angesichts der Millionenzahl freier Gewerkschaftler den Mißerfolg erkennen. Statt die Massen zu erobern, geriet man eher in eine „Selbstisolation".

Die Ursachen für dieses – angesichts Weltwirtschaftskrise und massiv ansteigender KPD-Wählerzahlen bemerkenswerte – Scheitern sieht Müller in dem Versuch, Gewerkschaften als bloße „politische Kampfinstrumente auf betrieblichem Feld" (S. 401) einzusetzen und demgegenüber die Vertretung konkreter Tagesinteressen hintanzustellen. In Arbeit Stehende, selbst kommunistische Traditionsgewerkschaftler, seien daher kaum für die RGO-Politik zu erwärmen gewesen.

Wenn auch die Thematik im engeren Sinne umfassend und über-

zeugend bearbeitet ist – an einigen Punkten hätte der Autor doch etwas weiter ausgreifen können. So kommen die Abwehrreaktionen der Freien Gewerkschaften, abgesehen von organisatorischen Sanktionen, kaum recht ins Blickfeld. Auch hätte ein vergleichender Blick auf den in anderen Staaten von der Komintern ebenfalls initiierten ultralinken Gewerkschaftskurs die Ergebnisse der Arbeit möglicherweise stützen und ihre Perspektive erweitern können. Schließlich hätte es nahegelegen, die Rolle der RGO-Politik für den Untergang der Weimarer Republik zu erörtern.
Wolfgang Rudzio

David North, Das Erbe, das wir verteidigen. Ein Beitrag zur Geschichte der Vierten Internationale, Essen 1988 (*Arbeiterpresse Verlag*), 527 S.

Der Trotzkismus ist heillos zerstritten – in der Bundesrepublik wie in der gesamten Welt. In der Bundesrepublik repräsentiert der „Bund Sozialistischer Arbeiter" die deutsche Sektion des Internationalen Komitees der Vierten Internationale. Der Verfasser dieser Darstellung ist der nationale Sekretär der „Workers League", einer winzigen trotzkistischen Partei in den USA, die auf Seiten des Internationalen Komitees der Vierten Internationale steht. Die aus einer Zeitschriftenserie hervorgegangene Studie wendet sich gegen die britische „Workers Revolutionary Party" um den später aus ihr ausgetretenen Michael Banda, die die Berufung des Internationalen Komitees der Vierten Internationale auf Trotzki in Zweifel zieht.

Es ist nun die nicht überraschende These des Autors, daß Bandas „27 Gründe, weshalb das Internationale Komitee sofort begraben und die Vierte Internationale aufgebaut werden muß" sich seinerseits zu Unrecht auf Trotzki beruft. In diesem Band wimmelt es nur so von gehässigen Unterstellungen gegen das „Liquidatorentum", den „Opportunismus", den „Revisionismus" sowie das „Renegatentum". Das Buch setzt Indsider-Wissen voraus, um die zahlreichen innertrotzkistischen Streitigkeiten beurteilen zu können. Die dauernden Seitenhiebe auf andere „Fraktionen" überlagern immer wieder die eigentliche Darstellung der wechselvollen Geschichte der IV. Internationale seit der Ermordung Trotzkis, die eindeutig zu kurz kommt. Die ideologischen Kämpfe innerhalb des Trotzkismus sind offenbar so stark, daß die Auseinandersetzung mit dem Klassenfeind hintansteht. Das gilt für die politische Praxis wie für die Theorie. Dieser Band ist dafür ein Musterbeispiel. Bei allen – im einzelnen schwer

überprüfbaren – Detailinformationen handelt es sich um ein sektiererisches Werk, das die sektiererische Politik von Sektierern an den Pranger stellt.
Uwe Backes

Helmut Reinalter, Die Französische Revolution und Mitteleuropa. Erscheinungsformen und Wirkungen des Jacobinismus. Seine Gesellschaftstheorien und politischen Vorstellungen, Frankfurt a. M. 1988 (*Suhrkamp Verlag*), 235 S.

Reinalter ist Professor und Leiter der Forschungsstelle „Demokratische Bewegungen in Mitteleuropa 1770-1850" in Innsbruck und durch eine Fülle von Publikationen zum Problem des politischen Radikalismus im Zeitalter der Französischen Revolution ausgewiesen. Der vorliegende Band enhält neun Aufsätze – sechs überarbeitete Fassungen früherer Studien, drei Originalbeiträge.

Reinalter will zeigen, daß Erscheinungsformen des Jakobinismus an den politischen und sozialen Veränderungen, die im Zuge der Französischen Revolution auch Mitteleuropa erfaßten, nicht unbeträchtlich beteiligt waren. Der Jacobinismusbegriff nahm als konterrevolutionärer Kampfbegriff sehr diffuse Bedeutungen an und ist bis heute in der Forschung umstritten (S. 39 ff.). Reinalter warnt mit Recht davor, ihn – wie etwa W. Grab das tut – zu weit zu fassen und plädiert für eine sorgfältige Differenzierung nach Inhalten und Erscheinungsformen. Tatsächlich revolutionäre Demokraten, die zum gewaltsamen Umsturz bereit waren, gab es in Mitteleuropa nur sehr wenige. Sie fanden mangels eines revolutionären Bewußtseins im Volk keine Massenbasis nach dem Vorbild der Sansculotten und wurden in ihren praktischen Wirkungsmöglichkeiten durch Polizei und Zensur erheblich behindert. Daneben gab es eine starke Gruppe von liberalen Aufklärern, die im Sinne Kants nur die „Freiheit der Feder" für erlaubt hielten und auch nach 1789 weiterhin an die Reformbereitschaft des Aufgeklärten Absolutismus glaubten. Beide Gruppen, die revolutionäre und die liberale, entwickelten „interessante Ansätze zu einer kritischen Gesellschaftstheorie" (S. 202), beide wiesen zahlreiche Gemeinsamkeiten auf – etwa die intellektuell-bürgerliche Ausrichtung oder die Verwandtschaft mit der Freimaurerei und den Illuminatismus (S. 162 ff.) –, doch dürfen sie, wie Reinalter richtig betont, nicht im Stil der Verschwörungsthesen des späten 18. Jahrhunderts in eins gesetzt werden (S. 50).

Es ist wohl akzeptabel, beide Richtungen und ihre vielfältigen Zwischenformen zu heuristischen Zwecken zunächst unter den weiten Mantel des Jacobinismus zu fassen. Doch muß hier – auch hinsichtlich des Verhältnisses von französischem und mitteleuropäischem Jacobinismus – noch viel Differenzierungsarbeit geleistet werden. Diesem Ziel fühlen sich Reinalters Arbeiten verpflichtet. Vielleicht würde sich am Ende zumindest für Deutschland das Phänomen des praktischen Jacobinismus auf die kurze Phase der Mainzer-Republik reduzieren, die Reinalter leider nicht eigens behandelt.
Manfred Agethen

Otmar Schneider, Rechtsgedanken und Rechtstechniken totalitärer Herrschaft, aufgezeigt am Recht des öffentlichen Dienstes im Dritten Reich und der DDR, Berlin 1988 (*Verlag Duncker & Humblot*), 263 S.

In dieser bei Karl Dietrich Bracher angefertigten Bonner Dissertation geht es darum, „die rechtliche Umsetzung der totalitären Verfassungsprinzipien im Dritten Reich und der DDR in einem bestimmten Sondergebiet [nämlich dem Gesamtkomplex der Rechtsnormen, die für die Herrschaft über den öffentlichen Dienst bedeutsam sind] vor dem Hintergrund der rechtlichen Ausgestaltung in der Bundesrepublik Deutschland und der Weimarer Republik aufzuspüren und zu vergleichen", d. h. „um die rechtliche Feinstruktur des totalitären Anspruchs" (S. 22) der jeweiligen politischen Führungen.

Das Buch besteht aus einführenden Erläuterungen zu „Totalitarismustheorie und rechtsvergleichende Untersuchung" sowie methodischen Vorbemerkungen, drei größeren Kapiteln zum öffentlichen Dienst im Dritten Reich, in der DDR und einer vergleichenden Gegenüberstellung anhand bestimmter Punkte (u. a. dem Staatsdienstverhältnis, der ideologischen Bindung der Staatsbediensteten, dem gerichtlichen Rechtsschutz im Staatsdienstverhältnis und der Erziehung der Staatsbediensteten) sowie einem kurzen Resümee.

Es handelt es sich um eine juristisch angelegte Studie, die sich ausschließlich auf eine Analyse der Rechtsordnungen stützt, und deshalb trotz nachvollziehbarer Argumentation etwas trocken und spröde bleibt. Gegen soziologische (oder politikwissenschaftliche!) Erkenntnisse über die reale Praktizierung der Dienstherrschaft sperrt sich Schneider vorrangig deshalb, weil sie zeigen könnten, daß der ideologisch-staatsrechtliche Totalitarismus der tatsächlich praktizierten Lockerung in der Herrschaftsausübung hinterherhinke. Daß

Erfahrungswissenschaft Unterdrückungsherrschaft erst anschaulich machen könnte, entgeht ihm bei seinem Engangement: „Solange der Anspruch nicht fällt, stellt jede praktische Lockerung bloßes Experimentieren ohne gedankliche Basis und unter dem Vorbehalt jederzeitiger praktischer Rückentwicklung dar", und so lange sei es auch voreilig, „einem solchen System vorbehaltlos das Merkmal ‚totalitär' abzusprechen" (S. 249). Und: „Das bedeutet für das West-Ost-Verhältnis bei allem praktisch-politischen Bemühen um Entspannung, daß die ideologische Abgrenzung und der ideologische Kampf unverändert scharf betrieben werden müssen, bis der totalitäre Anspruch fällt" (S. 249).

Schneiders Arbeit ist meines Wissen die erste, die den Spezialaspekt des öffentlichen Dienstrechts im „Dritten Reich" und in der DDR im Zusammenhang und vergleichend untersucht. Er kann – nicht überraschend – zeigen, daß es bei allen ideologischen Gegensätzen und praktischen Unterschieden in der Tat in beiden politischen Systemen gemeinsame „totalitäre" Grundmuster in der Gestaltung des Dienstrechts gibt, die sich deutlich von denen in freiheitlich-demokratischen Ordnungen unterscheiden.

Göttrik Wewer

Tel Aviver Jahrbuch für deutsche Geschichte, Band XVII, herausgegeben im Auftrag des Instituts für Deutsche Geschichte von Shulamit Volkov und Frank Stern, Tel Aviv 1988 (*Bleicher Verlag*), 430 S.

Im Juni 1987 führte das Institut für Deutsche Geschichte der Universität Tel Aviv unter dem Thema „Demokratie in der Krise" mit der Unterstützung des örtlichen Goethe-Instituts und der Deutschen Forschungsgemeinschaft eine Konferenz über die mittleren Jahre der Weimarer Republik durch, deren Ergebnisse, überarbeitet und durch zusätzliche Beiträge ergänzt, nun im hier angezeigten Sammelband vereinigt sind. In ihrer Gesamtheit vermitteln sie einen vorzüglichen Überblick über den neuesten Stand der Forschungsdiskussion, die zu einer wesentlichen Differenzierung und teilweise auch Modifizierung überkommener Sichtweisen zwingt.

Besondere Aufmerksamkeit verdienen aus deutscher Perspektive zweifellos die Beiträge, die sich mit der Rolle der Juden in der deutschen Gesellschaft vor 1933 und deren weitgehender Vernachlässigung durch die Zeitgeschichtsforschung befassen: Jacob Toury konzentrierte sich auf die Frage, ob es zwischen 1924 und 1929 ein spezifisches Krisenbewußtsein unter den deutschen Juden gegeben habe, und kam zu einem eher negativen Ergebnis. Chaim Seeligmann und Givat Brenner analysierten die Reaktion der jüdischen Presse auf die Reichstagswahlen vom September 1930. Trude Maurer durchleuchtete das Dilemma der „Ostjuden", deren Assimilationsbestrebungen schon lange vor 1933 auf wenig Gegenliebe stießen. Besonders alarmierend fand ich Christel Hopfs Recherchen zur offensichtlich höchst erfolgreichen Verdrängung des Gesamtkomplexes Antisemitismus zwischen 1918 und 1933 aus den Rahmenplänen und den gängigsten Unterrichtswerken der Bundesrepublik – mit entsprechenden Konsequenzen für das Geschichtsbewußtsein nicht nur der „breiten Öffentlichkeit", sondern auch mehrerer Generationen von Geschichtslehrern.

Provokative Thesen und originelle methodische Ansätze lassen sich auch in ganz anderen Kontexten bewundern: etwa in Maoz Azariahus Etüde über die Straßenumbenennungen in Berlin zwischen 1921 und 1930, Peter Fritzsches „Stahlhelm"-Studie oder in Haim Shamirs Beitrag über die deutsch-französischen Wirtschaftsbeziehungen ab 1927. Die Absteckung des allgemeinen Rahmens für solche Detailstudien übernahmen dankenswerterweise Ernst Schulin mit einem Forschungsbericht über die Historiographie zur Weimarer Republik von 1935 bis 1985 und Hans Mommsen mit einem Einleitungsreferat über das Scheitern der Weimarer Republik und den Aufstieg des Nationalsozialismus. Viel Stoff für weitere Diskussionen lieferten, abgesehen von Dan Diners Arbeit über Carl Schmitt und Eike Hennigs Ausführungen über die Propaganda der NSDAP gegenüber SPD und KPD in der Endphase der Republik, ganz sicher auch die Beiträge von Michael Prinz und anderen, die um die Rolle der „Mittelschichten" und der Angestellten in der Frühgeschichte der NSDAP kreisten: Hier ist seit Jürgen W. Falters Untersuchungen zum Wählerverhalten von Arbeitern und Angestellten seit 1920 einiges in Bewegung geraten.

So lehrt uns dieser Band nicht nur beim Aufarbeiten „versäumter Lektionen", sondern auch bei der Wiederbesichtigung von vermeintlich längst Bekanntem fast Aufsatz für Aufsatz, daß wir es uns in den letzten Jahren und Jahrzehnten beim Umgang mit der längst nicht vollständig erforschten Weimarer Republik – fixiert auf einen vermeintlichen „deutschen Sonderweg" – oft allzu leicht gemacht haben.

Hans-Heinrich Wilhelm

Leo Trotzki, Schriften 1. Sowjetgesellschaft und stalinistische Diktatur (1929-36), Hamburg 1988 (*Verlag Rasch und Röhring*), 678 S.

Lenin-Trotzki wurden in den ersten Jahren der Sowjetunion oft in einem Zuge genannt. Aber Lenin war ein Techniker der Macht, Trotzki zweimal – 1905 wie 1917 – Vorsitzender der Petrograder Sowjets und wesentlich mehr Vokstribun. Vielleicht ist der Trotzkismus der eigentliche Sowjetkommunismus.

Schon vor Chruschtschow verlangte Trotzkis Witwe (im März 1956) dessen Rehabilitierung. Er war in der Tat ein Mitbegründer der UdSSR und jener Mann, der Lenin im Oktober 1917 davor bewahrte, an einer bloßen Parteirevolution zu scheitern. Die Revolution könne nur über die Sowjets gelingen. 1927, kurz vor seiner Ausweisung in die Türkei, hat er die Zulassung mehrerer Arbeiterparteien im Rahmen erneuerter Sowjets gefordert. Nun steht er wieder auf der Moskauer Tagesordnung des Rehabilitierens. Doch Gorbatschow hat ihn erneut abgesetzt, mit der Begründung, er sei zu eitel und ehrgeizig gewesen. Kein gutes Argument für einen historischen Materialisten.

Allerdings: Für die von Trotzki 1938 gegründete IV. Internationale ist in der Sowjetunion (und Osteuropa) eine neue Revolution fällig (allerdings nur eine politische, keine soziale). Insofern gilt sie als „konterrevolutionär". Das alles spiegelt sich in diesem Band von Trotzkis Schriften wie ein Reflex. Man muß es hinzu- und hineindenken, um ihre innere Dramatik zu erspüren, die mit Trotzkis Ermordung im August 1940 nur scheinbar endete. Er hat ja als erster, und zwar vom marxistischen Standpunkt, die Grundfragen einer Weiterentwicklung der UdSSR über das stalinistische System hinaus aufgeworfen. Das geschieht allerdings auf doktrinäre Art und in einer für Außenseiter kaum verständlichen Sprache. Ein eklatantes Beispiel ist die langatmige Auseinandersetzung mit dem deutschen LENIN-BUND Urbahns (S. 66-126), wo über lauter ‚Zentrismus", ‚Thermidor", „Formalismus" und „umgedrehten Reformismus" der Hauptgedanke verschwimmt und in ein sektiererisches Fahrwasser gerät.

In diesem Disput mit Urbahns verteidigt er die Besetzung der Demokratischen und Sozialistischen Republik Georgien (1921) mit dem unwahrhaftigen Argument, die Rote Armee habe „den georgischen Arbeitern dabei geholfen, die Macht der Bourgeoisie zu stürzen". Hier enthüllt sich Trotzkis zweites Gesicht, mit dem er keine Alternative zu Stalin, sondern dessen theoretische Ergänzung verkörperte (auch hinsichtlich der Industrialisierung und Kollektivierung). Angesichts der Kriegsgefahr, die 1933 nach der Machtübernahme Hitlers in Deutschland entstand, wäre Trotzki wahrscheinlich in die UdSSR zurückgekehrt, hätte man ihn aufgefordert, wieder das Kriegskommissariat zu übernehmen. Eine Andeutung findet sich auf S. 521 (1934). Das war die letzte Chance einer Versöhnung; sie wurde von beiden Seiten verspielt.

In vielen Texten des Bandes verteidigt Trotzki die Sowjetunion gegen die „ultralinken" Kommunisten Westeuropas, welche bereits von einem russischen Staatskapitalismus sprechen. Ungeachtet der stalinistischen Diktatur sei sie nach wie vor ein Arbeiterstaat, wenn auch ein bürokratisch definierter. Er begründet das mit einer fragwürdigen Analogie: „Heute herrscht die deutsche Bourgeoisie nicht mehr unmittelbar, politisch ist sie Hitler und seinen Banden völlig unterworfen. Dennoch bleibt die Diktatur der Bourgeoisie in Deutschland unangetastet" (1. Oktober 1931). So läßt Trotzki den Marxismus fallen, der immer die Untrennbarkeit von Politik und Ökonomie betont, um nachzuweisen, daß in der UdSSR weiterhin das Proleteriat herrscht: Trotz Errichtung der stalinistisch-bürokratischen Diktatur blieb die Diktatur des Proleteriats unangetastet! Demnach kann sich ein Arbeiterstaat die Unterdrückung der Arbeiter leisten. Entkleidet man den Trotzkismus aber seiner ideologischen Hülle, so erweist er sich als die internationalistische Richtung des Weltkommunismus, die geopfert werden mußte, damit Stalin 1939 seinen Pakt mit Hitler abschließen konnte. Bis zur Anerkennung dieser furchtbaren Wahrheit in der UdSSR wird Trotzki geächtet bleiben. Schon die ungemein sachkundigen Anmerkungen dieses 1. Bandes rechtfertigen eine Empfehlung. Sie schließen die Lücken zwischen den Texten, kommentieren ihre Aussagen und enthalten auch viele biographische Angaben.

Günter Bartsch

Klaus Vondung, Die Apokalypse in Deutschland, München 1988 (*Deutscher Taschenbuch Verlag*), 525 S.

In den allenthalben aufbrechenden Fundamentalismen spielt die apokalyptische Erwartung eines katastrophalen Zusammenbruchs, gefolgt von einem paradiesischen Neubeginn, eine zentrale Rolle, mit konfliktproduzierenden und konfliktverschärfenden Wirkungen. Ohne die weitere historische Tiefendimension durch die Einbeziehung des verwandten Dualismus (ständiger Kampf Gut-Böse) seit

Zarathustra belegt der Siegener Germanist Klaus Vondung eindrucksvoll seine These: „Die zwiespältige Vision, daß Erlösung durch Vernichtung zu erlangen sei, beschäftigte die Deutschen häufiger und stärker als andere Völker, [. . .] so daß Deutschland in besonderem Maß als Land der Apokalypse erscheint."

Von den Pietisten des 17. Jahrhunderts schlägt er den Bogen über die deutsche Reaktion auf Napoleon vor und während der Befreiungskriege (E. Moritz Arndt, Heinrich von Kleist), die deutschen Expressionisten vor und im Ersten Weltkrieg, das „Dritte Reich", den Kommunismus in der SBZ und frühen DDR als eine Art apokalyptischen Gegenfaschismus bis zur 68er Bewegung und RAF. Die aufregende, ungewöhnlich material- und gedankenreiche Studie wirft ein instruktives Licht auf den Links- und Rechtsextremismus in Deutschland seit dem 19. Jahrhundert: Jeweils nach rechts bzw. nach links säkularisiertes apokalyptisches Denken oder dualistischer Fundamentalismus – völkischer Nationalsozialismus und populistischer (angeblich demokratischer, dem „Volk dienender") internationaler proletarischer Sozialismus und Kommunismus – stürzte die Deutschen in Wechselbäder selbstzerstörerischer Polarisierung. Ihr extremer Haß richtete sich gegen den wechselseitig dämonisierten Zwillingsbruder vom anderen Extrem wie gegen die „laue" Mitte.

In Vondungs langer Kette fehlen noch die überschäumende Euphorie deutscher Intellektueller über die Anfänge der Französischen Revolution, der quasi-religiöse Aufbruch der 1848er Revolution, die Reichsgründung 1871 und der apokalyptische Flügel in der deutschen Sozialdemokratie, der sich mit der Gründung der KPD 1918/19 weitgehend von der SPD abspaltete. Nach der chaotischen Zersplitterung der 68er Bewegung kehrte er teilweise in die SPD zurück und artikuliert sich, ebenso wie im analogen Flügel der Grünen, als marxistische Sozialisten. Jedesmal dominierten chiliastische Erwartungen, aber projiziert auf „Erlösung" im Diesseits.

Die neue Diskussion um die Totalitarismustheorie, namentlich seit dem „Historikerstreit", in dem von links gemäßigter apokalyptisch-dualistischer Fundamentalismus durchbrach, gewinnt hier eine außerordentlich fruchtbare historische Grundlegung, politisch aktualisiert durch die Wiederauferstehung eines neuen Rechtsfundamentalismus der Republikaner und NPD. Offenbar hat die Deutschen wieder selbstmörderische Unrast ergriffen, die mit der jüngsten Polarisierung sich selbst und ihre Umwelt nur in neues Unheil stürzen kann.
Imanuel Geiss

Michael Waller/Meindert Fennema (Hrsg.), Communist Parties in Western Europe. Decline or Adaptation? Oxford 1988 (*Basil Blackwell*), 284 S.

Dieser auf ein Workshop zurückgehende Band weist einige Gemeinsamkeiten zum Band von Klaus Kellmann auf. Ähnlich wie dort wird die Entwicklung der kommunistischen Parteien in ausgewählten europäischen Ländern nachgezeichnet. Das Sammelwerk ist historisch und systematisch zugleich angelegt. „This book examines the current malaise within Western European communism" (S. 1). Die zwölf Einzelstudien (Italien, Frankreich, Spanien, Portugal, Griechenland, Finnland, Schweden, Niederlande, Belgien, Bundesrepublik Deutschland, Schweiz, Großbritannien) werden eingerahmt von je einem Beitrag der Herausgeber: Michael Waller analysiert den demokratischen Zentralismus, und Meindert Fennema zieht Schlußfolgerungen aus der gegenwärtigen Entwicklung. Es gebe angesichts unterschiedlicher Konstellationen keine Patentrezepte für die kommunistische Strategie. Jedenfalls können die Ursachen für die tiefe Krise der meisten kommunistischen Parteien in europäischen Demokratien diesmal weitaus weniger an der Sowjetunion liegen, die sich anschickt, im Vergleich zu früher eine attraktivere Politik zu betreiben.

Die Abhandlung über die Bundesrepublik aus der Feder von Paul Lucarde bringt wenig Neues. Sie geht davon aus, daß sich die DKP weiter an der DDR orientieren und ein Schattendasein fristen wird. Es ist die These des Autors, daß etablierte Kräfte jene Gruppierungen, die mit der DKP kooperieren, stigmatisieren würden, weil sie kommunistisch unterwandert seien. Immerhin erwähnt Lucarde die „active and even pivotal role" (S. 204) von Kommunisten in bestimmten Organisationen.

Einige der Autoren waren (oder sind es immer noch) Mitglieder der kommunistischen Parteien, über die sie schreiben, so daß manchmal eine systemimmanente Sicht vorherrscht. Auch deshalb entsprechen die Beiträge nicht den gleichen Standards. Der ziemlich nichtssagende Artikel über die Schweiz (Anton Fischer) fällt stark gegenüber dem Beitrag von Gianfranco Pasquino ab, der die Rolle der italienischen Kommunistischen Partei behutsam – wenn auch etwas ratlos – analysiert und kommentiert. Die im Untertitel anklingende Frage wird in den einzelnen Beiträgen unterschiedlich beantwortet, obwohl man die Krisenhaftigkeit kommunistischer Parteien fast überall zur Kenntnis nimmt. Dieser mit zahlreichen Tabellen versehene Band ist sorgfältig gearbeitet, wenngleich er sein Sujet nicht in die Extremismusforschung einbettet. Schade auch, daß einige Länder fehlen.

Eckhard Jesse

Hermann Weber, Die DDR 1945-1986, München 1988 (*R. Oldenbourg Verlag*), 253 S.

Für alle, die sich politikwissenschaftlich oder historisch mit der DDR befassen, ist „Hermann Weber" fast ein Synonym für bundesdeutsche DDR-Historiographie. Und obgleich erst 1985/86 zwei Bände zur Geschichte der DDR erschienen sind (Darstellung und Dokumentation), hat hier das zu würdigende Werk seine Berechtigung. Es gliedert sich, wie die anderen Bände dieser Oldenbourg-Grundrisse, in drei Teile: Zusammenfassende Darstellung des heutigen Bildes der Epoche; ausführlicher Bericht über Stand und Probleme der Forschung; ausgewählte, thematisch gegliederte Bibliographie.

Im ersten geht es um die Vorgeschichte (1945-1949), den „Aufbau des Sozialismus" in der DDR 1949-1961, die Festigung der DDR 1961-1970 und schließlich: die DDR zwischen Stabilität und Krise 1971-1986. Warum er die zweite Phase „Aufbau des Sozialismus" nennt, ist nicht ganz verständlich, da sonst mit Blick auf diese Jahre sachgerecht von „Übergang vom Kapitalismus zum Kommunismus" die Rede ist (so auch S. 113). Offenbar war eine entsprechende Devise Ulbrichts aus dem Jahre 1952 ausschlaggebend. Im Teil II, wo es um Grundprobleme und Tendenzen der Forschung geht, stehen die „Parteilichkeit" der DDR-Geschichtswissenschaft und ihre Modifikationen im Vordergrund. Ein weiteres Thema bildet die Frage nach dem Typus der DDR-Gesellschaft. Weber steht offenbar Peter Christian Ludz nahe, der eine Veränderung der Gesellschaft vom totalitären zum flexiblen autoritären System einer kommunistisch regierten Industriegesellschaft konstatierte. Weber meint, Ludz' These von der Ablösung des Terrors durch ein „breit angelegtes und fein abgestuftes System institutionalisierter sozialer Kontrollen" habe sich bewahrheitet. Diese Einschätzung befremdet. Er müßte doch wissen, daß Terror auch im Wege der Gesetzgebung und mit Hilfe einer parteigebundenen Justiz ausgeübt werden kann. Verwiesen sei auf mehrere Veröffentlichungen, die im Teil III „Quellen und Literatur" aufgeführt sind, insbesondere Friedrich Christian Schroeders „Das Strafrecht des realen Sozialismus" sowie Karl Wilhelm Frickes „Politischer Strafvollzug in der DDR".

Der Anhang bietet eine Zeittafel. Wenn darin der vorletzte Eintrag

lautet: „8. 6. Volkskammerwahlen 99,74 Prozent für Einheitslisten" ist dies zumindest irreführend. 99,73 Prozent nahmen an den sogenannten Wahlen teil, davon stimmten 99,94 mit Ja, d. h. sie haben ungefaltet und unberührt den Stimmzettel in die Urne geworfen.
Konrad Löw

Michael Wolffsohn, Ewige Schuld? 40 Jahre deutsch-jüdisch-israelische Beziehungen, München 1988 (*Piper Verlag*), 187 S.

Das Buch Wolffsohns repräsentiert eine neue Variante des bereits in vielfältiger Form ausgesprochenen Plädoyers für eine Normalisierung der Beziehungen zwischen Juden und Israelis auf der einen und den Deutschen auf der anderen Seite. Seine Originalität besteht nicht zuletzt in der Behauptung, die „Normalisierung" sei faktisch bereits eine vollendete Tatsache, jedoch hätten die politisch und moralisch Verantwortlichen der verschiedenen Gruppen es bisher versäumt, sie zur Kenntnis zu nehmen. Der Autor beschließt seinen Essay, indem er die Politiker ermahnt, ihr Verhalten endlich dem der übrigen Gesellschaftsmitglieder anzugleichen: „Die gesellschaftliche Wirklichkeit ist der politischen weit voraus; gesellschaftliche Entkrampfung ohne geschichtliche Entsorgung bestimmt zunehmend den deutsch-jüdischen-israelischen Alltag; eine Entkrampfung, die – weil sie sich der Geschichte bewußt ist – darauf verzichten kann, sich ihrer als Waffe zu bedienen." (S. 181)

Zur Stützung seiner These führt Wolffsohn hauptsächlich die wechselseitigen touristischen Beziehungen zwischen der Bundesrepublik Deutschland und Israel ins Feld: Die schlichte Tatsache ihrer wachsenden Intensität stelle ein untrügliches Kennzeichen für eine in der Realität vollzogene, wenn auch noch nicht hinreichend reflektierte, Normalisierung dar. Diesen Prozeß betrachtet der Autor seinerseits als „normal", trügen doch die Nachgeborenen nicht die geringste Verantwortung für das Handeln ihrer Väter. Die Behauptung des Gegenteils laufe auf einen „politischen Biologismus" hinaus, der – wie eine Ironie der Geschichte – exakt die Vorurteile der Nationalsozialisten reproduziere. Man sollte daher einen Vorschlag Ben Gurions aus dem Jahre 1957 aufgreifen und lieber an Zukunft und Gegenwart denken, als sich unnützerweise mit den Wunden der Vergangenheit zu beschäftigen.

Wolffsohn nennt jedoch auch einen der Hauptgründe, weswegen der Rezensent glaubt, daß die Annahme fragwürdig ist, man könnte heute eine Beziehung aufbauen, ohne sich mit den Wunden von gestern auseinanderzusetzen. Juden und Israelis nähmen die Welt der Nicht-Juden noch immer, wenn nicht als feindlich, so doch als gleichgültig gegenüber ihrer eigenen Bedrohtheit wahr. Wolffsohn beurteilt nicht den Realitätsgehalt dieser Wahrnehmung; er versichert lediglich, daß es sich um einen objektiven Tatbestand handelt, dem man Rechnung tragen muß. Aber er übersieht offenkundig, daß dieses Faktum unsererseits eine Antwort erfordert. Auch als Belgier schreibe ich „unsererseits", weil Wolffsohn Recht hat mit der Bemerkung, das – nach meiner Auffassung gerechtfertigte – Mißtrauen der Juden richte sich nicht gegen die Deutschen allein: „Die zeitgeschichtlich orientierte Holocaust-Fixierung ist nicht nur mit der aktiven Verfolgung in Deutschland und durch Deutsche verbunden, sondern auch mit all denen, die nichts unternahmen, um das Elend zu verhindern" (S. 62). Haben wir, anders als durch fromme Resolutionen, den Juden gezeigt, daß sie uns trotz allem vertrauen können, daß wir Lehren aus der Geschichte gezogen haben, und daß sie keinen Grund zu der Annahme haben, wir seien – wie die überwältigende Mehrheit unserer Väter es gewesen ist – gegenüber ihrem Schicksal gleichgültig? Eine solche demonstrative Bekundung bildet, viel mehr als rituelle Sühnezeremonien, den Inhalt unserer historischen Verantwortlichkeit. Wenn wir uns dem entziehen, gibt es kaum Hoffnung, daß sich echte, tiefgehende Beziehungen zwischen den beiden Parteien entfalten. Deshalb können wir uns nicht mit der durch den Zeitablauf „natürlicherweise" eintretenden Normalisierung begnügen, und deshalb teile ich die Schlußfolgerungen Wolffsohns nicht. Es gibt gewiß keine „ewige Schuld", aber es gibt eine historische Verantwortung, die wir tragen müssen, wenn wir nicht wollen, daß sich eine „ewige Kluft" zwischen den beteiligten Parteien auftut.

Jean-Michel Chaumont

Dmytro Zlepko, Der ukrainische Hunger-Holocaust. Stalins verschwiegener Völkermord 1932/33 an 7 Millionen ukrainischen Bauern im Spiegel geheimgehaltener Akten des deutschen Auswärtigen Amtes. Eine Dokumentation, Sonnenbühl 1988 (*Verlag H. Wild*), 309 S.

Die Dokumentensammlung umfaßt hauptsächlich die Berichte der Deutschen Botschaft Moskau und des deutschen Generalkonsulates Charkow in der Zeit vom September 1930 bis November 1934. Erst seit 1933 tritt in den Berichten der deutschen Diplomaten der politische Charakter der Hungersnot von 1932/33 in der ukrainischen Bauernschaft deutlich hervor. So wird von einer „Verhängung einer Art von Belagerungszustand von Partei wegen über die Landwirtschaft“ (S. 156) gesprochen, im Bericht vom 19. September 1933 „die systematische Ausnutzung des Hungers als Antriebsmittel zur Arbeit, die sogenannte Hungerpeitsche“ (S. 197) erwähnt und die „Planierung der Hungersnot“ (S. 201) zur Sprache gebracht, die sich gegen die als Klassenfeinde stigmatisierten Bevölkerungsteile, insbesondere die Kulaken, richtete. Die Propagandaformel „daß, wer nicht arbeiten wolle, nicht nur sterben könne, sondern auch letztlich auch sterben müsse“ (S. 203), bedeutete eine Legalisierung dieser planmäßig betriebenen Hungerpolitik der KPdSU, die sich auch gegen jedwede Art ukrainischer nationaler und kultureller Selbständigkeit richtete. In den Berichten wird darauf hingewiesen, daß auch die Bevölkerung die Hungersnot als Druckmittel begreift, „um die Widerstände gegen das System und die Abneigung gegen die kollektivistischen Arbeitsmethoden zu brechen“ (S. 222). Auch der Bericht vom 15. Januar 1934 verweist auf die „weit verbreitete Ansicht, die Sowjetregierung habe die Ausbreitung der Hungersnot gefördert, um die Ukrainer auf die Knie zu zwingen“ (S. 261). Die vorliegende Dokumentensammlung kann als Ergänzung zu Robert Conquests Buch „Ernte des Todes. Stalins Holocaust in der Ukraine 1929-1933“ dienen.

Klaus-Georg Riegel

Kommentierte Bibliographie

Academy of Humanism (Hrsg.), Neo-Fundamentalism. The Humanist Response, Buffalo/N. Y. 1988 (*Prometheus Books*), 186 S. - Tagungsbeiträge der 1983 gegründeten Academy of Humanism zum Thema der sich weltweit hartnäckig behauptenden politischen und religiösen „Fundamentalismen" (oder: Extremismen).

Altwegg, Jürg (Hrsg.), Die Heidegger-Kontroverse, Frankfurt a. M. 1988 (*Athenäum Verlag*), 249 S. - Der Sammelband dokumentiert die in Frankreich (und im Anschluß daran auch in der Bundesrepublik) geführte Kontroverse über das Verhältnis Martin Heideggers zum Nationalsozialismus, die durch das Erscheinen des Buches von Victor Farias („Heidegger et le Nazisme") ausgelöst worden ist.

Amnesty international, Jahresbericht 1988, Frankfurt a. M. 1988 (*Fischer Taschenbuch Verlag*), 528 S. - Der Jahresbericht bietet – mehr oder weniger – detaillierte Informationen über Menschenrechtsverletzungen in 135 Staaten.

Anno 88. Chronik von Tag zu Tag – Themen des Jahres – Länder im Blickpunkt, München 1988 (*Bertelsmann Lexikon Verlag*), 192 S. - „Anno" präsentiert eine gut dokumentierte Jahresbilanz zur Politik, Gesellschaft, Wirtschaft und Kultur. Für die Extremismusthematik ist der Länderteil von besonderem Interesse.

Assefa, Hizkias/Paul Wahrhaftig, Extremist Groups and Conflict Resolution. The MOVE Crisis in Philadelphia, New York/Westport/London 1988 (*Praeger Publishers*), 161 S. - Analyse eines gewaltsam eskalierenden Konflikts zwischen der radikalen, aktivistischen „counterculture"-Organisation MOVE („The Movement") und den Behörden/Sicherheitskräften in Philadelphia.

Babeuf, Gracchus, Die Verschwörung für die Gleichheit. Rede über die Legitimität des Widerstands, hrsg. und eingeleitet von John Anthony Scott, mit Essays von Herbert Marcuse und Albert Soboul, Hamburg 1988 (*Junius Verlag*), 168 S. - Der Band präsentiert einen Teil der Verteidigungsrede, die der im Jahre 1797 zum Tode verurteilte Agrarkommunist vor Gericht hielt.

Baier, Lothar, Firma Frankreich. Eine Betriebsbesichtigung, Berlin 1988 (*Verlag Klaus Wagenbach*), 142 S. - Essaysammlung des deutschen Frankreichkenners, unter anderem mit Beiträgen über die Le Pen-Bewegung, die Heidegger-Diskussion und den Barbie-Prozeß.

Baier, Lothar u. a., Die Früchte der Revolte. Über die Veränderung der politischen Kultur durch die Studentenbewegung, Berlin 1988 (*Verlag Klaus Wagenbach*), 154 S. - Die Autoren der Essaysammlung schreiben über die Studentenbewegung und ihre Nachwirkungen mit Sympathie, aber auch mit neugewonnener Distanz, so daß weder eine Apologie noch eine „Dämonologie" entsteht.

Berding, Helmut, Moderner Antisemitismus in Deutschland, Frankfurt a. M. 1988 (*Suhrkamp Verlag*), 295 S. - Auf breiter Literaturbasis wird ein historischer Überblick von der Entstehung des „modernen" Antisemitismus im 19. Jahrhundert bis zur „Endlösung der Judenfrage" geboten.

Bieling, Rainer, Die Tränen der Revolution. Die 68er zwanzig Jahre danach, Berlin 1988 (*Siedler Verlag*), 123 S. - Eleganter Essay über die 68er Revolte und ihre „kulturrevolutionären" Nachwirkungen.

Böhret, Carl/Werner Jann/Eva Kronenwett, Innenpolitik und politische Theorie. Ein Studienbuch, 3. neubearb. und erw. Aufl., Opladen 1988 (*Westdeutscher Verlag*), 412 S. - Das erstmals 1979 erschienene Studienbuch gibt in erweiterter und aktualisierter Form einen Überblick darüber, wie unterschiedliche Richtungen wesentliche Probleme in der Bundesrepublik charakterisieren – von der dezidiert konservativen bis zur marxistischen Position.

Brandes, Volkhard, Wie der Stein ins Rollen kam. Vom Aufbruch in die Revolte der sechziger Jahre, Frankfurt a. M. 1988 (*Brandes & Apsel Verlag*), 197 S. - Der autobiographische Erlebnisbericht eines ehemaligen SDS-Mitglieds vermittelt anschaulich die kulturelle Atmosphäre und das geistige Klima der bewegten Endsechziger.

Burns, Rob/Wilfried van der Will, Protest and Democracy in West Germany. Extra-Parliamentary Opposition and the Democratic Agenda, Houndmills, Basingstoke/London 1988 (*Macmillan Press*), 325 S. - Die beiden Autoren wollen dem im Ausland verbreiteten, einseitigen Bild des politisch stabilen, sozial fortschrittlichen und ökonomisch erfolgreichen deutschen „Musterlandes" entgegenwirken. Sie betrachten daher die Geschichte der Bundesrepublik aus der Perspektive der nicht-"etablierten", nicht-institutionalisierten geistigen und politischen Kräfte – von der Opposition gegen die „Wiederbewaffnung" bis zu den (selbst bereits „etablierten") Grünen.

Carlebach, Emil, Am Anfang stand ein Doppelmord. Kommunist in Deutschland, Bd. 1: Bis 1937, Köln 1988 (*Pahl-Rugenstein Verlag*), 183 S. - Carlebach, kommunistischer Verleger und Publizist (Jahrgang 1914), schildert in dem ersten Band der lebendig geschriebenen Memoiren seine Erfahrungen als Jungkommunist. 1932 war es soweit: Carlebach „beschloß, Berufsrevolutionär zu werden" (S. 59).

Dittmar, Peter, Lob der Zensur. Verwirrung der Geister, Köln 1988 (*Kölner Universitätsverlag*), 188 S. - Sarkastischer Essay zum „Lob der Zensur" in rechten und linken Diktaturen. Der Autor gibt auch Beispiele tatsächlicher oder vermeintlicher Zensur in der Bundesrepublik.

Fischer, Rolf, Entwicklungsstufen des Antisemitismus in Ungarn 1867-1939. Die Zerstörung der magyarisch-jüdischen Symbiose, München 1988 (*R. Oldenbourg Verlag*), 206 S. - Die an der Universität Bochum entstandene Dissertation verfolgt die Entwicklung der antisemitischen Bewegung und des Judentums in Ungarn von der zweiten Hälfte des 19. Jahrhunderts bis zum Vorabend des Zweiten Weltkriegs – die Geschichte eines weitgehend geglückten Assimilationsprozesses, der in den politischen „Stürmen" nach dem Ersten Weltkrieg abrupt unterbrochen und schließlich durch eine Politik systematischer Dissimilation vollends zerstört wurde.

Forschungsstelle für gesamtdeutsche wirtschaftliche und soziale Fragen (Hrsg.), Glasnost und Perestrojka auch in der DDR?, Berlin 1988 (*Berlin*

Verlag Arno Spitz), 335 S. - Der Band vereinigt Beiträge eines Symposions der Berliner Forschungsstelle für gesamtdeutsche wirtschaftliche und soziale Fragen. Behandelt werden Probleme wirtschaftlicher, nicht dagegen politischer Reformen in der DDR.

Gensicke, Klaus, Der Mufti von Jerusalem, Amin el-Husseini, und die Nationalsozialisten, Frankfurt a. M. u. a. 1988 (*Verlag Peter Lang*), 350 S. - Die mit einem knappen Dokumentenanhang versehene und auf breiter Quellengrundlage ruhende Dissertation verfolgt den Lebensweg Amin el-Husseinis, der 1920 Mufti von Jerusalem wurde, als bedeutender Repräsentant des palästinensischen Nationalismus seit 1933 Kontakt zu den Nationalsozialisten knüpfte und während des Zweiten Weltkrieges die Rekrutierung moslemischer Waffen-SS-Einheiten ebenso wie die Judenvernichtungspolitik der Nationalsozialisten unterstützte.

Gethmann-Siefert, Annemarie/Otto Pöggeler (Hrsg.), Heidegger und die praktische Philosophie, Frankfurt a. M. 1988 (*Suhrkamp Verlag*), 395 S. - Vor dem Hintergrund der jüngsten Diskussion über das Verhältnis Martin Heideggers zum Nationalsozialismus entstanden, beleuchten die Beiträge dessen Philosophie im Hinblick auf politische Implikationen und ihre Ausstrahlung auf andere Wissenschaften.

Gijsels, Hugo u. a., Les barbares. Les immigrés et le racisme dans la politique belge, Berchem 1988 (*Les Editions EPO*), 184 S. - Die Gemeinschaftsproduktion eines Autorenkollektivs beschränkt sich nicht auf eine aktuelle Bestandsaufnahme des flämischen wie des frankophonen Rechtsextremismus in Belgien, sondern behauptet darüber hinaus eine weitreichende Infiltrierung auch der demokratischen politischen Strömungen mit rassistischen Ideen.

Gräf, Dieter, Im Namen der Republik. Rechtsalltag in der DDR, München 1988 (*Herbig Verlag*), 253 S. - Der aus der DDR stammende Autor schildert – informativ und anschaulich zugleich – Fälle aus seiner früheren Anwaltspraxis.

Häberle, Peter, Das Menschenbild im Verfassungsstaat, Berlin 1988 (*Verlag Duncker & Humblot*), 89 S. - Begleitet von einem dichten Rankwerk assoziativer Verweise und Bezüge – auch zu anderen Disziplinen – führt die kleine Abhandlung des Rechtsgelehrten in die juristische Problematik des Menschenbildes im Verfassungsstaat ein.

Hansen, Klaus/Hans Lietzmann (Hrsg.), Carl Schmitt und die Liberalismuskritik, Opladen 1988 (*Leske Verlag + Budrich*), 195 S. - Die politischen Implikationen des Schmittschen Werkes (Verhältnis zum Nationalsozialismus und Liberalismus) werden von den Autoren des Sammelbandes aus unterschiedlichen Perspektiven beleuchtet.

Hennig, Eike, Zum Historikerstreit. Was heißt und zu welchem Ende studiert man Faschismus?, Frankfurt a. M. 1988 (*Athenäum Verlag*), 229 S. - Etwas unsystematisch gehaltene „Lesefrüchte" zum „Historikerstreit", den der sich „gesellschaftskritisch" verstehende Autor mit der Faschismusanalyse verkoppelt.

Hertel, Gerhard, Der Weg zur „Wende". Die Bundesrepublik Deutschland in der Ära Schmidt, Bd. 1: 1974-1980, Regensburg 1988 (*S. Roderer Verlag*), 396 S. - Besonders als Basistext für das politikwissenschaftliche Studium zu empfehlende Darstellung zur politischen Geschichte der Bundesrepublik mit ausführlicher Würdigung der Terrorismus-Problematik. Ein Fortsetzungsband für die neueste Zeit ist geplant.

Hillgruber, Andreas, Die Zerstörung Europas. Beiträge zur Weltkriegsepoche 1914 bis 1945, Berlin 1988 (*Propyläen Verlag*), 380 S. - Sammelband des 1989 verstorbenen Kölner Zeithistorikers, in dem dieser sich insbesondere mit der internationalen Politik der Zwischenkriegszeit sowie der Geschichte des Zweiten Weltkrieges befaßt. Er wendet sich entschieden gegen die These, der Zweite Weltkrieg sei ein Präventivkrieg gewesen, differenziert dabei aber den Begriff des Präventivkrieges in interessanter Weise (S. 250 f.).

Hitzer, Friedrich, Anton Graf Arco. Das Attentat auf Kurt Eisner und die Schüsse im Landtag, München 1988 (*Verlag Knesebeck & Schuler*), 398 S. - Der Autor läßt den Leser an einer Recherche zur Person des Eisner-Attentäters Anton Graf Arco auf Valley teilnehmen. Das brillant geschriebene Buch, basierend auf der Auswertung archivarischer Quellen und der Aussagen der Witwe des Attentäters, erhellt Biographie und Motiv des Täters.

Hodos, Georg Hermann, Schauprozesse. Stalinistische Säuberungen in Osteuropa 1948-54, Frankfurt a. M./New York 1988 (*Campus Verlag*), 303 S. - Einer der überlebenden Angeklagten der ungarischen Schauprozesse schildert instruktiv den Verlauf dieser gegen Kommunisten geführten Prozesse in Osteuropa. Eine unentbehrliche wissenschaftliche Analyse eines Zeitzeugen.

Höffkes, Karl (Hrsg.), Deutsch-sowjetische Geheimverbindungen. Unveröffentlichte diplomatische Depeschen zwischen Berlin und Moskau im Vorfeld des Zweiten Weltkriegs, Tübingen 1988 (*Grabert Verlag*), 298 S. - Mit polemischer Einleitung versehener Abdruck zum Teil unbekannter, aus dem Nachlaß des ehemaligen Reichsministers und Leiters der Reichskanzlei Hans Heinrich Lammers stammender Dokumente zum deutsch-sowjetischen Nichtangriffspakt – von einer Aufzeichnung des Staatssekretärs von Weizsäcker (17. April 1939) bis zur „Erklärung der Deutschen Reichsregierung und der Regierung der UdSSR vom 28. September 1939".

Holzweißig, Gunter, Sport und Politik in der DDR, Berlin 1988 (*Verlag Gebr. Holzapfel*), 148 S. - Die in der für die politische Bildung bestimmten Reihe „. . . in der DDR" erschienene Schrift geht auf ein Problem ein, das nicht nur für die DDR von zentraler Bedeutung ist: Der Sport wird in Diktaturen politisch instrumentalisiert.

Horch, Hans Otto (Hrsg.), Judentum, Antisemitismus und europäische Kultur, Tübingen 1988 (*A. Francke Verlag*), 466 S. - Der aus einer Ringvorlesung an der Technischen Hochschule Aachen hervorgegangene Sammelband gibt in 21 Beiträgen einen aufschlußreichen Überblick zu einem heiklen Thema. Die Abhandlungen beziehen sich nur zum Teil auf die Zeit des Nationalsozialismus, gehen vielmehr in der Regel weiter zurück.

Ishida, Yuji, Jungkonservative in der Weimarer Republik. Der Ring-Kreis 1928-1933, Frankfurt a. M. u. a. 1988 (*Verlag Peter Lang*), 298 S. - Auf breiter Quellengrundlage rekonstruiert die Studie Ideologie, Organisation, soziale Basis und Aktivitäten des jungkonservativen „Ring-Kreises", insbesondere für die Jahre 1924 bis 1933. Dabei werden Bedeutung und Eigenständigkeit des intellektuellen Zirkels im Verhältnis zu der seit Ende der zwanziger Jahre anschwellenden nationalsozialistischen Bewegung deutlich.

Koch, Hannsjoachim W., Volksgerichtshof. Politische Justiz im 3. Reich, München 1988 (*Universitas Verlag*), 631 S. - In einen historischen Abriß zur Geschichte der politischen Justiz in Deutschland eingebettete, quellengesättigte Darstellung zur Entstehung und Arbeitsweise des Volksgerichtshofes, die zur „Historisierung" des „Dritten Reiches" beitragen will.

Kuhrt, Eberhard/Henning von Löwis, Griff nach der deutschen Geschichte. Erbeaneignung und Traditionspflege in der DDR, Paderborn u. a. 1988 (*Verlag Ferdinand Schöningh*), 275 S. - Das in der DDR seit einiger Zeit neu erwachte Geschichtsbewußtsein ist Gegenstand zweier separater Analysen. Während Kuhrt den Wandel des DDR-offiziellen Geschichtsbildes verfolgt, beleuchtet von Löwis anhand von Fallstudien die „Erbepflege im sozialistischen Alltag".

Kurz, Thomas, „Blutmai". Sozialdemokraten und Kommunisten im Brennpunkt der Berliner Ereignisse von 1929, Berlin/Bonn (*Verlag J. H. W. Dietz Nachf.*), 180 S. - Die kleine Studie rekonstruiert auf solider Materialgrundlage Vorgeschichte, Verlauf und Nachwirkungen des „Berliner Blutmais", der für das Verhältnis zwischen SPD und KPD folgeschweren gewaltsamen Auseinandersetzungen zwischen (sozialdemokratisch geführter) Polizei und widerrechtlich demonstrierenden Kommunisten in den ersten Maitagen des Jahres 1929.

Landeszentrale für politische Bildung Nordrhein-Westfalen (Hrsg.), Streitfall Deutsche Geschichte. Geschichts- und Gegenwartsbewußtsein in den 80er Jahren, Essen 1988 (*Reimar Hobbing Verlag*), 272 S. - Bei diesem Sammelband handelt es sich um eine der besseren Studien zum „Historikerstreit". Man bezieht sich auch auf vergleichende Aspekte, wie etwa auf „braune und rote Diktaturen" (Manfred Funke).

Langer, Jaroslav, Grenzen der Herrschaft. Die Endzeit der Machthierarchien, Opladen 1988 (*Westdeutscher Verlag*), 334 S. - Der Autor betrachtet die repräsentativen Demokratien als letztes Stadium eines historischen Entwicklungsprozesses, der durch eine stufenweise Reduzierung der den Herrschenden zur Verfügung stehenden „Machtbandbreite" gekennzeichnet ist. Da die Akzeptanz gegenüber Machthierarchien, auf denen die Systeme des Ostens wie des Westens noch – in unterschiedlichem Ausmaße – basierten, gelte es, ein neues Gesellschaftsmodell zu entwickeln, „in dem die bisherige machthierarchische Herrschaftsstruktur durch eine neue, autoritätshierarchische Struktur abgelöst würde" (S. 18).

Lins, Ulrich, Die gefährliche Sprache. Die Verfolgung der Esperantisten unter Hitler und Stalin, Gerlingen 1988 (*Bleicher Verlag*), 326 S. - Die Studie bietet einen historischen Überblick zur Geschichte der von dem russischen Juden Lazarus Ludwik Zamenhof begründeten Esperanto-Bewegung – mit dem Schwerpunkt auf der ideologisch bzw. machtpolitisch begründeten Verfolgung durch Nationalsozialisten und Kommunisten.

Lohmeyer, Hartwig/Rainer Steußloff (Hrsg.), Die Chaoten – Bilder aus Wackersdorf, Augsburg 1988 (*AV-Verlag Franz Fischer*), 301 S. - Der aufwendige Fotoband dokumentiert mit reichhaltigem, vielfältige Eindrücke verarbeitendem Bildmaterial die Auseinandersetzung um die im oberpfälzischen Wackersdorf geplante, inzwischen von den politisch Verantwortlichen aufgegebene Wideraufbereitungsanlage.

Magain, Marc, Léon Degrelle, un tigre de papier, Brüssel 1988 (*Didier Hatier*), 176 S. - Die Studie untersucht Aufstieg und Fall der rexistischen Bewegung in Belgien (1930-1939/40) im Hinblick auf den Einfluß der politischen Berichterstattung in der Tages- und Wochenpresse.

Middendorff, Wolf, Staatsstreiche in historischer und kriminologischer Sicht. Vortrag, gehalten vor der Juristischen Gesellschaft zu Berlin am 10. Februar 1988, Berlin/New York 1988 (*Verlag Walter de Gruyter*), 56 S. - Die kleine Abhandlung analysiert zehn gelungene und zehn gescheiterte Staatsstreiche vom Altertum bis in die neueste Zeit vorwiegend unter militärtechnischen Gesichtspunkten.

Möller, Wulf-Hinrich, Die Bundesrepublik aus DDR-Perspektive. Das Erscheinungsbild der Bundesrepublik Deutschland in der politischen Erziehung, in Schule und Publizistik der Deutschen Demokratischen Republik nach dem Grundlagenvertrag vom 21. Dezember 1972, Frankfurt a. M. u. a. 1988 (*Verlag Peter Lang*), 262 S. - Das Erscheinungsbild der Bundesrepublik in der auf Abgrenzung erpichten DDR hat sich durch den Grundlagenvertrag nicht wesentlich geändert.

Mohnhaupt, Heinz (Hrsg.), Revolution, Reform, Restauration. Formen der Veränderung von Recht und Gesellschaft, Frankfurt a. M. 1988 (*Verlag Vittorio Klostermann*), 276 S. - Sammelband mit juristischen und geschichtswissenschaftlichen Beiträge zu den drei grundsätzlichen Entwicklungsalternativen: Revolution als radikalem Legalitätsbruch, Reform im Sinne von Veränderungsprozessen innerhalb der Grenzen der Legalität, Restauration als Wiederherstellung eines vergangenen Zustandes.

Mündemann, Tobias, Die 68er . . . und was aus ihnen geworden ist, München 1988 (*Wilhelm Heyne Verlag*), 244 S. - Der Autor hat über 60 Interviews mit einstigen APO-Aktivisten geführt. Auf dieser Grundlage läßt er das Protestgeschehen von „68“ Revue passieren und versucht die Auswirkungen auf die Gesellschaft der Bundesrepublik zu bestimmen.

Oertel, Thomas, Horst Wessel. Untersuchung einer Legende, Köln 1988 (*Böhlau Verlag*), 202 S. - Diese Dissertation beschäftigt sich mit dem Leben Horst Wessels – dem Märtyrer der Nationalsozialisten und den vielen um seine Person von Freund und Feind gewobenen Legenden. Der Verfasser kann nicht so recht die Gründe für den damaligen Wessel-Kult plausibel machen.

Ploetz. Die Deutsche Demokratische Republik. Daten, Fakten, Analysen, herausgegeben von Alexander Fischer, unter Mitarbeit von Nikolaus Katzer, Freiburg i. Br./Würzburg 1988 (*Verlag Ploetz*), 254 S. - Der „Ploetz“ präsentiert bekanntlich häufig mehr „Daten“ als „Fakten“ und mehr „Fakten“ als „Analysen“. Gleichwohl verbürgen Autoren wie Brunner, Fricke, Mampel, Rytlewski, Sywottek Kompetenz und Zuverlässigkeit.

Pohlmann, Friedrich, Politische Herrschaftssysteme der Neuzeit. Absolutismus – Verfassungsstaat – Nationalsozialismus, Opladen 1988 (*Westdeutscher Verlag*), 248 S. - Auf der Grundlage bedeutender staatsphilosophischer und sozialwissenschaftlicher Analysen werden strukturelle Charakteristika des Absolutismus, des Verfassungsstaates und des Nationalsozialismus herausgearbeitet. Ein Vergleich unterbleibt.

Quaritsch, Helmut (Hrsg.), Complexio Oppositorum. Über Carl Schmitt. Vorträge und Diskussionsbeiträge des 28. Sonderseminars 1986 der Hochschule für Verwaltungswissenschaften Speyer, Berlin 1988 (*Verlag Duncker & Humblot*), 610 S. - Tagungsband mit bedeutenden Beiträgen von Schmitt-Forschern und Schmittianern über Leben und Werk des 1985 verstorbenen Staatsrechtslehrers.

Rabehl, Bernd, Am Ende der Utopie. Die politische Geschichte der Freien Universität Berlin, Berlin 1988 (*Argon Verlag*), 461 S. - Das Buch verdient schon deswegen besondere Aufmerksamkeit, da der Autor, heute Soziologieprofessor in Brasilien, einer der führenden Köpfe des SDS war und über die „Studentenrevolte" in Berlin als Insider berichtet.

Rajewski, Christiane/Adelheid Schmitz, Nationalsozialismus und Neonazismus. Ein Reader für Jugendarbeit und Schule, Düsseldorf 1988 (*Technische Bearbeitung: Theo Düker, Informations- und Pressestelle, Universitätsstr., Geb. 23. 31/32, 4000 Düsseldorf 1*), 458 S. - Sparsam aufbereitete, aber reichhaltige und mit umfangreicher Bibliographie ausgestattete Sammlung von Lesefrüchten mit deutlich „antifaschistischer" „Schlagseite".

Reusch, Jürgen, Neue Sicherheitspolitik im Nuklearzeitalter, Köln 1988 (*Pahl-Rugenstein Verlag*), 348 S. - Aus marxistisch-leninistischer Sicht verfaßte Studie zum „neuen politischen Denken". Angesichts der Gefahr einer nuklearen Katastrophe bedürfe es einer „Koalition der Vernunft", die aber keine Kapitulation vor dem Imperialismus bedeute.

Röhrich, Wilfried, Die Demokratie der Westdeutschen. Geschichte und politisches Klima einer Republik, München 1988 (*Verlag C. H. Beck*), 208 S. - Chronologisch aufgebaute Betrachtung zur Entwicklung der Bundesrepublik Deutschland. Die überwiegend „aus zweiter Hand" gearbeitete Darstellung fällt durch eine Vielzahl oberflächlicher Werturteile auf.

Schoch, Bruno, Die internationale Politik der italienischen Kommunisten, Frankfurt a. M./New York 1988 (*Campus Verlag*), 586 S. - Der Autor untersucht die Entwicklung des PCI von der Moskauhörigkeit der Nachkriegsjahre bis zur heutigen Eigenständigkeit – ein Prozeß, der die Sonderstellung der Partei im Konzert der westlichen KPen maßgeblich begründet hat.

Schollwer, Wolfgang, Potsdamer Tagebuch 1948-1950. Liberale Politik unter sowjetischer Besatzung, hrsg. von Monika Faßbender, München 1988 (*R. Oldenbourg Verlag*), 287 S. - Das Tagebuch des ehemaligen LDP-Funktionärs ermöglicht eine biographische Annäherung an den Prozeß der Gleichschaltung, dem die „bürgerliche" Partei im Berichtszeitraum (1948-1950) von seiten der SED wie der sowjetischen Besatzer unterworfen wurde. Eintragung vom 31. Mai 1950: „Wir sind Steigbügelhalter der SED. Der politisch-ideologische Unterschied zwischen der LDP und der SED hat sich im Laufe der letzten Monate bedeutend verringert." (S. 186)

Seibold, Carsten (Hrsg.), Die 68er. Das Fest der Rebellion, München 1988

(*Knaur Verlag*), 350 S. - Textausschnittsammlung von Autoren wie Heinrich Albertz, Michael „Bommi" Baumann, Rudi Dutschke, Helmut Gollwitzer, Herbert Marcuse, Ulrike Meinhof, Bahman Nirumand, Peter Schneider, Martin Walser – mit Äußerungen zum inzwischen vielfach mythologisierten Jahr „1968".

Seidler, Franz W., Fritz Todt. Baumeister des Dritten Reiches, erweiterte und aktualisierte Ausgabe, Frankfurt a. M./Berlin 1988 (*Ullstein Verlag*), 432 S. - Die solide biographische Studie über den Namensgeber der „Organisation Todt" weist gegenüber der Originalausgabe von 1986 eine wichtige Veränderung auf: Aufgrund der Aussagen von Zeugen, die sich nach Erscheinen des Buches meldeten, konnte „mit an Sicherheit grenzender Wahrscheinlichkeit" geklärt werden, daß „Todt [1942] einem normalen Flugunfall zum Opfer fiel" (S. 13).

Senfft, Heinrich, Richter und andere Bürger. 150 Jahre politische Justiz und neudeutsche Herrschaftspublizistik, Nördlingen 1988 (*Delphi Politik, verlegt bei Greno*), 218 S. - Sehr persönliche und subjektive Abrechnung eines Rechtsanwalts mit Publizistik und Justiz in Deutschland, wobei die Verhältnisse in der Bundesrepublik implizit in eine historische Kontinuität obrigkeitsstaatlicher Verhältnisse seit 1848 gerückt werden.

Spittmann-Rühle, Ilse/Gisela Helwig (Hrsg.), Veränderungen in Gesellschaft und politischem System der DDR. Ursachen – Inhalte – Grenzen, Köln 1988 (*Verlag Wissenschaft und Politik*), 159 S. - Es handelt sich hier um die Dokumentation der 21. Tagung zum Stand der DDR-Forschung in der Bundesrepublik. Sie befaßte sich insbesondere mit dem Wandel im anderen deutschen Staat.

Spoo, Eckart (Hrsg.), Wie weiter? Plädoyers für eine sozialistische Bundesrepublik, Hamburg 1988 (*Verlag am Galgenberg*), 200 S. - Das politische Spektrum der Autoren, die die im Titel aufgeworfene Frage beantworten, reicht vom demokratischen Sozialismus bis zum Marxismus-Leninismus. Der Herausgeber will die Grenze zwischen Extremismus und Demokratie ganz bewußt verwischen.

Srubar, Ilja (Hrsg.), Exil, Wissenschaft, Identität. Die Emigration deutscher Sozialwissenschaftler 1933-1945, Frankfurt a. M. 1988 (*Suhrkamp Verlag*), 383 S. - Die Beiträge des Sammelbandes beleuchten unter verschiedenen Aspekten und Fragestellungen die Folgen der Emigration deutscher Sozialwissenschaftler nach Großbritannien und den Vereinigten Staaten.

Stern, Klaus, unter Mitwirkung von Michael Sachs, Das Staatsrecht der Bundesrepublik Deutschland, Bd. III/1: Allgemeine Lehren der Grundrechte, München 1988 (*Verlag C. H. Beck*), 1643 S. - Nach den Bänden I („Grundbegriffe und Grundlagen des Staatsrechts, Strukturprinzipien der Verfassung") und II (Staatsorgane, Staatsfunktionen, Finanz- und Haushaltsverfassung, Notstandsverfassung) des monumental angelegten Werkes ist nun ein erster Teilband zum Komplex der Grundrechte erschienen, der ebenfalls durch Materialreichtum und perspektivische Weite des Zugriffs beeindruckt.

Valdés, Ernesto Garzón, Die Stabilität politischer Systeme. Analyse des Begriffs mit Fallbeispielen aus Lateinamerika, Freiburg i. Br./München 1988 (*Verlag Karl Alber*), 204 S. - Theoretisch angelegte und anhand von mehreren Fallbeispielen abgesicherte Analyse über die Stabilität von demokratischen und nicht-demokratischen politischen Systemen.

Velpen, Jos Vander, Les CCC. L'Etat et le terrorisme, Anvers 1988 (*Les Editions EPO*), 220 S. - Der Autor stellt anhand von Verlautbarungen der Terroristen das Selbstverständnis der (inzwischen aufgelösten) belgischen „Kämpfenden Kommunistischen Zellen" dar und untersucht die (nach seiner Auffassung überzogenen) Reaktionen des Staates auf deren Aktivitäten.

Weber, Hermann, Kommunistische Bewegung und realsozialistischer Staat. Beiträge zum deutschen und internationalen Kommunismus, hrsg. und eingeleitet von Werner Müller, Köln 1988 (*Bund Verlag*), 354 S. - Sammelband anläßlich des 60. Geburtstages von Hermann Weber. Zum Teil weit verstreute Arbeiten des Jubilars sind hier zusammengefaßt. Der Mannheimer Kommunismusforscher glaubt an die Reformfähigkeit kommunistischer Systeme.

Wehler, Hans-Ulrich, Entsorgung der deutschen Vergangenheit? Ein polemischer Essay zum „Historikerstreit", München 1988 (*Verlag C. H. Beck*), 249 S. - Die mit persönlichen Invektiven gespickte Streitschrift des Bielefelder Historikers konstruiert eine neokonservative Fronde des NS-Revisionismus (Nolte, Hillgruber, Hildebrand, Stürmer), gegen die dezidiert Stellung bezogen und der Vorwurf der Apologetik erhoben wird.

Wieviorka, Michel, Sociétés et terrorisme, Paris 1988 (*Librairie Arthème Fayard*), 565 S. - Wieviorka untersucht die gesellschaftlichen Einflüsse und Rahmenbedingungen, die den Weg in die systematische Gewaltanwendung bahnen (können) anhand von Fallstudien über den peruanischen Sendero Luminoso, die italienischen Roten Brigaden, die baskische ETA und den palästinensischen Terrorismus.

Willms, Bernard/Paul Kleinewefers, Erneuerung aus der Mitte. Prag – Wien – Berlin. Diesseits von Ost und West, Herford 1988 (*Verlag Busse + Seewald*), 415 S. - Die Autoren verstehen sich als Nonkonformisten, halten die Idee der europäischen Einigung in ihrer jetzigen Gestalt für verfehlt, plädieren statt dessen für einen „dritten Weg" zwischen Ost und West und die Bildung einer „Zentraleuropäischen Föderation der Tschechen und Slowaken, der Österreicher und Deutschen mit den Hauptstädten Prag, Wien und Berlin".

Zieger, Gottfried, Die Haltung der SED und der DDR zur Einheit Deutschlands 1949-1987, Köln 1988 (*Verlag Wissenschaft und Politik*), 252 S. - Zieger weist nach, daß die DDR-Führung seit 1949 mehrfach Positionsveränderungen im Hinblick auf die deutsche Frage vorgenommen hat. Weniger überzeugend ist die These, die Bundesrepublik habe in der Deutschlandpolitik fast immer nur auf die Initiativen der DDR reagiert.

U. B./E. J.

Zeitschriftenauslese

Backes, Uwe/Rainer Zitelmann, Nationalsozialismus in der Weimarer Republik – Rechtsextremismus in der Bundesrepublik, in: Jugendforum. Fachzeitschrift für Praxis, Wissenschaft und Politik der Jugendhilfe in Schleswig-Holstein, Nr. 11-12/1988, S. 294-307. - Die beiden Autoren geben zunächst in zwei separaten Abschnitten einen faktenorientierten historischen Abriß zur Entwicklung der nationalsozialistischen Bewegung in Deutschland (1919 bis 1945) und des Rechtsextremismus in der Bundesrepublik (1945/49 bis 1988). Ein Vergleich zeigt, daß die Gefahrenpotentiale heute deutlich geringer ausgeprägt sind als in der Weimarer Republik.

Bielefeldt, Heiner, Die Menschenrechte als Chance in der pluralistischen Weltgesellschaft, in: Zeitschrift für Rechtspolitik 21 (1988), S. 423-431. – Der Autor wirft eingangs die Frage auf, ob der Anspruch der Menschenrechtsidee auf weltweite Geltung angesichts des kulturellen und weltanschaulichen Pluralismus überhaupt begründet ist. Zu deren Beantwortung erörtert er den philosophischen Kerngehalt der Menschenrechtsidee, ruft die ihr zugrundeliegenden historischen „Krisenerfahrungen" in das Bewußtsein und beurteilt anschließend ihre Chancen in einer pluralistischen Weltgesellschaft der Zukunft: Es bestehe Anlaß zum Optimismus, da die Menschenrechte nicht „auf kulturelle Nivellierung", sondern auf die „Freisetzung eines kulturellen Pluralismus" zielten.

Fritzsche, Peter, Terrorismus in der Bundesrepublik Deutschland und in Italien. Erbschaft der „68er-Bewegung" oder „Last des Faschismus"?, in: Universitas 43 (1988), S. 1056-1064. – Der Verfasser, der sich vor wenigen Jahren mit einer Arbeit über „Die politische Kultur Italiens" habilitiert hat, stellt die These auf, daß die „68er" Bewegungen in der Bundesrepublik und in Italien vor allem deshalb terroristische Entartungsformen hervorbrachten, weil die Vergangenheit des Nationalsozialismus und des Faschismus einen Prozeß der Eskalation zwischen Protestlern und Teilen der Gesellschaft/des Staates anheizte. Aufgrund der „Last des Faschismus" hätten Teile der Gesellschaft besonders heftig auf die Protestbewegung reagiert, während diese wiederum die Reaktionen als Restbestände des „Faschismus" interpretierten. Ein Blick auf Frankreich könne diese Sichtweise stützen, denn dort habe die Studentenbewegung kein terroristisches Zerfallsprodukt hervorgebracht.

Geiss, Imanuel, Messianismus von links und rechts. Renaissance dualistischen Denkens, in: Evangelische Kommentare 21 (1988), Nr. 88, S. 195-198. – Der Autor sieht den wahren Kern der Totalitarismustheorie im „dualistischen Denken". Die Zweiteilung der Welt in absolut Gutes und absolut Böses, in Mächte des Lichtes und der Finsternis, in Freund und Feind gilt als Wurzel totalitären Machtmißbrauchs. Nach einer kurzen Exkursion in die Geschichte dualistischer, manichäistischer, fundamentalistischer Lehren schwenkt die Betrachtung zum jüngst geführten „Historikerstreit". Der Autor macht insbesondere einem der Kontrahenten, dem Frankfurter Sozialphilosophen Jürgen Habermas, eine Argumentationsführung zum Vorwurf, die in der Tradition „des nach links säkularisierten Dualismus und Fundamentalismus“ stehe.

Hennig, Eike, Alte Linke und Neue Rechte oder: Wer organisiert die Systemunzufriedenheit?, in: Gewerkschaftliche Monatshefte 39 (1988), S. 630-644. – Der Beitrag setzt mit allgemeinen faschismustheoretischen Erwägungen ein, beschreibt dann verschiedene Phasen der Rechtsextremismus-Interpretation in der Bundesrepublik und wendet sich schließlich der aktuellen Situation im „rechten Lager“ zu. Der Autor konstatiert einerseits einen Bedeutungsrückgang neonazistischer Gruppen seit Anfang der achtziger Jahre – nicht zuletzt eine Folge der Vereinigungsverbote, andererseits das Heranwachsen einer „rechtsradikale[n] *und* rechtsextremistische[n] Sammlung, die sich von den neonazistischen Gruppen [. . .] abgrenzt“. Das Meinungsklima des „Neokonservativismus“ biete einer Partei vom Schlage der „Republikaner“ einen günstigen Nährboden. Um Teile des rechten Potentials zurückzugewinnen, bedürfe es einer „Utopie, die die Aufhebung von Massenarbeitslosigkeit, der strukturellen Finanzkrise des Sozialsystems, der Umweltschäden, der atomaren Risikogesellschaft und des Rüstungsgleichgewichts – also der wachsenden Unzufriedenheit über Leistungs- und Orientierungsdefizite des politisch-sozialen Systems – verheißen könnte“.

Jahn, Joachim, Neonazis vor Gericht, in: Kritische Justiz 21 (1988), S. 329-340. – Der Autor berichtet über verschiedene Gerichtsverfahren gegen Angehörige einer neonazistischen Gruppe in Hannover, die sich 1986 von der „Freiheitlichen Deutschen Arbeiterpartei“ (FAP) abgespalten und in der Folge eine Serie schwerer Straftaten (unter anderem ein Raubüberfall, Einbruchdiebstäle und Brandstiftungen) begangen hatte. 1987 wurde ein siebzehnjähriger „Skinhead“ (FAP-Mitglied) von „Gesinnungsgenossen“ ermordet. Der Autor bemängelt insbesondere die unzureichende Thematisierung der politischen Hintergründe vor Gericht, plädiert jedoch abschließend für Zurückhaltung beim Einsatz administrativer Maßnahmen: „Neonazis sollte also nicht mit den Mitteln politischer Justiz (was sie im übrigen nur als Bestätigung ihres ‚Märtyrertums‘ verstehen), sondern durch Aufklärung, Diskussion mit (statt Distanzierung von) jenen, bei denen dies noch möglich ist, durch Jugendarbeit und – vor allem – das Abgraben des gesellschaftlichen Nährbodens (strukturelle Arbeitslosigkeit etc.) begegnet werden“.

Kvistad, Gregg O., Radicals and the State. The Political Demands on West German Civil Servants, in: Comparative Political Studies 21 (1988), H. 1, S. 95-125. – Der Autor interpretiert die bundesdeutschen Bestimmungen zur Fernhaltung von Extremisten aus dem öffentlichen Dienst als Ausfluß einer aus dem 19. Jahrhundert stammenden, typisch deutschen Staatsideologie, die den Wechsel der Regime beinahe unbeschadet überdauert habe. Ein „pragmatischer“ Umgang mit der „Radikalenerlaß“-Frage setze eine Revision jener anachronistischen Unterscheidung zwischen der bürgerlichen Gesellschaft einerseits und dem sie schützenden und behütenden Staat andererseits voraus.

Schwagerl, H. Joachim, Verfassungsschutz zwischen Fragwürdigkeit und Notwendigkeit, in: Zeitschrift für Rechtspolitik 21 (1988), S. 167-172. –

Der einschlägig ausgewiesene Verfasser, selbst Verfassungsschutzbeamter, führt in die Problematik des in der Öffentlichkeit vielfach nur als skandalumwitterte Institution diskutierten Verfassungsschutzes ein. Dabei werden Gegenstände und Grenzen nachrichtendienstlicher Tätigkeit knapp umrissen. Schwagerl grenzt den mit der Konzeption der „streitbaren Demokratie" eng verknüpften Gedanken des „Verfassungsschutzes" von dem der allgemeinen Status quo-Sicherung („Staatsschutz") deutlich ab, wobei er vier Leitsätze für die nachrichtendienstliche Praxis hevorhebt: Die Schutzbestimmungen des Grundgesetzes trügen „Ausnahmecharakter"; die „freie Meinungsäußerung" sei „grundsätzlich unantastbar"; die freiheitliche Demokratie dürfe beim Kampf gegen ihre Gegner nicht deren Methoden übernehmen; „in dubio pro libertate".

Stöss, Richard, The Problem of Right-Wing Extremism in West Germany, in: West European Politics 11 (1988), H. 2, S. 34-46. – Der Beitrag vermittelt einen historischen Überblick zur Entwicklung der extremen Rechten in der Bundesrepublik Deutschland. Der Autor weist auf die Heterogenität des Rechtsextremismus hin und unterscheidet im Hinblick auf die nationale Frage vier Grundkonzepte: ein pro-östliches, nationalbolschewistisches, auf den Ausgleich mit Rußland bedachtes Konzept; ein pro-westliches, betont antikommunistisches und eher besitzbürgerlich orientiertes Konzept; ein Europa-neutralistisches, Europa als „dritte Front" gegenüber Asien und Amerika ansehendes Konzept; und schließlich ein national-neutralistisches, „westliche" wie „östliche" Bündnisse gleichermaßen ablehnendes Konzept. Darüber hinaus wird zwischen einem alten, an deutschnationale oder nationalsozialistische Vorbilder orientierten und einem neuen, auf neue Fragen mit innovativen Lösungen antwortenden Nationalismus differenziert.

U. B./E. J.

Verzeichnis der besprochenen Bücher

Tauber, Beyond Eagle and Swastika – 257
Tel Aviver Jahrbuch für deutsche Geschichte – 341
Tristan, Von innen – 246
Trotzki, Schriften 1 – 343
Valdés, Die Stabilität politischer Systeme – 358
Velpen, Les CCC – 359
Verfassungsschutzbericht 1987 – 299
Vondung, Die Apokalypse in Deutschland – 344
Waller/Fennema (Hrsg.), Communist Parties in Western Europe – 346
Weber, Die DDR 1945-1986 – 347
Weber, Kommunistische Bewegung und realsozialistischer Staat – 359
Wehler, Entsorgung der deutschen Vergangenheit? – 359
Weidenhammer, Selbstmord oder Mord? – 219
Wieviorka, Sociétés et terrorisme – 359
Wihtol de Wenden, Les immigrés et la politique – 248
Wilke/Brabant, Totalitäre Träumer – 304
Willms/Kleinewefers, Erneuerung aus der Mitte – 359
Wolffsohn, Ewige Schuld? – 348
Zeller, Heidelberger Novelle – 225
Zentralkomitee der MLPD (Hrsg.), Die Arbeiterpartei der Zukunft – 232
Zieger, Die Haltung der SED und der DDR zur Einheit Deutschlands – 359
Zlepko, Der ukrainische Hunger-Holocaust – 349

Mitteilungen und Hinweise

„Archiv Rechtsextremismus" an der J. W. Goethe-Universität Frankfurt

Die Politikwissenschaft am Fachbereich Gesellschaftswissenschaften der J. W. Goethe-Universität in Frankfurt kann traditionell die Themenbereiche Faschismus und Rechtsextremismus als Schwerpunkte ausweisen. Veröffentlichungen von Dudek, Fetscher, Greß, Hennig und Jaschke haben seit den siebziger Jahren wichtige Teilaspekte des Themenbereiches behandelt.

Ein in den Jahren 1983 bis 1986 in Frankfurt durchgeführtes Forschungsprojekt zur „Neuen Rechten" in der Bundesrepublik, Frankreich und England sah sich mit erheblichen Schwierigkeiten konfrontiert. Die Beschaffung von Zeitschriften, Flugblättern, Programmen erwies sich als sehr aufwendig. Öffentlich verfügbare Sammlungen fanden sich in der Bundesrepublik nur zu Teilbereichen (Parteienarchiv am ZI 6 der FU Berlin). Historisches und zeitgenössisches Material konnte fast nur über Privatsammler und Kontakte zu Aktivisten des rechten „Lagers" erworben werden. Daher wuchs die Notwendigkeit, ein eigenens Archiv zum Rechtsextremismus aufzubauen.

Grundlage hierfür bilden die bislang durch Schenkungen und kleinere Ankäufe angesammelten Primärmaterialien, vornehmlich Zeitschriften, Flugblätter und Programmschriften. Sie werden EDV-gestützt katalogisiert und „verschlagwortet". Die benutzte Datenbank („LIDOS") ermöglicht neben einer normierten bibliographischen Aufnahme auch die Einfügung von Kurztexten, Biographien etc. Damit wird es möglich, Daten zu Organisationen, Zeitschriften und Personen mitzudokumentieren.

Neben der Aufarbeitung vorhandener Materialien (unter anderem komplette Bestände der Zeitschriften „Nation Europa" und „Mut") tritt die kontinuierliche Sammlung der wichtigsten Publikationen im „rechten Lager". Kontakte zu Aktivisten sollen darüber hinaus die Erwerbung von zusätzlichem Informationsmaterial (Programmschriften, Flugblätter) gewährleisten.

Sollte ein laufender Anschaffungsetat und wissenschaftliche Betreuungskapazitäten durch die Universität und/oder Drittmittelgeber gewährleistet sein, so ist eine Veröffentlichung der Dokumentationsarbeiten geplant. Dies könnte in Form eines periodischen Bulletins mit bio-bibliographischen Daten zu einzelnen Organisationen, Zeitschriften, Personen und/oder als Schriftenreihe geschehen. Geplant sind kommentierte Bestandsverzeichnisse zu rechtsextremen Publikationen/Organisationen in der Bundesrepublik.

Das Archiv ist in erster Linie für die eigene Forschung konzipiert, steht nach Absprache jedoch auch Studenten und externen Wissenschaftlern offen. – Korrespondenzanschrift: Archiv Rechtsextremismus, c/o Klaus Schönekäs M. A., J. W. Goethe-Universität, FB Gesellschaftswissenschaften, WBE Institutionen und soz. Bew., Senckenberganlage 13-17, 6000 Frankfurt a. M. 1.

Institut Terrorismusforschung und Informationsdienst „Terrorismus"

Im August 1986 wurde in Bonn das Institut Terrorismusforschung gegründet. Mitarbeiter sind unter anderen der ehemalige Präsident des Bundesamtes für Verfassungsschutz Heribert Hellenbroich, der Diplom-Psychologe Wolfgang Salewski (Berater der GSG 9 bei der Operation Mogadischu und Mitinhaber des Instituts Konfliktforschung und Krisenberatung in München) und der ehemalige Abteilungsleiter „Terrorismus" im Bundesamt für Verfassungsschutz, Fritz Walter. Das Institut ist im Vereinsregister in Bonn eingetragen, die Anerkennung als gemeinnützige Einrichtung durch Bescheid des Finanzamtes Bonn-Innenstadt vom 11. Mai 1987 ausgesprochen.

Seit Oktober 1986 gibt das Institut den Informationsdienst „Terrorismus" heraus. Dieser Dienst erscheint monatlich und umfaßt jeweils 4 bis 8 Seiten. Er beschreibt und bewertet Terroranschläge, bringt Kurzbiographien von führenden Terroristen und stellt von Fall zu Fall die Entwicklung und die Strukturen von Terrororganisationen dar. Durch Informationsaustausch mit anderen internationalen wissenschaftlichen Institutionen versucht er, Tendenzen im internationalen Terrorismus aufzuzeigen und dadurch zur Meinungsbildung über diesen Themenkreis beizutragen. – Korrespondenzanschrift: Informationsdienst „Terrorismus", hrsg. vom Institut Terrorismusforschung, Postfach 200746, 5300 Bonn 2.

Radikal Info

RADIKAL INFO unterrichtet über Ziele, Tendenzen und Aktivitäten extremistischer oder radikaler Parteien und Gruppen, die sich gegen die Sicherheitspolitik und das Bündnis richten. Die viermal jährlich erscheinende Informationsschrift berichtet, dokumentiert und analysiert anhand von Originalquellen, sachlich und in knapper Form. Die Kenntnis der politischen Grundfragen wird vorausgesetzt.

RADIKAL INFO erscheint seit 1971 und wird von Dienststellen, Institutionen, Bildungseinrichtungen, Verbänden sowie von Mandatsträgern und staatsbürgerlich interessierten Personen genutzt. Herausgeber ist die Arbeitsgemeinschaft Sicherheitspolitische Informationen e. V., Postfach 14 01 03, 5300 Bonn 1, bei der unentgeltliche Exemplare angefordert werden können.

Schweizerischer politischer Informationsdienst (Info + ch)

Info + ch unterscheidet sich aufgrund seiner Themenwahl deutlich von anderen öffentlichen Publikationen; es informiert über internationale Politik, Terrorismus, Soziale Bewegungen, Spionage, Desinformationen, aktive Maßnahmen sowie Aktivitäten, welche gegen die Wirtschaft gerichtet sind.

Info + ch erscheint achtseitig zwölfmal im Jahr und kostet Fr. 100,-/Jahr. Probenummern können bei der Presdok AG bezogen werden: Presdok AG, Schaffhauserstr. 347, Postfach, CH-8050 Zürich.

Namensverzeichnis

Autorenverzeichnis

Dr. Manfred Agethen, Akademischer Rat a. Z., Universität Bayreuth, Lehrstuhl für Geschichte der Frühen Neuzeit, Geschwister-Scholl-Platz 3, 8580 Bayreuth.

Dr. Uwe Backes, Akademischer Rat a. Z., Universität Bayreuth, Lehrstuhl Politische Wissenschaft, Geschwister-Scholl-Platz 3, 8580 Bayreuth.

Günter Bartsch, Publizist, Rathausstr. 26, 7806 Neuershausen.

Dr. Gerhard Boeden, Präsident des Bundesamtes für Verfassungsschutz, Postfach 102050, 5000 Köln 1.

Dr. Wilfried von Bredow, Prof., Philipps-Universität Marburg, Institut für Politikwissenschaft, Wilhelm-Röpke-Str. 6, Block G, 3550 Marburg.

Jean-Yves Camus, 1, rue Charty, 94000 Creteil, Frankreich.

Jean-Michel Chaumont, 66, av. Guillaume Gilbert, 1050 Brüssel, Belgien.

Dr. Imanuel Geiss, Prof., Universität Bremen, Fachbereich 8 – Geschichte, Bibliotheksstr., 2800 Bremen 33.

Dr. Franz Greß, Prof., Johann Wolfgang Goethe-Universität Frankfurt, FB Gesellschaftswissenschaften, Senckenberganlage 13-17, 6000 Frankfurt a. M.

Dr. Eike Hennig, Prof., Gesamthochschule Kassel, FB 05 – Gesellschaftswissenschaften, Postfach 101380, 3500 Kassel.

Dr. Gerhard Hertel, Akademischer Rat, Universität München, Geschwister-Scholl-Institut für Politische Wissenschaft, Schellingstr. 5/III, 8000 München 40.

Dr. Hans Josef Horchem, Institut Terrorismusforschung, Postfach 200746, 5300 Bonn 2.

Dr. Hans-Gerd Jaschke, Hochschulassistent, Johann Wolfgang Goethe-Universität Frankfurt, FB Gesellschaftswissenschaften, Senckenberganlage 13-17, 6000 Frankfurt a. M. 1.

Dr. Siegfried Jenkner, Prof., Universität Hannover, Fachbereich Erziehungswissenschaften I, Bismarckstr. 2, 3000 Hannover 1.

Dr. Eckhard Jesse, Hochschulassistent, Universität Trier, FB III – Politikwissenschaft, Postfach 3825, 5500 Trier.

Dr. Klaus Kellmann, Landeszentrale für Politische Bildung, Gartenstr. 6, 2300 Kiel.

Dr. Adolf Kimmel, Prof., Bayerische Julius-Maximilians-Universität Würzburg, Institut für Politische Wissenschaft, Wittelsbacherplatz 1, 8700 Würzburg.

Dr. Arno Klönne, Prof., Gesamthochschule Paderborn, Soziologie, 4790 Paderborn.

Dr. Hans-Helmuth Knütter, Prof., Rheinische Friedrich-Wilhelms Universität Bonn, Seminar für Politische Wissenschaft, Am Hofgarten 15, 5300 Bonn.

Dr. Ludger Kühnhardt, Privatdozent, Rheinische Friedrich-Wilhelms Universität Bonn, Seminar für Politische Wissenschaft, Am Hofgarten 15, 5300 Bonn.

Dr. Konrad Löw, Prof., Universität Bayreuth, Lehrstuhl Politische Wissenschaft, Geschwister-Scholl-Platz 3, 8580 Bayreuth.

Dipl.-Volkswirt Emil-Peter Müller, Institut der deutschen Wirtschaft, Gustav-Heinemann-Ufer 84-88, 5000 Köln 51.

Dr. Herfried Münkler, Privatdozent, Johann Wolfgang Goethe-Universität Frankfurt, FB Gesellschaftswissenschaften, Senckenberganlage 13-17, 6000 Frankfurt a. M. 1.

Jean-Marc Piret, Vrije Universiteit Brussel, Centrum voor de Studie van de Verlichting en van het Vrije Denken, Pleinlaan 2-B 416, 1050 Brüssel, Belgien.

Dipl.-Pol. Klaus Reimus, Wissenschaftlicher Mitarbeiter, Freie Universität Berlin, FB Politische Wissenschaft, Institut für Grundlagen der Politik, Ihnestr. 21, 1000 Berlin 33.

Dr. Klaus-Georg Riegel, Prof., Universität Trier, FB IV – Soziologie, Postfach 3825, 5500 Trier.

Dr. Wolfgang Rudzio, Prof., Universität Oldenburg, Institut für vergleichende Politikforschung, Ammerländer Heerstr. 114-118, 2900 Oldenburg.

Dr. Bernd-A. Rusinek, Heinrich-Heine-Universität Düsseldorf, Historisches Seminar, 4000 Düsseldorf.

Dr. Gerd-Dieter Schoen, Ministerialrat, Bundesministerium des Innern, Referat IS 2, Graurheindorfer Str. 198, 5300 Bonn.

Heinrich Sippel, Leitender Regierungsdirektor, Bundesamt für Verfassungsschutz, Postfach 102050, 5000 Köln 1.

Rolf Tophoven, Institut Terrorismusforschung, Postfach 200746, 5300 Bonn 2.

Dr. Göttrik Wewer, Hochschulassistent, Universität Hamburg, Institut für Politische Wissenschaft, Allende-Platz 1, 2000 Hamburg 13.

Dr. Hans-Heinrich Wilhelm, Historiker, Kufsteiner Str. 2, 1000 Berlin 62.

Dr. Manfred Wilke, Prof., Fachhochschule für Wirtschaft Berlin, Soziologie, Badensche Str. 50-51, 1000 Berlin 62.

Dr. Michael Wolffsohn, Prof., Universität der Bundeswehr München, Fakultät für Sozialwissenschaften, Historisches Institut, Werner-Heisenberg-Weg 39, 8014 Neubiberg.

Dr. Rainer Zitelmann, Wissenschaftlicher Assistent, Freie Universität Berlin, Zentralinstitut für sozialwissenschaftliche Forschung, Sarrazinstr. 11-15, 1000 Berlin 41.